和平·和谐·合作

——中国外交十年历程

PEACE HARMONY COOPERATION

China's Diplomacy: 2002—2012

赵进军　主编

世界知识出版社

目 录

第一编　外交思想的发展

第二编 外交战略与布局的完善

第三编　维护国家主权与安全

第五编 提升中国“软实力”与外交为民

第　一　编

外交思想的发展

第1章

中国对时代认识的发展

党的十六大以来，面对国家发展的新情况、新问题和迅速变化的国际形势，中国外交稳中求进，国际影响力进一步提高，为维护国家的发展、稳定，推动和谐世界建设发挥了重要作用。外交工作的成就离不开外交思想、理论的创新。当代中国外交思想理论的创新是对中国传统外交资源进行理论开发，对西方外交理论进行辨证总结，对当代中国外交实践进行理论升华的基础上形成的，是中国特色社会主义理论的重要组成部分。它不仅对中国未来外交实践有指导意义，也具有世界意义。十年来，中国外交思想理论不断完善——定位更加清晰、目标更为明确、道路更加可信、逻辑更加缜密，逐步形成了中国特色的外交理论体系。

马克思主义的时代性，就是在全面掌握马克思主义理论体系和精神实质的基础上，观察和认识我们所处的时代，解决我们的时代面临的问题。马克思恩格斯曾经说过，一切划时代的体系的真正内容都是基于产生这些体系的那个时期的需要而形成的。脱离了时代，脱离了时代的问题，也就不存在活的马克思主义。当代中国外交的首要问题就是要用马克思主义的立场、观点和方法，以时代的精神，来审视和思考时代的变化和发展。

一、国际格局处在大变革、大调整之中

当今国际关系、国际格局、国际秩序正处在新一轮调整变化之中，国际形势继续发生复杂深刻变化。

首先，西方发达国家正在经历一场深刻的经济、政治危机，权力相对削弱。冷战结束后，美国企图利用自己冷战胜利的巨大优势建立一超独霸的单级世界，通过海湾战争、科索沃战争，及北约东扩、在世界范围内推广民主等逐步和扩大自己的影响。2011年“9·11”事件以后，美国抓住机会发动了阿富汗和伊拉克战争，企图迅速实现自己的战略目标。然而，伊拉克战争的实践表明，单边主义、强权政治不得人心，美国不仅在战争中损失了大量的人力、物力和财力，其国际威慑力也受到了很大伤害。出于避免经济衰退同时转嫁战争开支等考虑，“9·11”事件后美国长期奉行了宽松的货币政策，致使经济过度扩张，并最终酿成了2008年以来的次贷危机和全球金融危机。2009年危机进一步扩展，引发了欧洲主权债务危机。经济危机转化为政治危机和社会危机，2011年9月起，一场没有组织、没有纲领、没有目标的“占领华尔街”运动开始在世界范围内扩展，人们对现有经济制度导致贫富差距拉大表达不满，也对政党政治只顾党派利益不顾国家安危表达愤慨。截至2012年5月，包括英国首相布朗、意大利总理贝卢斯科尼、法国总统萨科齐在内的11位欧洲领导人因为欧债问题下台。总体上看，过去十年西方发达国家经历了由盛转衰的过程，内部改革举步维艰，但总体实力尚在，对世界事务中仍然拥有主导权。

其次，新兴市场和发展中国家继续保持整体崛起势头，在国际上影响力不断增大。目前，“金砖国家”国土面积占世界领土总面积的27%，人口占世界总人口的43%。据中国社科院发表的新兴经济体蓝皮书《金砖国家经济社会发展报告（2011）》估算，金砖四国（不含南非）的GDP总量将从2008年占世界份额的15%上升到2015年的22%——四国经济总量将超过美国，同时四国的GDP增量也将占世界增量的1/3。[①] 在经济迅速成长的同时，金砖国家的机制化合作不断深化，自2009年领导人首次峰会以来，金砖国家集团已经由经济学家的一个概念演变成了有相当影响力的多边合作机制，各国在经济、安全等重大问题上采取统一立场，日益成为牵动国际形势发展的重要力量。新兴市场的崛起也改变着国际机制。2009年9月，全球19个主要经济体和欧洲联盟领导人在美国匹兹堡宣布，二十国集团（G20）将代替八国集团，成为国际经济合作与协调的首要全球性论坛，显示发展中国家地位的上升。国际金融机构和金融监管改革已经取得一定进展，2010年10月，二十国集团（G20）财长和央行行长会议就IMF改革问题达成协议。决定将在2012年之前，向包括新兴国家在内代表性不足的国家转移6%以上份额，这是关于该组织治理方面的最大一次改革。根据改革方案，“金砖国家”在世界银行的投票权将大幅增加至13.1%，在国际货币基金组织的份额将达到14.81%。[②] 当然，在新兴经济体地位提高的同时也必须看到，当前新兴经济体国家间合作尚处于初级阶段，各国发展面临外部需求萎缩、内部通胀加剧、全球各种形式的保护主义明显增多等挑战。总体上看，发展中国家整体实力提升，但在国际体系中仍然处于弱势地位。

最后，经济全球化进入调整期，国际矛盾深刻而复杂，世界各种力量之间的博弈加剧。冷战结束后，全球化进入了快速发展时期，直接影响了全球力量的此消彼长。从20世纪末的亚洲金融危机到今天欧洲的主权债务危机，全球化在迅速发展的同时负面影响也逐渐显现，未来全球化进程不会是一帆风顺的。全球产业结构的快速转移提升了发达国家的经济结构，也不可避免地加剧了其就业压力，随着发达国家经济调整以及发展中国家工资等劳动成本上升，全球制造业将由美日欧等发达国家向发展中国家转移，变成双向转移；经济发展的同质性使发展中国家不仅面临来自工业化国家的压力，也面临来自其他发展中国家的激烈竞争；发展中国家尽管可能在一些领域缩小同工业化国家的技术差距，但发达国家仍牢牢控制科技创新高地，发展中经济

① 中国社科院：《金砖国家经济社会发展报告（2011）》，中国社科院社科文献出版社，2011年版。

② 陆锋：《“金砖国家”：合作共赢之旅》，《光明日报》，2011年3月30日。

体对工业化经济体的依附程度仍然很高；贸易自由化和跨国资本流动使得发展中经济体经济运行的外部风险加大。冷战结束后，意识形态因素在国际关系中的影响下降，大国之间发生军事冲突的危险降低，非传统安全领域的挑战上升，国际恐怖主义、跨国犯罪、流行性疾病、全球气候变暖等非传统安全威胁日益引起人们的重视。与此同时，在传统安全领域，西方大国与新兴国家之间的矛盾依然存在，北约东扩，美国的战略东移、建立全球反导系统等都反映出美国在传统安全领域打压对手建立绝对优势地位的企图。2003—2008年的“颜色革命”冲击了欧亚地区，引发了美俄关系紧张；在全球金融危机的大背景下，2011年初以来一场“阿拉伯之春”席卷了西亚北非地区，突尼斯、埃及、利比亚政权更迭，也门总统下台，巴林、叙利亚等国骚乱持续。在这场危机中，社会矛盾、经济矛盾、政治矛盾、民族矛盾、教派冲突交织、矛盾错综复杂，大国的介入使危机逐步转变成了世界秩序之争。

总体而言，近十年来，一系列重大事件“带来的国际经济政治格局演变十分深刻复杂”。政治上，一方面世界多极化不可逆转，国际关系民主化不断推进；另一方面霸权主义、强权政治有新发展新表现，意识形态领域的对抗依然激烈，国际力量对比呈现北强南弱、西强东弱的基本态势。经济上，一方面科技进步日新月异，高新技术与传统产业融合日益深化，新兴产业、知识经济方兴未艾，世界生产力显著提高；另一方面全球化在当今的发展使全球性经济发展失衡更加严重，发达国家是经济全球化和科技进步的最大受益者，经济科技实力得到进一步增强，财富和技术力量更加集中于发达国家，发展中国家在激烈的国际经济科技竞争中总体上处于不利地位，面临着发达国家经济科技占优势的巨大压力。文化上，一方面不同文明互相认同感得到增强，国际文化合作日益拓展；另一方面世界范围内思想文化交锋深刻复杂，西方国家加紧向全世界推销意识形态、社会制度、发展模式，策动形形色色的“颜色革命”、“茉莉花革命”。安全上，一方面世界和平与发展大局总体稳定，国际安全合作日趋加强；另一方面当今世界仍然很不安宁，局部冲突和战争不断，传统安全威胁和非传统安全威胁相互交织，军事能力作为维护国家安全和发展利益的支撑作用更加强化。环保上问题突出，特别是发展中国家工业化进程加快，资源环境压力仍在加大。[①] 国际形势、问题的错综变化使国际关系中主要矛盾的判断，对待国际纷争的态度选择及处理国际矛盾的手段取舍变得十分困难，这也成为了当今时代的主要特点。

二、相互依存日益深化

冷战结束后，国家间经济交往的地理和政治障碍得以消除，世界第一次出现了真正意义上的全球经济体系，并借助迅速发展的现代科技，形成了全球经济体之间相互依赖，经济体与全球经济体系之间高度相互依存的态势。

首先，以信息科学、生命科学为标志的现代科学技术突飞猛进，世界各国的联系更加紧密，引起了人类社会生产和生活方式的重大变化。以信息技术的发展为例，当代世界正经历着一场以微电子、计算机、通信和网络技术为代表的信息技术引起的大变革。在冷战结束后的短短几十年里，互联网逐步扩散和渗透到全球大部分地区人们的生活中，在世界范围内影响和改变着生产力、生产方式以及人们生活方式。这种改变的深层次意义，涉及到技术与社会生活高度融合所带来的社会组织结构和人类思维方式的重大变迁。从技术与政治的互动关系来看，信息科技的发展和扩散改变了传统政治运作的内外方式，冲破了政府与社会、国内与国外信息交流和传播的屏障，形成了一个地球村落般的意见和观念市场，人们在这里互通有无，从中产生的观念和思想，一定程度上会对既有的国家政治和国际政治概念和体制造成冲击；同时，这种遍布全球各地的强大信息网络，也为各国政府在世界范围内政治思想文化交锋提供了颇具战略意义的途径和平台。正如胡锦涛指出的，在新的时代条件下，战略高技术正日益成为经济社会

① 参见中央文献研究室第五编研部张晓彤:《试论胡锦涛的时代观》,《瞭望》,2009 年 11 月。

发展的决定性力量，成为综合国力竞争的焦点。①

其次，经济的迅速增长和科技的长足进步推动经济全球化趋势深入发展。经济全球化是一个长期的历史进程。伴随着近年来科学技术创新的脚步，经济活动跨越国界、跨越区域的扩展更为迅猛。在新工具、新技术的支撑下，国际产业转移继续加快，跨国投资并购活动更加活跃，跨国公司在全球的布局调整仍在进行，以专业化分工为基础的全球生产体系不断发展，人流、物流、资金流和信息流变得更为快捷便利，各国经济联系日益密切。国际贸易，使世界经济继续保持着整体平稳发展的态势，亚洲地区进出口冲势强劲，非洲、拉美多数国家出现较快增长。在全球化的大背景下，各国利益相互交织，更加广泛的国际合作和更为激烈的国际竞争同时并举。各种形式的国际经济政策协调对话广泛展开，区域、跨区域、次区域的双边与多边合作进一步深化，多边机制作用明显上升。以中国为例，"10+1"、"10+3"机制不断发展完善，2010年中国—东盟自贸区正式建成；2004年中国内地与香港澳门地区建立了更紧密的贸易安排（CEPA），2010年中国大陆与台湾签署了《海峡两岸经济合作框架协议》（ECFA），上海合作组织成员国的经贸合作不断深化，建立了"实业家委员会"和"银行联合体"，中日韩自贸区谈判也将在2012年年内启动。与此同时，各国围绕市场、资源、资金、人才等方面的争夺日趋激烈，围绕制定国际贸易规则的斗争日趋尖锐，贸易保护主义抬头、WTO多哈回合谈判停滞不前都是明显的例证。总体上，经贸关系的加强，在全球范围内优化了资源配置，对各国发展经济发挥了重要作用，"全球经济已经成为一个有机互动的整体"。②

再次，相互依存日益加深，传统的局部矛盾和冲突开始具有全球性影响，全球性的挑战日益增多，国际安全合作需求加强。近年来，国家关系出现新的分化组合，地区形势进入动荡与变革交织的不稳定期。巴以问题、伊核问题、阿富汗等热点问题此起彼伏，长期得

---

① 《胡锦涛在中国科学院第13次院士大会和中国工程院第八次院士大会上的讲话》，中央政府门户网站，网址：www.gov.cn，上网日期2006年6月5日。

② 《胡锦涛在亚非商业峰会晚宴上发表重要演讲》，《人民日报》，2005年4月22日，第一版。

不到有效解决；能源资源、网络安全、自然灾害等非传统安全问题更加突出。各类传统和非传统安全问题的突发性、传导性、联动性显著增强。值得注意的是，全球公共卫生危机、国际金融危机、全球变暖、贫富差距、人口问题、粮食供应、能源安全、恐怖袭击、跨国犯罪、海洋污染等全球性问题已经成为国家面临的相当严峻的问题。这些全球范围内的自然、资源和社会问题将国家生存与发展目标从一国个体层面迅速提升至国际社会公共领域。在这类新议题前，国家必须重新思考自己应该追求什么目标，怎么定义这些目标。一方面，国家目标必然指向人类生存和发展的核心价值，指向人类与大自然的和谐共处，指向社会的和谐共处与可持续发展；另一方面，国家相应地也要调整单纯从个体出发的思维方式，尝试建立能够统筹一国内外、各国之间以及国际社会公共议题的系统思维。[①] 胡锦涛在阐述其时代观时特别强调：新挑战新威胁在增加，我们应该严肃地思考如何更好地解决人类社会面临的一系列重大问题，严肃地思考人类社会的发展方向。[②]

最后，相互依存日益发展，处理国际矛盾的方法和手段发生变化。快速的全球化将世界各国联系成为一个整体，不仅从经济上将中国整合到整个世界体系，在政治层面中国也成为了国际体系的参与者和建设者。中国不仅已经加入了几乎所有重要的国际组织，并且在这些组织内部扮演着一个越来越重要的角色。今天的中国和国际社会的关系是一种紧密的相互依存关系。相互依存关系对当代国际关系具有非常深刻的影响。正是互相依存关系的出现使得以美国为首的西方很难对中国实行类似冷战时期西方对苏联那样的围堵和遏制政策。正因为中国是国际社会的有机组成部分，才使得反华势力围堵中国成为不可能完成的任务。但是，这并不是说，在相互依存的前提下国际环境的影响都是正面的。当西方很难围堵中国的同时，西方也同样可以充分利用相互依存关系来影响中国，就是说，西方也得到了史无前例的一个机会来影响中国的内部发展。由于国家实力大小不同，国家之间的相互依存具有不对称性，在相互依存关系中敏感性和脆弱性大小各

① 俞正樑：《全球性问题与国家》，《国际政治》（中国人民大学复印报刊资料），2011年第9期，第14页。

② 参见，中央文献研究室第五编研部张晓彤：《试论胡锦涛的时代观》，《瞭望》，2009年11月。

异，因此强势一方可以以合作的名义对弱势一方进行合作型施压。此外，相互依存的发展也可能使国家内部的问题和矛盾被带到国家之间的合作之中，国际金融危机发生后，美国国内的经济结构问题、政党政治矛盾问题就不时体现在对华政策方面，引发两国的经济纠纷和政治冲突。

总体上看，国际相互依存不断加深是大势所趋。从水平层次看，为实现资源的最优配置，生产相同产品国家之间的经济活动是竞争性的，此得彼失；从垂直层次来看，国家在世界产业链中各有分工，这种相互依存是合作性的，一损俱损；在面对全球性挑战方面，国家之间的相互依存是共生性的，只能同舟共济。胡锦涛同志因此指出："在人类漫长的发展史上，各国人民的命运从未像今天这样紧密相连、休戚与共"，① "我们的正确选择只能是推进合作共赢"。②

三、和平、发展、合作是时代的潮流

在深刻认识时代条件的基础上，以胡锦涛为总书记的党中央正确把握时代发展，对时代特征做出总体判断和科学概括：求和平、促发展、谋合作，是不可阻挡的历史潮流，国际社会要"努力建设一个持久和平、共同繁荣的和谐世界"。在纷繁复杂的国际矛盾中，现有国际治理体制与日益增强的全球秩序需求之间的矛盾越来越突出，成为时代的主要矛盾问题。围绕这一矛盾主线衍生出来的各种具体矛盾许多属于非对抗矛盾和非零和博弈。对于这类矛盾来说，基本的解决方式不是斗争，只能是合作。胡锦涛同志因此认为："求和平、促发展、谋合作，是不可阻挡的历史潮流。"在当今世界多极化、经济全球化大背景下，和平、合作、发展成为时代洪流，推动人类以前所未有的速度发展进步。胡锦涛同志指出："尽管地区动荡不断、局部冲突时有发展，

---

① 《胡锦涛在联合国成立60周年首脑会议上的讲话》，《人民日报》，2005年9月16日，第一版。

② 《胡锦涛在亚太经合组织工商领导人峰会上的演讲——推进合作共赢　实现持续发展》，央视国际，网址:www.cctv.com，2004年11月20日。

但各国更加重视对话合作，更加重视谈判解决争端”；“尽管强权政治依然存在、国际关系民主化尚未实现，但对话交流、和睦相处已成为国际关系的主流，各国互相尊重、平等相待日益成为国际社会的重要共识”；“尽管世界发展还很不平衡、贫穷和饥饿仍在不少国家肆虐，但国际社会已经制定了减少贫困、促进发展的目标，加强合作、共同发展日益成为各国的普遍选择。”他认为：“尽管当今世界还存在着这样那样的矛盾和冲突，不确定不稳定因素有所增加，但和平与发展仍是当今时代的主题，世界要和平、国家要发展、人民要合作是不可阻挡的历史潮流。”①

从中国所处的地缘环境来说，东亚地区近年来在国际格局中的地位进一步上升，成为世界上最具发展活力和潜力的地区，各方竞相加大对该地区的投入，地区国家关系面临深刻调整。就中国在此地区的地位而言，中国已经成为亚洲最强大的国家，但远非亚洲的“领导者”。一方面，中国的领土广袤、人口众多，经济规模、军事规模宏大，并且拥有核武器，毫无疑问是亚洲第一强国，经济发展上来看，随着同周边国家经济相互依存的日益加深，中国已成为东亚地区的地缘经济中心。但与此同时，在地缘政治方面，中国尚未成为地区的“领导者”或“代言人”。②东亚地区的国际安全体系，目前是以美国同若干东亚国家的双边军事关系为中心的，而且这些军事安排有针对中国的一面。没有同周边任何国家结成政治或军事同盟，却与日本、印度、越南、菲律宾等邻国存在领土或领海纠纷。正如学者在其专题研究文章中指出：20世纪90年代以来，全球性地区主义实践形成潮流，但东亚共同体议程在美国的干涉下受到挫折，地区自主性被否定，维持着美国霸权的“政治东亚”概念即亚太化的东亚。从东亚的政治发展史和地区主义思想史来看，古代以中国为主导的东亚地区国家间关系中自有一种文明共同体的含义，近代以后的军事帝国主义、政治霸权主义行为模式强迫性地造成了东亚的战争与分裂，日美同盟主导的冷战

---

① 参见，中央文献研究室第五编研部，张晓彤：《试论胡锦涛的时代观》，《瞭望》，2009年11月。

② 参见，王缉思：《中国的国际定位问题与“韬光养晦、有所作为”的战略思想》，《国际问题研究》，2011年第2期，第5页。

体制阻碍着新时期地区主义价值共识和政治认同的形成。在被美国亚太化的“东亚”政治格局下，中国是最大的利益受损者。参照世界政治的历史与经验，东亚政治或被美国霸权单边主导的亚太体制长期分裂，或可从“历史和解”的道路发展出共同体秩序，形成东亚自治。① 此间中国如何应对时局，科学判断时代发展特征和趋势，逐步跨越历史和观念上的屏障，解决地区政治难题，考验着中国党和国家领导人的远见与判断力。在坚持走和平发展道路的战略指引下，针对这一地区问题，杨洁篪外长在分析2011年国际形势和中国外交时明确指出：虽然地区国家间存在一些领土主权和海洋权益争端，但求和平、重稳定、谋发展、促合作始终是地区形势的主流。中国坚持同各大国关系稳步发展；坚持与邻为善、以邻为伴的周边外交方针，努力维护周边地区稳定发展大局。② 实践证明，这些政策是正确而有效的。

四、和谐是时代发展的方向

2003年以来，中国国家主席胡锦涛在多个国际场合，提出了关于“和谐世界”的一系列主张。这是中国政府关于和谐社会的执政理念在外交领域的自然延伸，是对冷战结束以来中国所倡导的一系列外交新观点的深化和全面总结，这一理念昭示了未来中国外交的基本走向。它的提出也是缓解当今世界各种矛盾紧张态势的一种新尝试，因而受到了国际社会的欢迎。

（一）中国的发展及世界的变化催生“和谐世界”新理念

改革开放以来，中国发生了巨大变化，中国的综合国力不断上升，进入21世纪，经济总量已经达到世界第二规模。中国的进一步发展无

① 刘建平：《东亚的中国：地区政治经验与地区主义思想》，《世界经济与政治》，2011年第6期，第52—68页。

② 《访外交部长杨洁篪：2011年国际形势和中国外交》，《人民日报》，2011年12月9日。

疑会对全球局势产生更大的影响。在此过程中，中国与世界的关系也发生了根本性变化，近代以来，中国长期以反抗者、革命者、旁观者的姿态出现在国际舞台上，当代中国更多是以国际体系的建设者、国际规则制订的参与者、国际秩序的利益攸关者身份出现。胡锦涛提出“和谐世界”这一不同以往的外交新理念正是考虑到中国发生的变化和发展的客观需要，是中国在国内提倡和谐社会理念的国际延伸。

与此同时，当今世界也在发生深刻变化，和平、发展与合作已成为时代的主题，世界多极化不可逆转，经济全球化深入发展。冷战后，大国之间的关系发生了很多变化，它们虽然有矛盾，有竞争，但也有协调、合作。美国的单边主义外交政策受到越来越多因素的制约。在相当长的时间内，大国之间发生全面对抗的可能性比较小，世界和平力量在增强。经济全球化的深入发展也使许多重要地区重新焕发活力，长期为贫穷落后所困扰的非洲和拉丁美洲地区经济都呈现持续增长态势，贫困现象有所缓解。这些可喜的变化为构建和谐世界提供了机遇。

世界目前处在转型的时期，我们所处的世界还远不够和谐。世界上依然有许多问题亟待解决，各种矛盾也在凸显，需要寻找更具包容性的办法，去化解矛盾，解决问题。冷战结束后，一些地区武装冲突和政局动荡此起彼伏，造成重大伤亡的恐怖主义事件频繁发生，某些国家倚仗自己的强势地位奉行霸权政策和单边主义等等，这一切对世界和平与发展形成了重大威胁，特别是在全球化浪潮的冲击下，南北发展严重失衡，并激发了严重的对抗意识，这对国际关系的和谐发展产生了不容忽视的负面影响。对此，中国提出了建立和谐世界的主张，从崭新的国际政治视角，指明了全球政治关系发展的方向。中国认为，世界的和平与发展也需要协调各国的利益关系，协调各方面的发展，这样才有可能使各国的发展有一个宽松适宜的大环境，使我们这个地球村变得更美好。国际社会的和谐发展符合世界人民的利益，也符合中国人民的利益。[①]

对此，中国提出了推动建设和谐世界的主张，从崭新的国际政治

① 郑启荣主编:《改革开放以来的中国外交（1978—2008）》，北京：世界知识出版社，2008年版，第27—28页。

视角，指明了全球政治关系发展的方向。中国认为，世界的和平与发展需要协调各国的利益关系，协调各方面的发展，这样才有可能使各国的发展有一个宽松适宜的大环境，使我们这个地球村变得更美好。国际社会的和谐发展符合世界人民的利益，也符合中国人民的利益。

正是基于对相关全球和地区问题的历史根源和现实症结的深刻理解，胡锦涛等党和国家领导人提出和谐社会与和谐世界的理念，对内致力于建设惠及十几亿人口的更高水平的小康社会，使全体人民各尽其能、各得其所而又和谐相处；对外向全世界推介从中国当代内政中演绎出的政治、社会和文化精华——“和谐”理念，提出建设“和谐世界”。① 2003年5月28日，胡锦涛主席访问俄罗斯期间在莫斯科国际关系学院发表演讲，指出：为着“实现持久和平和共同繁荣”，国际社会要通力合作，不懈努力，建设和谐世界。这是胡锦涛第一次提出建设和谐世界的战略主张。此后，胡锦涛同志又多次强调：“面对纷繁复杂的世界，应更加重视和谐，强调和谐，促进和谐。”② 和平、发展、合作的历史潮流为实现各国人民和平共处、和谐共存提供了前所未有的契机，建设和谐世界具备了客观现实可能性；在机遇和挑战并存的情况下，“努力建设一个持久和平、共同繁荣的和谐世界，符合世界各国人民的共同福祉”，是实现世界安全稳定繁荣的必由之路，“也是人类社会发展的必然要求”。③

（二）“和谐世界”新理念与建立国际良好秩序

当今世界正处于一个大发展大变动大调整时期。从国际格局的层面来看，一方面是世界多极化不可逆转，国际关系民主化不断推进；

---

① 胡国赞：《和谐社会到和谐世界：中国内政外交实践的完美结合》，新华网，网址：http://news.xinhuanet.com/politics/2006-12/01/content_5419277_3.htm，2006年12月1日。

② 胡锦涛：《促进中东和平、建设和谐世界——在沙特阿拉伯王国协商会议的演讲》，人民网，www.people.com.cn，2006年4月23日。

③ 2006年7月16日，国家主席胡锦涛在俄罗斯圣彼得堡同巴西总统卢拉、墨西哥总统福克斯、南非总统姆贝基、刚果（布）总统萨苏、印度总理辛格等五个发展中国家领导人举行集体会晤上的讲话，见《建设持久和平共同繁荣和谐世界》，《解放日报》，2006年7月17日。

另一方面霸权主义、强权政治有新发展新表现，国际力量对比远未达到平衡。从全球经济发展态势来看，一方面，科技进步日新月异，新兴产业、知识经济方兴未艾，世界生产力显著提高；另一方面，全球化的非均衡发展进一步扩大了南北差距，发展中国家在激烈的国际经济科技竞争中总体上处于不利地位，面临着发达国家经济科技占优势的巨大压力。我们要特别注意的是，当今国际安全环境发生重大变化，全球性问题在引发全球危机，形成重大挑战的同时，对全球治理的需求急剧增加，对今后人类社会的和平发展与合作提出要求也提供了机遇；但全球性问题也对国家如何统筹国内外发展与治理形成挑战，传统大国与新兴大国对各自国际身份界定以及承担国际义务利害得失的判断也不尽相同。未来全球秩序应该是会朝着更平衡和谐的方向发展，但也仍存在诸多不确定因素，秩序转型走向关键取决于各个国家是否能够全面把握当今世界历史性变革的脉动，科学判断时代发展特征和趋势，提出顺应历史潮流、应对时代问题、引领时代前进的关于时代问题的基本观点。顺应世界求和平、促发展、谋合作的潮流，中国提出自己要走和平发展道路。“中国和平发展的不懈追求是：对内求发展、求和谐，对外求合作、求和平。具体而言，就是通过中国人民的艰苦奋斗和改革创新，通过同世界各国长期友好相处、平等互利合作，让中国人民过上更好的日子，并为全人类发展进步作出应有贡献。这已经上升为中国的国家意志，转化为国家发展规划和大政方针，落实在中国发展进程的广泛实践中”。[①] 同时，中国结合国内构建和谐社会的理念，将“和谐”延伸到我们建立国际良好秩序的主张和愿望上。中国坚持走和平发展的道路，需要一个有利于和平发展的国际制度和全球秩序；而一个在和平环境中发展的中国，也将致力于构建更为平衡、合理的国际制度和全球秩序。

（高飞　朱丹丹）

---

① 国务院新闻办公室：《中国的和平发展》白皮书，2011年9月。

第2章

坚持走和平发展道路

中国的发展道路是在马克思科学社会主义理论的指导下，党和国家领导人根据时代发展的特点，在不同历史时期，以中国具体国情为基础，分析内外环境，总结历史经验，抓住主要矛盾，一步一步、脚踏实地走出来的一条道路。每一阶段的认识，都是与当时面临的现实问题紧密联系在一起的。坚持走和平和发展的道路，是科学发展观在对外政策方面的体现，是十六大以来党中央在继承前人探索和思想的基础上，根据新的历史时期新形势下的新阶段和新任务，提出来的重要思想。[①]实现和平发展，是符合中国人民的根本利益的，是中国人民的真诚愿望和不懈追求。新中国成立60多年特别是改革开放30多年来，中国一直致力于探索符合本国国情和时代要求的社会主义现代化道路。虽然历经曲折，中国人民却孜孜以求、与时俱进，不断总结汲取本国及其他国家发展的经验教训，不断深化对人类社会发展规律的认识，不断推动社会主义制度自我完善和发展。通过艰苦努力，中国找到了一条符合自身国情的发展道路，这就是中国特色社会主义道路。通过这条道路，中国人民正努力把自己的国家建设成富强、民主、文明、和谐的现代化国家，并以自身的发展不断对人类进步事业作出

① 冷溶:《中国的发展与未来走向》,《党的文献》，2008年第6期，第13—18页。

新的更大的贡献。

中国坚定不移地走和平发展道路，是基于中国国情的必然选择。19世纪中叶，西方列强用炮舰打开中国封闭的门户，内忧外患导致中国逐步成为半殖民地半封建社会，国家积贫积弱、战乱不已，民不聊生。消除战争，实现和平，建设独立富强、民生幸福的国家，是近代以来中国人民孜孜以求的奋斗目标。今天的中国虽然取得了巨大的发展成就，但人口多，底子薄，发展不平衡，仍然是世界上最大的发展中国家。推动经济社会发展，不断改善人民生活始终是中国的中心任务。坚持走和平发展道路，是中国实现国家富强、人民幸福的必由之路。中国人民最需要、最珍爱和平的国际环境，愿尽自己所能，为推动各国共同发展作出积极贡献。①

中国坚定不移地走和平发展道路，是基于中国历史文化传统的必然选择。中国文化自古就认为世界应是一个和谐整体，这个观念深深影响了中华民族的思想和行为，成为中国人处理人与人、人与自然乃至国与国关系的重要价值观。经过30多年的改革开放，中国从国际体系外的挑战者变为国际体系内的负责任成员。这种重要的变化，使得治邦安国和长治久安的儒家思想体系有了重要的现实意义，民本、和谐、协和万邦等传统文化理念也频频出现在我国领导人的政策宣示之中。② 中国人民历来崇尚“和而不同”、“天人合一”、“以和为贵”的理念，以和谐精神凝聚家庭、敦睦邻里、善待他人。和谐文化培育了中华民族热爱和平的民族禀性。中华民族以“海纳百川，有容乃大”的胸怀，接受一切有益的外来文化，促进了中外文化融合，留下了不少对外文化交流的千古佳话。中国人民具有强烈的集体意识和社会责任感，崇尚“己所不欲，勿施于人”，尊重不同文化、不同观念，注重推己及人、将心比心，不将自己的意志强加于人。对外待之以礼，实

---

① 参见，国务院新闻办公室：《中国的和平发展》白皮书，2011年9月。

② 这方面最有代表性的讲话是胡锦涛2006年4月21日在美国耶鲁大学发表的演讲，参见http://news.99.com/a/20060422/000555.htm，2007-12-26。另参见胡锦涛：《弘扬传统友谊，深化全面合作——在伊斯兰堡会议中心的讲演》，2006/11/24；温家宝：《尊重不同文明，共建和谐世界——在法国巴黎综合理工大学的讲演》，2005/12/06；《为了友谊与合作——在日本国会的讲演》，2007/04/12。以上资料均来源于外交部网站。网址：http://www.fmprc.gov.cn/chn/wjdt/zyjh/t310780.htm,2007-12-3，上网日期2007年12月3日。

行睦近交远。[①] 从某种意义上说，在当今世界治理这一重要问题上，作为儒家基本思想内涵之一的“和谐”，为调整西方二元对立的冲突模式，帮助解决人与自然、人与人（推演至国与国、民族与民族、地域与地域）之间的矛盾，提供了又一选择。[②]

中国坚定不移地走和平发展道路，是基于当今世界发展潮流的必然选择。首先，和平与发展是当今时代的两大主题，和平、发展、合作是不可阻挡的世界潮流。经济全球化成为影响国际关系的重要趋势。不同制度、不同类型、不同发展阶段的国家相互依存、利益交融，形成“你中有我、我中有你”的命运共同体。其次，世界多极化发展进程难以阻挡。新兴市场国家、区域集团和亚洲等地区力量不断发展壮大，各类非国家行为体迅速成长，借助经济全球化和社会信息化拓展影响，成为各国和国际舞台上的重要力量。更重要的是，全球性挑战成为世界主要威胁。“21世纪伊始，‘9·11’恐怖袭击、全球公共卫生危机、国际金融危机接踵而至……这预示着全球性问题正发生着重大变化，挑战激增，议题转换，重点转移，紧逼人类生存底线，若不跨过这道坎，就无法再次实现文明的转型，成为人类社会可持续发展的严重障碍”。[③] 总之，当今国际社会美国、欧洲以及新兴国家多元力量成为构建未来世界秩序的主要支柱，全球性问题更新了国家与国际或全球的议事日程，中国作为世界上人口最多的发展中国家，走和平发展道路，正是在这一时代大背景下的必然选择。

回顾历史，立足现实，展望未来，中国将坚定不移地走和平发展道路，努力实现和平的发展、科学的发展、自主的发展、和谐的发展。“中国的和平发展道路是人类追求文明进步的一条全新道路，是中国现代化建设的必由之路，是中国始终不变的战略选择，是中国政府和中国人民的郑重选择和庄严承诺”。[④] 在进入21世纪第二个十年和

---

① 国务院新闻办公室,《中国的和平发展道路》白皮书,2005年12月；国务院新闻办公室,《中国的和平发展》白皮书，2011年9月。

② 参见汤一介:《儒学的现代意义》，载于《新华文摘》，2007年第4期，第32—34页。

③ 俞正樑:《全球性问题与国家》,《国际政治》(中国人民大学复印报刊资料),2011年第9期，第12页。

④ 国务院新闻办公室,《中国的和平发展道路》白皮书,2005年12月；胡锦涛:《推进互利共赢合作 发展新型大国关系》,《人民日报》2012年5月4日。

中国共产党成立90周年之际，中国再次向世界郑重宣告，和平发展是中国实现现代化和富民强国、为世界文明进步作出更大贡献的战略抉择。中国将坚定不移沿着和平发展道路走下去，这是时代的潮流，也是中国的选择。

一、发展是中国的第一要务

2007年2月26日，温家宝总理发表署名章《关于社会主义初级阶段的历史任务和我国对外政策的几个问题》，详细阐述了中国走和平发展道路的必然逻辑。“邓小平同志指出，社会主义的本质，是解放生产力，发展生产力，消灭剥削，消除两极分化，最终达到共同富裕。这就告诉我们，巩固和发展社会主义，必须认识和把握好两大任务：一是解放和发展生产力，极大地增加全社会的物质财富；一是逐步实现社会公平与正义，极大地激发全社会的创造活力和促进社会和谐”。[①] 解决我国社会主义初级阶段的各种矛盾和问题，“发展”是关键，这也决定了中国的“发展中国家属性”。改革开放以来，中国的经济发展已经与世界紧密联系在一起了，中国在为世界的和平发展做出贡献的同时，中国也需要世界的资金、技术、市场和原材料支持。在全球化条件下，世界各国可以不通过战争和平地实现贸易的自由化。这种国际间的正常贸易关系与中国自身的“科学发展”共同构成了中国“经济社会可持续发展的基本保障”必须得到维护。“发展是硬道理”，不仅是解决国内一切问题的基础，也是增强我国外交实力的基础。

站在发展的角度上说，社会主义初级阶段就是不发达的阶段。建国以来特别是改革开放以来，我国社会生产力有了巨大发展，综合国力大幅增强，人民生活显著改善，实现了由解决温饱到总体上达到小康的历史性跨越。但是，我国人口多、底子薄，用世界7.9%的耕地和6.5%的淡水资源养活着世界近20%的人口，经济社会发展成就要由13

① 温家宝:《关于社会主义初级阶段的历史任务和我国对外政策的几个问题》，新华网http://news.xinhuanet.com, 上网日期2007年2月26日。

亿多人共享，不断满足众多人口生存和发展需求是巨大难题。2011年，中国人均国内生产总值约为5470美元，居世界90位左右。中国城乡、区域发展很不平衡，经济社会发展结构性矛盾突出，生产力不发达的状况并没有根本改变。资源环境等发展的瓶颈制约明显，经济增长过于依赖物质资源投入和出口，转变经济发展方式任务艰巨。中国自主创新能力较弱，在国际产业体系和贸易分工中仍处于产业链低端。中国人民生活水平还不高，社会保障体系还很不完善，与发达国家相比还有很大差距。我们在进行经济体制改革的同时，稳步推进政治体制改革，社会主义民主法制建设不断加强。但是，我国的社会主义市场经济体制还不够完善，民主法制还不够健全，社会主义制度还不够成熟，仍然是处于初级阶段。因此，一方面必须毫不动摇地坚持以经济建设为中心，大力发展生产力；另一方面，也必须看到中国的社会主义制度还不够成熟，必须不断通过改革加以完善。发展生产力和完善社会主义制度两者相互联系、相互促进，并将贯穿于整个社会主义初级阶段。正如邓小平同志所说："巩固和发展社会主义制度，还需要一个很长的历史阶段，需要我们几代人、十几代人，甚至几十代人坚持不懈地努力奋斗，决不能掉以轻心。"①

在社会主义初级阶段，我们的主要矛盾是生产力落后的问题，在相当长历史时期，要始终坚持以经济建设为中心，坚持聚精会神搞建设，一心一意谋发展，不断解放和发展社会生产力；坚持把发展作为党执政兴国的第一要务，坚持以人为本，坚持全面协调可持续发展，坚持统筹兼顾。

实现国家现代化和人民共同富裕是中国和平发展的总体目标。20世纪70年代末实行改革开放后，中国制定并实施了"三步走"的现代化发展战略。第一步，实现国民生产总值比1980年翻一番，解决人民温饱问题。第二步，到20世纪末实现国民生产总值再翻一番，人民生活达到小康水平。这两步目标已经实现。第三步，到本世纪中叶中华人民共和国成立100年时，人均国民生产总值达到中等发达国家水平，

① 《邓小平文选》第三卷，第267页。

人民生活比较富裕，基本实现现代化，建成富强民主文明和谐的社会主义现代化国家。“三步走”目标的核心任务是，提高人民物质文化生活水平，实现富民与强国的统一。同时，要随着综合国力的不断增强，履行相应的国际责任和义务。①

实现“十二五”规划是中国和平发展的近中期目标。在全面建设小康社会目标指引下，《中华人民共和国国民经济和社会发展第十二个五年规划纲要》确立了“十二五”时期（2011—2015年）中国经济社会发展的指导思想、总体思路、目标任务和重大举措。今后5年，中国经济社会发展将坚持以科学发展为主题、以加快转变经济发展方式为主线，主要目标是：经济平稳较快发展，经济结构战略性调整取得重大进展，科技教育水平明显提高，资源节约和环境保护成效显著，人民生活持续改善，社会建设明显加强，改革开放不断深化。经过全国人民共同努力奋斗，使转变经济发展方式取得实质性进展，综合国力、国际竞争力、抵御风险能力显著提高，全面建成小康社会的基础更加牢固。同时，中国将积极开展国际交流合作，扩大和深化同各方利益汇合点，促进各国共同发展。

“全面建成惠及十几亿人口的更高水平的小康社会是中国和平发展的中长期目标。到2020年，中国将全面建成惠及十几亿人口的更高水平的小康社会，使中国成为工业化基本实现、综合国力显著增强、国内市场总体规模位居世界前列的国家，成为人民富裕程度普遍提高、生活质量明显改善、生态环境良好的国家，成为人民享有更加充分民主权利、具有更高文明素质和精神追求的国家，成为各方面制度更加完善、社会更加充满活力而又安定团结的国家，成为对外更加开放、更加具有亲和力、为人类文明作出更大贡献的国家。②

在新的历史时期新形势下，中国外交工作同国家发展的关系更加紧密。胡锦涛同志指出：外事工作“必须依靠发展、服务发展、促进

① 国务院新闻办公室，《中国的和平发展》白皮书，2011年9月。

② 国务院新闻办公室，《中国的和平发展》白皮书，2011年9月。

发展，切实维护全方位对外开放条件下我国发展利益”[①]；“必须把出发点和着力点放在促进党和国家工作全局上，放在实现好、维护好、发展好最广大人民的根本利益上。这是做好外事工作的根本目的，也是衡量外事工作成效的根本标准”。[②]

第一，“外交为民”。新时期，中国把科学发展观作为经济社会发展的重要指导方针，坚持把发展作为党执政兴国的第一要务，坚持以人为本，坚持全面协调可持续发展，坚持统筹兼顾。坚持以人为本，始终尊重人权和人的价值，不断满足人民日益增长的物质文化需要，走共同富裕道路，促进人的全面发展，做到发展为了人民、发展依靠人民、发展成果由人民共享。随着中国综合国力的提升，以及与世界联系更加紧密，中国的商品、资本、人员、技术“走出去”是大势所趋，我国海外机构和人员的安全和合法权益需要得到保护，华侨华人及香港特别行政区同胞、澳门特别行政区同胞、台湾同胞的正当权益需要得到维护。“外交为民”是中国共产党“立党为公，执政为民”思想在外事工作中的具体体现。因此，胡锦涛在中央外事工作会议上指出，“外事工作坚持以人为本，就是要按照外事为民的要求，实践为人民服务的宗旨，维护最广大人民的根本利益，使外事工作成果惠及全体人民”。

第二，中国外交的近期工作就是要努力维护国家发展所需的战略机遇期。近代中国错过了许多历史机遇。改革开放30多年，中国成功抓住了世界政治和经济发展的难得机遇，实现了经济持续快速的增长。能否维护稳定的国际环境，事关中国的前途命运。当今世界正处在大变革大调整之中。一方面，世界仍然很不安宁。霸权主义和强权政治依然存在，局部冲突和热点问题此起彼伏，全球经济失衡加剧，南北差距拉大，传统安全威胁和非传统安全威胁相互交织，世界和平与发展面临诸多难题和挑战。另一方面，和平与发展仍然是时代主题，求和平、谋发展、促合作已经成为不可阻挡的时代潮流，国际力量对

---

① 《胡锦涛等中央领导出席第十一次驻外使节会议》，人民网，http://politics.people.com.cn/GB/1024/9687354.html，上网日期：2012年4月30日。

② 《中央外事工作会议在京举行 胡锦涛温家宝作重要讲话》，《人民日报》，2006年8月24日。

比朝着有利于维护世界和平方向发展，大的战争一时打不起来，争取一个较长时期的和平国际环境和良好的周边环境是完全可能的。因此，本世纪头20年，是我国必须紧紧抓住并且可以大有作为的重要战略机遇期。抓住并用好这一战略机遇期，对于实现全面建设小康社会的目标，推进中国特色社会主义事业，具有极其重大的意义。维护中国发展的重要战略机遇期，争取和平稳定的国际环境、睦邻友好的周边环境、平等互利的合作环境和客观友善的舆论环境，为全面建设小康社会服务，是当前和今后一个时期中国外交工作的根本任务。

第三，从长远来看，中国外交的目标就是要推动建立公正合理的国际政治经济新秩序，努力建设“和谐世界”。长期以来，中国外交紧紧围绕两条主线进行：一是外交服务于民族独立、国家建设、文明复兴的逻辑，亦即在中国共产党的领导下，如何建设富强、民主、文明、和谐的现代化国家，完成中华民族伟大复兴的历史使命。这是一条爱国主义指导下的主线。二是外交服务于国际体系和国际秩序建设的逻辑，亦即面对全球性挑战如何与各国一起，推动国际体系朝公正、合理的方向转型。经过近几十年的发展，中国已成为一个具有世界性影响的大国。中国的身份也从革命者、旁观者变成了国际体系的建设者、国际规则制订的参与者、国际秩序的利益攸关者。与此同时，当今世界正在发生深刻变化，和平、发展与合作已成为时代的主题，世界多极化不可逆转，经济全球化深入发展。冷战后，大国之间的关系发生了很多变化，它们虽然有矛盾，有竞争，但也有协调、合作。经济全球化的深入发展也使许多重要地区重新焕发活力，长期为贫穷落后所困扰的非洲和拉丁美洲地区经济都呈现持续增长态势，贫困现象有所缓解。但与此同时，世界上依然有许多问题亟待解决，各种矛盾也在凸显，需要系统性地寻找更具包容性的办法化解矛盾、解决问题。对此，2006年8月胡锦涛同志在中央外事工作会议上做了明确部署，他指出，“要坚持维护世界和平、促进共同发展，以合作谋和平，以合作促发展，促进国际关系民主化、发展模式多样化，维护世界文明的多样性，倡导新安全观，推动建立公正合理的国际政治经济新秩序。”[①] 和谐世界就是中国的国际政治经济新秩序主张。

二、中国的发展是科学的发展

进入近现代以来，如何树立正确的发展观成为了每一个国家探寻自己生存和发展道路时，所必须深入思考的问题。胡锦涛指出：“马克思主义是我们立党立国的根本指导思想。坚持和巩固马克思主义指导地位，是党和人民团结一致、始终沿着正确方向前进的根本思想保证。同时，马克思主义只有同本国国情和时代特征紧密结合，在实践中不断丰富和发展，才能更好发挥指导实践的作用。”[②] 马克思恩格斯关于辩证唯物主义和历史唯物主义的世界观和方法论，人类社会基本矛盾的学说，人民群众的观点，批判资本主义畸形发展的观点，人与人、人与自然协调发展以及人与社会全面发展的观点等，构成了马克思主义关于发展问题思想的全部理论基础，是科学发展观最基本的理论依据和来源。列宁领导俄国进行了7年的社会主义建设。他创造性地提出了一系列关于发展的思想，几乎涉及社会主义建设的所有重大问题。这些思想尽管是初步的，但对于后人思考和探索社会主义发展问题具有重要启示。毛泽东同志借鉴苏联发展经验和教训，提出，我国在社会主义改造完成后，“根本任务已经由解放生产力变为在新的生产关系下面保护和发展生产力”。他认为，苏联在社会主义建设中的一个主要教训，就是没有做到统筹兼顾、综合平衡。所以，他特别强调这两个方面。这些重要观点，对今天仍有指导意义，是科学发展观重要的理论来源。[③]

改革开放以来，我们党对发展问题的认识有一个不断深化的过

① 《中央外事工作会议在京举行 胡锦涛温家宝作重要讲话》，《人民日报》，2006年8月24日。

② 胡锦涛：《在纪念党的十一届三中全会召开30周年大会上的讲话》，《人民日报》，2008年12月19日。

③ 冷溶：《科学发展观的创立及其重大意义》，人民网，http://theory.people.com.cn/GB/40538/4619473.html，文献来源：《文汇报》，2006年7月24日。

程。这个过程大体可以分为三个阶段。第一个阶段，是党的十一届三中全会以后，以邓小平同志为核心的党的第二代领导集体，在领导现代化建设第一步战略目标，即实现温饱阶段的实践中形成的丰富的发展思想。在这一阶段，我们党提出并牢固确立了“一个中心，两个基本点”的基本路线和战略布局。邓小平同志深刻总结了建国以来20多年的经验教训，坚决否定了“以阶级斗争为纲”，果断地把党和国家的工作重点转到社会主义现代化建设上来，强调以经济建设为中心，提出发展是硬道理，作出了实行改革开放的重大决策。全党全国上下对发展，特别是经济发展具有这样的热情和执著的追求，是我国与其他国家很不相同的地方，也是中国发展成功的第一位原因。正是由于邓小平同志在这个问题上的鲜明和坚定态度，我们党才真正牢固树立起了这个认识。当时我们讲发展，突出强调的是发展经济。这样讲，主要是基于我们党刚刚把工作重点转到经济建设上来，又处于解决温饱的阶段，突出的矛盾是首先解决老百姓的基本生存问题。当时着重强调发展经济，是符合那个阶段实际情况的。[①]

第二个阶段，是党的十三届四中全会以后，以江泽民同志为核心的第三代领导集体，在领导我国社会主义现代化建设进入第二步发展战略目标，即总体上实现小康社会目标的阶段形成的发展思想。在这一阶段，我们党开始强调并更加注重全面发展问题，形成了一系列关于全面、协调、可持续发展的思想观点，并做出一系列重要部署。江泽民同志提出了“中国特色社会主义是全面发展、全面进步的社会”这样一个重要的概念。他在党的十五大报告中提出了建设中国特色社会主义经济、政治、文化的纲领，形成了三位一体的现代化建设战略布局，发展了邓小平同志“两手抓”的思想。江泽民同志提出了关于社会主义现代化建设的一系列路线方针政策，充分体现了全面发展的思想。比如，他强调发展是我们党执政兴国的第一要务。1994年，江泽民同志提出要正确处理改革发展稳定三者的关系；1995年他又提出正确处理社会主义现代化建设中的12个重大关系；还提出要保持国民

① 冷溶:《科学发展观是对党的发展思想的全面继承与发展》,《前线》, 2006年第8期。

经济持续、快速、健康发展，用发展的办法解决发展中的问题，走既有较快速度又有较好素质的发展路子；提出两个转变的思想，即：经济体制上从计划经济体制转为市场经济体制；经济增长方式从粗放式转变为集约式增长。在这一时期，江泽民同志和我们党还做出了一系列关于全面发展的重大战略举措。如党中央在1994年提出可持续发展战略，1995年提出科教兴国战略，1999年提出西部大开发战略等。[①]

当代中国的科学发展观是以"经济建设为中心"，注重全面协调和可持续发展，坚持以人为本的发展观。需要着重指出的是，邓小平理论中的科学发展观虽然特别强调"以经济建设为中心"，"科学技术是第一生产力"，但从未忽视全面、协调和可持续发展的思想。正如邓小平在1992年南巡讲话中指出的："中国的事情能不能办好，社会主义和改革开发能不能坚持，经济能不能快一点发展起来，国家能不能长治久安，从一定意义上说，关键在人。"[②]邓小平同志历来强调，要以人民群众是否高兴、满意、拥护、赞成，作为衡量改革成功的标准，要求把发展的成果落实到老百姓生活水平的提高中去。在《邓小平文选》第三卷中，有一篇是1983年他视察江苏时的讲话。他讲了"小康社会"六方面特征，包括保障人民的吃穿用、住房、就业、教育文化体育和其他公共福利事业、精神面貌，社会治安等。这就是全面发展的概念。[③]邓小平理论中的全面发展思想正体现了中国领导人构建科学发展观的根本出发点就是以人为本，不同的历史时期有不同的阶段性中心任务，这就需要后来人根据时代的发展和演变，审时度势，继承并发扬这一思想。

自党的十六大以来，党和国家领导人越来越深刻认识到并更加强调要尊重和遵循经济社会和自然发展规律，要科学地和全面地发展有中国特色的社会主义。江泽民在其题为《全面建设小康社会，开创中国特色社会主义事业新局面》的报告中提出了要全面贯彻"三个代表"

① 冷溶：《科学发展观是对党的发展思想的全面继承与发展》，《前线》，2006年第8期。

② 1992年邓小平南巡讲话稿。

③ 冷溶：《科学发展观的创立及其重大意义》，人民网，http://theory.people.com.cn/GB/40538/4619473.html，上网日期2006年7月24日。

重要思想，在系统总结过去5年的工作和13年的基本经验的基础上，明确地将全面建设小康社会的奋斗目标作为全党和全国人民的发展任务。在其报告中，江泽民将经济建设和经济体制改革，政治建设和政治体制改革，文化建设和文化体制改革的发展途径与人民生活更加殷实与和谐的小康社会目标有机地结合，为科学发展观的提出奠定了理论基础。

第三个阶段，是党的十六大以后，以胡锦涛同志为总书记的党中央，在新世纪新阶段开始实施第三步战略目标，即在全面建设小康社会的实践中，在全面总结改革开放以来的成功经验的基础上形成的发展思想。这一阶段，我们党分析了发展的阶段性特征，针对发展的不平衡问题已成为全局性的突出问题的情况，及时地、创造性地提出科学发展观的重大理论。

进入新世纪新阶段，面对复杂多变的国际环境和艰巨繁重的改革发展任务，党带领全国各族人民，高举邓小平理论和“三个代表”重要思想伟大旗帜，战胜各种困难和风险，开创了中国特色社会主义事业新局面，开拓了马克思主义中国化新境界。[①]也正是在排除万难，完成这些改革发展任务的过程中，以胡锦涛同志为代表的党中央真实地感觉到，发展不平衡已经成为中国特色社会主义事业全局性的突出问题，中国的社会主义建设必须要尊重和遵循经济社会和自然发展规律，全面协调地发展。正如胡锦涛在2003年全国防治“非典”工作会议上所总结的：“通过抗击‘非典’斗争，我们比过去更加深刻地认识到，我国的经济发展和社会发展、城市发展和农村发展还不够协调。”在他提出的要进一步研究并切实抓好的九个方面工作中，第一个是“要进一步加强经济社会协调发展的工作”；第二个是“要进一步加强统筹城乡经济社会发展的工作”，其余的也莫不围绕着“高度重视研究和解决经济社会发展中存在的深层次问题；不仅要努力做好当前的工作，而且要为长远发展打下良好的基础”的思路展开。温家宝在之后的发言中谈到下半年工作安排的指导思路时，在“深化改革、推进开放”之

① 胡锦涛：《高举中国特色社会主义伟大旗帜　为夺取全面建设小康社会新胜利而奋斗——在中国共产党第十七次全国代表大会上的报告》（2007年10月15日），《人民日报》，2007年10月。

后说的就是“统筹兼顾、协调发展”，并强调在全面建设小康社会和整个现代化过程中，必须进一步树立全面的发展观，始终坚持统筹兼顾，更加注重经济与社会协调发展、城乡协调发展、地区协调发展、人与自然协调发展，更加注重政府的社会管理和公共服务职能，更加注重全面把握宏观调控的各项目标，更加注重全面提高人民的物质生活、文化生活和健康水平。[①] 这就说明，党和国家领导人是在内部治理以及应对全球性问题的实践当中，逐渐加深和加强对全面协调发展问题的认识，而且就此问题的紧迫性达成了共识。

科学发展观，第一要义是发展，核心是以人为本，基本要求是全面协调可持续，根本方法是统筹兼顾。十六大以来，胡锦涛等党和国家领导人通过在实践中不断思考和总结，逐步完善科学发展观的思想并在全党全国范围内贯彻落实。在党的十六届五中全会提出的《中共中央关于制定国民经济与社会发展第十一个五年规划的建议》，全面体现并进一步阐发了科学发展观的思想。两年之后，胡锦涛在党的十七次代表大会报告中，总结完过去五年的工作和改革开放以来的伟大历程之后，即提出要深入贯彻落实科学发展观：“科学发展观，是对党的三代中央领导集体关于发展的重要思想的继承和发展，是马克思主义关于发展的世界观和方法论的集中体现，是同马克思列宁主义、毛泽东思想、邓小平理论和‘三个代表’重要思想既一脉相承又与时俱进的科学理论，是我国经济社会发展的重要指导方针，是发展中国特色社会主义必须坚持和贯彻的重大战略思想。”[②] 正如胡锦涛指出的：“我国仍处于并将长期处于社会主义初级阶段的基本国情没有变，人民日益增长的物质文化需要同落后的社会生产之间的矛盾这一社会主要矛盾没有变。”[③] 对外开放日益扩大，同时面临的国际竞争日趋激烈，发达国家在经济科技上占优势的压力长期存在，可以预见和难以预见的风险增多。全面理解和把握国内发展阶段性特征，统筹国内发展与对外

---

① 《全国防治“非典”工作会议举行 胡锦涛总结八大经验》，中国网，http://www.china.com.cn/chinese/OP-c/374564.htm，上网日期2003年7月29日。

② 胡锦涛:《高举中国特色社会主义伟大旗帜 为夺取全面建设小康社会新胜利而奋斗——在中国共产党第十七次全国代表大会上的报告》(2007年10月15日)，《人民日报》，2007年10月。

③ 同上。

开放，统筹国内国际两个大局，树立世界眼光，加强战略思维，善于从国际形势发展变化中把握发展机遇、应对风险挑战，营造良好国际环境，正是科学发展观在对外政策上的具体体现。

三、中国的发展是自主的发展

中国的发展是自主的发展，这既是国家发展战略核心，也是中国这样人口众多的发展中大国对国民和世界人民负责。中国归根结底要靠自己的力量来发展。

首先，任何时候都必须把独立自主、自力更生作为自己发展的根本基点，任何时候都要坚持中国人民自己选择的社会制度和发展道路，始终把国家主权和安全放在第一位，坚决维护国家主权、安全、发展利益，坚持中国的事情按照中国的情况来办、依靠中国人民自己的力量来办，坚决反对外部势力干涉我国内部事务。

其次，要提高自主创新能力，建设创新型国家。这是国家发展战略的核心，是提高综合国力的关键。“中国面临的发展问题主要表现在不发达的经济同人们日益增长的物质文化需求的矛盾，表现在经济社会发展同人口、资源、环境压力较大的矛盾。只有坚持走中国特色自主创新道路，把增强自主创新能力贯彻到现代化建设各个方面，才能真正提高国家实力和能力。历史经验表明，解决中国的发展问题，从根本上要靠中国自己。这既是对中国人民负责，也是对世界人民负责，是保证中国走和平发展道路的一条重要原则。中国不把问题和矛盾转嫁给别国，更不通过掠夺别国来发展自己。”“在经济全球化大背景下，中国只有坚持自主发展，才能更有效地参与国际分工，才能更好地同世界各国开展互利合作。”[①] 自主发展的另一面则是对外开放，中国坚持以科学发展观统筹国内发展和对外开放，把发展的基点放在立足本国实际上，同时坚持全方位、宽领域、多层次的对外开放，努力实现更

① 国务院新闻办公室:《中国的和平发展道路》白皮书，2005 年 12 月；国务院新闻办公室，《中国的和平发展》白皮书，2011 年 9 月。

为均衡的发展。

再次，要加快转变经济发展方式，加强社会主义民主政治建设。“把经济结构战略性调整作为主攻方向。坚持扩大国内需求特别是消费需求，通过多种途径增强居民消费能力，调整优化国内投资结构，同步推进工业化、城镇化和农业现代化，促进经济增长由主要依靠投资和出口拉动向消费、投资、出口协调拉动转变，由主要依靠第二产业带动向依靠第一、第二、第三产业协同带动转变，由主要依靠增加物质资源消耗向主要依靠科技进步、劳动者素质提高、管理创新转变。深入实施科教兴国战略和人才强国战略，致力于建设创新型国家。坚持观念创新和体制创新，注意学习吸收其他国家的先进技术和管理经验，不断提高经济增长质量和效益。同时，进一步挖掘自身资源和市场优势。中国拥有丰富的人力物力资源和比较完备的工业体系，将坚持以自力更生为主实现持续发展。人口规模和经济总量决定了中国拥有巨大国内需求潜力。随着人均收入不断增加、国内投资稳步提高、区域发展战略深入推进，中国还将形成新的经济增长极和更大的市场空间。而加快推进以改善民生为重点的社会建设，夯实社会和谐的民生基础，加强社会主义民主政治建设，积极稳妥推进政治体制改革，发展社会主义民主，建设社会主义法治国家，保障人民当家作主等系列政策将为全面协调发展提供社会稳定的前提和保障。”①

最后，强调自主发展，并不是关起门来搞建设。胡锦涛同志强调“必须把坚持独立自主同参与经济全球化结合起来，统筹好国内国际两个大局，为促进人类和平与发展的崇高事业作出贡献”。②既要坚持自主发展，同时也要坚持对外开放，坚持把改革开放作为一项基本国策，拓展对外开放广度和深度，提高开放型经济水平，把“引进来”和“走出去”更好结合起来，扩大开放领域，优化开放结构，提高开放质量，完善内外联动、互利共赢、安全高效的开放型经济体系，形成经济全

① 参见，国务院新闻办公室:《中国的和平发展》白皮书，2011年9月。

② 胡锦涛:《在纪念党的十一届三中全会召开30周年大会上的讲话》，中央政府门户网站:www.gov.cn，上网日期2008年12月18日。

球化条件下参与国际经济合作和竞争新优势。①

四、中国的发展是和平的发展

“中华民族是爱好和平的民族，中国人民从近代以后遭受战乱和贫穷的惨痛经历中，深感和平之珍贵、发展之迫切，深信只有和平才能实现人民安居乐业，只有发展才能实现人民丰衣足食，把为国家发展营造和平稳定的国际环境作为对外工作的中心任务。我国还是一个不富裕的国家，要根本改变落后面貌，还需要很长的时间。我们真正关心的是自己的发展，和平的国际环境对中国最有利。因此，中国热爱和平，会尽一切可能避免冲突和战争。同时，中国积极为世界和平与发展作出自己应有的贡献，绝不搞侵略扩张，永远不争霸、不称霸，始终是维护世界和地区和平稳定的坚定力量。

“中国是唯一公开承诺不首先使用核武器、不对无核武器国家和无核武器区使用或威胁使用核武器的核国家。中国累计向联合国30项维和行动派出各类人员约2.1万人次，是派出维和人员最多的联合国安理会常任理事国。中国积极参与反恐、防扩散领域国际合作，向遭受严重自然灾害的国家提供人道主义援助并派出救援队，为打击海盗行为向亚丁湾、索马里海域派遣海军护航编队。中国参加了100多个政府间国际组织，签署了300多个国际公约，成为国际体系的参与者、建设者和贡献者。中国是最早制定并实施《应对气候变化国家方案》的发展中国家，也是近年节能减排力度最大、新能源和可再生能源研发速度最快的国家之一。中国为应对国际和地区热点问题发挥了建设性作用，在朝核问题、伊朗核问题等热点问题上坚持劝和促谈，推动形成朝核问题六方会谈机制。中国同12个陆地邻国解决了历史遗留的边界问题，坚持通过对话谈判处理同邻国领土和海洋权益争端，以建设性姿态提出‘搁置争议、共同开发’的主张，尽最大努力维护南海、东海及周

① 胡锦涛：《高举中国特色社会主义伟大旗帜　为夺取全面建设小康社会新胜利而奋斗——在中国共产党第十七次全国代表大会上的报告》（2007年10月15日），《人民日报》，2007年10月。

边和平稳定。中国通过开展双边合作并参与区域次区域合作，致力于促进亚太地区共同发展繁荣。

“中国坚持在和平共处五项基本原则的基础上同所有国家发展友好合作。同发达国家加强战略对话，增进战略互信，深化互利合作，妥善处理分歧，探索建立和发展新型大国关系，推动相互关系长期稳定健康发展。坚持与邻为善、以邻为伴、睦邻友好的方针，发展同周边国家和亚洲其他国家的友好合作关系，积极开展双边和区域合作，共同营造和平稳定、平等互信、合作共赢的地区环境。加强同广大发展中国家的团结，深化传统友谊，扩大互利合作，通过援助和投资等方式，真诚帮助发展中国家实现自主发展，维护发展中国家正当权益和共同利益。积极参与多边事务和全球性问题治理，承担相应国际义务，发挥建设性作用，推动国际政治经济秩序朝着更加公正合理的方向发展。深入开展同各国议会、政党、地方、民间等各方面交流合作，扩大人文领域对外交流，增进中国人民同各国人民的相互了解和友谊。

“中国坚持奉行防御性的国防政策。中国有广阔的领土和辽阔的海洋，陆地边界2.2万多公里，大陆海岸线1.8万多公里。中国面临复杂多样的传统和非传统安全挑战，受到分裂势力和恐怖主义等威胁。推进国防现代化是中国合理的国家安全需求，是中国实现和平发展的必要保障。中国军队现代化的根本目的是捍卫国家主权、安全、领土完整，保障国家发展利益。中国国防开支是合理适度的，是与维护国家安全需要相适应的，中国不会也无意同任何国家搞军备竞赛，不会对任何国家构成军事威胁。中国坚持‘人不犯我、我不犯人’，致力于和平解决国际争端和热点问题。中国重视加强国际军事交流，推动国际和地区安全合作，反对一切形式的恐怖主义”。①

综上所述，中国坚持和平的发展道路是符合中华民族热爱和平、“与人为善”、“以和为贵”的传统理念和价值观念的，同时也是顺应时代发展潮流，根据自身根本利益所作的战略抉择。中国奉行的和平共处五项原则和防御性国防政策，都是用行动在创造和平国际环境和有

① 国务院新闻办公室:《中国的和平发展道路》白皮书，2005年12月；国务院新闻办公室:《中国的和平发展》白皮书，2011年9月。

利外部条件，为了使中国人民的生活水平从温饱到小康再到中等发达水平，让更多中国人从和平的发展中过上更好的日子，同时也让中国有更强的能力来为全人类发展进步做出应有的贡献。

（高飞　朱丹丹）

第3章

坚持互利共赢的开放战略

中国的发展离不开世界，同样世界的繁荣需要中国。中国顺应经济全球化的发展趋势，充分利用经济全球化和区域经济合作提供的各种有利条件，实现对外开放由出口和吸收外资为主向进口和出口、吸收外资和对外投资并重转变，不断拓展新的开放领域和空间，完善开放型经济体系，提高开放型经济水平，以开放促发展、促改革、促创新。30多年改革开放的实践证明，中国的发展离不开世界。党的《十七大报告》深刻指出，“中国将始终不渝奉行互利共赢的开放战略。我们将继续以自己的发展促进地区和世界共同发展，扩大同各方利益的汇合点，在实现本国发展的同时兼顾对方特别是发展中国家的正当关切。我们将继续按照通行的国际经贸规则，扩大市场准入，依法保护合作者权益。我们支持国际社会帮助发展中国家增强自主发展能力、改善民生，缩小南北差距。我们支持完善国际贸易和金融体制，推进贸易和投资自由化便利化，通过磋商协作妥善处理经贸摩擦。中国决不做损人利己、以邻为壑的事情”。[①] 坚持互利共赢的开放战略是推动和谐世界的必然要求，是我国改革开放成功实践的重要结晶，是我国长远发展的战略要求，是走和平发展道路的必然选择。

---

① 胡锦涛:《高举中国特色社会主义伟大旗帜　为夺取全面建设小康社会新胜利而奋斗——在中国共产党第十七次全国代表大会上的报告》(2007年10月15日),《人民日报》, 2007年10月。

一、统筹国内国际两个大局

党的《十六大报告》，第一次提出坚持以人为本，树立全面、协调、可持续的发展观，促进经济社会和人的全面发展。社会主义的本质就是实现人的自由全面发展。要实现这一目的必须统筹城乡发展，统筹经济社会发展，统筹人与自然和谐发展，统筹对外开放和国内的发展，要求社会各个方面相互协调配合，树立全面、协调、可持续的发展观。在外事工作中，关键就是“坚持统筹国内国际两个大局”。[①] 胡锦涛同志在中央外事工作会议上强调，外事工作必须把出发点和着力点放在促进党和国家工作全局上，放在实现好、维护好、发展好最广大人民的根本利益上。这是做好外事工作的根本目的，也是衡量外事工作成效的根本标准。外事工作必须坚持以经济建设为中心，紧密结合国内工作大局，在统筹国内国际两个大局中加以推进。要紧紧围绕党和国家的中心任务，把国内发展与对外开放统一起来，更加注重从国际国内形势的相互联系中把握发展方向，更加注重从国际国内条件的相互转化中利用好发展机遇，更加注重从国际国内资源的优势互补中创造发展条件，更加注重从国际国内因素的综合作用中掌握发展全局。要坚持政治、经济、文化相结合，维护国家主权、安全、发展利益相统一，加强战略谋划和整体运筹，努力掌握对外关系的主动权，积极营造于我有利的工作局面和战略态势。党的《十七大报告》，进一步在“统筹兼顾”各种重大关系的前提下，把统筹国内国际两个大局摆上重要位置。这是我们党在我国全面参与经济全球化，与世界的依存度日益加深的大背景下，提出的新的统筹理念。这表明，树立世界眼光，加强战略思维，善于从国际形势发展变化中把握发展机遇，是应对风险、营造良好国际环境的新的时代要求。

科学发展观体现在对外政策方面，就是通过统筹兼顾国内国际两

---

① 《中央外事工作会议在京举行 胡锦涛温家宝作重要讲话》，《人民日报》，2006年8月24日。

个大局，围绕如何构建一个和平的国际环境来保障内部全面协调发展的顺利进行，处理好国内事情的同时还要处理好与外部世界的关系，制定合理的对外政策。党的《十七大报告》，在“统筹兼顾”各种重大关系的前提下，把统筹国内国际两个大局摆上重要位置。这是我们党在我国全面参与经济全球化，与世界的依存度日益加深的大背景下，提出的新的统筹理念。2006年中央外事工作会议强调，外事工作必须把出发点和着力点放在促进党和国家工作全局上，放在实现好、维护好、发展好最广大人民的根本利益上。这是做好外事工作的根本目的，也是衡量外事工作成效的根本标准。外事工作必须坚持以经济建设为中心，紧密结合国内工作大局，在统筹国内国际两个大局中加以推进。要紧紧围绕党和国家的中心任务，把国内发展与对外开放统一起来，更加注重从国际国内形势的相互联系中把握发展方向，更加注重从国际国内条件的相互转化中用好发展机遇，更加注重从国际国内资源的优势互补中创造发展条件，更加注重从国际国内因素的综合作用中掌握发展全局。要坚持政治、经济、文化相结合，维护国家主权、安全、发展利益相统一，加强战略谋划和整体运筹，努力掌握对外关系的主动权，积极营造于我有利的工作局面和战略态势。杨洁篪外长在总结新中国外交60年的成功经验时认为最突出的有两条：一条是坚持独立自主的和平外交政策。另一条是坚持统筹国内国际两个大局，紧紧围绕党和国家的中心任务开展工作。外交工作是党和国家工作全局中的一个重要方面，始终肩负着为实现党和国家中心任务创造良好外部环境的重任。他指出，“进入21世纪，外交工作内涵越来越丰富，国内大局和国际大局、内政和外交的联系和互动越来越密切，这就需要我们秉承外交为全面建设小康社会服务的宗旨，不断增强统筹意识，使外交和各项工作相互促进，协调发展”。①

过去十年来，中国外交紧紧围绕党和国家的中心任务，把国内发展与对外开放统一起来，更加注重从国际国内形势的相互联系中把握发展方向，更加注重从国际国内条件的相互转化中利用好发展机遇，

① 王小光：《独立自主、和平发展：杨洁篪谈新中国60年外交》，《人民日报》，2009年8月25日。

更加注重从国际国内资源的优势互补中创造发展条件，更加注重从国际国内因素的综合作用中掌握发展全局。秉承为全面建设小康社会服务宗旨所制定的和平发展对外政策具体通过贸易、金融、投资或发展援助和外交等手段来达到内外统筹安排，服务于党和国家的中心任务的目的：奉行互利共赢的开放战略，充分利用经济全球化和区域经济合作提供的各种有利条件，实现对外开放由出口和吸收外资为主向进口和出口、吸收外资和对外投资并重转变，不断拓展新的开放领域和空间，完善开放型经济体系，提高开放型经济水平，以开放促发展、促改革、促创新；加快转变外贸发展方式。努力提高利用外资水平。加快引进智力、人才、技术，引导外资投向重点领域和重点地区。保护外资企业在华合法权益，对国际资本和先进技术持开放态度，创造公平有序的投资环境。实施国家知识产权战略，大力提高知识产权创造、运用、保护和管理能力；更加重视对外投资和合作。鼓励各类企业有序开展境外投资和合作经营，支持在境外开展技术研发投资合作，开展海外工程承包和劳务合作，扩大农业领域国际合作，深化国际能源资源开发互利合作。大力开展有利于改善东道国民生和增强东道国自主发展能力的项目合作，尊重当地宗教和风俗习惯，遵守驻在国法律，承担相应社会责任和义务，促进驻在国发展。优化对外援助结构，创新对外援助方式，提升对外援助效果；有序扩大金融市场和金融业对外开放。构建服务高效、风险可控的金融体系，完善以市场供求为基础、有管理的浮动汇率制度，逐步实现人民币资本项目可兑换。既为各国对华开展贸易投资互利合作带来更大便利，也为维护国际货币金融市场稳定、促进经济全球化健康发展创造更好条件。外交方面则是坚持在和平共处五项基本原则的基础上同所有国家发展友好合作。同发达国家加强战略对话，增进战略互信，深化互利合作，妥善处理分歧，探索建立和发展新型大国关系，推动相互关系长期稳定健康发展。坚持与邻为善、以邻为伴、睦邻友好的方针，发展同周边国家和亚洲其他国家的友好合作关系，积极开展双边和区域合作，共同营造和平稳定、平等互信、合作共赢的地区环境。积极参与多边事务和全球性问题治理，承担相应国际义务，发挥建设性作用，推动国际政治经济秩序朝着更加公正合理的方向发展。深入开展同各国议会、政党、地方、民间等各方面交流合作，扩大人文领域对外交流，增进中国人民同各国人民的相互了解和友谊。

面对外交工作的新形势和新挑战，中国外交为维护国家的主权、安全和发展利益，建立并完善了一系列的制度和机制，出色地完成了国际局势变化、国家发展、社会转型对外交工作的要求。随着中国“走出去”战略的实施，涉及中国人、中国利益的突发事件日益增多，为了应对这一新变化，中国外交建立了危机处理机制，完善了领事保护机制；为适应中国国际形象建设，外交部成立了公共外交办公室，中国两次以国务院新闻办公室的名义发表了《中国的和平发展》白皮书，宣示中国的对外政策；为加强能源战略决策和统筹协调，2010年1月国务院决定成立国家能源委员会，等等。这些机制的建立增强了中国外交的整体运筹能力，对于掌握对外关系的主动权，积极营造于我有利的工作局面具有重要的意义。做好外交工作，人才是关键。胡锦涛同志在第十次、第十一次驻外使节会议上多次强调要努力建设一支政治素质高、业务能力强、组织纪律严、经得起风浪考验的外交干部队伍。为了适应外事人才培养的需要，2010年中央决定筹建中国外交干部学院，为我国社会主义外交事业源源不断地提供可靠人才提供了体制上的保障。

二、中国的发展是开放的发展

当代中国同世界的关系已经发生了历史性的变化，中国的发展离不开世界，世界的稳定与繁荣也需要中国。当代中国的发展和国际体系的变迁是紧密联系在一起的，“改革开放”与“全球化”进程相辅相成。在中国改革开放过程中，经济全球化日益成为推动中国经济发展和制度变革的重要外部力量。中国市场与世界市场的相联和互动，促使中国经济和世界经济的融合，中国由此成功地走上了一条与本国国情和时代特征相适应的发展道路。全球化之所以促进了中国经济的增长，一个很重要原因就是它成功地推动了跨国资本与中国廉价劳动力的结合，同时带动了技术和管理的提升。可以说，中国经济现代化既得益于改革开放政策，又得益于经济的全球化。“中国之所以能够用和平方式取得资源，一个极重要条件就是对外开放，也就是同经济全球化相联系而不是相脱离的。正是在经济全球化的特定历史条件下，中国这样的后兴大国实现崛起，可以通过国际市场引进各种资源包括能源，而不必走对外侵略、掠夺的崛起之路。从这个意义上来说，经济全球化成就了中国和平崛起”。①

十六大以来，中国正以实际行动努力促进亚洲地区的和平、稳定与繁荣，加强与发展中国家的团结与合作，稳定和发展与发达国家的关系，促进国际合作，积极维护世界的战略稳定。中国与主要大国的关系平稳发展，与发展中国家的友好合作日趋成熟。目前，同中国建有外交关系的国家已经达到了171个；在包括联合国在内的130多个政府间国际组织中，中国已经成为重要一员。在开放的过程中，中国开始用世界的眼光思考自己的发展，并以一系列合作共赢的实际举动逐渐打消了各方的猜疑与忧虑，创造了对自身发展更有利的国际环境。中国用自己的真诚，塑造了一个发展中大国的和平形象。中国充分利用世界和平发展带来的机遇发展自己，又以自身的发展更好地维护了世界和平，促进了共同发展。

三、中国的发展是合作的发展

国际社会始终会存在竞争和矛盾。各国应该在良性竞争中取长补短，不断寻找合作机会，扩大合作领域，拓展共同利益。中国坚持以合作谋和平、以合作促发展、以合作化争端，同其他国家建立和发展不同形式的合作关系，致力于通过同各国不断扩大互利合作，有效应对日益增多的全球性挑战，协力解决关乎世界经济发展和人类生存进

---

① 郑必坚:《中国的发展与和平崛起新道路》,《文汇报》，2004年3月21日。

步的重大问题。

过去十年，中国经济总量从2002年的11592亿美元提高到2011年的7.3万亿美元，从世界第六位跃升至第二位；国家外汇储备从2864亿美元增加到3.2万亿美元，稳居世界第一位。中国现代化建设的物质基础更加坚实，工业化、信息化、城镇化、市场化、国际化深入发展，社会主义建设事业全面推进，人民生活水平大幅提高，人均GDP从1000美元增加到5000美元。在此基础上，覆盖城乡居民的社会保障体系逐步建立，文化、教育、科技、卫生、体育等社会事业全面发展。了解中华文化和学习汉语的热情遍布全球，作为传播中华文化推广汉语学习的重要机构孔子学院的影响日益扩大，自2004年开办第一家至今，孔子学院已经在世界五大洲的105个国家和地区开设了358所学院和500个课堂，注册学员数有50多万人。[①] 十年来中国妥善应对了“非典”、“禽流感”、“猪流感”、“冰雪灾害”、“汶川地震”、“玉树地震”、“西藏3·14事件”、“新疆7·5事件”等天灾人祸的挑战，成功举办了“北京奥运会”和“上海世博会”，彰显了社会主义制度的优越性、中华民族的凝聚力和向心力，中国国际地位和国际影响力不断提升。

中国综合国力提升的同时，“当代中国同世界的关系发生了历史性的变化，中国的前途和命运日益紧密地同世界的前途命运联系在一起”。[②] 在贸易方面，2001年12月，中国成为WTO正式成员，十年来中国进出口贸易迅速增长，目前中国已经跃居成为全球第一大出口国，第二大进口国。十年间货物贸易进出口规模从2001年的5098亿美元增至2011年的近3.6万亿美元，增长7倍。在利用外资方面。2001年至2011年，中国利用外商直接投资从468亿美元增加到1160亿美元，连续20年居发展中国家首位。越来越多的跨国公司将中国作为其全球投资战略的重点区域，来华投资的全球500强企业超过480家，中国加工贸易进出口额的8成以上是外商投资企业所创。从利用世界自然资源方面来看，中国的发展也离不开世界。据统计，2003年中国石油、铝、

① 《孔子学院：向世界的一声问候》，《光明日报》，2012年1月5日。

② 胡锦涛:《高举中国特色社会主义伟大旗帜　为夺取全面建设小康社会新胜利而奋斗——在中国共产党第十七次全国代表大会上的报告》(2007年10月15日),《人民日报》，2007年10月。

铜、镍、钢铁、煤炭和水泥的消费分别占全球消费的7%、19%、20%、21%、25%、30%和50%。[①] 中国对钢铁的需求超过了美国和日本需求的总和，而中国对铜、镍、锌、铁矿砂和水泥的需求也都超过美国。然而，中国人均资源占有量远远低于世界平均水平。人均矿产占有量约为世界人均水平的1/2，人均耕地面积、人均水资源量约为世界人均水平的1/3，人均森林面积仅为世界人均水平的1/6；人均石油、天然气和煤炭量分别为世界平均值的约1/10、1/20和3/5。在这种情况下，可以说，没有国际合作中国经济就难以取得今天的发展。

伴随这些变化，中国积极推动国内改革，加入WTO以后，中国废止、修改和新出台了3000多部法律法规，根据WTO公开透明的原则要求，入世后中国实现了立法的公开透明，转变了政府职能，化外部压力为国内改革新的动力。中国还积极参与国际机制建设进程，目前已参加了100多个政府间国际组织，签署300多个国际公约，成为了国际体系中负责任的参与者、建设者和贡献者。加强内政与外交的协调是中国与外部世界联系不断增强的客观要求，也是中国政府的主观愿望。中国坚持"与邻为善、以邻为伴"方针，与周边国家和地区建立和发展多种形式的边境经济贸易合作，积极参与了亚太经济合作组织、东盟与中日韩（10+3）领导人会议、东亚峰会、中非合作论坛、大湄公河次区域经济合作、中亚区域经济合作、"大图们倡议"等区域和次区域经济合作机制。截至2010年底，中国已经与五大洲28个国家和地区进行了15个自由贸易安排或紧密经贸关系安排谈判。在解决与贸易伙伴的争议时，中国主张兼顾各方利益，求同存异。加入世界贸易组织以来，随着进出口持续增长，中国与贸易伙伴的争端和摩擦有所增多。涉案产品主要集中在纺织品、鞋类、轮胎、汽车零部件、钢铁和化工产品，争议问题主要涉及知识产权、贸易平衡、公平贸易、食品安全、环境保护等领域。中国始终认为对话比对抗好，合作比施压好，应当努力通过协商谈判解决贸易伙伴之间的争议。中国坚持兼顾和平衡各方利益，在世界贸易组织规则和体制内，利用多双边渠道，通过

① 北京大学中国经济研究中心宏观组：《中国金融市场的对外开放与国际金融体系的新变化》，中国网，www.china.com.cn，上网日期2005年3月25日。

对话、协商和谈判来解决争议。近年来，中国在扩大市场开放、保护知识产权、促进贸易平衡、改革人民币汇率形成机制、规范进出口经营秩序等方面采取了许多措施，充分照顾到贸易伙伴的关切。[①]

四、中国的发展是共同的发展

改革开放以来，中国的强劲发展吸引了世界的目光。与之相伴，各种版本的“中国威胁论”也不时泛起，成为中国外交必须回答的问题。胡锦涛深入思考中国的发展与世界的关系问题。他说：“在世界对中国发展越来越关注的同时，中国也在思考一个重要问题，这就是：如何通过自身的发展，继续为促进地区和世界的共同繁荣作出贡献。”[②] 中国坚定不移地走和平发展道路，既充分利用世界和平发展带来的机遇发展自己，又以自身的发展更好地维护世界和平、促进共同发展。这一共同发展论，抓住了促进各国共同发展繁荣这个关键问题，揭示了人类社会走向开放和整体发展的趋势，阐明了各国实现发展繁荣的内在一致性。

当今世界国与国相互依存日益紧密，形成了“利益交融、休戚与共的局面”，只有实现世界各国共同发展，让更多人分享发展成果，世界和平稳定才有坚实基础和有效保障，世界各国发展才可以持续。胡锦涛同志从“促进各国共同发展繁荣”这个要害和根本出发，主张各国超越传统观念，树立与时代变革相适应的新的时代思维，其精义是“更加注重交流合作、相互借鉴，更加注重互利共赢、共同发展”。[③] 中国坚持奉行互利共赢的开放战略，坚持自身利益与人类共同利益的一致性，在追求自身发展的同时努力实现与他国发展的良性互动，促进世界各国共同发展。

---

① 国务院新闻办公室：《中国的对外贸易》（白皮书），2011年12月。

② 胡锦涛在APEC工商领导人峰会上的演讲《树立开放思维　实现合作共赢》，央视国际，www.cctv.com，上网日期2005年11月19日。

③《胡锦涛在美国西雅图午餐会上的讲话》，人民网，http://cpc.people.com.cn，上网日期2006年4月19日。

中国认为应该牢固树立促进各国共同发展的时代思维，胡锦涛同志因此提出合作共赢要坚持以下基本原则：国家不分大小、强弱、贫富一律平等；要坚持把维护和发展共同利益作为合作的出发点和落脚点；充分发挥各国比较优势，努力拓展发展空间，促进共同发展；要互利互惠、取长补短，不断扩大各方共同利益汇合点，创新合作方式，拓宽合作领域，丰富合作内容；要在合作中照顾彼此正当关切，努力实现互利共赢。① 中国真诚期待同世界各国并肩携手，实现共同发展繁荣。

实践表明，在中国作为一个全球货物贸易大国兴起于世界舞台的同时，中国的发展也为世界经济的稳定增长注入了活力。在过去的许多年中，我国的对外开放，主要是把国外的技术、资本、商品“引进来”，以后逐步开始实施“走出去”战略。我国的商品越来越多地涌向世界市场，而日益扩大的国内市场也为世界提供了巨大的商机。中国的前途命运日益紧密地同世界的前途命运联系在一起。“从建立经济特区到开放沿海、沿江、沿边、内陆地区，从引进外资到鼓励中国企业对外投资，从敞开国门搞建设到加入世界贸易组织，中国参与经济全球化和区域经济合作，对外开放水平不断提高。进出口贸易大幅增长，利用外资水平不断提高，1979年至2011年，累计使用外商直接投资11643.8亿美元。迄今同163个国家和地区建立了双边经贸合作机制，签署了10个自由贸易区协定，同129个国家签署了双边投资保护协定，同96个国家签署了避免双重征税协定，成为贸易和投资自由化便利化的积极实践者。中国根据加入世界贸易组织的承诺逐步降低关税，关税总水平从加入世贸组织前的15.3%降到目前的9.8%，并取消了大多数非关税措施。2001年加入世界贸易组织以来，中国年均进口近7500亿美元商品，相当于为相关国家和地区创造了1400多万个就业岗位。过去10年，在华外商投资企业从中国累计汇出利润2617亿美元，年均增长30%。2000年至2010年，中国非金融类年度对外直接投资从不足10亿美元增加到590亿美元，有力促进了有关国家经济发展。2009年境外中资企业实现境外纳税106亿美元，聘用当地员工43.9万人。中国

① 中央文献研究室第五编研部张晓彤:《试论胡锦涛的时代观》,《瞭望》，2009年11月。

近年来对世界经济增长的贡献率均达到10%以上”。[①]中国对世界经济的增长开始发挥重要的拉动作用，很多国家都因此而受益。但与此同时，由于我国出口商品竞争力增强，出口贸易持续快速增长，因此与其他国家的竞争关系越来越强烈，也出现了大量的贸易摩擦。主要针对我国的贸易保护主义在抬头，中国威胁论在蔓延。冷静客观地看待贸易摩擦，无需谈虎色变。积极应对的办法，则需“内外兼修”，提升实力避免贸易摩擦。提升竞争力、增强软实力是中国企业避免贸易摩擦的“硬道理”。[②]

中国的发展对世界的和平发展、对国际机制建设起到了积极的作用。“中国认真落实联合国千年发展目标，成为全球唯一提前实现贫困人口减半的国家，并根据自身能力积极开展对外援助。截至2009年底，中国累计向161个国家、30多个国际和区域组织提供了2563亿元人民币的援助，减免50个重债穷国和最不发达国家债务380笔，为发展中国家培训人员12万人次，累计派出2.1万名援外医疗队员和近1万名援外教师。中国积极推动最不发达国家扩大对华出口，并已承诺对所有同中国建交的最不发达国家95%的输华产品给予零关税待遇”。[③]中国还积极推动地区经济合作，通过自由贸易区建设，中国与东盟实现了贸易自由化，关税大幅降低，双边贸易迅速增长；通过互利合作，中国在上海合作组织框架内，与上合组织成员国实现了能源、金融、经贸、反恐等领域的互利合作。2008年国际金融危机发生后，中国本着“同舟共济”的精神积极参与二十国集团等全球经济治理机制建设，推动国际金融体系改革，参与各国宏观经济政策协调，参与国际贸易融资计划和金融合作，组织大型采购团赴海外采购，向陷入困境的国家伸出援手。实践证明，中国越发展世界越和平，世界的发展越有保障。

（高飞　朱丹丹）

① 国务院新闻办公室：《中国的和平发展》白皮书，2011年9月。

② 商务部国际贸易经济合作研究院院长，霍建国：《应对贸易摩擦　中国需“内外兼修”》，http://finance.sina.com.cn/roll/20111231/073111108543.shtml，上网日期2012年3月27日。

③ 国务院新闻办公室：《中国的和平发展》白皮书，2011年9月。

第4章

努力建设和谐世界

中国提出的“和谐世界”理念具有丰富的内涵，包含政治、经济、文化、生态等各方面的内容。它是对中国文化传统中和谐思想的继承与发扬，也是对中国、印度等国在20世纪50年代倡导的和平共处五项原则的继承和发扬，它集中体现了现阶段以和平、发展、合作为旗帜的中国外交思想。同时，“和谐世界”理念和人类追求进步、发展的普遍愿望相通，与《联合国宪章》的基本精神相通，和人类的普世价值相通。

一、新秩序观与国际政治民主建设

秩序观是解决我们希望建立一个什么样的国际体系、什么样的国际社会、什么样的世界的问题。一般来说，大国都要有理想和现实两个方面的考虑。所以，秩序观具有一定的理想色彩，表达一个国家对世界秩序的看法、设想和努力方向；同时，秩序观又具有现实意义，指导国家的国际行为和外交战略。世界上现在主要存在三种秩序观：美国的霸权秩序观、欧洲的法制秩序观和中国提倡的和谐世界秩序观。中国的和谐世界秩序观主张坚持国际社会公认的国际法和国际关系准则，包括《联合国宪章》的宗旨和精神，尊重各国主权和领土完整，大小国家一律平等。《十六大报告》精辟阐述了这种新国际秩序观的内涵，即各国政治上应相互尊重，共同协商；经济上相互促进，共同发展；文化上相互借鉴，共同繁荣；安全上相互信任，共同维护，树立互信、互利、平等和协作的新安全观。《十七大报告》中又加入了“在环保上相互帮助、协力推进，共同呵护人类赖以生存的地球家园”的内容。这种秩序观顺应和反映了谋求和平、发展、合作、进步的时代潮流，也反映了中国文化的精髓理念。中国的秩序观是一种多元协商治理，或称为协商民主秩序，即在尊重多元文化和多种体制，依照国际法的基本原则，协商处理世界事务和全球问题，目的是达成一种包容的和谐状态。多元协商秩序观重视参与和协商的民主过程，注重民主的实质，承认普世价值也尊重多元文化，其终极理想状态是和谐。协商治理是国际社会成员通过平等的方式对话和讨论，协商解决世界面临的问题，参与国际社会实践和世界政治生活。中国的世界秩序观与中国国内政治进程中的协商民主在实质上是一致的，与主张国际关系民主化的思想一脉相承。

“和谐世界”强调在政治上要建立一个法制世界，国家、地区、集团之间应该和平共处，而不以武力相威胁，应该和平解决争端，在国际事务中，按照国际法的基本原则办事。和谐世界应该是世界各国的平等和谐，各国的事务应由本国政府和人民决定，世界上的事务应由各国政府和人民平等协商，通过多边的集体协商来解决，这样才有可能给我们这个国际大家庭营造一种和谐的气氛。在安全方面，各国应该相互信任，共同维护国际和平与稳定，树立互信、互利、平等、协作的新安全观，通过对话与合作解决争端，而不应诉诸武力或以武力相威胁。

加强国际合作是实现和谐世界的重要途径。全球化的发展为国家间的协调拓展了巨大的可能性和广泛的空间，使得国际合作成为国际关系的主要内容之一。中国寻求国家利益与国际社会共同利益的协调发展，更多地需要通过国际合作、国际交流的方式和途径来实现。以合作谋和平，以合作促发展，使中国的发展融入世界的发展之中，这是中国外交在构建和谐世界过程中的理性选择。建设和谐世界需要一个比较坚实的国际合作作为基础，要维系这样的国际合作离不开国际的法律和制度，而联合国正是一个制定国际法的非常重要的平台。在60多年的历史中，联合国在维护国际和平安全，促进国际合作和发展，保护人权方面，都发挥了非常积极的作用，而且它已经有一些相当完善的机制。因此，我们要进一步加强联合国的作用。构筑和谐世界需要积极参与各个层面的全球治理。全球治理现在正在国际、区域、国家、次国家层面上展开。要促成和谐世界，不仅需要主权国家做出积极努力，还需要发挥国际组织，包括非政府组织的作用。

二、新发展观与推动世界经济的共同繁荣

实现共同繁荣是构建和谐世界的长期目标。中国提倡建设和谐世界，是为了自身和国际社会各个成员都有一个良好的发展环境，是希望包括中国在内的世界各国都能享有有利于自身进步的国际条件，最终实现共同的繁荣。发展问题是当今世界的一个突出的问题。全球化不断深入，已使各国利益相互交织，命运彼此依存，中国的发展离不开世界的发展。中国谋求的发展不仅是本国的发展，而且还是世界的普遍发展和共同繁荣。在经济上强调共赢、共荣。世界各国在经济交往中应该以公平为基础，以互利为原则。世界经济的发展应该实现平衡、有序、协调发展，使各国特别是广大发展中国家普遍受益，而不是南北差距更大。不消除世界经济中存在的那些不和谐因素，世界经济就难于保持持续、稳定、健康的发展势头。只有通过国际社会的共同努力，建立起公开、公正、合理、开放、非歧视性的国际经济新秩序，使各国和人民都享有平等追求全面发展的机会和权利，才能推动世界经济朝着共同繁荣的方向发展。在生态上，“和谐世界”强调各国应创新发展模式，强调要保护环境，促进人与自然的和谐发展，走可持续发展之路。

进入新世纪，国际产业转移继续加快，跨国投资并购活动更加活

跃，以专业化分工为基础的全球生产体系不断发展。“全球经济已经成为一个有机互动的整体”。在经济全球化的背景下，“发展应该通过互利合作来实现”。2004年3月10日，在中央人口资源环境工作座谈会上讲话，胡锦涛同志总结了20多年来中国改革开放和现代化建设的成功经验，提出了“坚持以人为本，全面、协调、可持续的发展观”。[①]他提出“用更全面的观点看待发展，促进共同繁荣”；“以宽广深邃的战略眼光、以互利共赢的时代思维”审视和处理国家关系。国与国之间“应该客观认识和正确对待对方的发展，相互视为合作双赢的伙伴，而不是零和竞争的对手；相互支持对方和平发展”。具体而言，新发展观在国际关系领域就是主张：“各国在追求发展的进程中应努力实现互利共赢，鼓励彼此开放而不是相互封闭，公平竞争而不是损人利己，优势互补而不是以邻为壑。”[②] 2006年8月，胡锦涛同志在中央外事工作会议上进一步明确指出：“中国坚定不移地走和平发展道路，永远不称霸，既通过维护世界和平来发展自己，又通过自身的发展来促进世界和平，努力实现和平的发展、开放的发展、合作的发展、和谐的发展。”“要把中国人民的根本利益与各国人民的共同利益结合起来，把我国的对外政策主张与各国人民的进步意愿结合起来，以合作谋和平，以合作促发展，以合作解争端。”[③]在新发展观的指引下，中国积极参与各种国际经济组织，积极推动区域经济合作，中国的经济发展带动了世界的发展和地区的繁荣。

三、新文明观与尊重世界文明的多样性

冷战结束后，“文明冲突论”在西方国家甚嚣尘上。中国认为文明间的差异并不必然导致国际冲突，不同文明之间必须且只能通过对话，

---

① 胡锦涛：《科学发展观是我党提出的新重大战略思想》，新华网，www.xinhuanet.com，上网日期2004年4月4日。

② 李肇星：《和平、发展、合作——李肇星外长谈新时期中国外交的旗帜》，来源：中国外交部网站，网址：http://www.fmprc.gov.cn，上网日期2005年8月22日。

③ 《中央外事工作会议在京举行 胡锦涛温家宝作重要讲话》，《人民日报》，2006年8月24日。

实现和谐相处。维护共同安全需要合作，实现共同发展需要合作，推进不同文明和谐共存需要加强合作。站在时代发展和人类进步的高度，以合作谋和平，以合作促发展，已经成为国际社会的共识。中国认为，世界文明的多样性是人类社会的共同遗产和走向昌盛的宝贵源泉，应努力加以维护。各国人民根据本国国情自主选择发展道路是不可剥夺的权利，必须予以尊重。各国要在平等的基础上，在“文明对话”中相互借鉴、取长补短，共同构建和谐的世界。[①]“世界上没有放之四海而皆准的发展道路和发展模式，也没有一成不变的发展道路和发展模式，必须适应国内外形势的新变化、顺应人民过上更好生活的新期待，结合自身实际、结合时代条件变化不断探索和完善适合本国情况的发展道路和发展模式”。因此，中国倡导开放和兼容并蓄的文明观，主张世界各国应“尊重各自选择的发展道路，相互交流发展经验，彼此借鉴发展模式”。

“和谐世界”鼓励文明的对话，主张不同文明求同存异，相互学习。我们这个世界是一个多样性的世界，不可能只存在一种社会制度、一种发展模式和一种价值观念。各国文明和发展模式的多样性是人类社会的基本特征，也是推动世界文明进步的重要动力。各个国家和地区，无论是历史传统、宗教信仰和文化背景，还是社会制度、价值观念和发展水平，存在着这样或那样的差异，整个人类文明也因此而交相辉映、多姿多彩。不同的国家由于历史文化传统不一样，与外部世界的历史和现实联系不一样，在国际舞台上的地位和发挥的作用不一样，面向未来的追求不一样，由此决定了解决问题的方针、策略、政策和措施也不会完全一样，这正是国际关系的复杂性所在。中国提倡的和谐世界理念主张世界上各种文明、不同的社会制度和发展道路应该彼此尊重，在竞争比较中取长补短，在交流中融合而非同化，在求同存异中谋求共同发展。[②]

---

① 李肇星《和平、发展、合作——李肇星外长谈新时期中国外交的旗帜》，来源：中国外交部网站，网址：http://www.fmprc.gov.cn，上网日期2005年8月22日。

② 郑启荣主编：《改革开放以来的中国外交（1978—2008）》，北京：世界知识出版社，2008年版，第29—31页。

四、新安全观与加强各国的安全合作

“中国倡导互信、互利、平等、协作的新安全观，寻求实现综合安全、共同安全、合作安全。具体的说，就是注重综合安全。在新的历史条件下，传统安全威胁和非传统安全威胁相互交织，安全内涵扩展到更多领域。国际社会需要强化综合安全观念，坚持综合施策、标本兼治，携手应对人类面临的多样化安全挑战；追求共同安全。在经济全球化条件下各国命运休戚与共，国际社会应增强共同安全意识，既要维护本国安全，又要尊重别国安全关切。要摒弃冷战思维和同盟对抗，通过多边合作维护共同安全，协力防止冲突和战争。充分发挥联合国在维护世界和平与安全方面的作用，建立公平有效的共同安全机制；促进合作安全。战争和对抗只会导致以暴易暴的恶性循环，对话和谈判是解决争端的唯一有效和可靠途径。要以合作谋和平、以合作保安全、以合作化干戈、以合作促和谐，反对动辄使用武力或以武力相威胁”。①

安全观关系到我们如何看待国家安全问题。冷战结束后，中国强调要摈弃冷战思维，倡导以互信、互利、平等和协作为主要内容的新安全观。② 1997年3月，中国政府在同菲律宾共同主办东盟地区论坛会议上，首次正式提出了“新安全观”。1997年4月，《中俄关于世界多极化和建立国际新秩序的联合声明》中明确写入了建立新的具有普遍意义安全观的内容。③ 新安全观，主张以协商对话建立信任，通过多边协调寻求国家安全，其根本原则是“平等互利”，既着眼长远，又尊重对方的现实利益。新安全观具有四个主要特点：一是主张安全的多边性，一国的安全不仅是自己的事情，也要以他国安全为条件，离不开他国的支持与合作；二是主张安全的合作性，认为安全并无明显的敌

---

① 国务院新闻办公室:《中国的和平发展》白皮书，2011年9月。

② 丛鹏主编:《大国安全观比较》，北京：时事出版社，2004年版，第267—268页。

③ 《中俄关于世界多极化和建立国际新秩序的联合声明》,《人民日报》，1997年4月24日，第1版。

方，获取安全的主要方式是合作而不是对抗；三是强调安全的综合性，认为安全不仅局限于军事和政治领域，而且扩大到了经济、科技、文化、环境和社会问题的方方面面；四是强调安全感的获得要通过一定的机制和制度建设，认为那种把对手“置之死地”的做法不会使自己获得真正的安全。[①] 按照新安全观的要求，中国同周边各国积极开展睦邻友好合作，共同推动建设和谐亚洲。主张地区各国相互尊重、增进互信、求同存异，通过谈判对话和友好协商解决包括领土和海洋权益争端在内的各种矛盾和问题，共同维护地区和平稳定。[②] 密切经贸往来和互利合作，推进地区经济一体化进程，完善现有区域次区域合作机制，对其他区域合作构想持开放态度，欢迎地区外国家在促进地区和平与发展中发挥建设性作用。中国不谋求地区霸权和势力范围，不排挤任何国家，中国的繁荣发展和长治久安对周边邻国是机遇而不是威胁。中国将始终秉承自强不息、开拓进取、开放包容、同舟共济的“亚洲精神”，永做亚洲其他国家的好邻居、好朋友、好伙伴。同时，中国加强了与世界主要大国的战略对话。目前，中国与法国、日本、美国、印度等许多国家开展了战略对话，这对于增进战略互信和协调发挥了重要作用，是新安全观在实践中的新发展。从总体上看，冷战结束后，中国以新的方式成功推动了安全领域问题的解决，巩固了国家安全，推动了地区国际合作的发展。

五、新责任观与合作应对全球性挑战

随着改革开放不断深入，当代中国最大的变化是“中国已成为国际体系中的中国”，开始全面参与全球性和地区性合作。从国际体系的视角定位中国——“负责任的大国”是当代中国最重要的角色变化。“负责任”主要体现在以下几个方面：第一，作为世界上人口最多的发展

① 孟祥青：《“上海五国”机制：新安全观的成功实践》，《解放军报》，2001年6月12日。

② 《胡锦涛出席博鳌亚洲论坛2011年年会开幕式并演讲》，中央政府门户网站，www.gov.cn，上网日期2011年4月15日。

中国家，中国把自己的事情办好，本身就是对世界负责任最重要的体现。第二，作为国际社会负责任的国家，中国遵循国际法和公认的国际关系准则，认真履行应尽的国际责任，维护世界的和平、稳定与发展。第三，中国以积极姿态参与国际体系变革和国际规则制定，参与全球性问题治理，努力推动构建公正合理的国际政治经济新秩序。

面对全球性重大挑战和威胁，任何国家都不能独善其身，解决全球性挑战和威胁的出路在于国际社会加强合作。一是，应对全球性重大挑战和威胁攸关各国国计民生，对维护世界和平稳定、促进各国共同发展"至关重要"，要努力维护应对全球性挑战和威胁的良好政治环境。二是，应对全球性重大挑战和威胁，要"共同行动有效应对"。胡锦涛同志因此提出，妥善应对全球性重大挑战和威胁，"是世界各国的共同责任"。中国主张，各国应该从人类生存和发展的高度，用相互联系的眼光看待和应对全球性重大挑战和威胁，树立共同责任意识，统筹兼顾，"同舟共济"，从人类整体利益和共同命运出发，积极探索在风险四伏的现代社会促进世界协调可持续发展的新途径。

同时，各国国情和发展阶段不同，应按照责任、权利、实力相一致的原则，着眼本国和人类共同利益，根据"共同但有区别的责任原则"，从自身国力出发，各国共同履行相应国际义务，发挥建设性作用。应对能源和环境挑战"是世界各国的共同责任"。发达国家应该正视自己的历史责任和当前人均排放高的现实，严格履行《京都议定书》确定的减排目标，并在2012年后继续率先减排；发展中国家应该根据自身情况采取相应措施，特别是要注重引进、消化、吸收先进清洁技术，为应对气候变化作出力所能及的贡献。应对国际金融危机，各国应该加强宏观经济政策协调，落实国际金融体系改革，深化国际金融监管合作，尽早稳定国际金融市场，促进实体经济增长，反对各种形式的贸易投资保护主义，共同推动世界经济复苏。

长期以来，国际体系的结构被认为是权力的结构或权力的分配，国家之间是一种以追求利益为目的的竞争关系。根据这种理解，权力和利益，而非责任和利益，呈正相关。以责任取代权力为基础构思新的国际体系，为未来国际秩序建设拓展了思路。

小　结

中国是构建和谐世界的倡导者，也是这一理念的实践者。中国外交高举“和平、发展、合作”的旗帜，为实践和谐世界的理念正做出自己的努力。中国提出的构建和谐世界的主张，并不要求完全消灭国际社会存在的差异性，也不等于不讲是非，只求一团和气，我们要的是讲是非、有原则的“和而不同”。在各类不同国家和平共处的同时，对于国际关系中的消极因素，特别是影响国际社会共同利益的那些消极因素，必须采取多种外交手段加以化解或消除，以维护国际社会的共同利益并在这一基础上实现中国国家利益的最大化。

维护和平是构建和谐世界的最基本的要求，也一直是中国外交战略的核心内容。这既是对历史经验的总结，也是基于现实的需要。在过去的50多年里，中国外交战略虽有过数次重大的调整，但始终坚持维护世界和平及和平协商解决国际争端等主张。在当前全球化趋势不断深入，国际关系中的相互依赖性不断加强的大背景之下，中国更是不会放弃和平的外交方针。这是中国实现发展目标的需要，是中国人民根本利益之所在，也符合世界人民的根本利益。

实现共同繁荣是构建和谐世界的长期目标。中国提倡建设和谐世界，是为了自身和国际社会各个成员都有一个良好的发展环境，是希望包括中国在内的世界各国都能享有有利于自身进步的国际条件，最终实现共同的繁荣。发展问题是当今世界的一个突出的问题。全球化不断深入，已使各国利益相互交织，命运彼此依存，中国的发展离不开世界的发展。中国谋求的发展不仅是本国的发展，而且还是世界的普遍发展和共同繁荣。

加强国际合作是实现和谐世界的重要途径。全球化的发展为国家间的协调拓展了巨大的可能性和广泛的空间，使得国际合作成为国际关系的主要内容之一。中国寻求国家利益与国际社会共同利益的协调发展，更多地需要通过国际合作、国际交流的方式和途径来实现。以合作谋和平，以合作促发展，使中国的发展融入世界的发展之中，这是中国外交在构建和谐世界过程中的理性选择。建设和谐世界需要一个比较坚实的国际合作作为基础，要维系这样的国际合作离不开国际的法律和制度，而联合国正是一个制定国际法的非常重要的平台。在60多年的历史中，联合国在维护国际和平安全，促进国际合作和发展，保护人权方面，都发挥了非常积极的作用，而且它已经有一些相当完善的机制。因此，我们要进一步加强联合国的作用。要促成和谐世界，不仅需要主权国家做出积极努力，还需要发挥国际组织，包括非政府组织的作用。

要构建和谐世界，必须取得国际认同，寻求和拓展共同利益。当今世界总的来说，各国间的共同利益是客观存在的，而且各国间的共同利益大于分歧，特别是在全球性问题日益突出的情况下。我们不仅要承认有共同利益，而且要努力去增大共同利益，实现互利共赢。

推动建设和谐世界，是我们坚持走和平发展道路的必然要求，也是我们实现和平发展的重要条件。中国应为和谐世界的构建做出贡献。和谐世界的构建是一个漫长而艰难的进程。作为倡导国，中国肩负着贯彻这一理念的义不容辞的神圣职责。

（高飞　朱丹丹）

第 二 编

外交战略与布局的完善

第5章

中国与主要大国的关系

中国是社会主义国家，并且“中国处于社会主义初级阶段”。2006年8月胡锦涛同志在中央外事工作会议上强调，“我国正处于并将长期处于社会主义初级阶段，要把我国建设成为富强民主文明和谐的社会主义现代化国家，还需要进行长期努力。要有历史的、国际的眼光，要有全局的、战略的思维，深刻认识我国国情和所处的历史阶段，抓住当前有利时机加快发展自己。要毫不动摇地聚精会神搞建设、一心一意谋发展，不断增强我国综合国力，不断改善我国人民生活，不断促进社会和谐”。“社会主义的本质，是解放生产力，发展生产力，消灭剥削，消除两极分化，最终达到共同富裕。这就告诉我们，巩固和发展社会主义，必须认识和把握好两大任务：一是解放和发展生产力，极大地增加全社会的物质财富；一是逐步实现社会公平与正义，极大地激发全社会的创造活力和促进社会和谐”。[①]公平、正义、民主、进步、共同富裕是社会主义永恒的价值追求。正因为如此，中国对内要建设和谐社会，对外主张建立和谐世界，反对各种形式的霸权主义和强权政治，主张建立公正合理的国际政治经济新秩序。中国永远不称

---

① 温家宝:《关于社会主义初级阶段的历史任务和我国对外政策的几个问题》，新华网，2007年2月26日，http://news.xinhuanet.com/politics/2007-02/26/content_5775212.htm，2012年6月23日登录。

霸，永远不搞扩张。①

中国又是一个发展中国家。根据一系列权威国际组织的划分标准，中国按目前的发展水平，都只属于发展中国家。联合国将世界国家大致划分为三类：最不发达国家、发展中地区和发达地区，中国属于“发展中地区”。联合国开发计划署按各国的人均寿命、教育程度、生活水平三个指标统计出各国的“人类发展指数”，中国2009年的发展指数为0.772，属于“中等发展程度”的发展中国家，排在世界第92位。经济合作与发展组织成员国传统上被认为是发达国家，目前有34个成员国，中国不在其中；该组织正在与一系列国家谈判加入问题，中国也不在其中。社会主义初级阶段的定位与发展中国家并不矛盾，解决我国社会主义初级阶段的各种矛盾和问题“发展”是关键，这也决定了中国的“发展中国家属性”。“发展是硬道理”，不仅是解决国内一切问题的基础，也是增强我国外交实力的基础。在第十一次驻外使节会议上，胡锦涛同志强调，“在新形势下，外交工作同国家发展的关系更加密切，必须依靠发展、服务发展、促进发展，切实维护全方位对外开放条件下我国发展利益”。②

中国一直是国际社会负责任的国家。1956年毛泽东在《纪念孙中山先生》一文中就曾气宇轩昂地宣布：“中国应当对于人类有较大的贡献。”20世纪50—60年代，中国在自身经济非常困难的情况下，尽最大努力支持、援助亚非拉国家争取民族独立、发展民族经济。负责任不是抽象的，不同时代，负责任形式不同。新中国成立后，中国将自身定位为国际体系中的革命国家，因此强调“反帝”的革命性，并由此选择了对社会主义阵营“一边倒”的外交政策。在美苏争霸、苏攻美守的背景下，中国与苏联拉开距离，强调自身属于“第三世界”，并因此选择了“反霸”的“一条线”战略。随着时代的发展，“和平与发展”成为时代的主题，“和平、发展、合作”成了时代要求，当代中国是国

① 《中国的和平发展》白皮书，新华网，2009年9月6日，http://news.xinhuanet.com/politics/2011-09/06/c_121982103.htm，2012年6月23日登录。

② 《胡锦涛等中央领导出席第十一次驻外使节会议》，人民网，2009年7月20日，http://politics.people.com.cn/GB/1024/9687354.html，2012年6月23日登录。

际体系中的负责任大国。

中国的上述定位和属性直接决定了中国与世界其他国家的关系以及中国在国际舞台上的行为模式。

中国政府践行“和平、合作、发展”的外交理念，推动建设和谐世界，为促进世界和平、稳定和共同繁荣作出贡献。推动建设和谐世界，就是各国政治上应相互尊重，共同协商；经济上应相互促进，共同发展；文化上应相互借鉴，共同繁荣；安全上应相互信任，共同维护。在这一原则的指导下，中国致力于发展和谐的大国关系，近十年来，中国与大国之间的良性互动不断加深。

一、中美关系

进入21世纪，国际形势经历着复杂而深刻的变化。和平与发展仍然是当今时代主题，但不稳定、不确定因素在增多，新挑战新威胁在增加。在新的国际形势下，中美两国共同利益在增多，合作领域在扩大。世界和平与安全面临的新课题，特别是反对国际恐怖主义、防止大规模杀伤性武器扩散、保护人类生存环境、打击跨国犯罪等，使中美两国拥有重要的共同战略利益。中国的巨大市场和发展需求，美国的先进科技和优质产品，使两国具有巨大的经济技术合作空间。中美全面发展建设性合作关系前景广阔。

（一）政治互信不断增强，中美关系稳定发展

美国小布什政府上台之初，中美两国依然摸索着彼此和平相处的路径。尽管中国始终立足长远看待中美关系，但上台初期的小布什政府却根据西方大国崛起的历史经历而得出新兴国家必然以战争方式挑战现有霸权国家主导地位的观点，并以此处理对华政策。2001年4月发生的中美南海“撞机”事件鲜明地揭示出当时美国对华战略中日益增强的对抗态势。然而，“9·11”事件的突然发生彻底转变了美国国

家安全战略，美国开始实施以大国合作为基础的反恐战略，促使其寻求缓和并加强中美关系，进而促成了美国对华战略的调整。而中国则明确提出以融入现有国际体系为目标的和平发展宏大战略，提出合作、和谐、和平地发展包括中美关系在内的大国关系。与此同时，中国综合国力的大幅提升更令美国认识到在事关全球性问题上加强与中国合作的重要性。时任美国副国务卿的佐利克在2005年称，没有中国的参与，地区与全球性的重大问题将难以解决，中国应是国际体系负责任的利益攸关方。中美双方在稳定现有国际体系方面存在着共同利益。

在此背景下，中美双方的政治互信不断增强，其中一个重要标志是两国高层互访与沟通大大增多。2004年11月，美国总统小布什访华，胡锦涛主席和温家宝总理分别会见了小布什总统，再次确认两国元首纽约会晤时达成的全面推进21世纪建设性合作关系的重要共识。胡主席在会谈中表示，中美关系已远远超出双边范畴，越来越具有全球意义。中美在众多双边领域和重大国际地区问题上拥有广泛的共同利益，肩负着重大的共同责任。双方应保持两国高层交往的积极势头，共同开创中美经贸合作的新局面，加强两国在能源、反恐、防扩散、防控禽流感、人文等领域的互利合作，更好地造福两国人民和世界人民。布什总统赞同胡主席就发展双边关系提出的有关建议，表示美中两国应不断扩大交往，加强对话。美方坚持一个中国政策，反对“台独”，反对单方面改变台海现状。

以2005年4月18至21日中国国家主席胡锦涛应美国总统布什邀请对美国进行首次国事访问为契机，中美关系发展进入新的深入发展阶段。访问期间，胡主席在白宫欢迎仪式上发表重要讲话，同布什举行会谈并共同会见记者。双方一致认为，中美拥有广泛而重要的共同战略利益，不仅是利益攸关方，而且应该是建设性合作者，良好的中美关系对维护和促进亚太地区和世界的和平、稳定、繁荣具有战略意义。双方就加强对话、扩大共识、增进互信、深化合作，全面推进21世纪中美建设性合作关系达成重要共识。胡主席还会见了美副总统切尼、美总统国家安全事务助理哈德利等政府官员、美国会临时参议长史蒂文斯等国会议员、华盛顿州州长葛瑞格尔等地方官员，同美工商、学术等各界人士以及美公众广泛接触，并在西雅图、华盛顿、耶鲁大学发表重要讲演。访问取得重要成果，对推动中美关系健康稳定发展意义重大。①

在双方领导人的推动下，中美两国在议会、经贸、反恐、两军、执法等领域的交流与合作不断取得新进展。即便是在2008年的美国大选年，中美关系也得以保持平稳发展。两国领导人四次会晤、四次通话。双方成功举行两次战略经济对话和两次战略对话，在经贸、反恐、执法、能源、教科文卫等双边重要领域的交流合作取得新的进展，在朝核、伊朗核、苏丹达尔富尔等重大国际地区问题以及气候变化等全球性问题上也进行了富有成效的沟通和协调。中美在应对国际金融危机方面也保持了密切的沟通和协调，中美关系的全球影响和战略意义更加突出。②

美国政府换届之后，中美关系保持了良好发展的势头。2009年4月1日，中国国家主席胡锦涛在伦敦出席二十国集团领导人第二次金融峰会期间会见美国总统奥巴马，双方决定共同努力建设21世纪积极合作全面的中美关系，并就建立中美战略与经济对话机制、共同应对国际金融危机、加强双边广泛领域和重大国际地区问题协调合作达成重要共识。2009年11月15日至18日，应国家主席胡锦涛邀请，美国总统奥巴马对中国进行就任总统以来的首次国事访问。访问期间，双方就中美关系、经济金融、气候变化等共同关心的问题深入交换了意见，并发表了《中美联合声明》。此后中美高层互访密切，签订了一系列重要的双边关系文件。

2011年1月，胡锦涛主席应奥巴马总统邀请，对美国进行了国事访问。访问期间，两国元首回顾了自奥巴马总统2009年11月对中国进行国事访问以来中美关系取得的进展，并重申致力于建设21世纪积极合作全面的中美关系，这符合两国人民和国际社会的利益。双方重申，中美三个联合公报为两国关系奠定了政治基础，并将继续指导两国关系的发展。双方重申尊重彼此主权和领土完整。两国元首还重申

① 参见中国外交部官方网站有关信息，http://www.fmprc.gov.cn/chn/pds/gjhdq/gj/bmz/1206_22/sbgx/。

② 中华人民共和国外交部政策研究司编:《中国外交》，世界知识出版社，2009年版，第25页。

了对2009年11月《中美联合声明》的承诺。两国领导人一致同意，中美致力于共同努力建设相互尊重、互利共赢的合作伙伴关系，以推进两国共同利益、应对21世纪的机遇和挑战。中美正在安全、经济、社会、能源、环境等广泛领域开展积极合作，需进一步深化双边接触与协调。两国领导人还一致认为，需要与国际伙伴和机构进行更加广泛、深入的合作，以形成和落实可持续的解决方案并促进世界和平、稳定、繁荣和各国人民的福祉。①

鉴于两国面临重要的共同挑战，中美决定继续建设伙伴关系，以推进共同利益、处理共同关切、强调国际责任。两国领导人认识到，中美关系既重要又复杂。中美已成为不同政治制度、历史文化背景和经济发展水平的国家发展积极合作关系的典范。双方同意进一步努力培育和深化战略互信，以加强双边关系。双方重申要深化对话，拓展务实合作，确认需共同努力，处理分歧、扩大共识、加强在一系列问题上的协调。美方重申，美方欢迎一个强大、繁荣、成功、在国际事务中发挥更大作用的中国。中方表示，欢迎美国作为一个亚太国家为本地区和平、稳定与繁荣做出努力。两国领导人支持通过合作努力建设21世纪更加稳定、和平、繁荣的亚太地区。②

（二）经贸关系相互依赖，经济合作日益紧密

中美关系深入发展的显著体现是双方经济互补性不断增强。中国改革开放30多年恰值全球化进程加速的时刻。中国经济腾飞适应了国际发展的大趋势，这为中美关系最终实现良性互动体统了绝佳的时代大背景。经济全球化背景下的中美经济呈现出鲜明的互补性特色：中国劳动力资源丰富且价格低廉，以劳动密集型产品为主的出口商品寿美国公司和顾客的欢迎，而美国资本和技术密集型产品也恰为中国发展所需。

---

① 《中华人民共和国与美利坚合众国联合声明》，2011年1月19日，华盛顿。参见中国外交部官方网站，http://www.fmprc.gov.cn/chn/pds/gjhdq/gj/bmz/1206_22/1207/t788163.htm。

② 同上。

2001年11月中国加入世贸组织，成为国际经济体系中的重要成员。中美两国经济总体呈现交融互惠的局面，中美关系连接纽带不断加强并成为稳定中美关系的安全阀。中美都致力于通过高层对话来解决双方经济中存在的重要问题，2006年9月20日中美战略经济对话机制正式启动，双方在市场开放、能源环境、旅游市场、食品安全、金融服务、知识产权、人民币汇率等诸多层面的议题上取得了进展。2007年，中美战略经济对话达成新的原则共识，主要包括：一是促进经济平衡增长以实现可持续发展是双方共同的责任。二是承认创新在实现经济繁荣方面的重要作用，鼓励以市场为导向的公平竞争，有效的产权保护，特别要促进中小企业创新的发展、管理与应用。三是加强合作，以实现各自在能源安全、节能和能源效率方面的目标；加强在清洁能源开发、环境保护、清洁发展和应对气候变化方面的合作。四是就透明度开展合作与交流，为市场参与者提高可预见性，增强对两经济体的信心，同时加强透明度方面的国际义务。[①]

2009年4月中美元首就建立“战略与经济对话机制”又达成共识，将已有的“战略对话机制”与“战略经济对话机制”融入“战略与经济对话机制”之内，彼此对话交流的级别和效率都得到了显著提升，使得中美在涉及全球性、宏观性及战略性的重大议题方面可以持续不断开展深入坦诚的交流。[②]

双方在经贸方面的合作日益增强，到2008年中国与美国已成为对方的第二大贸易伙伴国。美国于2008年夏爆发了自20世纪20年代大萧条以来最为严重的金融危机，美国经济遭受重创。在延续美国一贯的对华接触政策的同时，奥巴马政府开始突出对华政策中的经济议题。美国在推动中国在国际舞台上承担更多责任，以便于减轻美国自身经济负担的同时，又采取多种措施劝说和施压中国购买更多美国国债并促使人民币升值，以便于将其解决经济危机所需花费转嫁于中国，力图使中国在复兴美国经济与保持美国的国际优势地位中发挥作用。在

---

① 《第二次中美战略经济对话联合情况说明》,2007年5月22—23日，华盛顿。参见中国外交部官方网站，http://www.fmprc.gov.cn/chn/pds/gjhdq/gj/bmz/1206_22/1207/t323182.htm。

② 秦亚青主编:《大国关系与中国外交》，世界知识出版社，2011年版，第318—320页。

一定程度上可以说，美国对华经济的依赖性在增强。在此背景下，中国对美外交更具灵活性和主动性，中美关系朝着真正平等合作的方向迈进。中美在台湾问题、核不扩散、气候变化、反恐、朝核、金融危机等传统安全问题和非传统安全问题上的合作空间不断扩大。①

2011年5月9—10日，第三轮中美战略与经济对话在美国华盛顿举行。在经济对话框架下，双方签署了《中美关于促进经济强劲、可持续、平衡增长和经济合作的全面框架》，并公布了经济对话联合成果情况说明。战略对话发表了成果清单，其中包括建立中美战略安全对话机制并成功举行首次对话，以及宣布启动中美亚太事务磋商机制。

至2011年，中美贸易额4467亿美元，同比上升16%。其中，中方3245亿美元，同比上升15%；中方进口1222亿美元，同比上升20%；中方顺差2023亿美元，同比上升12%。中美互为第二大贸易伙伴，美国是中国的第二大出口市场和第六大进口来源地，中国是美国的第三大出口市场和第一大进口来源地，连续10年成为美国增长最快的主要出口市场。

中美双边投资保持平稳较快发展。2011年中方新批准设立美资企业1426家，实际利用外资23.69亿美元，同比下降5.06%。截至2011年底，美国对华投资项目累计6.1万个，美方实际投入675.92亿美元。美国是我外资最大的来源地之一。同时，中国企业赴美投资步伐加快。截至2011年11月底，中国企业在美直接投资约为59亿美元，涉及工业、科技、服装、食品加工等广泛领域。

（三）中美关系中的敏感问题

虽然中美在政治、经贸、科技、科技和文化教育等各个领域的合作日益紧密，但是中美双方在台湾、人权、宗教等问题上的摩擦仍然很突出。

台湾问题历来是中美关系中最敏感的核心问题，妥善处理台湾问

① 秦亚青主编:《大国关系与中国外交》，世界知识出版社，2011年版，第305—324页。

题是中美关系的政治基础。随着美国小布什政府反恐战略的全面实施，小布什政府明确了以大国合作视角处理中美关系的立场，在其担任总统期间多次公开批评陈水扁单方面改变台湾地位和台海现状的图谋，表达了明确的反“台独”立场。中美两国逐渐呈现出合作应对“台独”的良性发展势头。这为中国政府大力开展对台交往、推动台湾民众认识“台独”危害性进而支持国家和平统一进程创造了较好的国际环境。

奥巴马上台后，由于奉行“经济优先”的对华政策，奥巴马政府更为尊重中国的核心利益和在台湾问题上的立场，在2009年9月23日与胡锦涛主席纽约会晤时，奥巴马明确“在台湾问题上，美方坚持一个中国政策立场没有改变”。在2009年11月15—18日的首次访华行程中，奥巴马重申“全面支持一个中国的政策”。台湾问题实际上在奥巴马政府对话政策议程中处于相对边缘化的地位，中国主导解决台湾问题的能力显著增强。不过我们也需要看到中国坚定的和平统一立场与美国维持台海现状的政策之间存在着较大矛盾，中美关系的总体加强令台湾问题在美国对华政策中的地位降低，中国对台湾政治及社会的演变发挥着更大的影响力。中国将希望寄托在台湾人民身上，大力影响台湾公众对一个中国的认同，这种极具远见的对台政策更凸显出台湾问题最终会以利我的方式发展的趋势，也日益展现出中国和平统一进程将会在中美关系总体稳定背景下渐趋实现的积极前景。①

另外值得注意的是，在中美关系发展进程中，美国从不放弃利用人权、宗教、达赖、东突等问题干涉中国内政。近年来，美方允许达赖数次窜访美国，美国总统高级顾问前往印度达兰萨拉会见达赖，美国国务院宣布任命新的所谓“西藏事务特别协调员”。美国国会向达赖颁发“兰托斯人权奖”并通过涉藏决议案。美国允许“世维会”在美国会大厦游客中心召开“第三次代表大会”。乌鲁木齐“7·5”事件后，美国政府虽总体表态谨慎，但美众议长佩洛西发表声明，反华议员提出决议案对中国民族政策妄加指责。美国国务院持续发表年度“国别人权报告”，涉华部分继续无端指责中国人权状况。不断利用有关个案

① 秦亚青主编：《大国关系与中国外交》，世界知识出版社，2011年版，第313—316页。

干涉中国内政。美国国际宗教自由委员会和美国国务院分别发表年度“国际宗教自由报告”，对中国宗教政策和宗教自由状况进行指责。中方从维护国家主权、安全和发展利益出发，对美方上述错误言行进行了严正交涉，表明了反对美方利用有关问题干涉中国内政、损害中方利益的坚定立场。①

十年来的中美关系的发展表明，中美历史文化、社会制度、价值观念有别，在一些问题上存在着不同的看法是正常的。中美两国作为世界上有重要影响的国家，对话与合作始终是两国关系的主流矛盾和分歧完全可以在平等和相互尊重的基础上，根据国际关系基本准则和中美三个联合公报的精神得到妥善处理。②一个良好的中美关系符合两国和两国人民的根本利益，有助于促进亚太地区和世界的和平、稳定与繁荣。在国际形势继续发生复杂深刻变化、全球性挑战不断增多、各国相互依存日益紧密的新形势下，中美两国在事关人类和平发展的一些烈重大问题上拥有更加广泛的共同利益和更加广阔的合作前景。③

二、中俄关系

过去的十多年里，国际形势风云变幻，俄罗斯国内也发生了重大变化，面对复杂的国际和国内形势，中俄关系排除了各式各样的干扰，克服了种种困难，按既定的方向稳步向前发展。1996中俄双方建立了“平等与信任、面向21世纪的战略协作伙伴关系”，中俄战略协作伙伴关系的核心是，两国为了维护自己的国家主权、领土完整和民族尊严，为加强两国的全面合作，实现共同发展，为推动世界多极化、民主化以及国际政治经济秩序的合理化而密切合作。两国遵循战略协作伙伴的原则和精神，在各个领域的合作都取得了丰硕的成果。

① 中华人民共和国外交部政策研究司编:《中国外交》，世界知识出版社，2011年版，第217—223页。
② 中华人民共和国外交部政策研究司编:《中国外交》，世界知识出版社，2008年版，第188—194页。
③ 中华人民共和国外交部政策研究司编:《中国外交》，世界知识出版社，2010年版，第197—203页。

（一）全面战略协作伙伴关系迈上新台阶

中俄战略协作伙伴关系深化的过程也是中俄新型国家关系形成的过程，中俄新型国家关系具有下列特点：一是相互尊重平等相待。中俄互相尊重对方人民的自由选择，互不干涉内政，中俄两国领导人反复声明，每个国家的人民有权从自己的国情出发，在没有外来干涉的情况下，独立自主地选择社会制度、发展道路和模式。二是高层交往实现了制度化、机制化。双方已建立了两国元首、议长、总理的定期会晤机制，有利于及时研究新情况，解决新问题，增强政治互信，有利于着眼未来，从战略高度和长远眼光看待和规划两国关系的发展。三是在涉及国家主权、领土完整等国家和新利益问题时互相支持。中国支持俄罗斯打击车臣分裂势力，维护国家统一所采取的行动，对俄罗斯加强同独联体国家关系的政策表示理解和支持。俄罗斯完全支持中国在台湾问题上的立场，强调台湾是中国领土不可分割的一部分，反对任何形式的“台湾独立”，反对外部势力干涉台湾事务，在涉藏、“法轮功”等问题上，俄罗斯也完全支持中国；四是树立新的安全观、构筑新的安全结构。中俄树立了以互信、互利、平等、协作为核心的新安全观，通过实现两国边境地区的军事信任和相互裁军，构建非军事化的周边安全结构。五是不结盟、不对抗、不针对任何第三国。中俄战略协作伙伴关系既不同于先是结盟、后是对抗的中苏关系，也不同于冷战后继续存在的美国与其他西方国家的结盟关系。在国际事务中，中俄根据事情本身的是非曲直，决定自己的立场和态度。①

2003年5月26—28日，国家主席胡锦涛对俄罗斯进行国事访问。访问期间，两国元首签署了《中华人民共和国与俄罗斯联邦联合声明》。胡主席还会见了俄总理卡西亚诺夫、联邦委员会主席米罗诺夫和国家杜马主席谢列兹尼奥夫，并在莫斯科国际关系学院发表了题为《世代睦邻友好，共同发展繁荣》的演讲。在演讲中，胡主席表示中国新

① 李静杰著:《新世纪的中俄关系》，载《中俄关系的历史与现实（第二辑）》，社会科学文献出版社，2009年版，第20—22页。

一届中央领导集体对加强中俄的睦邻友好和互利合作高度重视，愿同俄方一道，全面落实《中俄睦邻友好合作条约》，推动双方在政治、经济、科技、人文以及国际事务等领域的全面战略协作，不断加固中俄关系的基础，促进两国世代睦邻友好、共同发展繁荣。[①]

在全面战略协作伙伴关系的框架下，两国高层交往实现制度化、机制化、政治互信增强；解决了绝大部分历史遗留的边界问题；在边境地区建立信任措施和实行裁军；联合打击“三股势力”（国际恐怖主义、民族分裂主义、宗教极端主义），维护地区稳定；拓展包括经贸在内的各领域的合作；在国际事务中加强协调和配合。

2012年6月5—6日，俄罗斯联邦总统普京应胡锦涛主席邀请对中国进行国事访问。两国元首在北京举行了会谈。访问期间，双方签署了一系列部门间、企业间重要合作文件，涵盖工业、民用航空、传统能源、核能、相互投资、旅游、斯科尔科沃和中关村科技园区合作、出口信贷和保险、媒体合作等领域。在双方签订的《中华人民共和国和俄罗斯联邦关于进一步深化平等信任的中俄全面战略协作伙伴关系的联合声明》中，双方回顾了新世纪以来中俄关系的发展历程，对两国各领域合作取得的丰硕成果感到满意。[②]双方将致力于进一步加强平等信任、相互支持、共同繁荣、世代友好的中俄全面战略协作伙伴关系，恪守尊重彼此利益和自主选择社会制度和发展道路的权利，互不干涉内政，在主权、领土完整和安全等核心利益问题上相互支持，互利共赢，不对抗的原则。两国元首指出，这一方针是两国外交最主要优先方向之一，符合两国的根本国家利益，有利于实现两国的发展繁荣，有利于维护地区及世界的和平、安全与稳定。双方将进一步落实两国领导人确定的未来10年中俄关系发展规划。为此，双方商定在多层次、多领域、多部门间保持密切深入的合作关系。

---

① 《胡锦涛在莫斯科国际关系学院发表重要演讲》，人民网，莫斯科2003年5月28日电，http://www.people.com.cn/GB/shizheng/20030529/1002892.html。

② 《中华人民共和国和俄罗斯联邦关于进一步深化平等信任的中俄全面战略协作伙伴关系的联合声明》，2012年6月6日，北京。参见外交部官方网站，http://www.fmprc.gov.cn/chn/pds/gjhdq/gj/oz/1206_13/1207/t938682.htm。

（二）中俄经贸合作和上海合作组织的建立与发展

进入21世纪以来，中俄经贸合作形式日趋灵活多样，合作领域不断扩大，经贸合作程度不断加深。特别是随着中国经济的发展，中国对于能源和资源的需求日益扩大，而中国自身有限的资源已经无法满足工农业发展的需要，从20世纪90年代中期开始大量进口能源和资源。中俄石油管线的建设对保障我国资源供应起到积极作用。

早在1996年，中俄两国即开始了有关建立中俄石油管道的意向性磋商，取得了一定的效果。到2003年，日本热衷于在西伯利亚建立一个以日本为出口目标的石油输送管线，并展开全面外交工作。日方许诺向俄罗斯提供大规模的经济援助和80亿美元的贷款。来自日本的这种诱惑和俄罗斯为自身石油出口目标多元化的考虑使俄国改变了中俄原来协商中的石油管线，新的石油管线计划“泰纳线”能否顺利建设中国支线也是一个未知数。中国方面为此同俄国展开多方面、多层次的综合外交，既有外交部、商务部、石油公司外交第一线人员的调研及其接触活动，也有外交部长、能源部门领导人，乃至国家领导人这样最高级别的会谈和磋商。

2005年1月，俄工业和能源部长赫里斯坚科及俄石油公司总裁谢尔盖·巴格丹奇科维访问北京，与中方签订出口4800万吨石油的协议，中国则向俄方提供60亿美元贷款。2005年4月5日，俄总统助理伊万诺夫明确表示，俄政府已基本决定建设“泰纳线”的中国支线。俄工业和能源部长赫里斯坚科4月26日签署命令，决定第一阶段先修建至离中国边境70公里左右的斯科沃罗季诺（阿穆尔州）的石油管道；第二阶段再考虑修建至佩列沃兹纳亚湾（滨海边疆区）的输油管道部分。2005年5月俄政府批准了“泰纳线”建设方案。2005年7月8日，普京在出席八国集团首脑会议的苏格兰记者会上表示，俄罗斯将优先铺设西伯利亚通往中国的输油管道，然后才会兴建供应日本的远东港口路线。这表明“中国优先”的考虑占了上风，日本想占尽“泰纳线”所有优势的努力遭受一定挫折；但俄国也没忘记日本，仍然努力向日本供油，在中日之间搞平衡。

中国锲而不舍的综合外交努力、真诚合作精神，逐渐为俄国所认识和理解。中国始终把俄罗斯当作真正的友好邻国、战略伙伴，高度信任并开展全面的战略合作。中国积极支持俄国加入世贸组织，并成为最早与俄结束WTO谈判的世贸组织成员之一，体现了中方的诚意。在关乎国家根本利益的领土问题上，中俄双方也互有让步。2004年10月14日，中国外长李肇星和俄罗斯外长拉夫罗夫签署了“中俄国界东段补充协定”，使中俄长达4300多公里的边界线全部划清并确定。同时两国间有着十分紧密的军事合作，中国每年对俄国有大规模的军事采购，且两国军队携手进行了世界瞩目的“和平使命—2005”中俄联合大规模军事演习，标志着中俄军事合作与中俄战略伙伴关系发展到了一个新的高度。

2008—2009年，全球爆发了严重的金融危机和经济危机，俄罗斯也未能幸免。俄罗斯国际石油公司在油价暴跌的打击下难以为继，西方石油公司和金融巨头看准时机准备大举并购俄国石油公司和其他经营机构，俄国的经济形势和跨国公司处境岌岌可危，急需要自己救济解困。中国第一线的外交人员了解到了俄国的难处和需要，在这种情况下，2008年10月底，中国国务院总理温家宝抵达莫斯科开始对俄罗斯正式访问，并最终敲定了给俄国提供250亿美元低息政府贷款的决议。这对俄罗斯缓解金融危机，石油企业走出困境发挥了重要的作用。在中国向俄国提供贷款的同时，俄国承诺从2011年起的20年期间，中国每天可以进口30万桶俄罗斯原油。这些综合外交努力，最终促成了中俄石油管线于2011年1月1日正式建成并投入使用。

另一方面，中俄金融合作也不断深入发展。2005年1月1日中俄边境贸易正式启用卢布和人民币结算的办法。2008年10月举行的中俄总理定期会晤签署了一系列金融领域的合作协议，其中包括俄罗斯银行将在中国香港上市，将中俄金融领域的合作又向前推进了一步，2010年11月中俄两国总理会晤签署了《中俄政府间经贸关系协定》的补充议定书，规定双边贸易支付和结算既可使用可自由兑换货币，也可使用两国本币，为中俄本币结算扩大到两国一般贸易创造了条件。同年

11月中国银行间外汇市场实现了人民币和卢布挂牌交易，俄方也于2月在莫斯科银行间外汇交易开展两国本币业务，这极大地方便了双边贸易往来，也体现了两国在国际金融领域的协调不断增强。[①]

在全球经济治理领域，中俄双方具有广泛共识，一致同意将开展合作、优势互补，推动经济全球化朝着均衡、互利、照顾彼此利益的方向发展，建立公正、公开、合理、非歧视的国际贸易体制，携手落实联合国千年发展目标，积极发挥国际和地区经济金融组织的作用，挖掘联合国、二十国集团、金砖国家、上海合作组织的合作潜力。

上海合作组织的成立和发展又为中俄双边关系发展带来新契机和动力。随着2001年上海合作组织的正式成立，中俄合作开始具有了新的多边框架。2003年8月，上海合作组织成员国中、俄、哈、吉、塔武装力量在哈萨克斯坦东部边境地区举行了联合反恐演习，这是中国军队首次参加多边联合反恐演习。2005年8月至2010年9月，在中俄两国先后举行了4次“和平使命”联合军事演习。这些联合军事演习加强了中俄两军在防务安全领域的合作与协调，提高了中俄有效应对新挑战、新威胁的能力，反映出两国、两军务实合作不断发展。

而上海合作组织不仅在维护地区安全方面发挥作用，它在经济合作方面也为中俄双方提供了新的多边框架。2001年9月，上海合作组织成员国总理在阿拉木图举行了首次会议，讨论区域经济合作问题，并签署了《上海合作组织成员国政府间关于区域经济合作的基本目标和方向及启动贸易和投资便利化进程的备忘录》，2002年六国建立起经贸部长和交通部长会议机制，贸易和投资便利化进程开始启动，交通、能源等领域的合作也逐渐开展。2003年9月23日，六国总理在北京举行第二次会议，通过了《上海合作组织成员国多边经贸合作纲要》，明确规定了六国经贸合作的优先领域、主要任务及实施机制，上海合作组织区域经济合作开始步入正轨。2008年爆发的全球金融危机给上海合作组织成员国带来了严重的冲击。中俄两国采取了积极负责的态度协助成员国应对危机。

---

① 秦亚青主编:《大国关系与中国外交》，世界知识出版社，2011年版，第417—420页。

至2012年，中俄双方高度评价2011年至2012年中方担任上海合作组织主席国期间取得的巨大成绩，旨在维护地区安全与稳定、拓展经济和人文交流的条约法律基础显著巩固。由中方倡议举办的“睦邻友好年”活动进一步确立了上海合作组织的基本理念，促进了上海合作组织各国人民之间文化传统的相互借鉴。各方积极致力于弘扬持久和平、共同繁荣、相互尊重的原则，使上海合作组织的威望和影响显著提升。

（三）从国家友好到人民的友谊

国家关系的长期稳定发展离不开人民的理解和支持，人文领域的合作是近年来中俄双边关系发展的一大亮点。中俄在2006、2007年互办国家年，这是两国关系史上的创举，对于进一步增强中俄政治互信、深化双方的全面合作、巩固中俄友好的社会基础、推动中俄战略伙伴关系迈上新台阶具有重要的战略意义。[①]

在国家年活动中，中俄两国积极准备、精心筹划，达到了预期目的。首先，中俄政治互信进一步增强。在俄罗斯国家年期间，中俄两国元首举行了5次会晤，总理举行了2次会晤，150多位副部级以上俄罗斯政要和7个联邦区领导、65个州长来华访问，数万俄罗斯人来华举办活动。中方直接参加俄罗斯年活动的人数约50万，这些都创下了中俄交往的新纪录。国务院总理温家宝访俄并与俄总理祖布科夫举行了中俄总理第12次定期会晤、出席“中国年”闭幕式，全面深化了中俄各领域合作。俄联邦委员会主席米罗诺夫、俄国家杜马主席格雷兹洛夫访华，全国人大常委会委员长吴邦国分别予以会见并举行中国全国人大同俄联邦委员会、国家杜马合作委员会第二次会议，进一步提高了两国立法机构的合作水平。国务院副总理吴仪，全国人大常委会副委员长许嘉璐、路甬祥、乌云其木格，国务委员陈至立，全国政协副主席李兆焯等分别访俄，俄副总理茹科夫等俄政要亦访华。外交部

① 秦亚青主编:《大国关系与中国外交》，世界知识出版社，2011年版，第420—423页。

长杨洁篪与俄外长拉夫罗夫多次会面，就双边关系及重大国际和地区问题密切沟通，协调立场。在“中国年”的推动下，两国政治互信、务实合作、战略协作均达到前所未有的水平，为中俄战略协作伙伴关系的长远发展奠定了坚实的基础。

其次，经贸合作和科技交流迅速发展。“俄罗斯年”促进了中俄经济交流，2006年双方在经济领域的合作项目为32项，其中举办推介会21项。这些活动加强了中国实业界对俄罗斯产品和市场的了解，2007年“中国年”期间，莫斯科举办了迄今未之中国在国外举办的规模最大、涉及领域最广的国家级展会，不仅让俄罗斯人更好地了解了改革开放的中国，也为两国企业搭建了合作的平台。[①] 中俄双边贸易额继续快速增长，2007年全年达481.65亿美元，同比增长44.3%，再创新高。贸易结构改善取得积极进展。中俄机电商会正式成立，机电产品在双边贸易额中比重上升。能源和核能合作取得重要进展。双方进一步深化包括油气管道项目在内的油气、电力领域合作，签署了田湾核电站二期合作原则协议、铀浓缩四期项目框架协议、和平利用核能中期合作议定书等重要文件。投资合作稳步推进。2007年9月，第四届中俄投资促进会以在俄索契召开，签约金额达11.5亿美元。

最后，教育、文化等领域的交流活动在“中国年”和“俄罗斯年”的推动下达到前所未有的水平。中国在俄各类留学人员有15000余人，在华学习的俄罗斯学生总数为5000余人。在圣彼得堡国立大学、国立人文大学、新西伯利亚国立技术大学和伊尔库茨克国立大学等院校已建立12所孔子学院和3所孔子课堂。截至2007年底，俄方有103所学校开设汉语课，学生13000余人。据统计，2007年俄来华人数300.39万人次，同比增长37.4%；中国赴俄人数73.72万人次，同比增长2.5%。两国旅游合作进展顺利，赴俄旅游的中国游客增长迅速。

总的来看，举办“国家年”活动大大有助于增进两国人民的互相理解和友谊，使“世代友好、永不为敌”的思想在两国得到广泛的传播，巩固和扩大中俄战略协作伙伴关系的社会基础，给两国政治、经

① 秦亚青主编:《大国关系与中国外交》，世界知识出版社，2011年版，第420—423页。

贸、科技、人文等领域的合作增添新的活力，对两国关系的全面发展，产生了巨大而深远的影响。

三、中日关系

日本是中华人民共和国的重要近邻，中国政府高度重视中日关系，奉行中日睦邻友好政策，根据《中日联合声明》等三个政治文件的原则，本着“以史为鉴、面向未来”的精神，推动中日战略互惠关系发展，实现两国和平共处、世代友好、互利合作、共同发展的目标。

（一）增信释疑，推动战略互惠关系发展

中日关系在进入21世纪以后，出现了一些波折现象。自20世纪90年代以来，日本经济长期低迷，政治体制有功能失调的问题，整个国内社会气氛较为压抑，老百姓普遍感觉不安和有危机感。在这种背景下，中国经济的迅速发展和中国的快速崛起令日本人十分不适应，国民心态颇有失衡之感。伴之而来的是日本右翼民粹主义势力抬头。日本右翼势力在对华政策上大打三张牌：一是打美国牌，利用美国调整亚太政策之机，图谋借美国之手加大对中国的遏制；二是打中国牌，一再炮制“中国威胁论”，为日本摆脱“和平宪法”制约，谋求政治军事大国地位寻找借口；三是打历史牌，日本右翼政界人物一再坚持参拜“靖国神社”，利用历史问题在日本国内煽动民族主义情绪，为日本对外政策右倾化加固社会基础，引起与邻国间在历史问题上的情感对立。2001年小泉纯一郎出任日本首相，他把否定历史的行动推向极端，他不顾中国和亚洲邻国的反对和交涉，一而再、再而三地参拜靖国神社，致使中日关系日趋下滑，到2005年中日政治关系已经降到了自1972年中日邦交正常化以来历史的最低点。

面对日本政客的对华不友好态度，中国从睦邻友好的大局出发，坚持对日友好合作政策，积极寻求改善双边关系。2005年3月，温家

宝总理在记者招待会上就加强和改善中日关系提出了三项原则和三点建议。2005年4月23日，胡锦涛主席出席在印尼雅加达举行的亚非峰会时会见小泉首相，就发展中日关系提出5点主张：严格遵守《中日联合声明》等三个政治文件；坚持以史为鉴、面向未来；正确处理好台湾问题；坚持通过对话，平等协商，妥善处理中日之间的分歧；进一步加强在广泛领域的交流和合作，进一步加强民间友好往来，以增进相互了解，扩大共同利益，使中日关系健康稳定地向前发展。

安倍晋三继任日本首相后顺应民意呼声，实行“以外交为内政铺路”的路线。2006年上任伊始，就实现对中、韩的访问，打破了日中、日韩政治关系的僵局。2007年4月11日至13日，温家宝总理应邀对日本进行正式访问，被称为“融冰之旅”。期间，温家宝总理会见了明仁天皇，与安倍晋三首相举行会谈，发表《中日联合新闻公报》。双方明确了中日战略互惠关系的基本内涵、框架和重点合作领域，制定了加强两国各领域合作的一系列措施。温总理在日本国会发表了题为《为了友谊与合作》的演讲，出席了中日经济高层对话机制启动会议及中日文化体育交流年开幕式，并与日本国会、政党领导人会见，与日本民众进行了广泛接触。在演讲中，温总理指出，在新的历史条件下，中日两国存在着日益增长的共同利益，面临着需要共同应对的重大课题。基于这样的客观事实，两国领导人就构筑战略互惠关系达成了共识。我们的目标，就是顺应潮流和民心，把中日关系推向新的历史阶段，实现和平共处、世代友好、互利合作、共同发展。为实现这一目标，需要把握以下原则：一是增进互信，履行承诺。二是顾全大局，求同存异。三是平等互利，共同发展。四是着眼未来，加强交流。五是密切磋商，应对挑战。①

2008年5月胡锦涛主席应邀访日，双方领导人共同签署了《中日关于全面推进战略互惠关系的联合声明》，该文件指出：中日双方一致认为，中日关系对两国都是最重要的双边关系之一。两国对亚太地区和世界的和平、稳定与发展有着重要影响，肩负着庄严的责任。长

① 温家宝:《为了友谊与合作——在日本国会的演讲》,2007年4月12日，东京。参见中国外交部官方网站，http://www.fmprc.gov.cn/chn/pds/gjhdq/gj/yz/1206_25/1209/t310780.htm。

期和平友好合作是双方唯一选择。双方决心全面推进中日战略互惠关系，实现中日两国和平共处、世代友好、互利合作、共同发展的崇高目标。双方决心正视历史、面向未来，不断开创中日战略互惠关系的新局面。双方将不断增进互相理解和互相信任，扩大互利合作，使中日关系的发展方向与世界发展潮流相一致，共同开创亚太地区和世界的美好未来，双方确认两国互为合作伙伴，互不构成威胁。双方重申，互相支持对方的和平发展。双方确信，坚持和平发展的中国和日本将给亚洲和世界带来巨大机遇和利益。两国达到增强政治互信、促进文化交流、加强互利合作、共促区域发展、应对全球课题的目的，推动了亚洲地区的稳定与发展。①

2010年5月温总理应邀访日，同日本首相鸠山由纪夫举行会谈，双方同意，重建两国总理热线，正式启动落实东海问题原则共识的政府间换文谈判，加快建立两国防卫部门海上联络机制，尽快商签海上搜救协定，采取具体措施扩大人文交流，建立中日食品安全合作机制。温家宝总理这次访日的成果是丰硕的，对于推动中日两国关系长远、稳定、充实地发展具有重大意义，但可惜的是，随后日本政局的变动使得这些协议在日本失去了推动的领导人，其后发生的撞船事件破坏了两国的友好气氛和政治互信。撞船事件发生后，菅直人内阁的做法严重破坏了中日两国友好的合作氛围，使中日关系又一次大幅度倒退。10月4日，温家宝总理在布鲁塞尔出席亚欧首脑会议期间与菅直人首相进行简短交谈。10月30日，温家宝总理在越南河内出席东亚峰会前，同日本首相菅直人进行寒暄。双方确认，为了改善因撞船而趋于冷淡的两国关系，推进战略互惠关系、加强民间交流非常重要。

2010年11月13日，胡锦涛主席在出席亚太经合组织的8次领导人非正式会议期间同菅直人首相进行了约20分钟的会晤。在这次会晤中双方在钓鱼岛领土问题上表明了各自立场的同时，确认两国关系的重要性，重点就加强各领域合作，推动两国关系进一步改善和发展达成共识。胡锦涛指出，中日两国走和平、友好、合作之路是符合两国和

① 庄小军、吴光祥著:《感悟当代中国外交——中共领导集体处理国际关系的外交智慧》，中共党史出版社，2009年版，第391—394页。

两国人民根本利益的正确选择。双方应该从战略高度和长远角度，恪守中日四个政治文件确定的各项原则。

近十年中日关系的曲折历程表明，加强双方的战略互信十分重要，正如唐家璇同志曾指出的那样，两国构筑战略互信仍然任重道远。双方要共同努力，跳出“中日在亚洲必有一争”的零和思维。要在政治上把握正确方向，形成良性互动。要进一步加强各领域务实合作，强化利益融合。要妥善处理历史、台湾、东海争议等敏感问题。①

（二）经贸合作稳步推进

在中日政治关系屡有波折的同时，中日经济关系在一定程度上呈现出“政冷经热”的特点。自小泉内阁执政以来，中日关系发展走向低谷，但即使在2005年中日政治关系几乎降到了自1972年中日邦交正常化以来的历史最低点，双边高层往来几乎完全断绝，中日经济关系仍然保持了平稳、良好的发展态势。中日贸易额2002年突破了1000亿美元，2006年突破2000亿美元大关，2007年则突破2300亿美元，中国成为日本第一大贸易伙伴，日本是中国的第二大贸易伙伴。中日两国的民间往来和交流规模也迅速扩大，2006年两国人员往来超过480万人次，中国和日本互为入境游的巨大客源市场。②据中方统计，2007年1—11月，中日贸易额为2360.22亿美元，同比增长13.9%。③2008年双边贸易额2667.9亿美元，同比增长13%。2008年7月，中国首次超过美国，成为日本最大出口对象国。胡锦涛主席访日期间，双方签署了关于促进技术贸易、中小企业及贸易投资法律研究等合作的备忘录。两国在能源、环境、高新技术、金融等重点领域的合作进展顺利。④

2010年，中日双边贸易额2977.7亿美元，同比增长30.2%。中国出口额1210.6亿美元，增长23.7%，进口额1767.1亿美元，增长35%。

---

① 唐家璇同志在中华日本学会和全国日本经济学会联合年会上的讲话，2010年5月13日，上海。参见外交部官方网站，http://www.fmprc.gov.cn/chn/pds/gjhdq/gj/yz/1206_25/1209/t709589.htm。

② 秦亚青主编：《大国关系与中国外交》，世界知识出版社，2011年版，第360—389页。

③ 中华人民共和国外交部政策研究司编：《中国外交》世界知识出版社，2008年版，第111—112页。

④ 中华人民共和国外交部政策研究司编：《中国外交》，世界知识出版社，2009年版，第132页。

中方逆差556.5亿美元。2011年1至7月，中日双边贸易额为1912.9亿美元。其中中国出口额809.2亿美元，同比增长24.2%。进口额1103.7亿美元，同比增长14.3%。据日方统计，2009年，中国首次超过美国，成为日本最大出口对象国。在对华投资方面，日本是我国第三大外资来源地。2010年，日本对华投资项目数1762个，同比增长38.2%，合同外资金额84.5亿美元，增长21.4%，实际到位金额40.8亿美元，下降0.5%。截至2011年8月底，日本对华投资累计项目数45364个，实际到位金额779.2亿美元。

总的来看，中日经贸合作已取得显著成效，双方均从中受惠。但进入21世纪以来，两国经贸关系发展势头趋缓，传统合作模式遇到挑战，双方亟需确立新思路，实现两国合作的转型升级。唐家璇同志指出，在双边领域，双方应把握后金融危机时代世界经济科技发展潮流，重点推进可持续发展合作，争取推出大的合作项目，形成新的亮点。在地区层面，亚洲一体化进程加速推进，中日携手合作的必要性和重要性进一步凸显。双方应抓住这一前所未有的历史机遇，做好亚洲合作这块大蛋糕，将中日关系推上亚洲这个大舞台加以运筹和发展。在全球层面，应在国际金融秩序改革、推进公正有效的全球治理、反对贸易保护主义等领域加强相互支持与合作。①

四、中欧关系

中国是世界上最大的发展中国家，欧盟是世界上最大的发达国家集团，都肩负着维护世界和平、促进共同发展的重任。中国始终把发展对欧关系作为外交的优先方向之一。经过中欧双方的不懈努力，中欧关系不断取得新的进展，形成了全方位、宽领域、多层次的合作局面。

---

① 唐家璇同志在中华日本学会和全国日本经济学会联合年会上的讲话，2010年5月13日，上海。参见外交部官方网站，http://www.fmprc.gov.cn/chn/pds/gjhdq/gj/yz/1206_25/1209/t709589.htm。

（一）中欧战略伙伴关系不断发展

中国实施改革开放政策以来，与欧洲特别是西欧的关系经历了1980年代的逐渐升温，1989—1994年间的起伏发展后，从1990年代中期起进入了快速稳步发展的阶段。自1995年以来，欧盟连续发布了6份对华政策文件，明确提出要使用政治、经济等多方面资源加强与中国的合作。早在1998年，欧盟提出要和中国建立建设性伙伴关系，因为它认识到“中国国内进行了持续的、巨大的经济社会改革。在国际舞台上，中国已成为国际安全和经济体系的重要组成部分”，从而“要将中欧关系提高到与欧美关系、欧俄关系同等的地位”。1998年，中欧构建面向21世纪的长期稳定的“建设性伙伴关系”，2001年确立“全面伙伴关系”，2003年达成“全面战略伙伴关系”。而中国也于2003年10月发布了新中国外交史上的第一份对欧政策文件，系统阐明了中国的对欧政策，表明了密切发展双边关系的良好愿望。文件阐述了中国对欧盟的政策目标，规划了今后五年的合作领域和相关措施，强调中国与欧盟都是当今世界舞台上维护和平、促进发展的重要力量，全面发展同欧盟及其成员国产期稳定的互利合作关系，是中国外交政策的重要组成。之后的2004年还被称作是中国的“欧洲年”，中欧双方领导人互访创下历史记录，中方有6位中央政治局常委和两位副总理访问了包括新成员国在内的16个欧盟国家和欧盟总部，欧盟国家和欧盟机构共9位领导人相继访华。

但从2005年下半年开始，欧洲国家开始流行“中国威胁论”，欧盟对华贸易保护主义倾向增强，越来越多的欧洲战略人士开始探讨中国崛起对欧盟的挑战问题。2006年10月，欧盟委员会发表了第六个对华政策文件《欧盟—中国：更紧密的伙伴，扩大的责任》；同年12月，欧洲理事会发布《关于欧盟—中国战略伙伴关系的结论》，显示欧盟针对中国崛起调整了对华政策。它虽然保持了要同中国发展“全面战略伙伴关系”的基调，但是强调欧盟对华经贸关系定位已经由“成熟的伙伴”转为“竞争与合作伙伴关系”。在政治关系上，随着希拉克、施罗德等对华友好的领导人相继离职，中欧政治家之间的信任感大大降低，中欧关系的整体气氛趋于冷淡。以默克尔会见达赖喇嘛为开端，欧盟国家对华政策开始出现借人权、宗教等问题向中国施压的倾向。欧盟对华外交不仅加强了其内部的协调，而且采取了“议题联系”的策略对中国进行牵制，放大了中欧关系中的竞争性、复杂性和长期性因素。在某种程度上，中欧关系进入新的调整期。

然而，全球金融危机和欧债危机的爆发又拉近了中欧关系。伴随着一些欧洲国家经历着主权债务危机，欧盟国家的主要注意力专注于解决自身的危机。中国认同欧盟为稳定金融市场、加强金融监管、投资经济增长等种种努力和措施，理解欧盟正在进行的改革措施，并寻求在多方面帮助欧盟克服债务危机。中国的表态、政策和措施对于稳定欧洲市场都起到了非常重要的作用。欧盟国家不仅把中国看做是一个市场，还把中国作为其度过难关可以倚重的重要力量。[①] 因此，欧盟国家总体上对华政策更加积极，更加愿意与中国开展合作，中欧战略伙伴关系在危机背景下被注入新的内涵。

进入2012年以来，中国国家领导人胡锦涛、吴邦国、温家宝、李长春和李克强分别出访多个欧洲国家。中国高层领导人频繁出访欧洲，也反映出在欧债危机背景下，中国重视欧洲，愿与欧盟进一步发展双边关系的意愿不断增强。

（二）经贸、科技等领域的合作继续拓宽深化。

近年来，中欧贸易额每年以30%—40%的速度增长。2011年中欧贸易额达5672.1亿美元。目前，欧盟是中国最大的贸易伙伴，最大的技术引进来源地和重要的投资来源地。中国超过美国，成为欧盟第一大进口来源国和第二大贸易伙伴。中欧经贸合作规模越来越大、水平越来越高，正在进入一个快速发展的新阶段。

2008年4月，双方宣布启动中欧经贸高层对话，填补了中美战略

① 中国社会科学院欧洲研究所“中欧关系”重点学科课题组:《2011年中欧关系的回顾与展望》，载《欧洲研究》，2012年第1期。

经济对话机制和中日高层经济对话机制建立之后中国与欧盟之间在这一领域的空白。中欧经贸高层对华持续进行，双方取得的经贸共识具有深远影响。2009年5月，中国国务院副总理王岐山在《纽约时报》网站发表文章，指出中欧应当共同反对贸易保护主义以应对经济危机，应当本着合作的精神，妥善解决贸易分歧和争端，稳步扩大共同的利益。“中欧应该充分利用中欧高层对话平台，加强交流与合作，共同反对贸易保护主义。这将更好地让我们能够应对当前的危机，促进经济的复苏和增长，也将加强经济全球化趋势，促进双方贸易进一步发展”①

在能源合作领域，2004年中欧签署和平利用核能研发合作协定，2005年建立中欧能源交通战略对话机制，2011年11月举行第五次对话。2009年双方先后签署《中欧清洁能源中心财政协议》和《中欧清洁能源中心联合声明》。双方在国际热核聚变试验反应堆计划（ITER）、氢能、燃料电池、生物燃料、风电、洁净煤、能效与可再生能源等领域开展技术合作。在科技合作方面，自中欧在上世纪80和90年代开展紧密合作政策和行动措施以来，双方于2004年续签《中欧科技合作协定》。2003年中国同欧盟签署“伽利略计划”合作协定，成为第一个参加该计划的非欧盟国家。2009年双方签署《中欧科技伙伴计划》。2010年中欧签署关于特别鼓励中欧中小企业开展能源科研创新合作的联合声明，中方为此专门设立为期3年（2011—2013）、金额达1亿元人民币的“中欧中小企业节能减排专项基金”，用以支持双方中小企业在新能源、可再生能源等领域开展科技合作。2011年已开始组织太阳能发电领域的首批合作项目。迄今为止，我国已参加欧盟科技框架下400多个项目，涉及能源、生物技术、农业、健康医学、自然资源、环境等诸多领域。此外，中欧双方在气候变化、环保以及中欧城镇伙伴化关系等方面都建立了机制化的合作关系。中欧双方均致力于推动在可持续发展领域的全方位交流与合作。

---

① 新华网，2009年5月6日电，http://news.xinhuanet.com/world/2009-05/06/content_11324268.htm。

（三）中欧关系的复杂性

与欧盟打交道是件麻烦的事，因为欧盟对外表现出不同的层面。根据欧盟条约的规定，欧盟对外关系分为第一支柱和第二支柱，其中对外贸易、对外发展援助政策和对外环境政策等属于第一支柱，这方面欧盟委员会等共同体机构具有很大的决策权，欧盟的决策也采取特定多数表决制；而外交和安全政策是第二支柱内容，各成员国政府在理论上都还享有否决权。欧盟决策机制的特性可以概括为“行为体的多样性”和“层次的复合性”相结合，欧盟对外政策是在多种行为体于多个层面进行跨国、跨政府和国际间互动的模式下“综合”出来的。

因此，中欧关系也不仅仅是中国同欧盟机构之间的双边关系，也并非中国同欧盟成员国之间关系的简单相加，而是双边和多边交错的网状结构关系。这种特性既导致欧盟对华政策在某些方面缺乏实质性内容和可操作性，同时也给中国对欧外交带来相当大的困惑。例如，中国希望欧洲一体化进程平稳发展，因为真正具有共同外交与安全政策的欧洲将是一个更加清晰的伙伴。但是，当前欧盟自身的发展困难却使得它越来越难于打交道。传统上，德、法等国一向被认为是欧洲一体化的发动机，然而在经济危机的压力之下，欧陆流行的社会经济模式遭遇重大挑战，伴随着欧盟扩大为27个成员国，德法等国对欧盟决策的影响力明显下降；中小国家在欧盟内部形成新的不同组合，对欧盟对外政策的影响力有所上升，而这对中国传统上注重欧盟大国的对欧外交策略构成一定挑战。此外，老牌欧盟大国经济不振还影响到公共舆论的涉华态度。当前，在欧盟中下层民众中，很多人认为中国是全球化的受益者，而他们的利益则在受损，这些偏见的汇集就是“中国威胁论”流行的土壤。

欧盟扩大的另一重后果就是美国对欧盟的影响力由此增大了。在1990年代，由于冷战结束和苏联解体，西方国家失去了主要对手，德、法等国在安全上对美国的依赖性减弱，欧盟具有了在全球政治层面发挥自主影响力的机会。然而近年新入盟的中东欧国家普遍亲美，比如波兰领导人就曾称波兰是美在欧的“特洛伊木马”，美国乃得以推进在东欧的反导计划。再加上俄国不时向欧洲挥舞能源大棒和炫耀武力的缘故，东欧国家普遍将安全寄托于美国所主导的北约，欧盟也不得不默许北约不断东扩。这样，中欧关系中的美国因素非但没有削弱反而更强了，甚至可以认为，在中欧外交谈判桌旁，总是可以看到美国的影子。在这些导致中欧关系更具复杂性的因素的主导下，中欧关系中的市场经济地位及其相关问题、武器禁运、人权等问题一直是中欧双方发展长期稳定关系所面临的最大挑战。①

中欧全面战略伙伴关系对于中欧双方的外交布局都具有至关重要的作用。双方应共同努力，推动双边关系向更高水平迈进。为此，中国与欧盟需要加强在重大国际和地区问题上的磋商与协调，不断深化战略互信，充实中欧全面战略伙伴关系的内涵。着眼共赢，不断扩大合作领域，提高合作水平，保持中欧在经贸、科技、节能环保、清洁能源等领域的合作优势，努力培育新的合作增长点。同时，本着尊重和照顾彼此重大关切的精神，妥善处理双边关系中存在的问题。相向而行，推动中欧全面战略伙伴关系健康持续深入发展，使中欧关系成为不同社会制度、不同发展模式友好相处、互利合作的典范。

（尹争艳　熊炜）

① 秦亚青主编:《大国关系与中国外交》，世界知识出版社，2011 年版，第 338 页。

第6章 中国与周边国家的关系

党的十六大以来，随着国际形势和地区形势的深刻变化，中国与周边国家关系在中国总体外交工作中的地位和作用越来越重要。同时，中国对周边国家的外交工作也面临着很多新问题和新挑战。在这种情况下，以胡锦涛同志为总书记的党中央运筹帷幄、积极有为，在中国与周边国家关系上取得了一系列重要进展，为全面建设小康社会营造了一个良好的周边环境。

一、“与邻为善，以邻为伴”——中国对周边国家的外交战略

中国与周边国家的关系对于全面建设小康社会有着特别重要的意义，这首先是因为，随着全球化进程和中国改革开放进程的加快，中国与周边国家已经彼此成为最重要的合作伙伴。中国现在已经成为大多数周边国家最大的贸易伙伴。从2000年到2010年，中国与周边国家间贸易额由1647亿美元猛增到8857亿美元。[①] 另外，中国与周边国家

① 《国际问题专家：中国周边环境向好的基本趋势未变》，新华网，2011年12月18日，http://news.xinhuanet.com/world/2011-12/18/c_111253828.htm，2012年6月2日登录。

关系的稳定发展以及周边国家自身的局势对于中国维护稳定促进发展都有着重要的影响。其次，随着国家间相互依存程度的不断加强，中国与周边国家的合作议题和共同利益在不断扩大。中国与周边国家的关系不仅有政治、军事、安全等层面，更在贸易、金融、社会等诸多领域展开，资源开发与利用、制止跨国犯罪、环境保护，传染病的防控、教育文化交流等等都成为双方合作的议题。而这些问题的解决单靠任何一方的力量都是很难办到的，需要中国与周边国家的合作。最后，毫无疑问，中国与周边国家关系也存在一些障碍，其中一些问题如中国与邻国海洋领土争议等近来有激化的趋势。在这种情况下，伴随着中国综合国力的不断提升，周边国家对于中国疑虑也在增加。有的国家重拾冷战思维，强化针对中国的军事同盟。在地区一体化进程中，有的国家引入地区外大国，以制约中国，大搞大国制衡。这些情况都是中国外交必须予以着力解决的问题。

面对这种新情况，党中央制定了指导21世纪中国对周边国家外交工作的指导方针，即“与邻为善，以邻为伴”和“睦邻、安邻、富邻”的外交方针。这一方针在党的十六大上得以确立，以胡锦涛同志为总书记的党中央多次强调这一方针的重要性。2004年8月，胡锦涛总书记在第十次驻外使节工作会议上明确指出：“要坚持与邻为善、以邻为伴的方针和睦邻、安邻、富邻的政策，把加强双边友好与加强区域合作结合起来。”[①]2007年10月，在党的十七大上，胡锦涛同志在报告中再次向全世界宣示了这一方针。他指出：“我们将继续贯彻与邻为善、以邻为伴的周边外交方针，加强同周边国家的睦邻友好和务实合作，积极开展区域合作，共同营造和平稳定、平等互信、合作共赢的地区环境。”[②]2009年7月，在第十一次驻外使节会议上，胡锦涛总书记将中国与周边国家的关系定位为中国外交战略的依托，这使得中国与周边国家关系的重要性再次得到提升。他明确要求：“维护我国周边稳

① 《第十次驻外使节会议举行 胡锦涛温家宝讲话》，中国网，2004年8月30日，http://www.china.com.cn/chinese/PI-c/648194.htm，2012年6月3日登录。

② 胡锦涛：《高举中国特色社会主义伟大旗帜　为夺取全面建设小康社会新胜利而奋斗——在中国共产党第十七次全国代表大会上的报告》，新华网，2007年10月24日，http://news.xinhuanet.com/newscenter/2007-10/24/content_6938568_10.htm，2012年6月3日登录。

定大局，做实做深构筑周边地缘战略依托工作。”[①] 通过以上论述不难看出，中国与周边国家的关系在中国最高决策层心目中始终具有重要地位，“与邻为善，以邻为伴”和“睦邻、安邻、富邻”的外交方针已经是中国外交大战略的重要组成部分。

所谓“与邻为善”突出了中国在处理与周边国家关系上的一种态度，即善待邻国，以善意合作争取邻国对中国和平发展道路的理解和支持。而“以邻为伴”又是“以邻为壑”的对立面，它强调的是中国对周边国家的战略定位，即中国将周边国家视为伙伴和朋友，而不是对手和敌人，双方关系性质的确定是制定具体政策的前提条件。“睦邻、安邻、富邻”阐述了中国对周边国家外交工作的目的。首先，中国对周边国家的一切外交工作的目的都是为了安定四邻，使中国与邻国的关系和睦起来，工作的抓手在于消除周围邻国对中国的疑虑和担心。“富邻”又突出了双方关系中的经济层面，即让邻国在与中国的合作中获得实实在在的利益，用这种事实证明中国的发展对于邻国来说是机遇而不是威胁。

在这种外交指导方针的指引下，中国与周边国家的关系进入了历史上最好的时期。

二、中国与东南亚国家的关系

中国与东南亚之间地理的毗邻，经济的互补性使得中国与东南亚国家之间的关系对于中国所面临的国际环境，乃至中国的国家安全与经济发展都具有极其重要的意义，因此，中国一直以来都非常重视同东南亚各国的关系。

① 《第十一次驻外使节会议在京召开》，中华人民共和国外交部网站，2009年7月20日，http://www.fmprc.gov.cn/chn/gxh/tyb/zyxw/t574427.htm，2012年6月3日登录。

(一)"10+1"与"10+3"会谈机制的发展

中国十分重视"10+1"与"10+3"会谈机制，并利用这个会谈机制阐述中国对东南亚国家的政策。党的十六大以来，中国总理温家宝参加了历次"10+1"与"10+3"会谈。

2003年10月8日，第7次中国—东盟领导人会议在印度尼西亚的巴厘岛举行。温家宝总理出席了这次会议。在这次会议上，中国正式加入《东南亚友好合作条约》。《东南亚友好合作条约》是东盟基础性政治文件，到目前为止，东南亚地区的十个国家均是该条约的缔约国。东盟曾多次表示，希望中国作为第一个地区外的大国加入该条约。[①]2003年4月中旬在柬埔寨首都金边举行的中国与东盟外长会议上，双方就中国作为第一个区域外大国加入《东南亚友好合作条约》达成了一致。同年6月28日，十届人大常委会第三次会议经表决批准我国加入该条约。这样，在10月8日的会议上，中国正式加入了《东南亚友好合作条约》。同时，中国还与东盟签署了《中华人民共和国与东盟国家领导人联合宣言》，宣布建立"面向和平与繁荣的战略伙伴关系"。温家宝总理在会上发表了以"全面深入合作、促进和平繁荣"为主题的讲话。他说："中国加入《东南亚友好合作条约》，表明双方政治互信加深，合作水平进一步提高。中国与东盟宣布建立面向和平与繁荣的战略伙伴关系是对双方关系成果的总结，将为中国与东盟关系未来发展提供重要指导，也标志着中国与东盟关系进入了一个新的阶段，是双方关系史上的重要里程碑。"[②]

中国加入《东南亚友好合作条约》对于中国与东南亚国家之间的关系具有十分重大的意义。首先，它为中国与东盟十国的合作奠定了新的基础。中国通过加入条约的方式使中国与东盟的双边友好关系制度化和法律化。其次，《东南亚友好合作条约》为和平解决中国与东盟

① 曹云华、唐翀：《新中国—东盟关系论》，北京：世界知识出版社，2005年版，第58—60页。

②《温家宝出席第七次中国与东盟领导人会议　中国与东盟宣布建立面向和平与繁荣的战略伙伴关系　温家宝总理回到北京》，《人民日报》，2003年10月9日，第1版。

国家之间的矛盾和争端提供了一个有效的工具。再次，中国加入《东南亚友好合作条约》有利于消除“中国威胁论”。中国的高速发展使一些东盟国家对中国抱有程度不同的不信任感和疑虑。要使它们解除这种恐惧和担心，签署白纸黑字的、具有法律意义的文书，公开正式地承担法律义务和做出政治承诺就是最好的方法。最后，中国加入《东南亚友好合作条约》是以实际行动向世界说明中国是一个负责任的大国。

2004年11月29日，第8次中国—东盟领导人会议在老挝首都万象举行。温家宝总理出席了会议。会议发表了《落实中国—东盟面向和平与繁荣的战略伙伴关系联合宣言的行动计划》。①

2005年12月12日，第九次中国—东盟领导人会议在马来西亚首都吉隆坡举行，14日，还举行了首届东亚峰会，出席这次峰会的有东盟10国、中国、日本、韩国、印度、澳大利亚和新西兰等16个国家的国家元首或政府首脑。在“10+1”会议上，温家宝发表题为《深化全面合作推进中国—东盟战略伙伴关系不断发展》的重要讲话时表示，中方愿与东盟建设更加强劲的战略伙伴关系，中国将继续坚定支持东盟在区域合作中发挥主导作用。② 在首届东亚峰会上，温家宝发表了题为《坚持开放包容实现互利共赢》的重要讲话，强调中国主张在区域合作进程中坚持开放的思维，倡导开放的地区主义，在开放中推动各国共同进步，促进各地区共同发展。③

2006年是中国与东盟建立对话关系15周年，2006年也成为了中国—东盟友好年。中国—东盟建立对话关系15周年纪念峰会10月30日在广西南宁举行。会议由温家宝总理和东盟轮值主席国菲律宾总统阿罗约共同主持。温家宝发表了题为《携手奋进，共创中国—东盟关系的美好未来》的重要讲话。温家宝指出，中国与东盟关系15年的长足发展有许多宝贵经验，主要是：和平发展是前提，平等互信是基础，

---

① 《温家宝出席第八次东盟与中国领导人会议　在会上发表讲话》,《人民日报》,2004年11月30日，第1版。

② 《温家宝出席第九次东盟与中日韩等领导人会议　应邀在东亚峰会领袖对话会上发表演讲》,《人民日报》，2005年12月13日，第1版。

③ 《温家宝出席首届东亚峰会　并发表重要讲话》,《人民日报》，2005年12月15日，第1版。

合作共赢是目标，人民拥护是动力。会后，各国领导人签署了《中国—东盟纪念峰会联合声明》。[①]

2007年1月和11月，第10次和第11次中国—东盟领导人会议分别在菲律宾宿务和新加坡举行，同时还举行了第二、第三届东亚峰会。温家宝总理出席了这两次会议，并提出了发展与东盟关系的新建议。2009年10月，第12次中国—东盟领导人会议和第四届东亚峰会在泰国华欣举行。这是国际金融危机发生后举行的第一次"10+1"、"10+3"会议。在会议上，温家宝总理提出面对国际金融危机的严峻挑战,，中国和东盟应相互帮助，加强合作，在携手应对挑战中促进共同发展。[②]2010年10月，温家宝总理又出席了在越南河内举行的第13次中国—东盟领导人会议和第五届东亚峰会。

2011年是中国与东盟建立对话关系20周年。11月，第14次中国—东盟领导人会议和第六届东亚峰会在在印尼巴厘岛举行。会议通过了《第14次中国—东盟领导人会议联合声明》，中国与东盟在联合声明中宣告，决心永做好邻居、好朋友、好伙伴，推动双方在政治安全、经济、社会文化及国际和地区事务中的合作，将中国—东盟战略伙伴关系推向新的高度。中国与东盟将努力合作，有效落实《落实中国—东盟面向和平与繁荣的战略伙伴关系联合宣言的行动计划（2011—2015）》。中国将支持并与东盟密切合作，以在2015年实现由三个支柱组成的东盟共同体，即东盟政治安全共同体、东盟经济共同体和东盟社会文化共同体。[③]在会议期间，温总理宣布，中国政府在2009年承诺向东盟国家提供150亿美元信贷的基础上，再追加100亿美元信贷，还将设立30亿元人民币的中国—东盟海上合作基金。[④]

---

① 《中国—东盟建立对话关系15周年纪念峰会举行　温家宝总理主持会议并发表重要讲话》，《人民日报》，2006年10月31日，第1版。

② 中华人民共和国外交部政策规划司编：《中国外交/2010年版》，北京：世界知识出版社，2010年版，第46页。

③ 《第14次中国—东盟领导人会议联合声明》，2011年11月20日，人民网，http://world.people.com.cn/GB/157578/16312244.html，2012年6月3日登录。

④ 《温家宝出席东亚领导人系列会议：为了东亚和平与繁荣》，新华网，2011年11月20日，http://news.xinhuanet.com/politics/2011-11/20/c_111181683_3.htm，2012年6月3日登录。

（二）中国妥善解决与邻国的矛盾

中国与东南亚一些国家存在领土、领海纠纷。针对这一问题，中国一贯坚持通过友好协商，以和平的方式加以解决。2002年11月，在第6次中国—东盟领导人会议期间，中国与东盟各国外长及外长代表签署了《南海各方行为宣言》。宣言规定，各方承诺保持自我克制，不采取使争议复杂化、扩大化和影响和平与稳定的行动。在和平解决它们的领土和管辖权争议之前，有关各方承诺本着合作与谅解的精神，努力寻求各种途径建立相互信任，包括开展海洋环保、搜寻与求助、打击跨国犯罪等合作。[①] 这一宣言是中国与东盟签署的第一份有关南海问题的政治文件，对维护我国主权权益，保持南海地区和平与稳定，增进中国与东盟互信有重要的积极意义。

近来，中国与一些国家在南海问题上的争端有所激化。在这种情况下，中国仍然表明恪守《南海各方行为宣言》的立场。在2011年11月举行的第六届东亚峰会上，有人企图将南海问题提到会议上进行讨论。温家宝总理在会议上再次阐述了中国对于南海问题的基本主张。他指出："南海争议应由直接有关的主权国家通过友好协商和谈判、以和平方式解决，这是《南海各方行为宣言》的共识。我们希望各方都能从维护地区和平稳定的大局出发，多做增进互信、促进合作的事情。"他还表示：东亚和东南亚经济的发展，从一个侧面印证了南海的航行自由和安全没有因为南海争议受到任何影响。各国根据国际法在南海享有的航行自由得到了充分保障。南海是中国、本地区其他国家及世界各国的重要运输通道。中国政府为维护南海航行安全做出了积极贡献。[②]

为了消除"中国威胁论"，中国还积极参与东盟地区论坛，倡导新

---

① 《南海各方行为宣言》，中华人民共和国外交部网站，2002年11月4日，http://www.fmprc.gov.cn/chn/gxh/zlb/smgg/t4553.htm，2012年6月3日登录。

② 《温家宝就南海问题阐明中方立场》，新华网，2011年11月19日，http://news.xinhuanet.com/politics/2011-11/19/c_111180192.htm，2012年6月3日登录。

安全观，并提出了《中国新安全观立场文件》。自从东盟地区论坛建立以来，中国外长每年都出席东盟地区论坛的部长会议，阐述中国对亚太地区安全的观点和立场。2002年7月，中国代表团在参加东盟地区论坛外长会议时提出了《中国新安全观立场文件》。文件指出：新安全观的核心应是互信、互利、平等、协作。[①]新安全观的提出有利于消除东南亚国家对中国的疑虑。此后，中国外长多次在东盟地区论坛阐述新安全观，强调合作是实现安全的正确途径。

（三）中国—东盟自贸区的发展

中国—东盟自贸区的发展是党的十六大以来中国与东南亚国家关系发展的又一个亮点。在2002年11月第6次东盟—中国领导人会议上，中国与东盟签署了《中国与东盟全面经济合作框架协议》，决定到2010年建成中国—东盟自由贸易区。双方于2004年1月1日起实施“早期收获”计划，对500多种产品实行降税。在2004年11月第8次中国—东盟领导人会议上，双方签署了《中国—东盟全面经济合作框架协议货物贸易协议》、《中国—东盟争端解决机制协议》，这标志着自由贸易区建设进入实质性执行阶段。2005年7月20日开始，中国、东盟开始全面实施货物贸易降税。[②]2007年1月1日起，中国对东盟的平均关税已降到5.8%；2009年1月1日，又进一步降到2.4%。到2010年，中国自东盟进口的产品中，有93%的产品实行零关税。同样，东盟国家也将做出类似安排。[③]2010年1月1日，中国—东盟自贸区正式建成，这个惠及19亿人的自由贸易区为中国和东盟商界创造了无穷的商机和广阔的合作前景。目前，中国是东盟第一大贸易伙伴，东盟是中国第四大贸易伙伴。就国别而言，截至2009年，中国是马来西亚、越南第一大贸易伙伴，是泰国、缅甸第二大贸易伙伴，是新加坡、印尼、菲律宾、

---

① 中华人民共和国外交部政策研究室编：《中国新安全观立场文件》，载《中国外交/2003年版》，第449—452页，北京：世界知识出版社，2003年版。

② 陆建人：《中国—东盟自由贸易区：进展与问题》，载《亚太经济》，2006年第3期。

③《中国—东盟自贸区是我国最早建立、进展最快、效果最实的自贸区》，新华网，2009年4月15日，http://news.xinhuanet.com/newscenter/2009-04/15/content_11191558.htm，2012年6月3日登录。

老挝第三大贸易伙伴，是柬埔寨第四大贸易伙伴。[①] 到2011年，中国与东盟的双边贸易额超过了3500亿美元。[②]

三、中国与南亚国家的关系

印度和巴基斯坦是南亚的重要国家，也是中国的重要邻邦。与这两个国家的关系是中国睦邻外交的重要组成部分，对于中国西部边陲的稳定和西部大开发等都具有重要意义。党的十六大以来，中国与印度、巴基斯坦的关系基本上顺利的。

（一）中国与印度的关系

中国与印度两个发展中大国的关系在历史上经历了风风雨雨，起起伏伏。中印两国逐渐认识到稳定发展的双边关系对于自身非常重要。印度认识到中国的稳定繁荣对于印度是机遇而不是挑战，而中国为了稳定周边环境推动改革开放，也需要保持良好的中印关系。2003年6月，印度总理瓦杰帕伊访华。温家宝总理与他的会谈中明确指出：中国不认为印度的发展会对中方构成威胁，同样，中国的发展也不会对任何国家构成威胁。中国愿与印度在发展长期建设性合作伙伴关系的基础上建立新型国家关系。[③] 瓦杰帕依在北京大学发表演讲时也再次明确表示：印中两国间不存在不和的理由，也没有对对方构成威胁。[④] 在这次访问中，中印两国还签署了《中华人民共和国和印度共和国关系原则和全面合作宣言》，在宣言中，印方承认西藏自治区是中华人民

① 《中国—东盟经贸合作的现状》，中国—东盟自由贸易区网站，2012年5月2日，http://www.cafta.org.cn/show.php?contentid=63894，2012年6月3日登录。

② 《温家宝在第14次中国—东盟领导人会议上的讲话 全文》，新华网，2011年11月8日，http://news.xinhuanet.com/world/2011-11/18/c_111177534.htm，2012年6月3日登录。

③ 《温家宝与瓦杰帕伊会谈　指出中印关系正面临重要发展机遇，双方应加强信任与合作，努力开创双边关系新纪元》，《人民日报》，2003年6月24日，第1版。

④ 《瓦杰帕伊在北大演讲说　印中两国互不构成威胁》，《人民日报》，2003年6月24日，第2版。

共和国领土的一部分，重申不允许西藏人在印度进行反对中国的政治活动。并表示印度一个中国的政策没有改变。双方同意各自任命特别代表探讨解决边界问题的框架。[①]2005年4月，中国总理温家宝对印度进行了正式友好访问，两国签署了《中印联合声明》，宣布建立面向和平与繁荣的战略合作伙伴关系，[②]标志两国关系进入战略合作的新阶段。双方还把2006年确定为“中印友好年”。同时，两国政府还签署了《关于解决中印边界问题政治指导原则的协定》，这表明，解决中印两国边界问题的工作又向前迈出了重要的一步。2006年11月，胡锦涛主席对印度进行了国事访问。在同印度领导人的会谈中，胡锦涛主席指出，中国欢迎印度发展，印度的发展对中国不是威胁，而是机遇。印度领导人表示，印度以互利合作的眼光而不是相互竞争的态度来看待和处理印中关系。印中加强友好合作将对世界形势产生积极的影响。[③]2008年1月，应国务院总理温家宝的邀请，印度总理曼莫汗·辛格对中国进行了正式友好访问。在访问过程中，中国领导人会见了辛格总理，中国领导人表示：中印是合作伙伴，不是竞争对手，两国综合国力的快速发展为进一步深化双边关系带来了机遇。全面发展中印战略合作是新时代赋予两国的历史责任。印度总理表示，印方期待着同中方加强合作，增进互信，扩大合作，共同致力于推进印中战略合作伙伴关系。印度将继续恪守一个中国政策，不支持“台独”，不支持台湾加入联合国。[④]2010年是中印建交60周年，当年12月，应辛格总理的邀请，国务院总理温家宝对印度进行了正式友好访问。访问期间，中印两国签署了《联合公报》，双方一致认为世界有足够空间供中印共同发展，也有足够领域供中印开展合作。双方决定加强战略沟通，促进务实合作，扩大人文交流，进一步深化和充实中印面向和平与繁荣的战略合作伙伴关系的内涵。双方确立了2015年双边贸易额1000亿美

① 《中华人民共和国和印度共和国关系原则和全面合作的宣言》，《人民日报》，2003年6月25日，第1版。

② 中华人民共和国外交部政策研究司编：《中国外交/2006年版》，北京：世界知识出版社，2006年版，第132页。

③ 中华人民共和国外交部政策研究司编：《中国外交/2007年版》，第128页。

④ 中华人民共和国外交部政策规划司编：《中国外交/2009年版》，北京：世界知识出版社，2009年版，第122页。

元的新目标，宣布2011年为“中印交流年”。[①]2012年3月，金砖国家领导人第四次会晤在印度首都新德里举行，胡锦涛主席与会并会见了印度总理辛格。在会谈中，两国领导人共同宣布2012年为“中印友好合作年”，表示要以此为契机把中印战略合作伙伴关系提高到新水平。辛格表示，印度无意也不会参与任何遏制中国的战略。印度承认西藏自治区是中国领土一部分、不允许藏人在印从事反华活动。印方希望同中方一道努力，维护两国边境地区和平安宁，通过友好谈判妥善解决边界问题。会见后，胡锦涛和辛格按照当地传统举行点灯仪式，亲自点燃象征纯洁吉祥的灯火，正式启动“中印友好合作年”。[②]

（二）中国与巴基斯坦的关系

中国与巴基斯坦的关系被称为“全天候的友谊”。进入新世纪以来，中国与巴基斯坦继续保持着睦邻友好和相互合作的密切关系，两国关系发展较为顺利。2005年4月，温家宝总理访问巴基斯坦，访问期间，两国签署了《中华人民共和国和巴基斯坦伊斯兰共和国睦邻友好合作条约》，从而使两国关系有了坚实的法律基础。2006年，中巴两国实现了元首互访。2月，巴基斯坦总统穆沙拉夫访华，11月，胡锦涛主席对巴基斯坦进行了国事访问。这是中国国家主席10年来首次访问巴基斯坦。在访问中，中巴两国签署了经贸、文化、能源合作、基础设施建设、通信等领域的18个合作文件。胡锦涛主席还宣布五年内邀请500名巴基斯坦青年代表来华访问。[③]在此后的几年里，中国与巴基斯坦保持了高层互访的势头。2008年4月和10月，巴基斯坦总统穆沙拉夫和扎尔达里先后对中国进行了国事访问。8月和10月，巴基斯坦总理吉拉尼来北京参加了奥运会和亚欧首脑会议。2009年，扎尔达利总统三次来华访问，两国还签署了《自由贸易区服务贸易协定》。2010

---

① 中华人民共和国外交部政策规划司编:《中国外交/2011年版》，北京：世界知识出版社，2011年版，第127页。

② 《胡锦涛会见印度总理辛格》，中华人民共和国外交部网站，2012年3月30日，http://www.fmprc.gov.cn/chn/pds/ziliao/zt/dnzt/hjtseaqfhhjzgjldrdshwbjpzgsfw/t918937.htm，2012年6月4日登录。

③ 中华人民共和国外交部政策研究司编:《中国外交/2007年版》，第190页。

年12月，温家宝总理对巴基斯坦进行了正式友好访问，并确定2011年为“中巴友好年”。中国与巴基斯坦的关系经受了国际风云变幻的考验，成为中国与周边国家和不同制度国家关系的一个典范。良好的中巴关系既有利于两国的根本利益，也有利于国际反恐事业。

四、中国与中亚邻国的关系

（一）中国与阿富汗的关系

阿富汗是与中国陆路接壤的国家，由于国内长年的战乱，阿富汗一度成为国际恐怖主义的藏身之所。2001年，美国在阿富汗进行了一场反恐战争，阿富汗的国内形势发生了巨大的转变。中国与阿富汗的关系对于打击“三股势力”，维护中国西部边疆的稳定具有重大的战略意义。

2002年，阿富汗新政府建立以后，中国与阿富汗恢复了交往，2月，中国驻阿富汗大使馆正常工作，因阿富汗内乱而一度中断的中阿高层往来也得到恢复。中国还积极参与到阿富汗恢复重建的工作当中去。2005年是中国与阿富汗建交50周年。两国高层保持密切接触，政治互信增强，经贸、国防、宗教、文化等领域交流活跃。2006年6月，阿富汗总统卡尔扎伊对中国进行了国事访问。这次访问具有历史意义。在访问期间，两国发表了联合公报，宣布中阿建立全面合作伙伴关系。双方还签署了《中阿睦邻友好合作条约》。[①] 这表明中阿关系全面提升到了一个更高的层次，进入了一个新的历史阶段。2008年6月，中国外长杨洁篪出席了在巴黎举行的“支持阿富汗国际会议”，并代表中国政府宣布向阿富汗提供5000万元人民币无偿援助。8月，阿富汗总统卡尔扎伊出席了北京奥运会的开幕式，胡锦涛主席会见了他。两

① 郑启荣主编:《改革开放以来的中国外交（1978—2008）》，北京：世界知识出版社，2008年版，第190页。

国还互换了《中阿睦邻友好合作条约》的批准书。[①]2009年8月，中国援助阿富汗的最大项目共和国医院顺利竣工并移交给阿方，卡尔扎伊总统出席了交接仪式。中国还向阿富汗提供了8000多吨小麦的无偿援助。[②]此后，中阿两国一直保持着高层互访的势头，2010年3月，卡尔扎伊总统再次对中国进行国事访问。2012年6月，卡尔扎伊出席了在北京举行上海合作组织领导人会议，并在外交学院发表演讲。中国继续为阿富汗提供力所能及的援助，而阿富汗在台湾问题上一直给予中国坚定和宝贵的支持。

（二）中国与中亚三国的关系

党的十六大以来，中国哈萨克斯坦、塔吉克斯坦和吉尔吉斯斯坦的关系呈现出一个全方位多领域纵深发展的良好态势。

2005年7月，胡锦涛主席对哈萨克斯坦进行了国事访问，双方签署了《中哈联合声明》，宣布两国建立战略伙伴关系。[③]这标志两国关系进入了一个新阶段。此后两国关系一直保持良好的发展势头。首先是两国高层交往频繁，2006年6月，哈萨克斯坦总统纳扎尔巴耶夫来华参加上海合作组织峰会，12月，又对中国进行了国事访问。双方表示，不断巩固和深化中哈战略伙伴关系是两国对外政策的优先方向，不仅符合两国的根本利益，也有利于促进地区的稳定与发展。[④]2008年8月，纳扎尔巴耶夫总统又来华参加了北京奥运会的开幕式，同年，中国在哈萨克斯坦建立了两所孔子学院。2010年6月，胡锦涛主席对哈萨克斯坦进行了国事访问，胡锦涛主席对如何发展中哈关系提出了五点建议：密切高层交往，增强战略互信；扩大务实合作，加强利益融合；扩大人文交流，增进传统友谊；加强安全合作，促进地区稳定；促进多边协作，维护共同利益。[⑤]这五点建议为中哈关系的发展指明了

① 中华人民共和国外交部政策规划司编：《中国外交/2009年版》，第122页。

② 中华人民共和国外交部政策规划司编：《中国外交/2010年版》，第62页。

③ 中华人民共和国外交部政策研究司编：《中国外交/2006年版》，第132页。

④ 中华人民共和国外交部政策研究司编：《中国外交/2007年版》，第190页。

⑤ 中华人民共和国外交部政策规划司编：《中国外交/2011年版》，第127页。

方向。与此同时，中国与吉尔吉斯斯坦和塔吉克斯坦的关系也在不断深化。首先，中国与两国解决悬而未决的边界问题，为两国关系打下了良好的基础。其次，2002年和2003年，中国又与两国签订了打击三股势力的协议。同时，中国与吉、塔两国在上海合作组织内也能充分合作。综上所述，中国与中亚三国之所以能够保持良好的关系，首先是因为中国与哈、吉、塔三国保持频繁而又成果丰硕的高层往来；其次，中国与三国在打击三股势力方面有较强的共同利益；再次，中国与三国的合作已经从安全领域扩展到了经贸、文化、能源等诸多领域，双方的共同利益正在迅速扩大；最后，上海合作组织也为双方关系的发展提供了一个机制性的平台，这是一个得天独厚的有利条件。

（三）中国与蒙古的关系

蒙古是中国北部重要的邻国，中国一贯重视与蒙古之间的关系。2003年6月，胡锦涛主席对蒙古进行了国事访问，与蒙古总统巴嘎班迪举行了正式会谈。双方发表了《中蒙联合声明》，重申相互尊重各自的独立、主权和领土完整，尊重各自对本国发展道路的选择，主张加强在政治、经济和安全事务上的对话与合作，协商合作处理两国间出现的任何问题。[①] 此后，中国与蒙古的关系进一步发展，双方高层交往不断。2006年6月，胡锦涛主席在上海合作组织峰会期间会见了蒙古总统恩赫巴亚尔，此后每年两国元首都能够会面。2008年8月，恩赫巴雅尔总统来北京出席了奥运会的开幕式。2009年，额勒贝格道尔吉当选为蒙古总统。2010年两国领导人实现了互访。4月，额勒贝格道尔吉总统对中国进行了国事访问，6月，温家宝总理对蒙古进行了正式友好访问。近年来，中国与蒙古的经贸关系不断发展。中国始终保持蒙古最大贸易伙伴与最大投资国的地位。

---

① 郑启荣主编:《改革开放以来的中国外交（1978—2008）》，第179页。

五、中国与东北亚国家的关系

朝鲜半岛是中国的近邻，朝鲜半岛的和平与稳定事关中国的国家利益。进入新世纪以来，中国与朝鲜和韩国都保持了良好的关系。

（一）中国与朝鲜的关系

党的十六大以来，以胡锦涛为总书记的党中央高度重视中朝关系，继续与朝鲜保持了高层往来的势头，中朝传统友谊得到了加强。2004年4月，金正日再次来华进行非正式访问。胡锦涛总书记在与金正日的会谈中提出了发展未来中朝关系的几点建议：双方应进一步加强两党两国高层交往，增进相互理解与信任；加强相互交流，深化各个领域的全面合作；加强在国际和地区重大问题上的沟通、磋商与合作；进一步发展两国的经贸合作。[①]2005年10月，胡锦涛总书记对朝鲜进行了正式友好访问。在访问中，胡锦涛总书记就进一步发展两党两国关系提出了四点建议：一是继续密切高层往来，加强相互沟通；二是拓展交流领域，丰富合作内涵；三是推进经贸合作，促进共同发展；四是积极协调配合，维护共同利益。金正日对此表示赞同，强调朝方将从战略高度把握朝中友好，把发展朝中友谊作为坚定不移的战略方针。[②]2006年1月，金正日再次访华，中国领导人都亲切会见了他，双方就双边关系和共同关心的问题深入交换了意见，金正日还访问湖北、广东，直接了解了中国经济建设取得的成就。2009年10月，温家宝总理对朝鲜进行了正式友好访问，会见了金正日等朝鲜领导人，并出席了“中朝友好年”闭幕式等活动。2010年5月和8月，朝鲜劳动党总书记、国防委员会委员长金正日两次对中国非正式访问，中朝两国领导人就一系列重要问题达成共识。2011年5月，金正日对中国进行了非

① 《胡锦涛同金正日举行会谈》，《人民日报》，2004年4月22日，第1版。

② 中华人民共和国外交部政策研究司编：《中国外交/2006年版》，第102页。

正式访问，并在北京、黑龙江、吉林、江苏参观考察。在与金正日的会谈中，胡锦涛总书记就如何发展中朝关系提出四点建议：一是加强高层交往，深化中朝友谊。二是加强治党治国经验交流，促进各自经济社会发展。三是扩大互利合作，造福两国人民。四是深化文化、教育、体育等领域交流特别是青少年交往，使中朝友谊世代相传。五是就国际和地区形势及重大问题加强沟通、保持协调，共同维护本地区和平稳定。[①]2011年12月，金正日总书记不幸逝世，中共中央政治局9位常委先后前往朝鲜驻华大使馆吊唁，充分表现了中朝传统友谊的重要性。[②]

（二）中国与韩国的关系

党的十六大以来，中韩关系获得了全面的发展。首先是两国高层交往频繁，全面合作伙伴关系提升为战略合作伙伴关系。2003年7月，韩国总统卢武铉对中国进行国事访问，胡锦涛主席在与他的会谈中把中韩关系概括为“发展迅速、成效显著、潜力巨大、前景广阔”，并建议加强两国高层交往，扩大两国各部门、各层次的对话与交流；深化两国经贸、科技、通信、能源和金融等各领域的互利合作；扩大两国文化、教育、新闻和青少年等方面的交流与合作；加强双方在地区和国际事务中的协调与配合，促进地区和世界的和平与发展；及时、妥善处理双方交往中出现的问题，共同维护中韩友好的大局。[③]2005年11月，胡锦涛主席对韩国进行了国事访问，双方就进一步深化中韩全面战略合作伙伴关系和共同关心的地区、国际问题坦诚深入地交换了意见，达成了广泛的共识。双方确定2012年双边贸易额达到2000亿美元的目标。将2007年定为中韩交流年。韩方宣布承认中国的完全市

① 《应胡锦涛总书记邀请金正日对我国进行非正式访问》，《人民日报》，2011年5月27日，第1版。

② 《胡锦涛等赴朝鲜驻华使馆吊唁金正日逝世》，《人民日报》，2011年12月21日，第1版；《温家宝贾庆林李克强贺国强周永康赴朝鲜驻华使馆吊唁金正日逝世》，《人民日报》，2011年12月22日，第1版。

③ 《胡锦涛与韩国总统卢武铉会谈 指出在新世纪建立和发展中韩全面合作伙伴关系，将开创中韩睦邻友好和互利合作的新局面》，《人民日报》，2003年7月8日，第1版。

场经济地位。[①]2008年中韩两国元首实现了互访。5月，韩国新任总统李明博对中国进行了国事访问，两国元首一致同意，顺应两国关系发展的现实需要和长远要求，将中韩全面合作伙伴关系提升为战略合作伙伴关系。在与李明博的会谈中，胡锦涛主席表示，中韩战略合作伙伴关系的建立，标志着两国关系进入了新的发展阶段。他提出了发展中韩关系的几点建议：一是加强友好交往，深化政治互信。二是推进务实合作，实现互利双赢。三是扩大人文交流，巩固友好基础。特别是要进一步加强两国青少年的交流，为中韩友好事业培养更多的生力军。四是密切多边合作，维护共同利益。[②]8月，胡锦涛主席对韩国进行了国事访问，两国领导人明确了今后一段时间中韩关系发展的总体方向和具体目标。

中韩两国的经贸关系获得了巨大的发展。从2004年开始，中国就成为了韩国的第一大贸易伙伴，中韩双边贸易额当时就已经远远超出了韩美和韩日的贸易额。目前，中国是韩国的第一大贸易伙伴、第一大出口目的地和第一大的进口来源地。

近年来，中韩两国的文化和人员往来空前密切。由于有相近的文化背景，以电影电视、流行音乐为代表的韩国文化产品风靡中国，深受中国人民的喜爱，被形象地称为“韩流”。同时，中国的文化产品在韩国也颇受欢迎。2004年，中国在韩国首都首尔建立了全球第一家海外孔子学院，中国政府在亚洲国家的第一家文化中心也在首尔落成。[③]截至2010年，中国在韩国已经设立孔子学院17家，另有4家孔子课堂。参加汉语水平考试的韩国考生占全球考生人数的一半以上。中国在韩留学生约为7.5万人，韩国在中国也有大量留学生。两国均居对方国家外国留学生人数之首。[④]

---

① 中华人民共和国外交部政策研究司编:《中国外交/2006年版》，第199页。

② 《胡锦涛同韩国总统李明博会谈　两国元首一致同意将中韩全面合作伙伴关系提升为战略合作伙伴关系》,《人民日报》，2008年5月28日，第1版。

③ 中华人民共和国外交部政策研究司编:《中国外交/2005年版》，北京：世界知识出版社，2005年版，第202页。

④ 中华人民共和国外交部政策规划司编:《中国外交/2011年版》，第182页。

（三）中日韩领导人会议

为了促进中国与韩国、日本的关系，从2008年开始，中日韩三国领导人开始在“10+3”会议框架外独立举行会议，中日韩领导人会议机制正式创立。到2012年，已经进行了5次会议。2012年5月，第五次中日韩领导人会议在北京举行。会议通过了《关于提升全方位合作伙伴关系的联合声明》，三国决定在增进政治互信、深化经贸合作、促进可持续发展、扩大社会人文交流、加强地区和国际问题的沟通与协调等五个方面加强合作，[①] 会议还决定年内启动中日韩自由贸易区的谈判。[②] 这标志经济总量占全球总量五分之一的东亚三国正式踏上了建立自由贸易区的进程。

（四）六方会谈

朝核危机是中国与东北亚邻国关系中另一个重要问题，危机一旦失控将严重影响中国的国家安全和经济建设，因此，中国在朝核危机的解决过程中一直为化解危机、维护稳定发挥着重要的作用。中国积极促成并参与了六方会谈。从2003年起六方会谈已经进行了六轮，虽然经历了很多艰难曲折，但也取得了一些宝贵的成果，特别是2005年9月，与会各方达成了《第四轮六方会谈共同声明》，确定了朝鲜半岛无核化的目标。目前，朝核问题遇到新的困难，六方会谈暂时中断。中方主张有关各方继续高举维护朝鲜半岛和平稳定和无核化旗帜，保持冷静克制，显示灵活，消除障碍因素，改善彼此关系，为实现半岛和平、稳定、发展做出积极努力，同时为恢复六方会谈创造条件。朝鲜方面也曾表示过尽快重启六方会谈的愿望。[③] 因此，恢复会谈仍然有

---

① 《第五次中日韩领导人会议关于提升全防卫合作伙伴关系的联合宣言（全文）》，新华网，2012年5月14日，http://news.xinhuanet.com/world/2012-05/14/c_111944937.htm，2012年6月4日登录。

② 《中国聚焦：中日韩领导人决定年内启动自贸区谈判》，新华网，2012年5月13日，http://news.xinhuanet.com/world/2012-05/13/c_111941053.htm，2012年6月4日登录。

③ 《应胡锦涛总书记邀请金正日对我国进行非正式访问》，《人民日报》，2011年5月27日，第1版。

回旋余地。

综上所述，党的十六大以来，根据国际和地区局势的深刻变化，以胡锦涛同志为总书记的党中央高瞻远瞩，科学决策，制定了指导中国与周边国家关系发展的外交方针，即“与邻为善，以邻为伴”和“睦邻、安邻、富邻”的外交政策。在这一方针的指引下，中国与周边国家的关系取得了长足的进步，为我国全面建设小康社会，维护稳定，抓住重要战略机遇期创造了一个良好的周边环境。中国与周边国家关系全面、快速的发展是科学发展观在外交领域取得的重要成果。

（李潜虞）

第7章 中国对发展中国家的外交战略

一、与发展中国家关系是中国外交的基石

发展中国家作为在世界非殖民化进程中形成和发展起来的民族国家群体，构成了国际体系的重要组成部分，同时也是推动国际体系转型的重要力量。在新中国外交画卷中，中国作为发展中国家和第三世界的重要一员，始终将加强与发展中国家的团结合作作为中国外交的基本立足点。在改革开放以来的对外战略中，无论是推动国际格局多极化、建立国际政治经济新秩序的战略思想，还是建设持久和平、共同繁荣的和谐世界的战略构想，中国都把维护发展中国家的利益作为一项长期战略加以贯彻和执行。21世纪以来，经济全球化为各国加强国际合作、促进共同发展带来了前所未有的机遇。同时，经济全球化也带来了严峻挑战，南北差距拉大，一些发展中国家面临被进一步边缘化的危险，经济和金融风险增大，跨国犯罪严重，这一切又增加了中国与广大发展中国家开展国际合作、共同应对挑战的紧迫性。

（一）中国对发展中国家的总体外交战略

2002年中共十六大政治报告提出“发展中国家是中国外交的基础”。2004年8月中国国家主席胡锦涛在第十次驻外使节工作会议上发表重要讲话强调，要加强同发展中国家的团结和合作，在国际事务中支持发展中国家的正义要求和合理主张。在同年召开的全国对发展中国家经济外交工作会议上，温家宝总理强调对发展中国家经济外交工作要坚持“相互尊重、平等相待，以政促经、政经结合，互利互惠、共同发展，形式多样、注重实效”的指导原则。2007年胡锦涛主席在党的十七大报告中明确指出：“我们将继续加强同广大发展中国家的团结合作，深化传统友谊，扩大务实合作，提供力所能及的援助，维护发展中国家的正当要求和共同利益。”2009年7月胡锦涛主席在第十一次驻外使节工作会议上的讲话中指出，要“巩固发展中国家在中国外交全局中的基础地位”。中国党和政府领导人的一系列讲话，为新世纪中国发展与发展中国家的团结与合作指明了方向。总之，深化传统友谊，扩大互利合作，文化交流互鉴，在国际事务中支持发展中国家的正义要求和合理主张，成为中国对发展中国家的总体外交战略。

（二）中国与发展中国家关系的三个层面

新世纪以来，中国与发展中国家关系主要在三个层面展开。其一是中国与新兴大国的关系，以八国集团与发展中五国领导人对话会议、二十国集团领导人峰会和金砖国家首脑会议为重要标志，成为中国拓展战略空间的重要平台。其二是中国与亚洲邻国特别是周边国家的关系，在中国“与邻为善以邻为伴”方针的指导下，在中国与发展中国家关系的大框架里得到极大的关注，成为衡量中国的国际环境的一个主要因素。其三是中国与传统的非洲拉美国家关系，在这个层面，中国的相关政策在新时期有较大幅度的调整，中国不但要维护与非洲拉美国家的传统友好合作关系，而且要在新形势下注入新的实质性内容。总之，发展中国家在新兴大国、周边环境和经济发展资源及市场等方面都构成了中国对外战略的重要组成部分，在这个意义上可以说，中国将发展中国家视为中国外交的基础，也就是将中国的发展与广大发展中国家的发展联系在一起，并将这种关系随着中国的国际地位提升而在内容上不断予以充实。

（三）中国与发展中国家关系的特点

新世纪以来，在与发展中国家双边关系不断发展的同时，中国与发展中国家区域组织的关系得到迅速发展。在构建与参与区域组织合作方面，中国与俄罗斯、中亚国家成立了上海合作组织，推动上海合作组织成员国缔结了长期睦邻友好合作条约，上合组织进入全面务实合作阶段；中国作为首个非东盟国家加入《东南亚友好合作条约》，东盟—中国（10+1）、东盟—中日韩（10+3）合作成果显著；2000年中国和非洲国家成立了中非合作论坛，2006年我国成功主办中非合作论坛北京峰会，这是新中国外交史上主办的规模最大、领导人出席最多的国际会议；中国与阿拉伯联盟于2004年成立中阿合作论坛，2006年中国成功主办中阿合作论坛部长级会议；积极提升与拉美的整体关系，中国先后成为拉美议会和美洲国家组织的观察员，建立了中拉青年合作论坛、中拉加勒比经济技术合作论坛、中拉民间友好论坛等集体对话与合作平台。

新世纪以来，中国更加认真履行国际责任，通过积极参与国际热点问题的解决，推动与发展中国家的关系深入发展。当今世界的主要热点问题大多发生在发展中国家，随着中国国力的增强和国际地位的提高，国际社会尤其是发展中国家对中国参与解决国际热点问题的期待不断提高；中国作为安理会常任理事国，也有义务为解决国际争端贡献自己的力量，愿意利用自己的影响力在解决热点问题上发挥建设性作用。在此背景下，中国加强了对国际热点问题的介入与参与程度。党的十七大报告明确提出“中国致力于和平解决国际争端和热点问题”。表达了中国参与解决国际热点问题的根本主张及信心与决心。

在热点问题（如朝核、伊核、苏丹达尔富尔、缅甸等问题）上，中国的指导思想是从中国的外交政策与价值观念出发，在妥善处理并协调有关大国、国际组织和区域组织关系的基础上，推动热点问题的解决向着有利于当事国或地区的人民根本利益的方向发展，而不谋求控制和主宰热点问题及其相关的国际事务，积极推进多边磋商与协调，塑造了中国负责任大国的国际形象。

在经贸合作与交流方面，中国更加重视从战略高度开展对发展中国家的经济外交，探索双方经济合作的新形式，形成互利共赢、共同发展的新型经济合作关系。伴随中国调整对发展中国家的经济外交战略以及中国与发展中国家经济合作形式的多样化与制度化，中国与发展中国家的经济合作已经遍及发展援助、贸易、投资、金融、能源等各领域，真正走向了互利共赢的全方位经济合作，双方的需求也早已超越单方面援助的模式，形成了各个层面上的大量互动。中国与广大发展中国家团结合作关系的形式更加多样，内容更加丰富，中国与发展中国家的关系正在进入一个崭新的时代。

二、中国对新兴发展中大国的外交战略

新兴大国或新兴经济体，国际上一般认为包括巴西、俄罗斯、印度、中国、南非、墨西哥、埃及等在全球和地区具有重要影响的国家。[①] 其中作为新兴大国代表的金砖国家成员国领土占全世界面积的30%，人口占全球人口总数的42%，贸易额全球占比约15%。新兴大国

① 一般认为，“金砖四国”这个词是美国高盛公司的吉姆·奥尼尔于2001年首次提出的。2003年10月高盛公司发表了一份题为“与BRICS一起梦想的全球经济报告”。报告估计，到2050年，世界经济格局将会经历剧烈洗牌。全球新的六大经济体将变成中国、美国、印度、日本、巴西、俄罗斯。其中“金砖四国”（BRIC）引用了巴西、俄罗斯、印度和中国的英文首字母。由于该词与英文中的砖（Brick）类似，因此被称为“金砖四国”。后由于南非2010年加入，简称改为“金砖国家”（BRICS）。“金砖国家”概念一经推出，迅即成为国际社会的流行词汇，并逐渐成为新兴大国的标志性概念。2005年，高盛集团又提出“新钻十一国”，包括埃及、韩国、墨西哥、尼日利亚等11国。2007年，日本学者门仓贵史提出“展望五国”概念，即越南、印度尼西亚、南非、土耳其和阿根廷。新概念层出不穷，其交集与合集已勾勒出新兴大国的集合体，呈现出国际关系的新面貌。

二战前大多是殖民地、半殖民地国家，深受侵略与强权政治之害。长期以来，这些国家积极合作争取发展中国家的合理权益，顺应和平与发展的时代潮流，寻求以协商与合作来修正国际体系，构建国际机制。

新世纪以来，以金砖国家为代表的新兴大国在世界经济格局中占据越来越重要的地位。以"金砖四国"为例，2000年，"金砖四国"的GDP总量占世界总量的7.98%，2008年这一比重达到14.6%，四国GDP都已名列世界前12位。最重要的是，2004—2008年的5年中，"金砖四国"对世界经济增长的贡献率达到50%，其中中国占25%。[①]根据国际货币基金组织2010年10月发布的《国际经济展望》，按照市场汇率估算，"金砖四国"的GDP总量将从2008年占世界份额的15%上升到2015年的22%，届时四国经济总量将超过美国，同时四国的GDP增量也将占世界增量的三分之一。[②]国际金融危机重创了世界经济，新兴大国增长态势正在发挥稳定世界经济的作用，有望在"后危机时代"引领世界经济的发展。在发达国家集体陷入严重衰退背景下，2010年，金砖国家对全球经济增长的贡献达到三分之一；新兴经济体对全球经济增长贡献高达60%。[③]

进入21世纪以来，经济全球化既为加强国际合作、促进共同发展带来了前所未有的机遇，同时也增加了开展国际合作、共同应对挑战的紧迫性。2007年以来震荡全球的金融危机给世界经济带来严峻挑战，国际金融危机牵动世界格局、国际关系和国际秩序新一轮复杂变动调整。如何使国际秩序和国际机制改革朝着有利于各国共同利益的方向发展？如何使对话合作朝着确保人类经济社会可持续发展方向演进？如何携手推动建设持久和平、共同繁荣的和谐世界？在这机遇和挑战并存的时刻，中国政府通过多层多边合作机制与新兴大国展开有效务实的合作。

---

① "新兴大国群体性崛起 推动共同发展的一支重要力量"，新华网，2009年6月29日，http://news.xinhuanet.com/world/2009-06/29/content_11616596_1.htm，2012年5月27日登录。

② "金砖国家"，百度网，http://baike.baidu.com/view/8840.htm，2012年5月25日登录。

③ 经济保持"金砖"本色 金砖国家继续引领全球经济增长，同花顺网，2012年3月28日，http://news.10jqka.com.cn/20120328/c526999748.shtml,2012年5月22日登录。

（一）中国政府十分重视新兴大国在国际事务中的作用

中国通过参加八国集团同发展中大国领导人对话会方式，阐明中国政府与发展中新兴大国在开展国际合作、共同应对挑战方面的立场和主张。[①] 其一，中国政府呼吁中国、印度、巴西、南非、墨西哥发展中五大国团结一致、携手合作，推动国际社会关注发展中国家的发展，增加对发展中国家的投入和援助，最大限度减少国际金融危机对发展中国家特别是最不发达国家的损害。为此，中国政府呼吁五国重点在以下方面共同做出努力:（1）推动国际社会尊重发展中国家发展经济自主权，充分考虑发展中国家具体国情，确保发展中国家享有必要的发展政策空间。（2）推动国际经济、金融、贸易体系改革，提高发展中国家在国际机构中的代表性、发言权、决策权。（3）推动发达国家在增加援助、减免债务、开放市场、转让技术等方面兑现承诺、付诸行动，落实联合国世界金融和经济危机及其对发展影响高级别会议达成的各项共识。（4）推动国际货币基金组织、世界银行和区域发展银行创新援助措施，帮助发展中国家保持金融稳定、促进经济增长，增强发展中国家危机承受力和经济修复力。其二，在应对国际金融危机和加强全球治理方面，中国政府呼吁五国应该从战略和全局高度审视五国合作，坚持务实态度，增强开拓意识，完善合作机制。五国可重点在以下领域加强合作。（1）携手应对国际金融危机冲击。共同推动落实二十国集团领导人峰会成果，有效开展宏观经济政策协调，敦促国际社会尽快落实在发展援助、贸易融资、优惠贷款等方面所作承诺，

① 2003年6月中国国家主席胡锦涛在法国埃维昂举行的南北领导人非正式对话会议上发表了题为《推动全面合作 促进共同发展》的重要讲话。2005年7月，国家主席胡锦涛在英国苏格兰鹰谷出席八国集团同中国、印度、巴西、南非、墨西哥领导人对话会，就全球经济、落实千年发展目标、深化南北对话、应对气候变化等问题发表重要讲话。2006年7月，国家主席胡锦涛出席在俄罗斯圣彼得堡举行的八国集团同中国、印度、巴西、南非、墨西哥、刚果（布）6个发展中国家领导人对话会议并着重就全球能源安全问题作了阐述。2007年6月，国家主席胡锦涛出席在德国北部小镇海利根达姆举行的八国集团同中国、印度、巴西、南非和墨西哥五个发展中国家领导人对话会议，并就世界经济和气候变化等议题发表讲话。2008年7月，国家主席胡锦涛出席在日本北海道洞爷湖举行的八国集团同中国、印度、巴西、南非和墨西哥5个发展中国家领导人对话会议，并就世界经济、粮食安全、千年发展目标等议题阐述了原则立场。2009年7月国务委员戴秉国代表国家主席胡锦涛出席在意大利拉奎拉举行的八国集团同发展中国家领导人对话会议。

推动加强国际金融监管，推动国际经济金融体系改革，推动多哈回合谈判尽早取得进展，反对一切形式的保护主义，推动世界经济复苏。（2）共同推动加强全球经济治理。推动国际社会汲取教训，促进形成有效的全球经济治理机制，通过各方平等参与、协调合作，共同解决经济全球化进程中出现的全球性问题，推动经济全球化朝着均衡、普惠、共赢方向发展。（3）积极应对气候变化挑战。坚持《联合国气候变化框架公约》及其《京都议定书》的主渠道地位，坚持共同但有区别的责任原则，各国按照"巴厘路线图"的规定积极行动，发达国家明确作出继续率先减排的承诺，在技术、资金、能力建设方面向发展中国家提供可测量、可报告、可核实的支持。（4）合作应对粮食安全、能源资源安全、公共卫生安全、自然灾害等非传统安全威胁。

（二）中国与新兴大国互利共赢的合作关系稳步发展

自2003年以来，中国、印度、巴西、南非、墨西哥五国领导人通过八国集团同五个发展中国家领导人对话会议，不断拓展五国合作领域，丰富合作层次，合作机制不断充实，合作成果不断显现。此外，中国还通过二十国集团领导人峰会推动新兴大国以积极、建设性的姿态与发达国家展开南北对话，加强中国与发展中新兴大国的对话、协调与合作。2009年4月，中国国家主席胡锦涛在英国伦敦举行的G20第二次金融峰会上发表题为《携手合作　同舟共济》的讲话，呼吁国际社会进一步支持发展中国家，高度关注和尽量减少国际金融危机对发展中国家特别是最不发达国家造成的损害；国际社会特别是发达国家应该承担应尽的责任和义务，继续履行援助、减债等承诺，切实保持和增加对发展中国家援助，切实帮助发展中国家维护金融稳定、促进经济增长，切实帮助发展中国家特别是非洲国家克服困难，不断改善这些国家发展的外部环境。2011年11月，胡锦涛主席在法国戛纳举行的G20峰会上发表《合力推动增长合作谋求共赢》的重要讲话，呼吁二十国集团继续发扬同舟共济、合作共赢的精神，抓住主要矛盾，共同提振市场信心，积极化解风险挑战，努力促进世界经济增长和金融稳定，继续增加新兴市场国家和发展中国家在全球经济治理中的发言权，为发展中国家发展创造良好制度环境。中国作为发展中国家的一员，愿意同其他发展中国家开展互帮互助，共同致力于促进世界持久和平与共同繁荣。总结起来，中国与新兴大国互利共赢的合作关系稳步发展有几点重要启示：[①]一是相互理解、休戚与共。发展中国家最了解彼此的发展困难，最理解彼此的发展期待，相似的经历和处境，使五国在许多重大问题上有着相同或相近的看法，这为加强合作打下了基础。二是相互合作、精诚团结。五国的共同目标是推动南南合作和南北对话、促进多边主义，加强协调和配合，以维护共同利益。三是相互学习、共同发展。五国都在探索适合本国国情的发展道路，积累了不少发展经验，可以加强交流、相互借鉴。五国在资源、市场、技术、人力资源等领域各有优势，可取长补短，扩大和深化各领域合作，实现互利共赢。四是相互尊重、求同存异。五国熟知彼此国情，尊重彼此选择，就全球性问题坦诚交换意见，努力寻求共同立场，同时理解相互差异，避免强求一致。

（三）中国政府积极推动金砖国家合作机制的建设

中国十分重视通过金砖国家首脑会议加强与新兴发展中大国的合作和交流[②]。2009年6月，中国国家主席胡锦涛在俄罗斯叶卡捷琳堡举行的第一次金砖国家首脑会议上指出，在世界经济正经历罕见的严

---

① “戴秉国出席发展中五国领导人集体会晤”，中国政府网，2009年7月9日，http://www.gov.cn/ldhd/2009-07/09/content_1360684.htm，2012年4月28日登录。

② 2009年6月，“金砖四国”（中国、巴西、俄罗斯、印度）领导人在俄罗斯叶卡捷琳堡举行首次正式会晤。与会领导人重点就应对国际金融危机冲击、二十国集团（G20）峰会进程、国际金融机构改革、粮食安全、能源安全、气候变化、“金砖四国”对话未来发展等重大问题交换看法。中国国家主席胡锦涛出席并发表了重要讲话。2010年4月，第二次“金砖四国”首脑会议在巴西首都巴西利亚举行。四国领导人就世界经济金融形势、国际金融机构改革、气候变化、“金砖四国”对话与合作等问题交换了看法，胡锦涛主席在会上发表了《合作开放互利共赢》的重要讲话。2010年12月，“金砖四国”一致决定吸收南非作为正式成员加入“金砖国家”合作机制，“金砖四国”由此正式更名为“金砖国家”（BRICS）。2011年4月，金砖国家（中国、巴西、俄罗斯、印度、南非五国）领导人第三次会晤在中国海南省三亚市举行，胡锦涛发表题为《展望未来共享繁荣》的重要讲话。2012年4月，金砖国家领导人第四次会晤在印度首都新德里举行。中国国家主席胡锦涛出席并在会上发表了题为《加强互利合作共创美好未来》的重要讲话。

峻挑战形势下，金砖四国应把握历史机遇，加强团结合作，积极应对国际金融危机、推动恢复世界经济增长，共同维护发展中国家整体利益。为此，胡锦涛建议四国增强政治互信，深化经济合作，推进人文交流，提倡经验互鉴；呼吁四国着重致力于推动世界经济尽快复苏，推动国际金融体系改革，落实联合国千年发展目标，确保粮食安全、能源资源安全、公共卫生安全。2010年4月，胡锦涛主席在巴西首都巴西利亚举行的第二次“金砖四国”首脑会议上发表了《合作开放互利共赢》的讲话，指出金砖国家合作应以互信为基石，以务实合作为抓手，以机制建设为保障，以互利共赢为目标，以开放透明为前提，不对抗，不结盟，不针对第三方。由此进一步指明了金砖国家合作的方式和基本原则。[①] 并进一步提出成员国下阶段工作重点目标：巩固世界经济复苏基础；增加新兴市场国家和发展中国家的代表性、发言权和决策权；推进贸易自由化、便利化，抵制保护主义；完善国际金融监管体系；努力实现全球平衡发展，既增加发展投入、保障发展资源，又尊重各国基于国情的发展模式和政策空间。本次会上胡锦涛宣布，为保持并推动四国对话和合作发展，中方愿承办“金砖四国”领导人第三次正式会晤。2011年4月，胡锦涛主席在中国海南省三亚市举行的金砖国家领导人第三次会晤时发表题为《展望未来共享繁荣》的重要讲话，再次明确了金砖国家合作的战略目标：大力维护世界和平稳定；大力推动各国共同发展；大力促进国际交流合作；大力加强金砖国家共同发展的伙伴关系。胡锦涛主席指出金砖国家应立足当前、着眼长远，坚持团结互信、开放透明、共谋发展的基本原则，通过合作加强互信，永远做好朋友、好伙伴；继续坚定维护金砖国家共同利益，在国际经济金融和发展领域加强协调，增强新兴市场国家和发展中国家在全球经济治理中的地位和作用；继续深化务实合作，在经贸、卫生、友城等领域积极挖掘合作潜力，推动各领域合作出成果、见实效，进一步增强金砖国家合作的经济社会基础。2012年4月，胡锦涛主席在印度首都新德里举行的金砖国家领导人第四次会晤时发表题为《加

① 外交部政策规划司编：《中国外交/2011年版》，北京：世界知识出版社，2011年版，第41页。

强互利合作共创美好未来》的讲话，就加强金砖国家合作提出4点建议。第一，坚持共同发展，促进共同繁荣。坚持办好自己的事情，保持经济增长、民生改善的良好势头，这本身就是对世界经济复苏和增长的重大贡献。第二，坚持平等协商，深化政治互信，充分照顾彼此重大利益和关切，成为国际上相互尊重、平等协商的典范，永远做好朋友、好伙伴。第三，坚持务实合作，夯实合作基础，努力使各领域合作发挥应有作用，巩固合作的经济、社会、民意基础，加强财政金融部门磋商和合作，打造品牌项目。第四，坚持国际合作，促进世界发展，推动全球经济治理改革，增加新兴市场国家和发展中国家代表性和发言权，推动南南合作、南北对话，加强在国际经济、金融、贸易、发展领域的沟通协调，加强在二十国集团、联合国等多边机制中的沟通协调，体现对多边主义的重视和支持。

总之，中国政府在多个层面推动新兴大国合作机制的建设。在新兴大国之间，中国政府积极推动建立各种双边战略伙伴关系和多边协调机制。在地区层面，中国政府与其他新兴大国一道以主动、负责任的姿态推动地区合作深入发展，积极参与和支持地区性组织在维护地区和平、促进地区繁荣、制定国际规范等方面发挥重要的作用。在全球层面，中国通过八国集团同发展中国家领导人对话会议、二十国集团峰会、金砖国家首脑会议推动新兴大国以积极、建设性的姿态与发达国家展开南北对话，加强与发展中新兴大国的对话、协调与合作。

三、中国对撒哈拉以南非洲国家的外交战略

非洲是发展中国家最集中的大陆，是实现世界和平与发展的一支重要力量。新世纪以来，世界经历空前的大变革、大调整，中非双方既面临着加快发展的难得的历史机遇，也面临着纷繁复杂的全球性挑战。中国和非洲都属于发展中世界，都面临发展的共同任务，处于工业化、城市化和现代化的不同发展阶段。中非深厚的历史传统友谊、坚固的政治合作基础以及广阔的经贸合作需要，使中非合作对中非双

方发展及可持续发展具有巨大的潜力和空间，并具有十分重要的战略意义和价值。中非双方经济贸易结构互补，中国的资金、技术、产业结构和产品适合非洲经济发展和市场的需求，同时非洲丰富的能源和原材料资源能够满足中国快速增长的经济发展需求。加强中非合作是非洲实现工业化和现代化可以借助的强有力的臂膀和难得的历史机遇，也是中国在工业化、城市化和现代化获得迅速发展后保持长期可持续发展、实现国民经济再上一个台阶的重要手段。双方进一步加强互利合作，有利于充分发挥各自优势，实现共同发展；有利于带动国际社会更加关注非洲，帮助非洲加快实现千年发展目标；有利于促进南南合作，提升发展中国家在国际政治、经济格局中的整体地位；有利于推动国际关系民主化和国际秩序公正化，建设持久和平、共同繁荣的和谐世界。

（一）创立中非合作论坛

2000年创立的中非合作论坛①，成为中非集体对话的有效机制与全面合作的重要平台，开辟了中非合作的新纪元。中非合作论坛北京部长级会议发表的《中非合作论坛北京宣言》，集中反映中非双方对重大国际和政治问题，特别是关于建立国际政治经济新秩序的共识以及加强中非友好合作关系的共同愿望。《中非经济和社会发展合作纲领》主要阐述中非在经贸等领域合作的具体设想和措施。这两份文件成为中非进一步发展友好合作关系、推动全方位和各领域合作的指南。中非合作论坛是新形势下双方在南南合作的范畴内，面向未来、加强合作、共谋发展的重大举措，是“中非关系史上的一次创举”。

---

① 中非合作论坛是中国和非洲国家在南南合作范畴内集体对话的重要平台和务实合作的有效机制，目前拥有成员53个，包括中国和51个非洲国家，以及非盟委员会。中非合作论坛后续机制包括：部长级会议，每3年举行一届，由各国外长和负责对外合作或财经事务的部长参加；高官级后续会议及为部长级会议做准备的高官级预备会，分别在部长级会议前一年及前数日举行，由各国主管部门的司局级或相当级别的官员参加；非洲驻华使节与中方后续行动委员会秘书处会议，每年至少举行两次会议，并分别代表非洲各国和中国政府就论坛相关事宜进行联系、沟通；中非外长级定期政治对话机制，即在每届部长级会议次年，中非外长在纽约出席联合国大会之际举行政治磋商，就共同关心的重大问题交换意见。

为了进一步落实中非务实合作，巩固和发展中非友谊，深化和扩大互利合作，2003年12月温家宝总理在埃塞俄比亚首都亚的斯亚贝巴举行的中非合作论坛第二届部长级会议讲话中建议新形势下中非进一步相互支持，推动传统友好关系继续发展，扩大高层交往，加深政治互信，巩固合作基础；加强磋商，促进国际关系民主化，倡导世界不同文明和不同发展模式的相互交流与借鉴；协调立场，共同应对全球化挑战，呼吁国际社会帮助非洲等发展中国家提高自主发展能力，推动南南合作和南北对话，维护发展中国家权益；深化合作，开创中非友好关系新局面。温总理还代表中国政府宣布：开放市场，给予非洲部分最不发达国家部分输华商品免关税待遇；加强中非人力资源开发合作，大幅增加对非培训经费，为非洲培养、培训各类人才；鼓励和推进中非企业间开展互利合作，支持中国企业赴非投资；扩大旅游合作，给予已提出申请的毛里求斯、津巴布韦、坦桑尼亚、肯尼亚、埃塞俄比亚、塞舌尔、突尼斯、赞比亚等8国“中国公民自费出国旅游目的地”地位；加强文化和民间交流，举办“中非青年联欢节”、以非洲为主宾洲的“相约北京”国际艺术节和“中华文化非洲行”活动。非洲国家充分肯定中非合作论坛机制，称赞论坛业已成为中非加强磋商、团结与合作的有效框架，为新时期中国和非洲国家共同实现发展与稳定、建立更加合理的国际新秩序发挥着重要作用，堪称亚非两大洲团结与合作的新起点，是新形势下的“万隆会议”。联合国秘书长安南称论坛为南南合作的典范。

（二）发表《中国对非洲政策文件》

2006年中国政府发表的《中国对非洲政策文件》宣示了中国对非政策的目标及措施，规划了今后一段时期双方在各领域的合作。该文件第一次提出与非洲建立和发展政治上平等互信、经济上合作共赢、文化上交流互鉴的新型战略伙伴关系，宣示我国对非政策的总体原则和目标：（1）真诚友好，平等相待。坚持和平共处五项原则，尊重非洲国家自主选择发展道路，支持非洲国家联合自强；（2）互利互惠，共同繁荣。支持非洲国家发展经济、建设国家，同非洲国家开展形式多样的经贸及社会发展领域的合作，促进共同发展；(3)相互支持，密切配合。加强与非洲在联合国等多边机制内的合作，支持彼此正当要求与合理主张，继续推动国际社会重视非洲和平与发展；(4)相互学习，共谋发展。相互学习借鉴治国理政和发展的经验，加强科教文卫领域的交流合作，支持非洲国家加强能力建设，共同探索可持续发展之路。

2006年11月，中非合作论坛北京峰会暨第三届部长级会议确立了政治上平等互信、经济上合作共赢、文化上交流互鉴的中非新型战略伙伴关系，胡锦涛主席宣布了未来3年内中国政府加强对非务实合作的8项政策举措，涉及增加对非援助、提供优惠贷款和优惠出口买方信贷、设立中非发展基金、援建非盟会议中心、对部分非洲国家免债免关税、设立经济贸易合作区和加强在人力资源开发、农业、卫生、教育领域合作等主要内容，上述举措是根据非洲国家的愿望和需要，依照中国的经济发展水平制定的，目的是促进中非务实合作，进一步增强非洲自主发展能力，在中国自己发展的同时，伸出友谊之手，帮助非洲国家经济和社会发展，实现共同进步、互利共赢的发展目标。同时，这也是中国迄今面向非洲推出的最大规模的一揽子援助与合作计划，受到广大非洲国家的热烈欢迎。

为了在新形势下不断深化中非各领域务实合作，全面推进中非新型战略伙伴关系。2009年12月，中国总理温家宝在埃及沙姆沙伊赫举行的中非合作论坛第四届部长理事会上宣布今后3年中国政府将采取推进中非合作的八项新举措：倡议建立中非应对气候变化伙伴关系，不定期举行高官磋商，在卫星气象监测、新能源开发利用、沙漠化防治、城市环境保护等领域加强合作；加强科技合作，倡议启动“中非科技伙伴计划”，实施中非联合科技研究示范项目，接收非洲博士后来华进行科研工作，并为其回国服务提供资助；增加非洲融资能力，向非洲国家提供优惠性质贷款，支持中国金融机构设立非洲中小企业发展专项贷款，免除部分非洲重债穷国和最不发达国家到期未还的政府无息贷款债务；扩大对非产品开放市场，逐步给予非洲与中国建交的最不发达国家产品免关税待遇；进一步加强农业合作，增加为非洲国家援建的农业示范中心，向非洲增派农业技术组，为非洲国家培训更多的农业技术人员，提高非洲实现粮食安全的能力；深化医疗卫生合作，为援非医院和疟疾防治中心提供价值医疗设备和抗疟物资，培训医护人员；加强人力资源开发和教育合作，为非洲国家援助中非友好学校，培训校长和教师，向非洲提供中国政府奖学金；扩大人文交流，倡议实施“中非联合研究交流计划”，促进学者、智库交往合作，交流发展经验，并为双方出台更好合作政策提供智力支持。

中非合作论坛创立12年来，一直发挥着引领和推动中非关系发展的重要作用，日益成为中非加深友谊的桥梁、加强合作的平台，是中非之间进行务实合作的有效机制。特别是2006年论坛北京峰会召开以来，中非致力于共建政治上平等互信、经济上合作共赢、文化上交流互鉴的新型战略伙伴关系，开创了中非合作的新局面，取得了举世瞩目的成就。

（三）政治互信不断增强

双方高层往来更加频繁、外交磋商与战略对话日趋密切，非洲国家在涉及中国核心利益问题上更加坚定地支持中方，中非在重大国际和地区事务中相互协调配合，维护和扩大了广大发展中国家的共同利益。在非洲53个国家中，有48个国家与中国建立了外交关系。中国坚持和平共处五项原则，尊重文明的多样性，促进国际关系民主化，主张尊重各国独立自主选择的发展道路和制定的内外政策，强调大国应该尊重小国、强国应该扶持弱国、富国应该帮助穷国。双方在国际事务中的磋商与协调日益加强，共同维护发展中国家的权益。仅2000年到2007年5月，非洲先后有100多位国家领导人访问过中国，中国国家领导人也访问了非洲35个国家，有力地促进了中非关系的全面发展。[①]2011年，中国全国人大常委会委员长吴邦国、中共中央政治局常委李长春、国务院副总理回良玉和王岐山、中共中央政治局委员刘云

① “吴邦国出席中非企业合作大会并发表重要演讲”，新浪网，2007年5月22日，http://news.sina.com.cn/c/2007-05-22/092411870145s.shtml，2012年4月30日登录。

山、国务委员刘延东和梁光烈等中国党和国家领导人，访问了20多个非洲国家。非洲方面则有九位总统和一位总理来华访问或者出席重要会议。[①] 中非领导人互访频度之高、密度之大，彰显了双方高层领导对中非关系的重视，是中非关系发展的一个重要体现。

（四）经贸合作日益深化

中非经贸合作发展迅速。2000年中非贸易额只有106亿美元。2006年，中非贸易额已达555亿美元，同比增长近40%，居中国与世界各大洲贸易增幅之首。2008年，中非贸易额超过了1068亿美元。2010年，中非贸易额达到1269.1亿美元。同中国有贸易往来的非洲国家增加到53个，中国已成为非洲第一大贸易伙伴，近年来对非洲经济增长贡献率超过20%。中国在非洲开工建设6个经贸合作区。截至2010年底，中国对非直接投资存量达130.4亿美元，投资企业近2000家，覆盖50个非洲国家；工程承包和劳务合作规模不断扩大，金融合作方兴未艾。截至2009年底，中国已同非洲45个国家签署了经济技术贸易协定，与9个国家签署了避免双重征税和防止偷漏税协定。截至2010年底，中国与49个国家建立了双边经贸联（混）委会机制，与33个国家签署了双边促进和保护投资协定。[②]

（五）扩大对非援助取得实效

新世纪以来，中国对非援助涉及医疗卫生、基础设施、教育、农业、清洁能源、打井供水、人才培训等领域，帮助受援国增强自主发展能力，改善民生，减少贫困，促进经济和社会发展。中国在遭受国际金融危机冲击、自身面临不少困难的情况下，信守诺言，全面落实

① 外交部非洲司司长："中非关系十年高速发展让西方震惊"，人民网，2012年1月11日，http://world.people.com.cn/GB/16852065.html，2012年4月25日登录。

② 参见商务部国际贸易经济合作研究院:《中国与非洲经贸关系报告2010》，第2页。商务部国际贸易经济合作研究院:《中国与非洲经贸关系报告2011》，第2页、第5页。

北京峰会的承诺，对非援助规模翻了一番，免除33国168笔债务已近尾声，总计50亿美元的优惠性质贷款全部到位，首期10亿美元的中非发展基金如期启动。[①] 这些不仅促进了非洲自我发展能力建设，也为非洲国家应对国际金融危机的冲击发挥了积极作用。2010年，中国在非援建完成成套项目49个，向非洲派遣医疗队员559名、青年志愿者41名、技术人员1492名，为非洲培养各类人员5862名，并提供了多批生产和生活物资。[②] 为支持非洲国家推进一体化进程，中国援建了非洲联盟会议中心。

（六）人文交流蓬勃开展

中非人文交流富有成效。截至2007年5月，中国已与非洲国家签署了65个政府间文化交流与合作协定，互访文化团组200多个，举办各类文化、艺术交流活动数百次。中国在海外共设立了6个中国文化中心，其中3个在非洲。中国为非洲50个国家的2万名学生赴华留学提供奖学金。现在非洲有15个孔子学院或者孔子班。文教、卫生、人力资源培训等领域的交流与合作发展迅猛，青年、妇女、友好省市等领域的交往日趋频繁，进一步加深了相互理解和传统友谊。有26个非洲国家成为中国公民出境旅游目的地国，中国因私赴非人员成倍增长。双方的人文交流成果显著，在中非合作论坛项下举办了很多活动，比如“中非科技伙伴计划”、“中非联合研究交流计划”、中非青年领导人论坛、中非法律论坛、中非民间论坛、中非智库论坛、中非科技合作论坛、中非农业合作论坛、中非文化部长论坛，还有持续举行的“中国文化聚焦”等活动，反映了中非人文交流一种火热的场面。

① “温家宝在中非合作论坛第四届部长级会议开幕式上的讲话”，中国共产党新闻网，2009年11月9日，http://cpc.people.com.cn/GB/64093/64094/10339431.html，2012年5月5日登录。

② 商务部国际贸易经济合作研究院：《中国与非洲经贸关系报告2011》，第7页。

（七）在地区和国际事务中加强磋商与合作

中国积极支持非洲维护本地区和平与稳定的努力，积极参与联合国在非洲的维和行动。中非建立中国与非洲联盟战略对话机制。中国向西非国家经济共同体、东南非共同市场等非洲次区域组织派遣兼驻代表，积极与非洲地区组织开展交流与合作。中国还在世贸组织会议、联大等多边场合支持非洲国家的合理要求，推动国际社会更多关注非洲的和平与发展。中国与非盟及国际社会密切合作，在解决苏丹达尔富尔危机、科特迪瓦问题、推动刚果（金）、索马里和平进程等方面发挥建设性作用。中非双方在联合国改革、世界贸易组织谈判、应对金融危机、气候变化等全球问题上进行良好的协调合作。非洲国家则在涉及台湾、西藏、涉华人权提案等问题上坚定支持中国。

事实表明，中非是真诚相待的好兄弟、是全面合作的好伙伴、是相互帮助的好朋友。中国向非洲国家提供了不附加任何政治条件的力所能及的帮助，非洲国家给予中国诸多的坚强有力的支持。中非关系能够经受住国际风云变幻的考验，始终保持蓬勃发展的势头，患难与共、相互支持是基础，相互尊重、平等相待是核心，互利合作、共同发展是关键。

四、中国对西亚北非国家的外交战略

西亚北非地区包括非洲北部和西亚地区的22个国家和西撒哈拉，其中19个国家是阿拉伯国家，3个是非阿拉伯国家，总面积1573万平方公里，人口4.1亿多，地处亚、非、欧三大洲和东西文明交汇的重要地区，拥有世界上探明石油储量的60%以上，具有重要的战略地位，也是当代国际政治热点频发的地区。

21世纪初，国际形势和中东地区局势出现了一些新的重大变化。“9·11”事件、阿富汗战争、伊拉克战争等都对阿拉伯世界产生冲击。

中国和广大阿拉伯国家同属发展中国家，都面临着发展经济、改善民生、应对全球性挑战的任务。当前国际和地区形势正在发生深刻、复杂变化，不断充实中阿友好合作关系的内涵不仅符合双方的共同利益，也有利于维护和促进世界与地区的和平、稳定与发展。全面提升中阿各领域关系，符合双方人民的根本利益，也有利于世界和平与发展。2001年，中国成立中国阿拉伯友好协会。2002年中国任命了中东问题特使，以便在中东和平问题上更好地发挥中国的独特作用。2004年“中阿合作论坛”成立并正式启动。中国政府采取了一系列措施推动中阿关系不断向前发展。

（一）积极推进中阿关系从“新型伙伴”到“战略合作”

2004年1月中国国家主席胡锦涛访问阿拉伯国家联盟总部时，中阿双方共同宣布建立“中阿合作论坛”。胡锦涛主席就中阿关系发展提出了四点主张：以相互尊重为基础，增进政治关系；以共同发展为目标，密切经贸往来；以相互借鉴为内容，扩大文化交流；以维护世界和平、促进共同发展为宗旨，加强在国际事务中合作。每两年一次的部长级会议，作为论坛最高级别的平台，为“中阿合作论坛”确定了发展方向。2004年9月，在埃及开罗举行的首届部长级会议确立中阿“新型伙伴关系”。2006年在北京举行的第二届部长级会议，决定继续建设中阿之间平等的、全面合作的新型伙伴关系。2008年在巴林首都麦纳麦召开的第三届部长级会议提出建立“面向和平和可持续发展的中阿新型伙伴关系”。2010年在天津举行的第四届部长级会议，确定了“深化全面合作，实现共同发展”的主题。同年5月中阿发表《关于中阿双方建立战略合作关系的宣言》，双方将在论坛框架内建立全面合作、共同发展的中阿战略合作关系，并为此加强各层次互访，开展战略对话和磋商，共同维护广大发展中国家的利益；继续在各自核心和重大利益问题上相互支持；加强各领域合作，交流治国理政的经验。中阿合作的内涵不断深化。2010年5月，中国国家主席胡锦涛在人民大会堂会见来华出席中阿合作论坛第四届部长级会议的阿拉伯国家代表团团长时，就推进中阿战略合作关系提出三点主张：一是增进政治互信，深化国际合作。二是坚持互利互惠，扩大经贸合作。三是秉承传统友谊，加强人文合作。

中阿合作论坛的成立，是中国与阿拉伯国家着眼21世纪双方关系长远发展作出的战略选择，是中国与发展中国家加强集体对话与合作的重大举措，极大地促进了双方关系发展，带动了各领域合作。“中阿合作论坛”在走过的八个春秋里，通过部长级会议、高官会以及中阿企业家大会、中阿文明对话研讨会等机制，全面推动了中国和包括22个阿拉伯国家在内的阿拉伯世界的合作。

（二）增进政治互信，深化国际合作

中阿之间始终保持着高层往来。截至2010年，中阿合作论坛成立6年来双方建立了十多个合作机制，涉及政治、经济、文化、能源、环境保护等领域。中国还同该地区另外一个重要组织——海湾合作委员会有着密切的关系。中阿双方建立了战略对话机制，建立双方自由贸易区的谈判也正在抓紧进行。在处理国际事务上，双方携手应对全球性挑战，维护发展中国家共同利益。在人权、联合国改革、气候变化等议题上，中阿合作进一步深化。

中国为缓解中东紧张局势、推动解决地区热点问题发挥了建设性作用。在中东问题上，中国积极劝和促谈，中国领导人在不同场合分别做有关国家领导人工作；派遣中国中东问题特使访问地区国家；中国在安理会等多边场合就中东问题秉持公正立场。在伊朗核问题上，中国积极做有关各方工作，为推动通过外交谈判和平解决伊核问题发挥积极作用，以建设性姿态参与国际原子能机构审议伊朗核问题的工作及中、美、俄、英、法、德六国机制处理伊朗核问题的进程。在伊拉克问题上，中国继续发挥建设性作用，在安理会审理涉伊拉克决议及其它多边领域秉持公正立场，支持并推动国际社会推动伊政治经济重建的努力，切实落实对伊减债的承诺。在苏丹问题上，中国领导人及中国政府达尔富尔问题特别代表在不同场合广做各方工作，积极推

动苏丹南北双方关系均衡发展。

中国尊重和支持西亚北非处于动荡局势的国家自主处理内部事务。2011年4月中国国家主席胡锦涛在海南省三亚市举行金砖国家领导人第三次会晤时发表的重要讲话中指出，近来西亚北非部分国家出现政局动荡甚至战乱，对地区稳定带来影响。中国坚持国家不论大小、强弱、贫富都是国际社会平等一员，做到一国内部的事情一国自主办。2012年1月中国总理温家宝在利雅得会见伊斯兰合作组织秘书长伊赫桑奥卢时表示，中方呼吁停止一切针对平民的暴力行为，支持有关国家人民的变革诉求，希望并相信地区国家的政府和人民有能力解决自己的问题。2011年5月中国外交部长杨洁篪在开罗就中国—海合会合作、中阿关系和西亚北非局势等接受了新华社和中央电视台记者专访时表示，中方对该地区局势动荡的基本立场有三点：一是坚持不干涉内政原则，尊重和支持地区国家自主处理内部事务，相信地区国家和人民有能力、有办法找到适合本国国情的发展道路和治国理政方式；二是反对使用武力，呼吁各方通过政治手段、以和平方式解决矛盾；三是呼吁国际社会支持地区国家为恢复政局稳定、发展经济、解决热点问题所作的努力，特别是积极推进中东和平进程，为地区恢复和平稳定、寻求可持续发展创造良好外部条件。

总体来说，中国成功地应对了西亚北非变局的冲击。首先，坚持和维护了中国外交不干涉他国内政的根本原则。其次，保持具体外交政策的灵活性，力争“有所作为”。例如，中国在制裁利比亚的联合国决议中投赞成票，而在建立禁飞区的1973号决议中投弃权票，既坚持了尊重国家主权和不干涉内政原则，同时也照顾到保护平民的宗旨和阿盟、非盟等方面的立场，也避免了出现与西方的对抗和利比亚政权不满的局面。又如，在西亚北非形势动荡的关口，中国外长、中东问题特使等官员先后访问西亚北非国家，相继接待沙特特使、苏丹总统、利比亚反对派特使等访华，与海合会在阿布扎比举行战略对话，都体现了中国力图“有所作为”的外交勇气。再如，中国在并未承认利比亚反对派“全国过渡委员会”的情况下，派外交官员访问班加西与之进行接触，也体现了中国外交的灵活性。上述事例都表明，作为联合国安理会常任理事国和负责任的大国，中方愿为促进该地区的和平、稳定与发展发挥建设性作用。

（三）坚持互利互惠，扩大经贸合作

中国和阿拉伯国家是传统友好合作伙伴，经济互补性强，经贸合作潜力巨大、前景广阔。在国际金融危机的形势下，中阿经贸合作仍保持了良好的发展势头，双边贸易快速增长，相互投资稳步增加，基础设施建设合作进一步加强，促进了双方经济的发展。

中阿经贸论坛是中阿合作论坛的重要组成部分，是促进中阿经贸合作新的重要平台。2010年中国举办首届中阿经贸论坛。2011年9月，中共中央政治局常委、全国政协主席贾庆林在银川举行的第二届中阿经贸论坛上发表题为《携手促发展合作谋共赢》的演讲中指出，中方愿与阿方共同努力，以实现互利共赢、造福人民为宗旨，巩固政治互信，深化友好交往，把各领域合作推向一个新阶段。贾庆林就深化中阿经贸合作提出四点建议：扩大贸易和投资规模；深化能源资源合作；加强基础设施领域的合作；积极拓展新的合作领域。第二届中阿经贸论坛期间，主办方安排了高峰会议、中阿商会研讨会、中阿大学校长论坛、中阿青年领袖分会、中阿能源合作分会等10多个分会及分论坛。①

中阿经贸合作增长迅速，经济合作广泛深入。自2004年中阿合作论坛成立以来，中国与阿拉伯国家双边贸易额已由364亿美元增加到2010年的1454亿多美元。2011年上半年，中阿贸易额再创历史新高，达到1200亿美元，同比增长36%，② 中国与阿拉伯国家已互为第二和第七大贸易伙伴。2000年，中国向阿拉伯世界出口总额60亿美元左右，但到2008年，中国向中东出口已增加到480亿美元，超过英国和德国，

---

① “开拓新兴领域——中阿经贸合作谱‘丝绸之路’新篇章”，中国政府网，2011年9月25日，http://www.gov.cn/jrzg/2011-09/25/content_1956225.htm，2012年5月25日登录。

② “开拓新兴领域——中阿经贸合作谱‘丝绸之路’新篇章”，中国政府网，2011年9月25日，http://www.gov.cn/jrzg/2011-09/25/content_1956225.htm，2012年5月25日登录。

仅次于美国。2008年，中阿贸易额猛增至1328．9亿美元，提前两年实现了双方拟定的于2010年贸易额达到1000亿美元的既定目标。[①]从贸易商品结构看，中国从西亚北非国家进口主要集中在石油及其相关产品上。在中国原油进口前十位来源国中，沙特、阿曼、苏丹、伊拉克、科威特和利比亚等西亚北非国家均名列其中。中国出口则以机电产品、轻纺产品和钢铁制品等为主。近年来，中国从西亚北非国家进口产品日渐丰富，除原油和石化产品外，埃及的大理石、约旦的钾肥、突尼斯的橄榄油、苏丹的芝麻等产品逐渐得到中国消费者的青睐。[②]在双边贸易蓬勃发展的同时，中国与西亚北非地区还在能源、交通、水电等多个领域进行了深入合作。此外，中阿之间还在援助（主要是非洲国家）、航空、旅游、教育、人才交流、医疗卫生等诸多方面展开合作，极大地促进了中阿双边民间交往和经贸关系的密切。

（四）巩固传统友谊，加强人文合作

中阿双方文化、教育、新闻、青年、旅游等领域交流合作组织形式多样、内容丰富、富有特色。2011年9月，中阿双方启动了“阿拉伯语十年千部经典著作翻译出版工程”和“中阿双百经典图书互译出版工程”，达成了32项出版合作协议。同月举行的中阿广播电视合作论坛则吸引了中国、埃及、卡塔尔等13个国家的广电部门高级官员、媒体负责人参加，共同发表了《中国·阿拉伯国家广播电视合作论坛银川宣言》，双方将通过节目交换、建立联合采访机制等具体措施深化合作。2011年12月在阿联酋首都阿布扎比举行的中国—阿拉伯国家合作论坛第四届中阿关系暨中阿文明对话研讨会，中阿代表们围绕“中阿文明的共同价值”、“历史上和当代为推进中阿文明相互了解和对话的中阿重要人物”、“文明对话及其在促进中阿战略合作关系方面发挥的

---

① “中阿合作论坛：利益到哪里 战略规划就哪里”，中国日报网，2010年5月17日，http://www.chinadaily.com.cn/hqpl/2010-05/17/content_9861823.htm，2012年5月26日登录。

② “中国与西亚北非经贸关系：年度评述”，中国出口信用公司保险网，http://www.sinosure.com.cn/sinosure/xwzx/rdzt/tzyhz/dqjmhzyhj/136056.html，2012年5月26日登录。

作用”、“中国的伊斯兰文化及其在促进相互了解、中阿文明与文化对话方面的重要性”以及“中阿媒体在加深相互了解和丰富中阿文明对话方面的作用”等议题进行了对话和讨论，促进了中阿文明间的对话与交流、不同文明之间相互包容、理解、和谐共处，对于深化中阿友谊，充实中阿战略合作关系，促进共同发展具有重要意义。中阿之间还通过建立有效的文化、思想和技术沟通渠道来展示和介绍各自的文化，以加强中阿人民间的相互了解。如中阿书籍互译计划，加强文学、艺术类著作的译制工作；在中国推广阿拉伯语教学，同时在阿拉伯国家推广汉学教学；加强在教育、教学方面的合作，鼓励大专院校和学术机构建立科学交流机制；增加中阿新闻工作者之间的互访，相互举行新闻媒体研讨活动，举办媒体和记者培训班，相互交流译制的电视节目等。此外，中阿双方人员交往也进一步增强。中国海航开通了北京到开罗航线，埃及航空公司开通了开罗到广州的航线，阿联酋航空从北京到迪拜的航线启用了A380大型客机。

五、中国对拉丁美洲的外交战略

中国和拉丁美洲国家相距遥远，在社会制度、文化传统、自然条件等方面有很大不同。中国与拉美地区国家关系发展起步比较晚，改革开放前，33个拉美国家中只有12个与中国建交。但作为发展中国家，广大拉美国家与中国有着相似的历史，如今又面临着共同发展的任务，因此具有共同的利益基础。改革开放后，中国把发展与包括拉美国家在内的发展中国家的团结与合作作为中国对外政策的立足点，为发展中国与拉美和加勒比地区国家的关系注入了新的活力，中国与拉丁美洲和加勒比国家之间的关系出现了多渠道、多层次、官民并举、全面发展的新形势。21世纪以来，世界处在大变革大调整之中，和平与发展是时代主题，世界多极化不可逆转，经济全球化深入发展，中拉关系既面临新的机遇，也面临诸多挑战。

（一）确立新世纪中拉关系发展的目标

2004年11月，中国国家主席胡锦涛对巴西、阿根廷、智利和古巴进行了国事访问。这是中国新一届领导集体对拉丁美洲的一次重大外交行动。胡锦涛主席同巴西总统卢拉宣布将充实和深化中巴战略伙伴关系；同阿根廷总统基什内尔确定建设和发展中阿战略伙伴关系；同智利总统拉戈斯决定提升中智全面合作伙伴关系；同古巴国务委员会主席卡斯特罗确认不断巩固和发展中古传统友好合作，这为中国与四国发展长期稳定的全面友好合作奠定了坚实基础。其中胡锦涛主席在巴西国会发表的题为《携手共创中拉友好新局面》的重要演讲提出了中拉关系发展的目标：政治上相互支持，成为可信赖的全天候朋友；经济上优势互补，成为在新的起点上互利共赢的合作伙伴；文化上密切交流，成为不同文明积极对话的典范。为实现上述目标，胡锦涛提出了三点倡议：第一，深化战略共识，增强政治互信。在中国同拉美主要地区组织现有对话机制的基础上，逐步建立涵盖范围更广的合作平台，同原有机制互补互益。第二，着力务实创新，挖掘合作潜力。不断优化贸易结构，着力发展高新技术和高附加值产业方面的合作。把扩大相互投资作为近中期提高双方经济合作水平的优先方向。在条件成熟时，通过谈判建立自由贸易区或达成其他互惠安排。第三，重视文化交流，增进相互了解。通过互设文化中心、促进旅游合作、加强大众传媒交流、交换留学生和组织中拉青年节等活动，不断增进中拉人民友谊。

（二）发表《中国对拉丁美洲和加勒比政策文件》

2008年11月中国政府发表的该项文件指出，中国对拉美政策的总体目标是:（1）互尊互信、扩大共识。坚持和平共处五项原则，同拉美各国平等相待、相互尊重。不断加强同拉美国家的对话和沟通，扩大政治互信和战略共识，在涉及彼此核心利益及重大关切的问题上继续相互理解、相互支持。（2）互利共赢、深化合作。充分发挥各自优势，不断挖掘合作潜力，同拉美国家成为互利互惠的经贸合作伙伴，促进双方共同发展。（3）互鉴共进、密切交流。积极开展人文交流，相互学习有益经验，共同促进人类文明发展进步。该文件提出一个中国原则是中国同拉美国家及地区组织建立和发展关系的政治基础。中国政府赞赏该地区绝大多数国家恪守一个中国政策，不同台湾发展官方关系和进行官方往来，支持中国统一大业。总之，该文件表明中国政府从战略高度看待对拉关系，致力于同拉丁美洲和加勒比国家建立和发展平等互利、共同发展的全面合作伙伴关系。该文件阐明了中国对拉美政策的目标，为推动中拉关系持续健康稳定全面发展奠定了坚实的基础。

（三）明确建立中拉全面合作伙伴关系的原则和深入发展的领域

2008年11月，胡锦涛主席再次对哥斯达黎加、古巴、秘鲁三个拉丁美洲国家进行了国事访问。其中胡主席在秘鲁国会发表的题为《共同构筑新时期中拉全面合作伙伴关系》的演讲中强调，中国愿同拉美和加勒比国家一道，努力构筑新时期中拉平等互利、全面发展的全面合作伙伴关系。胡锦涛还提出建立这种伙伴关系需要遵循的三项重要原则：要牢牢把握共同发展的主题；要坚持平等互利的基本原则；要不断开拓创新，开展广泛全面的合作。中方愿重点从5个方面同拉美国家共同努力推动中拉关系深入发展。一是继续密切政治关系，保持高层往来和接触，完善多层次的双边和多边政治磋商和对话机制，不断增进政治互信。二是深化经贸互利合作，着力优化贸易结构，努力增加相互投资，重点加强制造业、基础设施建设、能源矿产、农业、高新科技产业等领域投资合作，中国愿在力所能及的条件下继续向拉美和加勒比国家提供经济社会发展援助。三是加强国际事务中协调配合，在气候变化、粮食安全、能源安全、金融安全、多边贸易体系、联合国千年发展目标等全球性问题上协调立场，共同参与国际经济、金融、贸易规则制定，推动国际经济秩序朝着更加公正合理的方向发展。四是重视社会领域互鉴共进，积极探索在扶贫、教育、社会保障、医疗卫生、环保、减灾救灾等具体领域开展实质性合作，鼓励本国企业在对方投资兴业过程中承担相应社会责任，为当地社会发展作出贡献。五是丰富人文对话交流，深化和扩大双方文化、体育、新闻、旅游等领域交流合作，充分发挥地方和民间友好交往机制作用，增进相互了解。

（四）中拉关系跨越式发展

新世纪以来，中拉关系发展的速度、深度和广度前所未有，呈现出全方位、多层次、宽领域的新局面。正如习近平副主席2011年6月在联合国拉美经委会的演讲中提到的，过去的十年是中拉紧密团结的十年、共同发展的十年、深化友谊的十年。①

（1）高层互访频繁、政治互信不断加深，双边关系向战略高度提升。2000年以来，中拉高层互访更趋频繁，拉美20多个建交国共90多位国家元首、议长和政府首脑访问中国，中国大部分领导人也访问过这20多个拉美建交国，高层的直接交往为双方关系的发展提供了强大的动力，推动了双方政治互信与各领域合作不断加深。在2000年之前，中国仅于1993年与巴西建立了战略伙伴关系，进入21世纪，中国先后与委内瑞拉、墨西哥、阿根廷、秘鲁等拉美重要国家建立了战略伙伴关系，与拉美其他国家的关系也不断深化。2008年11月，中国政府首次发布《中国对拉丁美洲和加勒比政策文件》，明确指出中国政府从战略高度看待对拉关系，致力于同拉丁美洲和加勒比国家建立和发展平等互利、共同发展的全面合作伙伴关系。同月胡锦涛主席在秘鲁国会演讲时强调，中国一贯从战略高度重视发展同拉美的友好合作，中拉利益融合达到了前所未有的深度，双方关系水平达到了前所未有的高度。

① “习近平在联合国拉美和加勒比经委会的演讲（全文）”，中国网，2011年6月12日，http://www.china.com.cn/international/txt/2011-06/12/content_22763731.htm，2012年5月20日登录。

（2）经贸合作向深度和广度发展，呈现出贸易、投资与金融合作并举的局面。21世纪以来，随着中国和拉美国家经济实力不断提高和拉美大多数国家先后承认中国市场经济地位，彼此间的经贸合作持续快速发展，贸易规模大幅增加，由2000年的100亿美元左右增加到2011年的2500多亿美元，11年间增长25倍，中国成为拉美第二大贸易伙伴，拉美在中国对外贸易地区排名中列第四位，成为全球对华出口增速最快的地区。[①]中拉双方贸易商品的种类大幅增加，形成涵盖农产品、纺织品、机电产品、原材料、能源、矿产品、汽车及高科技产品等多样化商品贸易格局。中拉经济合作领域也越来越广泛，涉及贸易、投资、金融等14个合作领域。同时，中国与拉美国家在经济一体化方面不断取得新成果，2005年11月中国与智利签署自贸协定，2009年4月中国与秘鲁签署自贸协定，2010年4月中国与哥斯达黎加签署自贸协定，中国还与哥伦比亚、厄瓜多尔等国商谈签署自贸协定。中拉相互直接投资也取得长足进步。中国对拉美投资2000年不足10亿美元，2010年增至153亿美元。与此同时，拉美对华投资增长也十分迅速，2000年拉美在华实际投资总额仅为46.25亿美元，2010年12月已累计达1408亿美元。[②]此外，包括中国和委内瑞拉联合基金、中国和阿根廷货币互换在内的政府和银行间金融贷款、投融资合作等形式多样的中拉金融合作也发展迅速，为中拉经贸发展提供强大助推力，成为中拉经贸关系中的重要组成部分。

（3）合作领域不断拓宽，合作内涵和外延持续扩大。中拉关系在政治、经济方面不断深化的基础上，人文、社会、科技、旅游、安全、军事、司法等多层次、宽领域的交流与合作日益加深，并且向机制化发展。中国同绝大多数建交国签署了文化和教育交流协议，中国组织举办拉美国家青年外交官讲习班和加勒比国家高级外交官研修班。中国在墨西哥、巴西、秘鲁、智利等国建立了多家孔子学院。双方议会、

① 黄华毅："新世纪对发展中拉关系的思考"，中国共产党新闻网，2012年3月21日，http://cpc.people.com.cn/GB/68742/187710/17447759.html，2012年5月10日登录。

② 黄华毅："新世纪对发展中拉关系的思考"，中国共产党新闻网，2012年3月21日，http://cpc.people.com.cn/GB/68742/187710/17447759.html，2012年5月10日登录。

政府及文化交流广泛开展，结为友好省、州或友好城市的单位已达100多对。中国还与10多个拉美国家签署了政府间科技合作协定。中国同绝大多数拉美建交国建立和完善了涉及政治、经贸、科技等诸多领域的磋商和对话机制，中拉企业家峰会、中拉智库交流论坛等民间交流机制，打破了中拉地理距离的制约，成为推动中拉友好合作和共同发展的新平台。双方国际多边合作日益加强。2000年中国与安第斯共同体建立了部长级政治磋商机制。2005年中国倡导建立了“中国—加勒比国家经贸合作论坛”。中国还是加勒比开发银行、美洲开发银行的正式成员，并已成为美洲国家组织、拉美议会、联合国拉美经委会、拉美一体化协会观察员。在国际事务中，中国与拉美国家在联合国、世贸组织等国际组织和“金砖四国”、发展中五国、二十国集团、亚太经合组织、东亚—拉美合作论坛等多边框架内保持着良好合作。

六、中国对南太平洋岛国的外交战略

南太平洋岛国（地区）位于太平洋中南部，夏威夷群岛和澳洲大陆之间。该地区幅员辽阔，但陆地总面积仅55万平方公里，总人口也不过750多万。除了澳大利亚和新西兰外，南太地区共有27个国家和地区，由1万多个岛屿组成，分属美拉尼西亚、密克罗尼亚、波利西尼亚三大群岛区。南太平洋岛国是遥远而秀美的国际游览胜地，拥有得天独厚的人文环境、旅游资源和自然资源。丰富的能源、水产资源和矿产资源也举世闻名。此外，南太地区战略位置极其重要，扼守太平洋的东西、南北通道。由于殖民历史和战争等原因，南太地区的成员与西方大国有着复杂关系，有属地和托管地关系的大国主要有：美国、英国、法国、澳大利亚、新西兰和荷兰等国，所以该地区也是大国的利益关切之地。

新世纪以来，世界正经历复杂而深刻的变化。全球产业重组和生产要素流动转移加快，为各国经济发展提供了难得机遇。同时，南北差距拉大，贫富分化加剧，世界发展不平衡问题日益突出。恐怖主义、跨国犯罪、环境恶化、传染性疾病等非传统安全威胁上升，包括太平洋岛国在内的广大发展中国家的可持续发展面临严峻挑战。中国和太平洋岛国同属亚太地区，都是发展中国家，都致力于经济振兴和社会发展。面对新的国际形势，抓住机遇，团结合作，应对挑战，是双方的共同期待。为此，中国政府采取了积极的政策和措施。

（一）倡议成立中国与太平洋岛国经济发展合作论坛

太平洋岛国论坛是南太平洋国家政府间加强区域合作、协调对外政策的区域合作组织。为了加强与太平洋岛国的合作，中国政府倡议成立中国与太平洋岛国经济发展合作论坛。2006年4月，首届“中国—太平洋岛国经济发展合作论坛”部长级会议在斐济楠迪开幕。中国总理温家宝出席会议开幕式并发表题为“加强互利合作实现共同发展”的主旨讲话。温总理在讲话中建议中国和太平洋岛国进一步密切各级交往，增进相互了解与信任；加强就重大国际和地区问题的磋商与协调，照顾彼此关切，给予相互支持；着眼岛国实际需要，建立新型经贸互利合作关系。温总理宣布了中国政府加强双方经济合作的六项决定：提供人民币优惠贷款以推动双方企业合作；支持太平洋岛国发展民族经济，减轻其债务负担；帮助太平洋岛国防治疟疾等疾病，加强医疗合作；增强岛国的能力建设，协助岛国培训政府官员和各类技术人员；加快发展太平洋岛国的旅游业；提高各岛国预防地震或海啸等自然灾害的能力，在地震或海啸预警监测网建设方面提供支持。本次论坛在中国和太平洋岛国关系发展中具有里程碑意义，成为南南合作的新典范。2010年8月，中国外交部副部长崔天凯代表中国政府出席了第22届太平洋岛国论坛会后对话会，他在发言中介绍了中国政府对太平洋岛国的政策，表示中国政府高度重视发展同太平洋岛国的友好合作关系，愿同岛国保持高层交往势头，深化经贸合作，继续向岛国提供各种经济技术援助，进一步扩大人文交流，加强与岛国地区组织的合作，在和平共处五项原则基础上，推动中国与岛国关系取得新的更大发展。

新世纪以来，中国同太平洋各岛国双方高层交往频繁，经贸交流与合作稳步发展，在国际地区事务中保持良好沟通与协调，双边关系取得了显著的进展。

（二）双方高层交往频繁

2003年，中国与“太平洋岛国论坛”就双边关系、贸易投资、可持续发展、海洋资源管理、地区安全等问题交换了意见，并达成广泛共识。2004年，中国政府经与各太平洋岛国协商，决定共同举办主题为“促进合作，共同发展”的“中国—太平洋岛国经济发展合作论坛”，以促进中国与太平洋岛国在环保、旅游、立法、教育、农渔业和卫生领域的多方面合作。2006年4月，温家宝总理出席“中国—太平洋岛国经济发展合作论坛”开幕式并阐述了中国对太平洋岛国的政策。2007年7月中国国家主席胡锦涛在北京会见瓦努阿图总统马塔斯凯莱凯莱时指出，不断巩固和发展中瓦以及中国同太平洋岛国的友好合作关系是中国坚定不移的方针。2007年12月，中国和南太平洋岛国纽埃建立大使级外交关系。2009年6月温家宝总理在北京会见太平洋岛国议会联合访华代表团时指出，近年来中国同太平洋岛国关系不断发展，在双边和多边领域开展了富有成效的合作与协调。中国尊重岛国根据各自国情选择的发展道路，支持岛国维护国家主权与独立、促进经济社会发展、改善人民生活的努力。中方将继续向岛国提供经济技术援助，推动落实千年发展目标。2010年，太平洋岛国许多领导人参加了上海世博会。2011年9月，外交部副部长崔天凯率团出席了在新西兰奥克兰举行的第23届太平洋岛国论坛会后对话会，在会上重申中方高度重视发展同太平洋岛国关系，介绍了中国支持岛国经济可持续发展、应对气候变化、实现千年发展目标等方面的举措，并表示中国作为本地区一支积极和建设性力量，将继续在和平共处五项原则基础上，与论坛成员国及其他对话伙伴密切协调与合作，为促进岛国地区稳定、发展与繁荣作出不懈努力。

（三）经贸交流与合作稳步发展

中国与南太地区的经贸关系随着双边关系的深入不断发展。1999年，中国同南太岛国的贸易总额为1.68亿美元，2004年上升到6.23亿美元，2005年则达到了创纪录的8.38亿美元，同比增长58%。[①]除双边贸易外，中国根据当地的实际情况，提出一些有利于促进当地经济发展、改善生活、提高就业的项目，在提供援助时不提出任何附加条件，深受当地人民的欢迎。2000年，中国政府捐资设立“中国—论坛合作基金”，用于促进双方在贸易投资等领域内的合作。基金设立后，已先后资助组建了太平洋岛国论坛驻华贸易代表处（2002年）、投资局长年会、论坛秘书处信息存储系统更换、论坛进口管理等项目。双方经济合作稳步发展。中国在太平洋岛国地区承建了一批工程项目，如瓦努阿图议会大厦、斐济体育馆、汤加哈派中学、库克高法大楼等，并加大了对太平洋岛国农业发展和人力资源培训项目的支持力度。到2005年底，中国在太平洋岛国地区共投资设立中资企业70家，中方协议投资达1.1亿美元。此外，双方在农业集约化生产、水资源利用与农业基础设施建设、畜牧生产与动物防疫、乡村发展与农产品加工等方面加强技术合作开展了科技合作。继澳大利亚和新西兰之后，中国开放了斐济、瓦努阿图、汤加、库克群岛等南太岛国作为中国公民出国旅游目的地。2005年10月，中国政府决定资助“太平洋计划”项下港口综合开发、地区航空安排、乡村边远地区信息化建设3项目（2006—2010年），并向地区安全基金捐款。中国政府决定2011—2015年间为中国—论坛合作基金增资200万美元，用于双方商定的合作项目。[②]2011年，中方通过基金资助太平洋岛国论坛继续实施港口综合开发、地区航空安排、乡村边远地区信息化建设等项目。

---

① 韩锋：“中国发展与南太平洋岛国友好关系战略解读”，新浪香港网，2006年4月12日，http://magazine.sina.com.hk/xinminweekly/000/2006-04-12/01341224.shtml，2012年5月6日登录。

② “太平洋岛国论坛”，中华人民共和国外交部网站，2012年6月14日，http://www.fmprc.gov.cn/chn/pds/gjhdq/gjhdqzz/lhg_55/，2012年6月21日登录。

（四）在国际地区事务中保持良好沟通与协调

中国理解和同情太平洋岛国在气候变化等问题上的诉求，呼吁发达国家在减排方面作出更大努力。2009年底哥本哈根联合国气候变化大会上，中国呼吁发达国家带头采取有益于减少温室气体排放的措施，缓解气候变化带来的后果。中国还为太平洋岛国提供清洁能源技术和设备，利用风能、太阳能和沼气等清洁能源，帮助太平洋岛国解决能源困难并实现减排目标。积极资助“太平洋计划”等区域合作计划。中国政府还通过派代表出席太平洋岛国论坛会后对话会，阐明中国在帮助太平洋岛国应对国际金融危机和气候变化等全球性挑战、实现可持续发展和联合国千年发展目标等问题上的立场，重申将继续为太平洋岛国提高应对国际金融危机和气候变化的能力提供帮助，并一如既往地大力支持岛国经济社会可持续发展。

需要指出的是，该地区仍有少数国家与台湾当局保持“外交”关系，一个中国原则是中国同该地区国家及组织建立和发展关系的政治基础。中国政府赞赏该地区大多数国家恪守一个中国政策，不同台湾发展官方关系和进行官方往来，支持中国统一大业。中国愿在一个中国原则基础上同该地区各国建立和发展国家关系。

（唐晓）

第8章

中国多边外交的发展

党的十六大以来，随着中国的改革开放、国际体系的变革和全球化的日益深入，中国多边外交开始进入一个繁荣发展时期。在融入国际体系和国际社会的过程中，中国多边外交呈现出许多特点，也取得较大的成就。多边外交的发展不仅促进了国内的经济发展、服务了国内的政治建设和维护了国家的核心利益，也使中国国际地位和威望得到不断提升，塑造了负责任大国的国家形象。

一、中国多边外交发展的背景及特点

（一）中国多边外交发展的国际国内环境

新世纪的到来拉开了各国积极参与国际事务的序幕，随着首脑外交、多边外交、公共外交、民间外交的纷纷兴起，各国的外交方式也发生了巨大的变化，外交的影响领域由单一的政治领域渗透到社会生活的方方面面，从而导致公民政治参与度的增强与活跃。在这些新型外交方式中，诞生于两次世界大战的硝烟中，以联合国为中心的多边外交体系成为国际社会不可或缺的一种重要外交形式。并且随着全球化进程的加剧，外交的普及化，公民政治参与程度的提高，以及媒体在传播领域的重大发展，使得多边外交的发展有日益加速的趋势，成为各国增进沟通交流，解决共同关心的问题，促进全球经济发展，化解冲突与矛盾的一种重要方式。

就国际国内环境而言，随着全球化的不断发展和中国改革开放的不断深入，中国与世界各国交往的广度和深度大大拓展，特别是2002年党的十六大明确了“三个代表”重要思想，更加促进了中国与世界各国的人员、劳务与货物交流，从而使得中国进一步融入世界；中国与世界各国在经济、政治、文化、教育、科技和旅游等方面联系日益密切，正印证了“中国的发展离不开世界，世界的发展也离不开中国”这句话；此外冷战后国际秩序的深刻变化和“一超多强”国际形势的出现，以及“9·11”事件之后国际反恐合作加强的背景，更加促使中国更多地有效地运用多边外交手段处理国际事务，尽快融入国际社会，发挥自身的作用和维护自身的国家利益。

党和国家领导人的发言也反映了中国对这种相对有利的国际环境的看法，如2005年9月15日，胡锦涛主席在联合国成立60周年的首脑会议上，郑重地提出:“在人类漫长的发展史上，各国人民的命运从未像今天这样紧密相连、休戚与共。共同的目标把我们连接在一起，共同的挑战需要我们团结在一起。让我们携手合作，共同为建设一个持久和平。共同繁荣的和谐世界而努力。”[①]2009年，温总理在《政府工作报告》也提出“积极推进双边、多边外交，在全球和地区热点问题上发挥建设性作用”，表明中国已全面进入多边外交时代。由此可见，中国作为国际社会中日益重要的一员、在积极参与全球化，融入国际社会的同时，对新形势下的国际问题与国际事务，已经无法也不愿意置身事外，更愿意通过与其他国家的双边与多边合作来通过和平方式协商解决，体现了负责任大国的姿态。

① “胡锦涛在联合国成立60周年首脑会议上的讲话”，新华网，2012年5月14日登录，http://news.xinhuanet.com/world/2005-09/16/content_3496858.htm。

（二）中国多边外交政策及理念的发展

十六大以来，受到国际环境变化的影响以及国内经济发展的需要，中国多边外交进入全面参与以及积极主动的时代。随着中国与国际社会的互动，多边外交机制的成熟和规范，国家间外交的透明度增加，中国不再像以往那样被动参与多边外交，而是主动地通过多边的舞台来构建对自己以及对整个国际社会有利的多边机制。中国认识到多边舞台不仅是表达中国看法的论坛，不仅是获取国际援助、资金和技术的渠道，而且是展现中国负责任形象，消除他国特别是周边国家疑虑的重要窗口。

中国认为，多边外交是对双边外交的有益补充，杨洁篪外长在2009年两会期间面对新闻媒体时强调要“统筹好国内和国际两个大局，统筹好双边和多边关系”[①]。全球化背景下，全球化问题大量增加，一个国家自身的问题，两个国家之间的双边问题都可能产生连带效应，从而被多边化。多边问题的复杂性和敏感性也日趋上升。事实表明，中国在处理与其他国家间的双边问题，发展传统的双边关系的同时，也需要越来越多地考虑多边影响，既需要以双边合作的优势来推动多边问题的解决，也需要探索如何更好地运用多边合作机制，来缓解双边关系中的矛盾和摩擦。杨外长提出的统筹多边与双边关系，表明中国需要把多边外交与双边外交置于同等重要的地位，两者之间是相互促进、相辅相成的关系，不能有所偏废。

事实上，以胡锦涛为核心的中央领导者非常重视多边外交，比以往更加强调利用国际制度维护和拓展我国的国家利益，在保障自身发展与稳定的前提下，树立负责任的大国形象，致力于建立一个“人人享有发展的世纪”。2005年9月14日，联合国成立60周年首脑会议在纽约开幕，胡锦涛更是提出了“和谐世界”的概念。这是具有重大世界意义的主张，针对的是世界所面临的和平与发展等共同问题，是关

① “杨洁篪外长就中国外交政策和对外关系答中外记者问（2009年3月9日）”，参见外交部网站http://www.fmprc.gov.cn/chn/pds/wjb/wjbz/zyhd/t541165.htm。

于全球治理的根本目标。[①]之后的《十七大报告》更是指出："我们主张，各国人民携手努力，推动建设持久和平、共同繁荣的和谐世界"，"不管国际风云如何变幻，中国政府和人民都将高举和平、发展、合作旗帜，奉行独立自主的和平外交政策，维护国家主权、安全、发展利益，恪守维护世界和平、促进共同发展的外交政策宗旨"。[②]表明党和国家领导人维护世界和平与发展，希望通过多边合作同世界各国一起来推进国际关系民主化，建设和谐世界的强烈意愿。

由此可见，中国政府在进入21世纪后，结合国际与周边环境的现实，进一步调整了对外政策，强调"合作、对话、避免对抗"已构成中国外交的基本原则，更加愿意通过活跃的多边外交全面地融入国际社会，而不是独善其身。特别引人注目的是，中国不仅积极参与多边外交，还成为了多边外交的积极倡议国和主持国。目前中国进行多边外交活动的对象各异，囊括各类国际性和区域性的政府间和非政府的组织与论坛、各种多国间的活动等等，且活动涉及面日益宽泛，从政治、经济、安全到文化、教育、卫生、体育等社会各个方面，呈现出日益专门化的倾向。可以说，通过积极参与多边外交，中国全面融入了当今的世界体系，为建立公正合理的国际政治经济新秩序、为维护世界和平与稳定作出了重要的贡献。

（三）中国多边外交的特点分析

在融入国际体系过程中，中国逐渐成为重大多边会议之中不可或缺的成员和国际力量。中国一方面在联合国、二十国集团峰会、金砖国家峰会中的地位和影响力不断提高，另一方面也在APEC、"10+3"、东亚峰会、上合组织、朝核六方会谈等地区合作机制中发挥着不可替代的作用。作为最大的发展中国家，日益崛起中的东方大国，中国在日益活跃的多边外交实践过程中也呈现了一些独特的特点，主要体现

① 庞中英:《全球化与"和谐世界"》，载《世界知识》2006年第1期，第67页

② 胡锦涛:《高举中国特色社会主义伟大旗帜　为夺取全面建设小康社会新胜利而奋斗——在中国共产党第十七次全国代表大会上的报告》，人民出版社，2007年版。

在以下几个方面。

首先，联合国与多边经济外交是中国外交的重中之重。中国是联合国五大常任理事国之一，在联合国中发挥着不可替代的作用，在国际局势不断变化，非传统安全日益显现，世界热点问题曾出不穷的今天，中国和更多的发展中国家一道，在联合国中团结一致捍卫主权和正义，维护世界的和平与发展，受到了大多数国家的拥护和支持。而在多边经济合作领域，随着改革开放的深入进行，中国经济实力的不断增强，对外依存度的增加，特别是面临金融危机后国际社会加强合作，通过多边外交共同应对危机的呼声，中国更加强化了对多边经济外交的重视和投入，以积极的负责任的姿态应对挑战，兼顾国家利益与国际责任，在保障自身经济增长的同时维持了国际经济的适度稳定，起到了负责任大国的作用。

其次，周边地区是中国的多边外交的地缘重心。从地缘政治的角度来看，中国作为东亚最大的国家，与很多比中国小的国家比邻。周边较小国家在与中国发展双边外交关系时普遍感到压力，希望通过加强与中国的多边交往来增强相互信任与相互依存。中国顺应这一需求和发展趋势，积极参与地区多边机制，并发挥着越来越重要的作用。博鳌亚洲论坛、上海合作组织、中国与东盟自由贸易区建设、朝核六方会谈等就是中国推动多边外交的创造性实践。对于正在形成中的地区一体化建设，中国也表明了积极参与的意愿并开展了积极的多边实践活动，在此期间融入了中国对多边主义精神的不断深入理解，身体力行的探索适合中国和本地区特色的多边主义发展之路，可以说，中国已经成为地区多边外交的积极倡议国和主持国。

再次，中国参与的多边外交呈现日益机制化的特征，这主要表现在两个方面；一是多边外交活动时间和程序相对固定，如上海合作组织首脑会晤是一年一次，时间主要安排在夏季，各国轮流作东道主，每年还举行一次外长和国防部长会晤，以加强和扩大各国在重大国际和地区问题上的协作。二是我国参加多边外交活动的领导人分工相对明确。区域性或全球性重大多边外交的国际会议或活动一般由国家主席参加，而专业性较强的多边外交活动则由政府总理或者专门负责的该领域工作的副总理参加，议会多边外交则由我国全国人大和政协领导人参加[①]。时间安排和领导人分工固定，有利于国家领导人合理安排时间，集中精力处理国内外事务。

最后，中国的多边外交以维护国家核心利益为出发点，维护主权原则为底线。例如在发展中国家的支持下，中国一再挫败西方国家在联合国人权会议上针对中国的提案，成功地粉碎了台湾当局加入联合国及其他有主权国家构成的国际组织的图谋，维护了国家的核心利益。在面对西方国家提出来的“主权过时论”、“人权高于主权”等论调时，中国往往站在发展中国家的立场上，坚决捍卫主权原则，反对西方国家打着“人道主义干涉”的旗号干涉其他国家的内政，强调通过多边合作的方式来和平解决国际争端，反对强权政治与霸权主义，维护国际正义。

二、中国在政治安全领域多边外交的发展

（一）中国在联合国大会及安理会中的多边外交

联合国是当今世界上最具广泛性和权威性的政府间国际组织可以说，联合国是当今世界各主要行为体多边外交的起点与重点，更是中国多边外交最重要和最主要的平台。作为实践多边主义的最佳场所，十六大以来中国的联合国外交有了全面和长足的发展。作为联合国安理会常任理事国之一的中国认为:当今的世界“没有普遍安全，一国的安全只能是短暂的；离开共同发展，一国的发展也是不可能持久的。实现人类的和平与发展，必须坚持多边主义，加强集体行动，推进国际合作，特别是要不断加强联合国作用和权威。”[②] 中国认为：联合国作

① 雷兴长：“论90年代中国多边首脑外交”，《甘肃社会科学》，1999年第3期，第86页。

② 《我们为和平而来》（沈国放部长助理在“21世纪和平行动面临的挑战”国际维和研讨会上的发言），2004年11月3日，参见外交部网站，http://www.fmprc.gov.cn/chn/wjb/zzjg/gjs/gjzzyhy/1115/1116/tl68796.htm。

用只能加强，联合国权威必须维护。通过改革加强联合国作用已成为广大会员国的共同愿望和要求，符合联合国的长远利益。①

十六大以来，中国与联合国的合作越来越趋向于双向互利，中国在利用联合国实现自身利益的同时，开始对联合国作出更多的贡献。其中最典型的就是中国承担的会费摊款和维和行动摊款逐年上升，体现了中国对联合国的重视与支持。根据2009年联合国大会的决定，2010年到2012年三年间，中国的会费比额有了较大增长，正常预算分摊比额由2.667%增长到了3.189%，增加0.522个百分点。另外，中国所负担的维和费用的摊款从3.1474%增长到了3.9390%，增加0.7916个百分点，名列第七。中国在联合国正常预算和维和费用方面的摊款总额达到了四亿美元左右。②

这一时期，中国在联合国组织框架下的多边首脑外交十分活跃。特别是2005年9月14日，联合国成立60周年首脑会议在纽约开幕，中国国家主席胡锦涛提出了“和谐世界”的概念，这是具有重大世界意义的主张，针对的是世界所面临的和平与发展等共同问题，是关于全球治理的根本目标，与联合国对当今世界形势的看法是体系一致的。③可以说，比起20世纪，十六大以来，中国参加联合国大会及其他一些会议的官员的级别更高，且最高领导人参加的联合国会议也在增多，而今中国国家主席和国务院总理多次到联合国大会发表演讲或出席联合国主持召开的重要会议，已经成为家常便饭一样的常事。

（二）中国在国际维和、军控领域的多边外交

联合国维持和平行动是二战后联合国维持和平和安全的主要方式之一，已经发展成为维护国际和平与稳定的重要手段，在世界的和平与发展的进程中扮演者越来越重要的角色。从1948年向中东地区派出

① 李肇星:《纪念联合国成立60周年：维护和平 推动发展》,《人民日报》,2005年9月13日，第七版。

② 参见“联合国会费谈判通宵达旦 中国摊款达四亿美元”，中国新闻网,http://www.chinanews.com/gj/gj-ywdd/news/2009/12-30/2045405.shtml。

③ 庞中英:《全球化与“和谐世界”》，载《世界知识》，2006年第1期，第67页。

停战监督组织开始，联合国共实施了60多项维和行动，数十万人参与并推动了柬埔寨、马其顿、纳米比亚、莫桑比克、东帝汶等地的和平进程。目前，仍有10多项联合国维和行动正在进行之中，“蓝盔”已成为维护和平的使者，寄托着冲突地区人民对和平的渴望。

为了维和国际和平与安定，体现中国负责任大国的地位，十六大以来，中国参与联合国维和行动进入加速增长时期，成为中国联合国外交的一大亮点。根据联合国维和行动部的历次月度统计，中国向联合国维和区派遣的人员总数2002年前一般维持在100多人的水平，明显少于美、英、法、俄等国家。但是从2003年开始，中国维和人员总数由100多人迅速上升到300人左右；而从2004年开始，总人数立即上升并稳定保持在1000人以上。目前上升的幅度之大、速度之快，已引起世人的注目。截至2008年4月底，中国在联合国18项维和行动中，先后派出超过1万人次的维和军事人员。① 截至2007年11月，中国维和工兵部队在执行任务的地区累计新建、修复道路7300多公里，修筑桥梁200多座，运输总里程410多万公里，排除地雷及各类未爆炸物7600多枚，接诊病人3.6万人次。② 目前中国有1911名维和人员正在参与联合国维和行动，③ 中国长期保持成为常任理事国中提供维和人员最多的国家之一。

这一时期，中国在军控领域也采取了更积极的多边外交活动，特别是在防扩散领域强调国际多边合作，反对诉诸武力或以武力相威胁，反对双重标准，维护了国际社会的稳定与正义。如2005年5月，中国代表团团长胡小笛在《不扩散核武器条约》2005年审议大会上关于防扩散问题的发言中指出：防止核武器扩散的根本目的在于维护和促进国际及地区的和平、稳定和安全，任何防扩散措施都应有助于实现这一目标。应谋求在现有国际法框架内，通过政治和外交手段和平解决有关核武器扩散的关切，不应动辄诉诸武力或以武力相威胁，不应采

① 张慧玉：《试析中国参与联合国维和机制对世界的影响》，《国际论坛》，2009年9月第5期。

② 赵蔚彬：《国际维和与中国“蓝盔”》，《世界知识》，2008年第3期。

③ 联合国网站，2012年4月数据：http://www.un.org/en/peacekeeping/contributors/2012/apr12_1.pdf。

取双重或多重标准，更不应借防扩散谋求其他目的。[①]2011年9月，中国常驻国际原子能机构副代表黄玮在机构理事会审议中东核问题的会议上重申，中国欢迎2010年《不扩散核武器条约》审议大会最后文件提出的，在2012年召开中东无核武器及其他大规模杀伤性武器区国际会议的建议，也欢迎国际原子能机构总干事关于2011年11月召开中东无核区论坛的倡议，希望有关各方抓住时机，努力落实《不扩散核武器条约》审议大会的有关建议。[②]

（三）中国与地区多边安全合作

冷战结束后，尤其是近十年来，周边地区的传统与非传统安全问题从凸显到愈演愈烈，反恐、缉毒、环境、卫生等问题都在号召多边合作。中国自古注重睦邻友好，坚持“与邻为善、以邻为伴”的周边外交方针。积极参与周边地区的多边外交是构建和谐亚洲、和谐亚太与和谐世界的重要途径，也是贯彻这些方针和政策的重要手段。中国积极参与周边地区多边外交，参与地区热点问题的解决，增强合作机制的构建，都有助于树立“负责任大国”形象，避免或化解国际不友好势力的掣肘，消除不必要的隐患。如今，中国积极参加了东盟地区论坛、上海合作组织和朝核六方会谈等地区安全合作机制，已经在周边地区参与了多层次、多领域、多形式的多边外交。

上合组织是第一个以中国地名命名的国际组织，它体现了中国综合国力和国际影响力的上升，是中国多边外交最重要的成果之一，也是中亚地区各国为追求和平稳定发展的一次探索。成立11年来，上海合作组织在安全、经贸、人文合作等领域取得了巨大成就。通过推动和参与上海合作组织合作，中国外交成就斐然，具体体现在以下几个方面。首先，通过加强与上合组织成员国的关系，中国与俄罗斯与中

① “胡小笛在《不扩散核武器条约》2005年审议大会上关于防扩散问题的发言”，2005年5月19日，中华人民共和国国防部网站，URL<http://news.mod.gov.cn/acd/2009-07/08/content_3050328.htm>。

②《中国代表在维也纳重申支持建立中东无核武器区》，中国政府门户网站，2011年9月16日，URL<http://www.gov.cn/jrzg/2011-09/16/content_1948778.htm>。

亚国家成功解决了边界问题。其次，上海合作组织的成立使中国和俄罗斯、中亚国家的合作进一步走向机制化，为中国和这些国家的关系向更高层次发展提供了新的机遇。再次，通过在上海合作组织中的合作，中国与其他会员国增强了军事交流、政治互信，加强了合作。最后，在上合组织框架下，中国与其他成员国的经贸合作不断发展。

朝鲜核问题是当前国际政治中的一个热点问题，与中国的战略关联度很高。进入到21世纪以后，为了维护地区的和平与稳定，随着中国的多边外交实践的不断拓展，中国开始尝试通过多边外交的手段解决朝鲜核问题。2003年8月27日中国慎重开启六方会谈作为和平解决朝鲜核问题的协调机制，旨在通过由朝鲜、韩国、中国、美国、俄罗斯和日本六国共同参与的和平谈判解决朝鲜核问题。会谈到2007年9月30日为止，共举行过六轮，中国作为六方会谈的主席国通过努力促进了会议达成了诸如《9·19共同声明》,《2·13共同文件》等重要成果。通过六方会谈中国大大提高了国际的威望。六方会谈是中国为解决朝鲜核问题独家定制的规则和机制，这个多边舞台，凝聚了中国外交人员的心血和智慧。目前国际社会一致认为，六方会谈机制是解决朝核问题的“最好形式”。事实表明，没有中国的外交斡旋，建立六方会谈机制以及六轮多边磋商都是难以想像的。中国的努力，也被视为是中国作为“负责任大国”的生动体现。

三、中国在国际经贸领域多边外交的发展

（一）中国在世界贸易组织中的多边外交

经过艰苦漫长的谈判，中国于2001年12月成为世界贸易组织第143个成员。入世为我国经济的发展带来了重大机遇，促进了我国市场经济体制的完善和发展，有利于我国在世界经济舞台上发挥更大作用。中国入世之后立刻就赶上了“多哈回合”的贸易谈判，在这一过程中，中国认为应统筹考虑各成员的具体情况，尤其是发展中国家成

员的实际困难、条件和立场，要求给予发展中成员特殊和差别待遇，积极表示新成员的特殊关切必须得到有效解决。[①] 为此，中国一直积极开展多边经济外交，力促多哈回合谈判早日成功，先后在中国大连和香港举行WTO小型部长会议和WTO第六次部长级会议，对新一轮多边贸易谈判的进程产生重大影响。

目前，由于发达国家过高的要价，多哈回合已经陷入僵局，但中国仍然在多方努力，争取早日恢复多哈回合贸易磋商。我国对推动多哈回合谈判成功的努力不仅体现在负责对外经贸部门的多边经济外交活动中，国家领导人也为推动多哈回合谈判和建立一个更加公平完善的世界贸易体系做出了诸多外交努力。2007年9月，胡主席在该组织第十五次领导人非正式会议上与各国领导人就多哈回合谈判发表声明，承诺表现出“政治意愿、灵活性和雄心”，以确保多哈谈判在今年进入“最后阶段”。2008年11月22日，胡锦涛主席在该组织第十六次领导人非正式会议上发表了题为《坚持合作开放，寻求互利共赢》的讲话。他指出，“我们应该坚定对多边贸易体制的信心，对多哈回合谈判给予强有力支持。我们应该坚决反对贸易保护主义，推动多哈回合谈判早日复谈并取得全面、均衡的成果”。[②]

（二）中国在G8、G20中的多边外交

从七国集团（G7）、八国集团（G8）到二十国集团（G20），全球多边经济合作机制成员国的变化体现了全球经济力量的此消彼长。我国与这些多边经济合作机制关系的变化是我国国力增强的结果，在这些机制中的多边外交活动提升了我国对国际经济体系的影响力，使我国的综合国力有效转化为在国际舞台上实现自身利益的国家能力。

2003年6月1日，在法国总统希拉克再三邀请下，国家主席胡锦涛受邀参加在法国埃维昂举行的G8与主要发展中国家的讨论会。这是我国领导人首次参与G8的讨论。胡主席在会上全面阐述了我国在经济

① 中国表明多哈回合谈判立场，参照（网页）http://finance.sina.com.cn/roll/20060603/0955726066.shtml。

② 胡锦涛:《坚持开放合作，寻求互利共赢》，新华网，2008年11月23日。

全球化形势下推动国际发展合作的立场，并利用与会之机，积极开展首脑外交，为进一步发展与G8成员的关系拓展了空间。[①]2008年7月，胡锦涛主席出席了在日本北海道洞爷湖举行的G8与发展中国家领导人对话会议。这是我国领导人第5次出现在这一重要的国际舞台，参与讨论全球经济、政治、环境等重大问题。在本届峰会上，无论是环境、粮食还是能源问题，我国的影响都不可或缺。“西方媒体评论说，这届峰会事实上成了首届G9会议”。意大利《新闻报》称我国是本届峰会中除八国以外最重要的参与者。”[②]由此可见，中国发展与G8之间的关系，不仅是中国多边外交的重要内容，也是中国经济实力上升与国际影响力提高的直接体现。

2008年开始的席卷全球的金融危机加快了国际经济合作机制的转换步伐，也提升了G20的地位与国际影响力。同年11月，G20领导人举行了首次峰会，中国提出了改革国际金融体系的目标和基本原则，即建立公平、公正、包容有序的国际金融新秩序；坚持全面性、均衡性、渐进性、时效性的原则。[③]峰会召开前，我国与巴西、印度、俄罗斯召开了第一次四国财长会议，确认四国将在峰会上团结一致，从而开启了“金砖国家”的合作机制。

2009年9月G20领导人第三次金融峰会上，胡锦涛主席向世界再一次表达了中国推进国际金融体系改革的坚定立场。他指出，二十国集团领导人在前两次金融峰会上达成了推进国际金融体系改革的政治共识，这是G20领导人向全世界作出的庄严承诺。我们应该加强金融监管合作，扩大金融监管覆盖面，尽快制订普遍接受的金融监管标准，高质量落实各项改革措施。[④]2010年11月12日，G20首尔峰会通过了《首尔峰会宣言》，确认了此前在G20财长和央行行长会上通过的国际货币基金组织（IMF）份额改革方案，并承诺继续推动和落实国际金

① 陈晓进：《中国与八国集团》，时事出版社，2006年版，第80页。

② 袁建军：“八国集团与中国的战略选择”，《社会主义研究》，2008年第5期，第133页。

③ 胡锦涛：“通力合作共度时艰——在金融市场和世界经济峰会上的讲话”，《人民日报》，2008年11月16日。

④ 胡锦涛：“全力促进增长推动平衡发展——在二十国集团第三次金融峰会上的讲话”，《人民日报》，2009年9月26日，第1版。

融机构改革。中国所持有份额从目前的3.72%升至6.39%，投票权也从3.65%升至6.07%，中国IMF份额跃居全球第三。

（三）中国与地区多边经济合作

冷战结束以后，随着中国改革开放的深入展开以及东亚地区经济的快速发展，中国与亚太国家开展了大量的地区多边经贸合作活动，极大的促进地区经济的发展。APEC、“10+1”、“10+3”、东亚峰会等一系列多边经济合作机制的建立和发展，是中国同有关国家不断努力的结果，中国在其中起到了十分重要的作用，体现了互利共赢的精神，获得了地区国家的认同与肯定。

作为中国“大周边外交”的关键一环，中国本着积极参与、求同存异和推动合作的精神全面参加APEC各项活动。自1993年APEC领导人非正式会议机制创立以来，中国国家主席每年均出席APEC领导人非正式会议，每一次都在会上发表重要讲话，阐述中国参与亚太经济合作的重要原则，表明了中国改革开放、积极参与亚太经济合作的决心。如在2006年举行的第十四次APEC领导人非正式会议上，胡锦涛主席提出的“构建和谐亚太”的主张，被作为亚太大家庭成员共同努力追求的目标，写入了《河内宣言》之中。此外，中国相关部长多次参加APEC各专业部长级会议，并为在各专业领域落实APEC领导人提出的各项倡议规定了具体的方案和政策，也对APEC的合作进程发挥了重要影响。

“10+1”与“10+3”机制是中国发展与东盟与日韩经贸关系的重要多边外交方式，2002年，在“10+1”机制下，中国与东盟签署《中国与东盟全面经济合作框架协议》，启动了建立中国—东盟自由贸易区的谈判。2010年，中国—东盟自由贸易区正式建成。作为全部由发展中国家建立起来的世界上最大的自由贸易区，将会对中国和东盟国家，甚至全世界的经济和政治产生深远影响。这不仅有助于构建我国的区域经济一体化整体战略，同时还将有利于推动东北亚区域经济合作进程和东亚经济圈的形成，最终为我国营造良好的外部发展条件[①]。

“10+3”和中国—东盟自由贸易区的发展极大的推动了东亚共同体建设的步伐。2005年12月首届东亚峰会的召开标志着东亚地区合作进入了深化阶段。参加此次峰会的国家有东盟十国、中国、日本、韩国、印度、新西兰和澳大利亚，俄罗斯总统普京也应邀出席了这次峰会。各国共同发表了《关于东亚峰会的吉隆坡宣言》和《关于预防、控制和应对禽流感的东亚峰会宣言》。[②]在东亚峰会问题上，中国提出两个“坚持”和一个“开放”的立场，即坚持发挥东盟在东亚峰会和地区合作中的主导作用；坚持以“10+3”框架为东亚合作的主渠道，主张东亚峰会保持开放性和透明度。这些主张正是东亚一体化建设顺利发展的有效保障。也体现了中国在国际和地区事务中的影响日益扩大。

四、中国在发展、环境等专门领域多边外交的发展

（一）中国在发展领域的多边外交

随着改革开放的逐步深入，我国政府愈来愈认识到“和平与发展”是当今世界主题。特别是十六大以来，作为世界上最大的发展中国家，中国正在日益参加国际发展事业，与众多国际组织以及国家积极交流。在发展自身的同时也在努力帮助广大发展中国家，为促进共同发展，构建和谐世界作出了巨大贡献。在“和平发展”的战略指导下，中国积极推行“和谐世界”的外交方针，因此中国政府在国际发展领域一直与各国际组织、机构保持良好的合作关系。

中国积极参与了联合国在发展领域的多边外交活动，并同其专门机构建立了良好的合作关系。从1971年开始，中国一直被选为经社理事会的理事国，参加了理事会的历届年会和其他会议。在经社理事会论坛上，中国代表曾就经济领域出现的诸多问题阐述了中国的立场。

---

① 邱丹阳:《中国—东盟自由贸易区：中国和平崛起的地缘经济思考》，载《当代亚太》,2005年第1期。

② 《首届东亚峰会签署吉隆坡宣言》，来自外交部网站，http://www.fmprc.gov.cn/chn/gdxw/t226397.htm。

2004年，中国和世界银行共同举办全球扶贫大会。2005年，中国同联合国共同举办了千年发展目标国际会议。同年，国际扶贫中心在北京成立。我们将继续把实施本国发展战略与落实千年发展目标有机结合，并同各方开展对话和合作，推动在全球范围内解决发展问题。

中国与联合国开发计划署进行了卓有成效的合作。2001年，联合国开发计划署与中国国际经济技术交流中心启动了可持续小额信贷扶贫项目，集中在中国四川仪陇、内蒙古赤峰、贵州兴仁和甘肃定西实施这一项目，帮助农村发展协会实现可持续性。其中三个村在运作上实现了可持续性，还有一个参加了全球性的由“助贫咨询组”组织的“财务透明奖”活动。而在2005年，这一项目已经在中国的部分试点地区取得了明显效果。除了在联合国开发计划署框架下进行多边合作，促进中国自身发展，中国也积极努力的推动世界各国的共同发展。2006年，联合国开发计划署南南合作特设局与上海联合产权交易所联合召开了联合国全球南南技术创新与资本市场峰会。[①]

在粮食援助方面，中国已经从受援国转变为重要的对外援助国。如中国在接受联合国世界粮食计划署援助的同时，也在自己的能力范围内进行了对外援助。2003年、2004年的认捐额就多达150万美元左右。2004年底中国政府又决定对受海啸袭击的亚洲国家和地区提供100万美元的海啸救济款。2005年4月7日，世界粮食计划署向中国提供最后一批价值720万美元的粮食援助，宣布对中国粮食援助停止。“停止对华粮食援助，是因为中国政府已经完全有能力消除贫困”。[②]2009年3月24日，农业部与联合国粮食及农业组织（FAO）在北京签署了《中华人民共和国政府与联合国粮食及农业组织关于信托基金的总协定》[③]（简称“总协定”）。该协定的签署标志着我国政府通过向FAO捐款设立信托基金以推动实现联合国千年发展目标的行动计划正式启动。

---

① 资料来源于网易新闻，转载自《上海国资》对南南合作特设局局长周一平专访。

② 参见新华网记者对世界粮食计划署驻华代表处代表道格拉斯·布罗德里克就“世界粮食计划署将在今年年底彻底停止对华粮食援助”一事的采访纪要。转引自：http://www.china.org.cn/chinese/2005/Apr/832463.htm。

③ “中国政府与联合国粮农组织签署信托基金总协定”，参见网页，http://www.gov.cn/gzdt/2009-03/24/content_1267508.htm。

（二）中国在环境领域的多边外交

20世纪以来，随着科技进步和社会生产力的不断提高，人类创造了前所未有的物质财富，推动了全世界文明发展的进程。但与此同时，臭氧层破坏、地球变暖、水资源污染等全球性环境污染和生态破坏却日益严重，对人类的生存和发展构成了现实威胁。保护生态环境，实现可持续发展，已成为全世界紧迫而艰巨的任务。党的十七大把“环境外交”置于突出位置，报告首次提出中国在环境外交问题上的主张，是外交部分的一大“亮点”。中国作为国际社会的一员，积极参与国际环境合作，在合作中和有关国家共同承担责任、共同分享合作成果，为推动世界的和平与发展、建设和谐世界做出了应有的贡献。

十六大以来，中国环境外交获得了长足的发展，形成了系统的环境外交政策。组织保障有力，规格更高，活动更频繁，签订的条约具有更多的实质性内容，环境外交在国家的总体外交中占有日益重要的地位。如2002年胡锦涛、温家宝等党和国家领导人参与国际环境外交4次，2003年是6次，2004年是8次，2005年达到12次。2002—2005年，国家环保总局领导出访与出席国际会议53次，安排和接待国外部级以上代表团103次。[①] 特别是在2009年12月18日于丹麦哥本哈根举行的全球气候会议上，中国国务院总理温家宝与会并发表了题为《凝聚共识、加强合作、推进应对气候变化历史进程》的重要讲话，全面阐述中国政府应对气候变化问题的立场、主张和举措。在整个气候会议当中，中国积极沟通各国，为最终目标的达成付出了巨大努力，发挥了建设性作用。

（三）中国在其他专门领域的多边外交

专门性国际机构多是一些独立的国际组织，其中也包括一些与联

① 姜文来:《积极应对“中国环境威胁论”》,《人民日报》，2006年5月16日。

合国有从属关系的国际组织或机构，如世界卫生组织、万国邮政联盟、国际电讯联盟、国际海事组织、国际原子能机构等。在这些专业国际组织框架下，中国不仅发展了国内相关领域，与国际接轨，同时也发挥自身优势帮助广大发展中国家发展相关专业领域。凭借雄厚而先进的技术实力，中国也在积极参与一些专业领域的国际规则的制定。

中国与世界卫生组织的合作卓有成效，中国作为占世界人口四分之一，西太平洋地区人口80%的大国，对于世界卫生组织在国家级、地区级和全球的工作都有着深刻的影响。特别是进入21世纪之后，中国以及世界先后经历了SARS、禽流感、H1N1甲型流感等多次全球性卫生事件，中国与世界卫生组织的关系愈加密切。如在2007年第六十届世界卫生大会上，中国宣布向世界卫生组织捐款800万美元，用于支持非洲国家等发展中国家加强卫生体系建设，提高实施《国际卫生条例》、有效抵御疾病侵袭的能力。2009年H1N1甲型流感全球爆发后，中国政府与世界卫生组织密切合作，以最快速度第一个将甲流疫苗研制成功并投入批量生产。

中国自1973年成为国际海事组织成员国以来，一直大力支持国际海事组织的工作，为国际海事组织的活动做出了重要贡献。中国政府一直积极配合该组织的各项日常工作，履行国际海事组织各项国际公约的各项义务与责任。特别是2008年中国首次派出海军护航编队，为在索马里海域过往的船只提供护航，并在2009年的国际海事组织第26届大会上，我国护航官兵被授予"航运和人类特别服务奖"，是中国维护国际海洋秩序的积极行动之一。而中国香港于2009年成功承办拆船公约外交大会，又再次证明中国对国际海事组织环保事业的巨大贡献。

在当下日益复杂的国际环境中，中国政府一向主张在国际原子能机构的框架下，通过机构和各成员国的共同努力，积极讨论和妥善解决诸如朝核、伊核、核燃料供应以及打击核恐怖主义等问题。另外，在和平开发利用核能的同时，中国一向高度重视核安全问题。2010年4月，中国国家主席胡锦涛出席核安全峰会，提出了核安保问题的5点主张，并就加强核安保工作做出庄严承诺。同年6月，2010年6月，中国代表在维也纳开幕的国际原子能机构理事会会议上强调，中国国家原子能机构希望国际原子能机构能切实履行职责，“主动迎接全球核能复苏的挑战，与成员国进一步加强沟通，充分了解各国实际需求，为成员国提供更多有针对性的帮助”。[①]

小　结

在国际交往日益紧密、相互依存不断加强、全球化逐渐深入的今天，多边外交机制灵活、化解矛盾、易于把握等特点越发显示出其魅力，为中国更好地实现和平发展、维护国家利益提供了重要途径。十六大以来的外交实践表明，多边外交不仅是中国外交不断发展的大舞台，也是我们推动和谐世界构建、实现国际关系民主化的需要。特别是在中国日益崛起的今天，面对国际压力不断加大、“中国威胁论”凸显、外部发展环境风险增多的局面，迫切需要我们继续灵活运用多边外交的手段来缓解矛盾、维护世界稳定与国家利益、实现和平发展的外交目标。

（牛仲君）

① “中国代表说中国政府高度重视核安全问题”，参见网页，http://news.xhby.net/system/2010/06/07/010767985.shtml。

第 三 编

维护国家主权与安全

第9章

新时期我国的国家安全观

国家安全观，是指一个国家在对其自身利益进行界定和认知并对其利益威胁进行判断的基础上，制定的应对国家利益威胁的原则和宗旨。其核心是一个国家捍卫其生存和发展利益的根本认知和原则。[①] 它包括国家对其所处的安全环境的评估，对所面临的安全威胁的判断，对安全利益的认识，制定国家安全战略和确定安全目标，以及具体采取何种手段来维护安全。国家安全观不但对本国的安危至关重要，而且也会深刻影响国际安全。作为具有科学性和生命力的国家安全观，它一定要能体现和反映客观现实和历史趋势，并引领国家的安全战略和安全实践向着有利于维护国家安全的方向发展，促进国家和世界的和平发展与稳定。

进入21世纪以来，尽管和平与发展仍然是世界两大主题，国际安全形势总体稳定，我国的安全环境不断改善，但由于国际格局和世界秩序的转型与演进、国家发展模式的竞争与调整、全球治理博弈加剧、非传统安全日益突出以及局部战争和武装冲突不断，我国面临的"生存安全与发展安全、传统安全威胁与非传统安全威胁、国内安全问题

① 王帆、卢静主编:《国际安全概论》，北京：世界知识出版社，2010年版，第72页。

与国际安全问题交织互动”。[①] 国家安全的机遇与挑战并存，国家安全的不稳定因素依然很多。根据国内外形势的发展变化，以胡锦涛为总书记的新一届党中央领导集体高度关注国家的生存与发展利益，顺应世界潮流，科学判断形势，英明正确决策，在继承发展老一代革命家关于国家安全思想的基础上，形成了具有时代特征的科学的国家安全观。它不但为中国的现代化建设提供了良好的安全环境，而且对促进国际安全和推动国际秩序的和平演进、为全人类的和平福祉和建设和谐世界都具有重大的时代意义。

一、国家安全观的内涵

新时期我国的国家安全观是在马克思主义理论指导下，依据发展变化了的国际、国内形势和为实现全人类的发展、安全利益，高瞻远瞩、高屋建瓴、统揽全局、科学系统地提出了作为“负责任大国”的国家安全思想，形成了具有深远影响和丰富内涵的国家安全观。其内涵主要包括：

（一）安全内容：多元主体下的综合安全

在传统安全观的视野里，安全就是指国家的安全，国家是安全的唯一主体，也就是说，国家安全是在任何时候、任何场合下都应不惜一切代价加以维护的绝对价值。但是随着国际行为主体的增多和中国与外部世界的互动日益广泛以及非传统安全问题的凸现，国家安全的主体呈现多元化的趋势。地区安全、国际安全、人类安全和人的安全都被纳入到国家安全价值的视野之内，日益成为国家安全观的新主体。中国在积极参与国际社会的实践中深刻认识到，一个国家的安全与国际乃至全球安全紧密相连，在全球化深入发展和高度依存的世界

① 中国政府《2008年中国的国防》白皮书，中央政府门户网，2009年1月20日，http://www.gov.cn/jrzg/2009-01/20/content_1210088.htm。

体系中，国家安全已日益带有国际乃至全球和人类自身安全的因素。只有地区、国际、人类社会都安全了，国家和人的生存和发展利益才有保障和依托，从而进一步突出了国际安全和人类自身安全的价值和主体地位，突显了中国安全观的价值追求和理想信念。胡锦涛“以人为本”科学发展观和“和谐世界”理念的提出，不但是对新安全观的进一步深化和发展，也是在更高层次上对国家安全价值的追求。“以人为本”与建设“和谐世界”的目的是建设一个永久和平、共同发展与繁荣的世界，而享受和平和发展成果的不仅是单个的国家，而是包括人类自身的整个国际社会。因此，关注人的安全和建设和谐世界理念不但体现了胡锦涛对国家安全的科学思考，而且体现了对人类整体安全价值的新追求。胡锦涛的国家安全观以共同安全为特征，高度关注国际安全和个人安全，实现了安全主体和安全价值的多元化。

胡锦涛国家安全观还包括多元的安全领域。在过去较长的一段时期里，中国的国家安全观把捍卫国家政权、保卫领土完整和主权独立作为国家安全的首要内容。在此背景下，军事手段是维护国家安全最为重要和最为有效的手段。这种以军事安全为核心的安全观成功地维护了国家的政治和军事安全，为中国的发展壮大提供了基础和保障，但在这种军事安全观下，强调的是国家政治、军事安全，国家安全的内容和维护国家安全的手段都比较集中和单一。进入和平与发展时代，经济全球化加速了国家之间的相互依赖，国家利益和国家面临的主要威胁发生了重大改观，威胁国家安全的内外因素日益复杂多变，与此相适应，中国国家安全观的内容逐渐从传统的政治、军事安全拓展到经济、环境、社会、文化安全等领域。同时，随着全球化的深入发展和非传统安全问题的日益严峻，能源、金融、信息、生态环境、贩毒走私、严重传染性疾病、海盗活动、非法移民、以及恐怖主义、分裂主义、极端主义等许多新的问题都纳入到国家安全的视野，国家安全观的内容得到极大丰富，形成了新的安全观，即综合安全观。综合安全观认为，国家安全问题除了以主权概念为核心的政治安全和军事安全之外，还有经济、环境、文化、社会安全等一系列的新安全问题。而且各安全主体之间、安全要素之间、安全领域之间相互联系和影响，形成国家安全的统一系统。只有高度关注系统中的每一个要素，才能实现国家的综合安全。中国认为，“中国的新安全观首先是综合安全观。当今的安全问题不再限于传统的政治、军事领域，已日益渗透到人类生活的各个方面，表现出很强的综合性和跨国性，既涉及到国与国之间的关系，也涉及到人类社会与自然界之间的关系”。① 这表明中国的新安全观对安全诸要素的集合性和不可分割性认识进一步深化。胡锦涛指出：“随着国际形势的深刻变化和我国社会的深刻变革，我国对世界的影响力在增长，但我国发展面临的外部制约因素也在增加。传统安全威胁和非传统安全威胁因素相互交织，影响安全的不稳定、不确定因素增多，国家安全问题的综合性、多样性进一步增强。”② 胡锦涛关于综合安全的思想不是轻视政治、军事安全，而是对政治、军事安全观的丰富和超越，它顺应了全球化时代国家安全的多元化、综合性趋势和解决非传统安全问题突出的要求，准确反映了当今中国所面临的安全威胁多样化的现实，指出了国家安全的主要内容及其重点所在，有利于统揽国家的综合安全。

（二）安全核心：以人为本，重视“人的安全”

国家安全的最大意义在于维护国家的生存与发展，但其最根本意义则是确保生活于其中的全体国民幸福安宁。国家安全是国民安全的基本条件，国民安全则是国家安全最根本的目的。这既是胡锦涛国家安全观的核心内容，也是其安全观的价值追求。

关注“人的安全”是国家安全和发展所面临的理论和现实困境所导致，尤其是非传统安全问题的出现和凸出以及国内公共安全事件不时发生，对国民的生存、生命质量的影响越来越大。这些问题“既涉及人类共同体，又关系到一个个具体的人的安全，所以安全战略除了

① 《第四届亚洲安全大会在新加坡举行，我代表阐述中国新安全观》，2005年6月6日，人民网，http://www.people.com.cn/GB/paper1787/14919/1323517.html。

② 解放军总政治部编：《树立和落实科学发展观理论学习读本》，北京：解放军出版社，2006年版，第132—133页。

考虑维护国家的利益与安全，还要同时顾及整个人类的安全以及每个人的安全。”① 联合国开发计划署在《1994年人类发展报告》中首次引入“人的安全”概念。该报告指出，安全不仅仅是针对国家，而且必须强调针对人类自身。人的安全是以“人”为中心的概念，包括个人和人组成的群体。人的安全概念包括两层含义：一是免受诸如饥饿、疾病、压迫等长期性威胁；二是免受在家庭、工作或社区等各类日常生活中的突然的、伤害性的威胁。② 进入新世纪，全球化发展所引发的针对人类自身生存发展的威胁日益突出，人们所关注的重点开始转移到“非传统安全”问题上，逐步认识到人的安全的重要性，人的安全成为所有安全问题的核心。安全观念开始从以国家为本位的安全观向以人为本位的安全观转变。这种以人为本的国家安全观强调人的安全是国家安全的主体与核心，突破了长期占据主导地位的传统国家安全观的界限，表达了关于国家安全概念的思考和发展方向，拓展了国家安全观的内涵。它表明“如果把安全理解为仅仅是国家的安全，那么，它就忽视了处于国家威胁之下的人所处的不安全状态”。③ 在此情况下，以胡锦涛为总书记的党中央对人的安全问题的关注不断提高，维护人的安全日益成为国家安全观的重要着眼点。2004年3月，胡锦涛在中央人口资源环境工作座谈会上讲话时指出，坚持以人为本，全面、协调、可持续的发展观，这是从新世纪新阶段党和国家事业发展全局出发提出的重大战略思想。他在党的十六届三中全会上进一步阐明，科学发展观的核心是以人为本。“坚持以人为本，是我们党根据历史唯物主义关于人民是历史发展的主体、是推动历史前进的根本力量的基本原理提出来的”。④ 在党的十七大报告中胡锦涛着重强调：“必须坚持以人为本。要始终把实现好、维护好、发展好最广大人民的根本利益作为党和国家一切工作的出发点和落脚点，做到发展为了人民、发展依靠人

---

① 郭秀清：《我国国家安全观的重要转变》，载《政治与公共管理》，2011年第5期，第108页。

② United Nations Development Programme, *Human Development Report 1994*, New York: Oxford University Press, 1994, p. 23.

③ J. Ann Tickner, “Re- visioning Security” , Ken Booth and Steve Smith , eds. , *International Relations Theory Today* , The Pennsy-lvania State University Press, 1995, p.181.

④ 中共中央宣传部理论局编写组编：《科学发展观学习读本》，北京：学习出版社，2006年版，第18页。

民、发展成果由人民共享。”[①] 这充分表明，胡锦涛的以人为本为核心的科学发展观是从更广泛的意义上表达了对人的安全的关注，强调解决人民最关心、最直接、最现实的利益问题，其中最为重要的就是人的生存发展安全问题，由此构成其国家安全观的核心内容。

（三）安全途径：积极开展安全合作，确保国家核心利益和社会稳定

随着全球化的深入发展和我国参与国际体系步伐的加快，我国与世界的相互依存度大大提高。其中最重要的一点是我国国内政治、经济、文化和社会进程与国际体系转型运作、国际社会发展进程处于高度密集的互动状态，任何重大国际事务都会对我国社会进程产生影响。随着我国改革开放的不断深入，这种交互影响的效应越来越明显。基于这种现实，实现国家安全的途径必须在确保国家核心利益和社会稳定的前提下，积极开展国际安全合作，以达到国家发展与稳定的统一、国家安全与国际安全的统一，是胡锦涛国家安全观的重要战略思想和政策选择。

以国家主权、制度和发展为核心利益始终是我党在国家安全问题上的一贯主张和坚定立场，也是我国主权完整独立和国家政权稳固、社会主义制度发展的根本保证。在实现国家完全统一这一核心利益问题上，胡锦涛在各种场合一直坚定地阐明解决台湾问题、实现祖国完全统一，是海内外中华儿女的共同心愿和决心，绝不允许任何人以任何名义任何方式把台湾从祖国分割出去，任何涉及中国主权和领土完整的问题，都必须由包括台湾同胞在内的全中国人民共同决定。无论在祖国统一的道路上遇到多大的艰难险阻，无论国内外敌对势力如何阻挠破坏，都动摇不了党和人民实现祖国完全统一的坚定信念和坚强决心。针对国际敌对势力对我国的政治思想渗透和西化、分化政策和行动，胡锦涛坚定地指出：“在我们这样一个人口众多的发展中社会主

① 胡锦涛：《高举中国特色社会主义伟大旗帜 为夺取全面建设小康社会新胜利而奋斗》，载《中国共产党第十七次全国代表大会文件汇编》，北京：人民出版社，2007年版。

义大国，任何时候都必须把独立自主、自力更生作为自己发展的根本基点，任何时候都要坚持中国人民自己选择的社会制度和发展道路，始终把国家主权和安全放在第一位，坚决维护国家主权、安全、发展利益，坚持中国的事情按照中国的情况来办、依靠中国人民自己的力量来办，坚决反对外部势力干涉我国内部事务。”[①] 针对传统国家安全观往往将目光锁定在国界之外的国家，而忽视国内社会问题引发的安全隐患，为强本固基提升国家抵御外部思想的侵袭，以胡锦涛为总书记的党中央，十分重视国家思想文化建设，把建设强大的社会主义文化和构建社会主义核心价值体系、捍卫国家文化主权的独立性和自主性，使其免遭来自外部或内部的破坏或颠覆，作为执政兴国的重大战略任务。他强调:“要始终高举社会主义文化旗帜，在文化观念上决不照抄照搬，在发展模式上决不简单模仿，坚决防范和抵御各种腐朽落后的文化观念侵蚀干部群众的思想，确保国家的文化安全。”[②] 他在党的十七届六中全会讲话中指出，在当今世界，没有文化的积极引领，没有人民精神世界的极大丰富，没有全民族精神力量的充分发挥，一个国家、一个民族不可能屹立于世界民族之林。维护国家文化主权安全成为胡锦涛国家安全观的深层思考。为确保国家发展这一核心利益，他特别重视国家的政治稳定。他认为，国家没有稳定的政治局面，就不可能有持久的发展，就会威胁到国家的安全。他在党的会议和报告中多次强调，“发展是硬道理，稳定是硬任务；没有稳定什么事情也办不成，已经取得的成果也会失去。”[③] “必须正确处理改革发展稳定的关系，坚持把改革的力度、发展的速度和社会可承受的程度统一起来，使改革发展稳定相互协调、相互促进，确保人民群众安居乐业，确保社会政治稳定和国家长治久安。”[④] 这充分显示了他从国家安全和民族生存发展的大局出发，高度认识并严肃对待社会政治稳定攸关国家安全的重大问题。为此，新一届中央领导集体提出了一系列加强政治、经济、文

---

① 《十七大以来重要文献选编》(上)，中央文献出版社，2009年版，第805页。

② 胡锦涛:《在中央政治局会议上的讲话》，载《人民日报》，2003年8月13日，第1版。

③ 胡锦涛:《在庆祝中国共产党成立90周年大会上的讲话》，北京：人民日报出版社，2011年版，第25页。

④ 《科学发展观重要论述摘编》，北京：中央文献出版社、党建读物出版社，2008年版，第69页。

化、社会建设的纲领和政策，采取一系列措施消除不稳定因素。其中2006年发布的《中共中央关于构建社会主义和谐社会若干重大问题的决定》大段论述了国家安全问题，标志着新一届党中央把建设和谐社会，确保国家长久安全稳定作为长期的战略任务。

在确保国家核心利益前提下积极融入国际体系，与国际社会的各个成员进行安全合作是胡锦涛国家安全观在国际层面上的战略选择。他希望用平等、协作、互信、互利的新安全观来达到维护国家安全利益的目的。他反复指出，历史和现实都充分证明，武力不能缔造永久和平，强权不能确保长治久安，只有“增进互信、平等协商，广泛合作，建立公平、有效的集体安全机制，共同防止冲突和战争，才能实现普遍而持久的安全。”[①] 中国与国际社会的合作进程尽管遇到了许多困难和障碍，但我国在新世纪里表现出来的坚定而积极合作的立场是有目共睹的。胡锦涛的安全合作思想强调：第一，国家安全应当在遵循国际关系基本准则前提下，依靠相互之间的共同信任和共同利益的联系，加强双边和多边的安全合作。应以《联合国宪章》、和平共处五项原则和其他公认的国际关系准则为政治基础，以增进了解和信任，促进对话与合作，承诺以和平方式解决彼此争端作为维护和平安全的现实途径。胡锦涛指出，“联合国作为集体安全机制的核心，在保障全球安全的国际合作中发挥着不可替代的作用。其作用只能加强，不能削弱。联合国宪章确定的宗旨和原则，对维护世界和平与安全发挥着举足轻重的作用，已经成为公认的国际关系基本准则，必须得到切实遵循。安理会作为联合国维护世界和平与安全的专门机构，其维护世界和平与安全的权威必须得到切实维护”。[②] 第二，在承认军事安全适当地位的同时，促进各国和国际社会在非传统安全领域的国际合作，作为新形势下实现国家安全利益、促进地区和全球安全稳定的主要途径。第三，国际安全合作应以互利互惠、平等协作为原则，反对谋求单方面安全。胡锦涛认为安全是相互的、平等的，安全合作应尊重各

① 胡锦涛:《努力建设持久和平、共同繁荣的和谐世界——在联合国成立60周年首脑会议上的讲话》(2005年9月15日),《人民日报》, 2005年9月16日, 第1版。

② 胡锦涛:《努力建设持久和平、共同繁荣的和谐世界——在联合国成立60周年首脑会议上的讲话》。

国的主权独立，反对外来干涉，反对以大欺小，恃强凌弱。胡锦涛的安全合作思想追求的是一种双赢效应，即在合作中维护自身安全，但也关心他国的安全利益，不以损害他国的安全与稳定来换取自身的安全与稳定。

总之，中国积极加强安全合作的主张，是强调通过主权国家之间的相互尊重和平等合作寻求国家和国际安全问题的解决。它反对脱离国家安全寻求人的安全的保护，反对否定主权安全去寻求全球安全的解决。只有国际社会的所有成员在主权平等、互信互利基础之上的真诚合作，惟有如此，才能保障国际社会的持久和平、安全与稳定。

(四)安全目标：建设和谐世界

2005年9月，在联合国成立60周年首脑会议上，胡锦涛主席发表了题为《努力建设持久和平、共同繁荣的和谐世界》的讲话，全面阐述了新时期中国关于构建“和谐世界”的新构想。此后，他和国家其他领导人又多次在国内外重大场合大力倡导建立“和谐世界”的理念。“和谐世界”新构想不仅成为当代中国国家安全观的重要内涵，而且也是其理想的追求目标。

以“和谐世界”为目标的国家安全观在国际层面上主要关注以下三个方面：第一，国际社会的共同安全。因此，各国应携手共同应对全球安全威胁，实现国际社会的共同安全。第二，实现全球共同发展。胡锦涛认为发展不应只关注少数发达国家的发展，而更应关注和促进发展中国家发展，以实现全球共同发展。“和谐世界”突出强调发展中国家应该抓住经济全球化和科技进步的机遇实现跨越式发展，与国际社会一道实现共同发展的目标。第三，世界各国和谐相处。胡锦涛指出，“文明多样性是人类社会的基本特征，也是人类文明进步的重要动力。在人类历史上，各种文明都以自己的方式为人类文明进步作出了积极贡献。存在差异，各种文明才能相互借鉴、共同提高”。“历史文化、社会制度和发展模式的差异不应成为各国交流的障碍，更不应成为相互对抗的理由”。①

为达成建设和谐世界的目标，胡锦涛反复强调，各国应超越意识形态和社会制度异同，摒弃冷战思维和强权政治心态，互不猜疑，互不敌视，经常就各自安全防务政策以及重大行动展开对话与相互通报；在维护和实现自身安全利益的同时，为对方安全创造条件，实现共同安全；各国应相互尊重，平等相待，不干涉他国内政；国际上的任何争端和冲突都应以和平谈判的方式解决，并就共同关心的安全问题进行广泛深入的合作，消除隐患，防止战争和冲突的发生。同时还要尊重文明发展的多样性现实，提倡不同文明间相互包容，各国都应获得平等的安全利益和发展机会。为此，在国际关系中要坚持多边主义，反对单极霸权；坚持互利合作，实现共同繁荣，使21世纪真正成为“人人享有发展的世纪”，推动国际社会全面进步；坚持包容精神，各种制度和文明和谐相处。胡锦涛提出，“应该尊重各国自主选择社会制度和发展道路的权利，相互借鉴而不是刻意排斥，取长补短而不是定于一尊，推动各国根据本国国情实现振兴和发展；应该加强不同文明的对话和交流，在竞争比较中取长补短，在求同存异中共同发展，努力消除相互疑虑和隔阂，使人类更加和睦，让世界更加丰富多彩”，“协力构建各种文明兼容并蓄的和谐世界”。②

和谐世界的提出不仅是对新安全观的进一步深化和发展，也是在更高层次上对国家安全的价值追求。和谐世界的目的是建设一个永久和平、共同繁荣的世界。而享受安全和平的不仅是单个的国家，而是包括所有国家都有平等地享有安全的权利。因此，和谐世界理念不但体现了新一届中国领导人对国家安全的新目标、新期望，而且体现了对人类整体安全价值的新追求。

① 胡锦涛：《努力建设持久和平、共同繁荣的和谐世界——在联合国成立60周年首脑会议上的讲话》。
② 胡锦涛：《努力建设持久和平、共同繁荣的和谐世界——在联合国成立60周年首脑会议上的讲话》。

二、胡锦涛国家安全观主要特征

胡锦涛国家安全观是在新世纪和平发展仍是时代主题的背景下，在国际格局转型演进、国际社会动荡变革、发展模式竞争调整、国际思潮激烈碰撞的新形势下形成的，必然带有时代烙印和自身特征，主要表现在：

（一）以和谐为特征的共同安全

“和谐”不但是一个良好国内社会的根本要求，也是一个良好国际秩序的根本要求，是各个国家和民族共存繁荣的前提。早在2002年党的十六大上就把“社会更加和谐”作为全面建设小康社会的目标之一提出来。之后“和谐社会”成为新一届党中央在各种会议上的关键词。进入新世纪，世界格局的和平转型决定了国际局势的不确定性和复杂性将是长期的。单极霸权、单边主义、金融危机、恐怖主义等问题突显，国际体系中的“无政府状态”似乎比以前更加明显，使得国际社会中安全合作思想、全球治理理念，甚至强于或压倒传统的安全利益竞争。基于此种形势，胡锦涛在2005年4月22日亚非峰会上首次提出“共同构建一个和谐世界”的思想，是国内构建“和谐社会”的自然延伸，是中国和平发展战略的本质体现，顺应了全球化时代由“国际政治”向“全球政治”转变的趋势。因此说，“和谐理念”是对内构建和谐社会、对外力促和平与发展之间的战略结合点，它适应了中国的国际化进程和国际体系转型的发展趋势，也充分表达了新一届党中央对国际社会的人文主义关怀。和谐世界理念作为新安全观的有机构成将成为我国很长一段时期内制定国际战略的指导思想，为促进国内和谐社会建设、实现和平发展创造一个更加有利的国际环境。

胡锦涛“和谐世界”理念，是针对整个世界发出的一种“和谐”呼吁和主张，它不是一种国际规则和机制，也有别于和平共处五项原则，但必须以和平共处五项原则为基础，从人类发展的和平愿望出发，去“建设一个持久和平、共同繁荣的和谐世界”。并通过构建“和谐世界”的努力，把和平与发展有机的结合起来，把中国主张的合作、发展、安全之间辩证关系统一起来，成为全世界各国政府和人民去向往、需求和实践的一种理想的和平国际秩序。

实现国际社会乃至全人类的共同安全，一直以来是国际精英和政府首脑、学界不懈探索和追求的目标。由于信仰、理论、价值、文化背景和利益诉求的不同和差异，在实现国际社会和全人类共同安全问题上存在诸多分歧和冲突。胡锦涛“和谐世界”的国家安全目标，超越了传统的权力安全观的思维定势，摒弃了新旧现实主义、自由主义的理论缺陷，从全人类的价值追求出发，提出了建设“和谐世界”、实现共同安全的正确主张。从和谐理念到建设“和谐世界”主张，以实现国际社会共同安全，成为胡锦涛国家安全观的显著特征。

首先，它摆脱了长期困扰人们的“安全困境”，找到了实现共同安全的途径。“安全困境”是无政府状态下国家间安全关系的痼疾，是影响国际安全的重要因素。而胡锦涛国家安全观强调和谐世界的安全来自合作、互信，抓住了国家间产生纷争和冲突的主要根源。一旦建立起合作机制和互信，国家之间就可以在安全问题上达成有效协调。即使没有强制性规则的制约，各国也会约束自己的行为。国家将由谋求权力的扩张转向增进彼此间的合作，从而可跳出安全困境的怪圈。同时，新安全观强调安全共享，将国家间的安全关系视为“非零和”博弈关系。这样，一国安全的增加就不会引发他国的安全压力，大家和谐相处，通过合作协商共促国际安全。

其次，它不局限于维护本国或某些国家的安全，而是关注国际社会所有成员的普遍安全。将国际社会所有成员的普遍安全确立为自己的目标，将安全范围由少数大国的安全扩展至国际社会所有成员的共同安全，在致力于维护国家安全时，也明确表示尊重别国的安全，并要顾及其他国家的安全关切。这不仅大大拓展了国际秩序理论建设的视野，更重要的是，它反映了国际社会成员的共同愿望和安全需求。面对当今世界各国围绕国家利益的国际竞争日益激烈，纷繁复杂的各种矛盾和问题层出不穷，倡导各国都能接受的一种安全理念，使各国之间和平共处、相互包容、共同创造和平安宁的世界，用和谐理念来处理国与国之间的关系，协商解决共同面临的国际问题，共同呵护人类赖以生存的地球家园，反映了新一代领导集体高超的智慧和勇气，显示出中国不仅是和谐世界、共享安全的倡导者，也是和谐世界、共享安全的忠实实践者。

最后，它倡导不同文明间的相互包容、对话和交流，促使不同文明间和谐相处、共同发展。美国学者亨廷顿的“文明冲突论”反映了西方文明中心论的理论逻辑。其理论背景是将西方文明凌驾于世界其他文明之上，刻意强调文明之间不平等、不相容的相互矛盾和冲突，其根本意图在于维护西方文明在国际社会的主导地位。胡锦涛的“和谐”理念和“和谐世界”主张，提倡各种文明间平等、对话、交流和互补，主张建立多样、包容和丰富多彩的世界，其基本前提就是承认和尊重各国文明的多样性，否定文明的单一性和西方文明中心论。这就从根本上找到了消除不同文明间对立、冲突，实现各种文明和睦相处，共同发展的路子，是实现人类社会共同安全、共存共荣的正确选择。

总之，胡锦涛以“和谐”为特征的共同安全观所提出的解决国际安全体系构建中的三大难题的思路，已经成为一种崭新的国际安全体系构想和范式。而且，它还具有普世性、合理性和广泛的适用性，成为安全体系构建的重要理论构想，它突破了传统的西方国际安全话语体系和思想观念，表达了一种关注人类共同安全的非西方式理论思考和实践思路。

（二）以和平合作为特征的发展安全

胡锦涛在党的十七大政治报告中指出：“当代中国同世界的关系发生了历史性变化，中国的前途命运日益紧密地同世界的前途命运联系在一起。”因此，国家的安全和发展都离不开世界的和平发展与安全。他重申：“和平是人类社会实现发展目标的根本前提。没有和平，不仅新的建设无以推进，而且以往的发展成果也会因战乱而毁灭。”[①] 为此，他不仅高度关注国家的生存和发展利益，而且也高度关注世界的和平与发展，提出了“高举和平、发展、合作的旗帜，坚定不移走和平发展的道路”的战略思想。这充分展示了胡锦涛国家安全观的战略取向和价值追求，即在和平的国际环境下，通过国际合作实现国家和世界的共同发展。以国家和世界的共同发展为安全价值取向是胡锦涛国家安全观的又一重要特征。

首先，强调国家的发展问题事关国家的生死存亡，是国家安全的根本保证。他指出，在当今世界我国面临的主要威胁不再是战争，而是发展问题。发展不但关乎人民生活水平的提高，而且关乎社会主义制度的存亡。因此，从最终的“制度安全”这个战略高度出发，“必须坚持抓好发展这个党执政兴国的第一要务，把发展作为解决中国一切问题的关键”。[②] 现阶段“中国最紧迫、最现实的任务，就是集中精力发展经济，不断改善人民的生活。中国最需要和平的国际环境。我们希望，既通过维护世界和平来发展自己，又通过自身的发展来促进世界和平”。[③] 他在党的十七大政治报告中郑重指出：“中国将始终不渝走和平发展道路。这是中国政府和人民根据时代发展潮流和自身根本利益做出的战略抉择。”通过和平发展来推动经济社会进步，不断改善亿万人民的生活是中国的自身根本利益。中国需要争取和平的国际环境来发展自己，又会以自身的发展来维护世界和平，促进共同发展。为此，他还从中国特色社会主义的政治、经济、社会、文化、国防等各个领域提出了如何按照科学发展观的要求实现全面发展的一系列政策和措施。胡锦涛的和平发展思想从动机和目标上第一次超越后起大国传统的崛起之路，通过和平的方式，渐进的方式，主要依靠自己的力量，发展内需，挖掘潜力，改革创新，落实科学发展观，走有中国特色的富民强国之路，在改革开放的大背景下，独立自主地建设有中国

① 胡锦涛：《努力建设持久和平、共同繁荣的和谐世界——在联合国成立60周年首脑会议上的讲话》。

② 《中共中央关于加强党的执政能力建设的决定》（2004年9月19日），载《十六大以来重要文献选编》（中），北京：中央文献出版社，2006年版，第274页。

③ 胡锦涛：《全面推进中美建设性合作关系——在美国友好团体举行的晚宴上的讲话》，2006年4月20日，中央政府门户网站，http://www.gov.cn/ldhd/2006-04/21/content_260106.htm。

特色的社会主义，促进国际社会互利共赢和共同发展，维护世界和平与安全。

其次，强调国际社会所有成员普遍发展，并将追求国际社会的共同发展和繁荣视作国际安全的关键。胡锦涛的国家安全观不仅重视本国的发展，还将发展中国家的发展纳入视野，倡导国际社会所有成员的普遍发展。他认为，“发展事关各国人民的切身利益”，“经济全球化趋势的深入发展，使各国利益相互交织、各国发展与全球发展日益密不可分”，各国只有在国际社会的共同发展大潮中才能充分实现自己的发展目标。而且，发展也事关消除全球安全威胁的根源；没有普遍发展和共同繁荣，世界难享太平。[①] 他还指出，发展不仅不应只局限于少数发达国家的发展，而应包括发展中国家在内的世界各国的共同发展，而且鉴于发展中国家在世界整体发展中相对滞后的事实，发展首先应该体现为发展中国家的发展。国际社会的共同发展只能在和平的前提下，以合作最大化为出发点，在整体而非个体基础上，对包括利益在内的更大范围议题上促进国家间的和平共处、和谐发展。这种以和平合作为行为取向的共同发展，尤其是强调发展中国家的发展对于国际安全的重要意义，表现了中国对传统的西方国际安全理论的超越和对国际生存哲学的变革。胡锦涛的发展安全观强调把本国安全考虑与别国安全关切结合起来，重视将本国的发展与别国的发展联系起来，着重将本国的利益与各国利益和全人类共同利益统一起来，充分表达了中国在维护国家和国际安全中的行为动机。这种对发展问题特别是发展中国家的发展问题的关注，突破了西方关于国际安全范式单纯从政治领域寻找和平与稳定动因的局限，将国际安全从政治领域延伸至以经济、社会发展为重点的领域，抓住了维护国家安全和国际安全的关键所在，从而更加深入、准确地揭示出解决国际安全稳定的根源。

中国以和平合作为取向“走和平发展道路”，绝不排除为捍卫自身正当权益而进行自卫反击的正义行动。中国绝不会以国家利益、国家安全和战略空间为代价换取丧失国家核心利益的发展利益。如果有人

---

① 胡锦涛:《努力建设持久和平、共同繁荣的和谐世界——在联合国成立60周年首脑会议上的讲话》。

认为中国着力于和平合作，便会在维护主权问题上妥协让步或主动放弃，那他的算盘就打错了。“不要指望中国人民吞下苦果”。

（三）以人为本为特征的人的安全

冷战结束以来，国家安全观逐渐从以国家为本位向以人为本位的安全观转变。非传统安全的突现，尤其是自“9·11”恐怖袭击和2003年“非典”大规模爆发引起全球性恐慌以来，全球应对非传统安全威胁的国际联合行动日益增加，人类安全的重要性更为各国所重视。胡锦涛认为，在全球化时代，面对安全威胁的多元化趋势，国家安全必须关注其公民个体的安全，关注公民生存、发展和表达意愿的权利，这是应对多元化安全威胁的必然要求。他提出的“科学发展观”，其核心就是“以人为本”，保护人的生存安全，解决人民最关心、最直接、最现实的利益问题。国家安全内涵的外溢使得个人成为安全关注的焦点。其实，人的安全与国家安全本质上都是国家利益的客观要求。国家安全要以人的安全为立足点，有了人的安全，国家安全才更有保障。也就是说国家安全是国民安全的基本条件，国民安全则是国家安全的根本目的。这种以人为本为特征的国家安全观所强调的人的安全是国家安全的终极目标，是全球化时代非传统安全的最重要主体，突破了传统安全观以国家为本位的思维束缚，揭示了新的国家安全观的发展方向。其理论和实践价值主要体现在：

首先，胡锦涛以人为本为特征的国家安全观是以国家和个人安全相统一为思维架构，否定了西方国家在理论取向上重视以个体的人的安全为视角的非国家安全主体的分析框架。西方关于关注人的安全的理论，是从强调“人的安全”、“社会的安全”比之以国家为主体的安全更为重要的角度认识国家安全的。而胡锦涛以人为本的国家安全观，坚持安全主体的国家取向，认为不能离开国家安全这一主体，单方面地追求个人安全。这种安全主体的国家取向，并非否定个人的安全和全球安全的重要性，而是认为在当今国际条件下，国家是满足人的生存、发展的最有效形式，只有国家主权安全了，人的生存权、发展权才有保障。国家这一重要主体可以凭借其特有的组织形式和物资手段最大限度地维护“人的安全”，包括个人、社区、团体、社会等的安全。所以，“人的安全”与“人权”一样，都是通过国家主权来实现的，那种一味追求“人的安全”、“社会的安全”而把国家主权安全放在可有可无的位置，只是一种乌托邦式的空想，只有把“人的安全”与国家主权安全相统一，才能实现“人的安全”目标。

其次，胡锦涛以人为本为特征的国家安全观是以确保国家核心利益的前提下，充分发挥国家体制效能，最大限度的实现“人的安全”。胡锦涛国家安全观所坚持的国家和个人相统一的安全主体的国家取向与传统国家安全观存在很大不同。其主要区别在于：传统国家安全观主要是外向的，是从国家的外部威胁考虑国家的安全，其中心内容是防止外部敌对国家的武装入侵，保障领土不受侵犯、国家的统一、自然资源的排它占有及政治的独立和主权完整。而胡锦涛以国家取向的安全观除了要求确保国家传统安全的内容以外，也高度重视全球化的不断推进所催生的各种非传统安全问题对个人以及全球安全带来的威胁，它重视“人的安全”对国家安全在价值上的重要性，不排斥人在国家安全建设中所处的中心位置，也更关心国际安全形势和全球安全的未来，主张通过扩大国家安全的领域和范围，以及国际安全合作的方式，通过“善治”和国家体制职能的变革来确保公民的生存权利、发展权利和表达意愿的权利，以此寻求“人的安全”的正确出路。而不是如西方学者所提出的通过“摒弃将国家作为安全的参照物”来寻求新安全的解决。①

最后，胡锦涛以人为本为特征的国家安全观是对西方“人道主义干涉”政策和行为的有力批判。当今国际社会，主权国家依旧是国际和国家安全的主要行为体。保障人的安全和人权都是主权国家范畴内的事务，是国家的基本权力和职能。那种要求放弃主权去谋求“人的安全”或全球的安全，在国家还没有消亡之前只能是虚无主义的幻想。因此，胡锦涛强调主权安全在安全建设中的重要性，并认为主权国家

① 李学保：《全球化视角下的安全：两种不同的理解及分歧的原因》，载《教学与研究》，2005年第7期，第72页。

在维护国家安全的不可或缺作用是任何行为体都替代不了的。当然，坚持主权安全并不排斥经主权国家的主动让渡和自主限制的国际规则安排，并允许一定范围的国际合法干预。这种安全安排和合法干预是国家安全主体日趋多元化的需要，也是寻找解决非传统安全引发的全球公共安全的重要措施。但是，主权让渡和允许干预都应该是在尊重国家主权的基础上，并有国际制度的有效保障采取有限的行动。它只能是国家主权的权力形式变化，丝毫不可动摇主权原则本身。在国际政治现实中，确实存在“人的安全”威胁来自国家内部的事例，并且国家权力可能发展成为一种与社会对立并损害个人安全和利益的政权，这只能通过本国人民在国家主权安全的条件下以合法的程序和最大程度地保护人民的安全，去选择自己的制度和政权。关键是保证国家真正是代表人民、服务人民，接受人民监督，防止国家和社会的对立，而不应由外来强权或国际“权威”，以维护“人的安全”为由进行“人道主义干预”，以此取代主权国家及其政府。胡锦涛以人为本为特征的国家安全观从维护国家安全和重视人的安全相统一的角度，揭示了西方推行的“人道主义干预”的强权逻辑和政治用心。

三、国家安全观的时代意义

（一）有助于国家安全共有价值观的塑造和国际安全体系和平转型

在国家安全观问题上国家之间尤其是西方与东方国家之间历来存在着重大分歧和对立，这不仅是因为社会制度、价值追求和战略目标以及国家面对安全威胁的来源、程度、侧重点、可选择的有效手段和能力不同，而且各国的政治文化理念、现实威胁感受和安全利益认知等都存在着巨大差异。然而，在全球化不断发展的当今世界，各国的相互依赖不仅在经济贸易等领域，而且在国家安全领域有着共同的利益和需求，尤其在面对传统安全与非传统安全相互交织，互为渗透的现实威胁形势下，各国的安全利益交汇点越来越多，对话、协作、合作的愿望和需求日益成为各国的外交选择。同时，冷战后由于新兴国家的崛起和传统西方力量的相对减弱，构成国际安全体系的力量对比发生了重大变化；国家安全行为主体的多样化发展和安全领域的内容日益多元复杂，既加大了国际安全体系承载体的功能和作用，也推动了要求规范安全行为主体互动模式的原则和理念不断变化。胡锦涛正是依据这些客观形势和发生的变化，顺应和平发展的时代要求和国际安全体系和平转型的发展趋势，从维护世界人民的根本利益出发，提出了中国的国家安全观的主张，在国际安全体系和平转型时期对塑造各国都可接受的国家安全共有价值观具有重要指导意义。

首先，销蚀某些大国的权力观念，增大以中国为代表的发展中国家的安全话语权。冷战后，国际安全体系超越了国家权势变动这一周而复始的纬度，正朝向更为深刻的全新的国际社会的秩序发展。但是，国际安全体系的和平转型并没有根本改变西强东弱和以西方为主导的国际体系。西方大国出于自身价值观和安全利益的考量，总是把安全威胁的来源归咎于发展中国家和所谓的“无赖国家”、“失败国家”等，并以此为据打着关注人的安全的“人道主义干预”旗号，行破坏国际安全的武力行为。随着以中国为代表的新兴大国的崛起，国际安全体系结构发生了变化，不仅其主体增多，而且利益诉求和对安全目标的追求将更多元化、多维化。这对一向崇尚和推行权力政治的某些大国来说，无疑是一种挑战。国际安全体系主体结构的变化，大大提高了发展中国家在国际安全领域的话语权，发展中国家的安全理念受到更高的重视。这既对重视硬权力的传统国家安全观构成严重冲击，也为促进国际安全合作、协商和共管提供了动力和可能。这将进一步促进国家安全关系中的民主、平等理念的增长，有利国家安全关系的健康发展。

其次，增加国际制度、机制改革的动力，国家安全关系将更趋规范。随着中国在国际安全领域里的参与意识和话语权日趋增强，对传统大国占主导的国际安全制度和机制改革完善的要求更加迫切，从而推动西方大国加快国际制度、机制的改革与调整，不断增加以中国为代表的新兴国家的理念和主张元素，以适应发展中国家的要求。这既能促进多边主义的有效实施，防止单边主义和强权政治对国际安全的破坏，又能推动国际制度、机制建设、改革的深化和功能提高，将推动国家安全关系在有序、规范的框架内互动和发展。

最后，不断增强国家安全关系中的相互包容性，减少分歧，扩大共识。国家间的分歧、矛盾和斗争并不意味着它们必然走向对抗和冲突，随着它们共同利益的增多和“共同安全”意识的提高，再加上反映不同文明的新兴大国的崛起，国家安全关系中的共有价值观的内涵也在变化，由过去以西方文明为主导的价值观向多元包容共存发展。它反映在2005年联大会议上通过的《世界首脑会议成果文件》中。文件指出，各国元首和政府首脑承诺将致力于增进世界各地的人类福祇、自由进步，鼓励不同文化、文明和人民之间的包容、尊重、对话与合作。世界共有价值观的形成将减缓国家间的对抗和冲突，促进国际安全体系和平转型。

（二）有助于我国自身特质和价值追求的标示以及“负责任大国”形象的展现

胡锦涛一再告诫全党和全国人民，我国是发展中的社会主义国家，一定要坚持走有中国特色的社会主义发展道路。强调“我们将继续积极参与多边事务，承担相应国际义务，发挥建设性作用，推动国际秩序朝着更加公正合理的方向发展”。这些主张既是对我国自身特质和价值追求的定位，也是中国一个“负责任大国”形象的展示。不难看出，胡锦涛的国家安全观是以我国的自身特质和“负责任大国”的国际定位为基点提出来的，其影响力和标示作用是不言而喻的。

其一，以和平形象张扬中国社会主义的特质和价值追求，增强国际安全体系中的社会主义诉求。长期以来，国际安全体系中的话语权一直被西方国家所主导，中国作为社会主义国家长期以反对者的身份游离于国际安全体系之外。改革开放后尤其是进入新世纪，中国从国际安全体系的局外者成为参与者、合作者、建设者和塑造者，这一身份的变化，要求我国要站在国际道义的制高点上，以社会主义国家的和平形象，以更好的理念、价值去改造、完善现有的国际安全观念和秩序，建设更加符合发展中国家诉求的公正合理的国际安全秩序。在这一进程中，中国始终不忘自己是个发展中的社会主义国家，要大力张扬社会主义的理念与价值追求，就是要明确我们始终不忘维护和谋求世界上大多数人的利益，就是要不断推进国际安全秩序朝着更公平、更公正、更正义的方向发展。胡锦涛国家安全观提出的，实现人类的共同安全、共同发展、共同繁荣的主张正逐步成为国际社会的共识，充分体现了社会主义的理念和价值。自从国际金融危机引发的关于国家发展模式的大讨论以来，中国的发展模式再次被国际社会所关注，中国的发展道路和成就又成为国际舆论的焦点。当今世界，社会主义的中国在国际上的影响效能发散到各个领域，中国的声音、行为和成就日益被国际社会所属目。胡锦涛的国家安全观是社会主义理念和价值在安全领域里的体现，是对国际和平的愿望与现实世界的有机结合与合理诉求。它必将对国家安全观念的走向和发展产生恒久的影响。

必须强调的是，胡锦涛的国家安全观所蕴含的社会主义理念和价值追求，决不是搞意识形态化，而是客观真实地反映国家安全关系中不同文明、社会制度、价值选择的多样性，以实践相互尊重、求同存异的原则。也是为了在现实不同的国家安全观念中找到与社会主义理念、价值的结合点，以推动国家安全观的逐步认同和取得共识。

其二，以积极合作者的身份展现“负责任大国”形象，提高了我国在国际安全事务中的主动权和话语权。胡锦涛的国家安全观强调“中国是一个负责任大国”，中国一直视寻求一个和平与稳定的国际环境为自己内外政策的目标，并对周边国家奉行“以邻为伴”、“与邻为善”的安全政策。他认为，当今世界国家安全性质的非对抗性、共同性和相互联系性大大增强，过去那种以邻为壑、仅仅关注安全的竞争性、分离性和对抗性的安全观念无济于国家安全。中国将“负责任的大国”作为国家形象的定位，不仅呼应了国际社会对崛起的中国的国际责任期望和要求，也客观要求中国更多地从地区与国际和平、人类安全的高度考虑自身的安全。因此，胡锦涛强调国际安全合作，强调平等安全权利，强调互信、互利、平等、协作对国家安全和国际安全的重要作用，只有建立在主权平等、互信互利基础之上的真诚合作，才能保障国际社会的持久和平、安全与稳定。由此看出胡锦涛的“负责任大国”判断，是从积极参与国际组织和机制，参与多边、双边的对话与协商，从经济、政治、社会、文化、军事、环境等各个层面与国际社会全方位的互动，以积极合作者的身份展现的。这种国家定位，既可消除国际社会对中国的种种疑虑，展示当代中国在现有国际安全体系内和世界各国一起推进国际安全事务的解决，促进国际和平与安全的真诚意愿与努力，又可为现有国际安全体系和平转型提供方向、目标、理念，为新国际安全秩序的构建增加中国主张元素集聚力量。

综上所述，胡锦涛国家安全观立足于发展中的社会主义国家基本国情，着眼于国家的长治久安和世界和平发展的未来，对传统国家安全观念大胆超越，丰富和完善了新国家安全观，形成了独具匠心的国家安全构想，为当代中国化马克思主义理论的发展注入了新的活力，为维护中国国家安全和促进世界共同安全作出重大贡献。

（卢静）

第10章

传统安全的维护

中国外交始终把国家主权和安全放在第一位。进入新世纪以来，尽管和平与发展仍然是时代的主题，但是国际形势正在经历着广泛而深刻的复杂变化：一方面，维护和平与促进发展的力量不断在增长，国际力量对比朝着有利于和平的方向发展；但是另一方面，全球挑战更为突出，安全威胁的全面性、复杂性增加，传统与非传统安全问题相互交织，中国的安全与世界的和平联系更为紧密。面临这种复杂的国际形势，中国领导人审时度势、高瞻远瞩，强调要紧紧抓住重要战略机遇期，坚持走和平发展道路、坚决维护国家主权和安全，促进世界和平与繁荣。中国的对外政策在增进政治军事互信建设、推动裁军、军控与防扩散、支持联合国维和行动等方面取得了显著进步，有效地维护了国家主权和安全，为维护世界和平贡献了力量。

一、政治军事互信建设

2002年中国共产党十六大报告指出“21世纪的头20年，对我国来说，是一个必须紧紧抓住并且可以大有作为的重要战略机遇期”，党的十七届五中全会也再次重申“我国发展仍处于可以大有作为的重要战略机遇期”。重要战略机遇期的判断是基于国际权力结构变化、经济全球化和相互依赖程度深化、新兴大国群体性崛起等新情况和新形势而作出的。首先，国际权力结构正朝着多极化的方向发展，制约霸权主义和强权政治的因素在不断增加，和平与发展仍然是当今时代的主题。冷战结束之后，国际权力结构发生了根本性变化，两极格局解体，世界多极化趋势明显。其次，经济全球化不断深化，国家间的经济联系和共同利益不断扩展，国家间的相互依赖增加了武力冲突的成本。经济全球化既是新技术变革和市场扩展的结果，也是主要国家政策选择的结果。最后，进入新世纪以来，尤其是全球金融危机爆发之后，出现了以“金砖国家”为代表的新兴大国群体性崛起的现象。重要战略机遇期是关于中国对外政策的重要判断，这一判断是符合国际形势变化发展趋势的，是正确的。当今世界正处于大发展大变革大调整时期，其重要特征就是谋和平、求发展、促合作的时代潮流没有改变。在重要战略机遇期的正确判断下，通过增进政治和军事互信来促进国家安全和世界和平尤显重要和迫切。

在新安全观的视角下，中国认为安全不能靠增加军备或建立军事联盟得以实现，而是需要通过建立国家间的相互信任和促进共同利益的扩展得以实现。因此，中国一直主张通过政治对话来增进信任，通过合作谋求安全。政治军事上的信任是缓和国际无政府状态下安全困境的重要方式。西方现实主义的国际关系理论认为，在一个没有共同权威的国际关系中，一个国家增强自身安全的行为会导致其他国家安全状况的下降，这种状况被称为“安全困境”，其逻辑的自然结果就是军备竞赛和武力冲突。现代西方大国的战争与冲突的历史似乎也在验证着安全困境的逻辑。安全困境表明人类在安全问题上面临的一种根本性制约，其前提是国家间的相互不信任，对伙伴背约的持续和深刻的怀疑。如果国家之间能够建立互信、消除针对对方的威胁感，那么安全困境会在很大程度上被缓和或者消除，而政治军事互信的加强需要持续的对话和交流。因此，中国强调在安全上要相互信任、加强合作，国家之间要坚持用和平方式而不是战争手段解决国际争端。

在过去10年间，中国加强了同世界上其他国家的对话和交流，同主要大国建立了有效的沟通平台，成为促进双方政治互信的主要管道。2005年胡锦涛主席与美国的小布什总统启动了中美战略对话，2006中美两国元首共同发起设立了中美战略经济对话。2005年8月至2008年12月，中美举行了六次战略对话；2006年12月至2008年12月举行了五次战略经济对话。在金融危机的背景下，胡锦涛主席与奥巴马总统在2009年决定将之前的两个对话机制合并为“中美战略与经济对话”。从20世纪80年代以来，中美之间已经建立了60多个各种形式的对话机制，而中美战略与经济对话机制则是其中级别最高的。通过战略与经济对话机制，中美两个重要大国共同探讨两国关系和世界政治经济的主要方面和问题，思考如何推动两国关系向前发展。正如胡锦涛主席在第四轮中美战略与经济对话开幕式上的致辞所指出的：“中美战略与经济对话……促进了两国高层战略沟通，加深了对彼此战略意图和政策的了解，扩大了中美关系发展方向的共识”，并强调指出“发展中美新型大国关系，需要相互信任”。在20世纪90年代后半期开启的中俄战略协作伙伴关系也在新世纪逐步深入发展，已经形成了完备的各级别会晤和合作机制。在2009年访问莫斯科期间，胡锦涛主席强调“只有相互信任、坦诚相待，才能不断深化两国政治关系”，因此为了促进中俄关系的进一步发展，需要“讲互信”、“讲大局”、“讲长远”。中国与欧盟的面向21世纪的长期稳定的建设性伙伴关系也对促进双方增进互信，实现合作安全方面发挥了重要作用。实践证明，通过对话促信任、以合作谋安全的新安全观是有效的。

在地区层次，中国也努力促进地区安全对话合作机制的建设。上海合作组织就是对新安全观的成功实践。从1996年上海五国进程启动以来，上合组织大力倡导不结盟、不对抗、不针对其他国家和地区的安全合作模式，已经发展成为亚洲地区的重要安全组织。东盟地区论坛也在建立政治互信上取得了重要进展。东盟地区论坛是由东盟发起成立的，是当前亚太地区重要的官方政治安全对话合作平台。中国支持并积极参与东盟地区论坛，支持论坛的政治互信建设，相信通过对话与合作，可以实现政治互信和合作安全。在2004年，中国倡议创立东盟地区论坛安全政策会议；2010年，中国又提出加强非传统安全问题研究的倡议；2010年，提出加强地区安全对话与合作的主张。

军事互信也是维护和促进国家安全的重要手段，中国推动建立“平等、互利、有效的军事互信机制”。军事互信建设主要包括以下几个方面：战略磋商与对话、边境信任措施建立、海上安全对话与合作等。第一，战略磋商与对话。根据《2010年中国的国防》白皮书，中国已经与22个国家建立了防务安全磋商对话机制，其目的主要是为了增进信任，加强沟通。中国已经同美国、俄国、蒙古、日本、越南、菲律宾、印度尼西亚、泰国、新加坡、印度、巴基斯坦、德国、澳大利亚、新西兰、英国、南非、埃及、土耳其、阿联酋等国建立了不同层级的防务安全磋商和政策对话机制。比如2011年11月，中俄两军参谋部在北京举行了第十四轮战略磋商，双方就当前国际和地区安全形势、地区热点问题、中俄两军合作、奥运安保等问题深入交换意见。通过不同层级的磋商对话机制，有效地促进了国家间对相互战略意图的了解，有助于避免各种错误理解和判断，从而降低发生冲突的可能性。第二，建立边境信任措施。边境信任措施的建立是为了促进边境地区的互信提升，维护边境地区和平与稳定的方法。从20世纪90年代以来，中国与周边国家，包括存有领土争议的国家，都努力稳定边境地区，避免军事冲突，并且共同合作应对安全威胁。比如，中国已经与俄罗斯、塔吉克斯坦等国联合举行了边境封控或反恐军事演练等。第三，海上安全对话。海上安全对话也是促进军事互信的重要组成部分。中国与美国、越南、韩国、日本等都努力发展海上军事安全磋商机制，以促进海上安全，应对海上的传统安全威胁和非传统安全威胁。2002年，中国与东盟国家签署了《南海各方行为宣言》，到2011年双方就落实《南海各方行为宣言》后继行动指针达成一致，宣布建立30亿元中国—东盟海上合作基金。

新安全观不同于传统的依赖于增进军事力量或者建立军事联盟实现安全的传统思考。从新安全观的视角来看，国家是可以通过对话促进互信，通过合作实现安全的。中国作为新安全观的倡导者，积极寻求实现综合安全、共同安全与合作安全，努力尝试通过促进政治军事互信来维护国家安全与主权，促进世界和平。

二、军控、裁军与防扩散

中国重视并支持国际裁军、军控和防扩散的努力，强调以联合国为中心的多边机制的重要性，主张巩固和加强既有的裁军、军控和防扩散的多边框架。在过去10年间，中国与国际社会一道不断促进核裁军和军控进程，积极努力参与国际防止大规模杀伤性武器的扩散，为实现一个更为安全与和平的世界贡献力量。

（一）核裁军与防止核扩散

中国作为安理会的常任理事国和《不扩散核武器条约》的签约国，忠实履行所承担的国际责任，不断推进核裁军和防止核武器扩散的进程。中国政府就核裁军和防止核扩散的基本立场始终一致和明确：中国主张全面禁止和彻底销毁核武器，建立无核武器的世界；中国始终恪守在任何时候和任何情况下不首先使用核武器政策，明确承诺无条件不对无核武器国家和无核武器区使用或威胁使用核武器；认为有核国家要公开承诺不寻求永远拥有核武器，以及拥有最大核武库的国家率先大幅度实质性削减核武器；认为《全面禁止核试验条约》应该早日生效，并就“禁止生产核武器用裂变材料条约”进行谈判；认为时机成熟，启动《全面禁止核武器条约》的谈判工作。

当前防止核武器扩散主要存在三类机制，包括多边、双边以及制裁机制。[①] 防止核武器扩散的国际机制是对大规模杀伤性武器进行限制的最早和最成熟的防扩散机制。防止核扩散机制源于《部分禁止核试验条约》，基础是《不扩散核武器条约》，主要执行机构是国际原子能机构。第一个限制核武器发展的条约是《禁止在大气层、外太空以及水下进行核试验条约》(Treaty on Banning Nuclear Weapon Tests in the

① Daniel Verdier, “Multilateralism, Bilateralism, and Exclusion in the Nuclear Proliferation Regime,” *International Organization,* Vol.62, No.3, 2008, pp.439-476.

Atmosphere，in Outer Space and Under Water），简称《部分禁止核试验条约》。签约国同意在大气、外层空间和水下禁止、防止以及不进行核爆破（包括核武器试验），并且限制地下核试验的次数，如果地下核试验引发放射危险也在禁止之列，不能鼓励或参与别国的违反协定的核爆炸活动。这是控制和防止核武器扩散的第一步，为之后防核扩散奠定了基础。《部分禁止核试验条约》的替代版本是《全面禁止核试验条约》（Comprehensive Nuclear Test Ban Treaty）。该条约于1996年9月24日签署，但尚未生效执行，截至2006年12月签约方共有177个，其中137个国家批准了该条约。已经批准了条约的国家从1999年开始每两年召开一次会议讨论如何加速《全面禁止核试验条约》的批准和生效。签约国要禁止与阻止本国范围以内的核爆炸和核试验。《全面禁止核试验条约》加强了组织建设和条约的执行能力，设立全面禁止核试验条约组织（CTBTO），来确保条约的执行，发挥核查作用。

《不扩散核武器条约》（Nuclear Nonproliferation Treaty，NPT）是国际社会防止核武器扩散的基石，其目的是防止核武器的全球扩散，在既能保证在国际监督与核查下国家和平利用核技术的同时，又能防止核武器的扩散，简称《防扩散条约》。防扩散条约将国家分成两类：有核国家（Nuclear Weapon States）与无核国家（Non–Nuclear Weapon States）。所谓有核国家就是指在1967年1月之前拥有核设施的国家，包括美国、苏联（俄罗斯）、英国、法国和中国，而无核国家则是指所有其他国家。《防扩散条约》实际上是有核国家与无核国家相互谈判的结果，无核国家承诺不发展核武器，有核国家则承诺帮助无核国家和平利用核能，并朝着结束核竞赛和推动核裁军的方向努力。总的来说，《防扩散条约》主要通过三种方法来防止无核国家发展或者获得核武器：第一种方法就是帮助无核国家掌握科学和民用的核技术；第二种方法就是严格控制非成员国，如果不加入防扩散条约，就阻止其拥有核原料，掌握核技术；第三种方法就是严格的监督和惩罚，从而避免欺骗和道德风险，这主要依赖于国际原子能机构的工作。1995年在纽约举行的《防扩散条约》评估与续约会议上，各方同意无条件的将该条约变成永久性条约，而且通过了强化评估过程的一系列原则和目标。在

2000年《防扩散条约》评估会议上，与会国一致同意采纳行动项目，包括尽快进入第二阶段削减进攻性战略武器协定的实施，第三阶段削减战略武器谈判尽快达成协议；进一步单边削减核武器；有核国家进一步加强其核能力的透明度；进一步削减非战略核武器的储备；降低核武器在安全政策中的作用；扩大核武器削减程度；成立小组，来处理裁军会议上有关核裁军的问题；采纳核裁军不可逆的原则等。

中国签署并批准了《不扩散核武器条约》，签署了《全面禁止核试验条约》，并且积极推动该条约的批准进程，促进其早日生效。在过去10年，中国与其他国家共同努力，一同促进核裁军和防止核武器扩散。在对朝鲜核问题的应对上，中国表现出了负责任大国的积极姿态，创立了六方会谈机制，是中国对国际社会在防止核武器扩散上的重要贡献。朝鲜核问题始于20世纪90年代初，在小布什政府执政之后，朝美在核问题上的摩擦于2002年10月再度升级为核危机。朝鲜宣布解除核冻结，并于2003年1月10日发表声明，宣布退出《不扩散核武器条约》。为了挽救日益恶化的朝鲜半岛核问题，使朝鲜核问题能和平解决，中国政府积极斡旋，在2003年4月促成了朝鲜、中国和美国参加的三方会谈，同年8月开始，朝鲜、美国、中国、韩国、俄罗斯和日本六国就朝鲜核问题开始了多轮六方会谈，六方会谈已经进行了六轮。六方会谈机制在一定程度上缓和了朝鲜核危机，这也是中国外交中新安全观的体现，强调通过对话协商以和平方式解决朝鲜半岛核问题，实现半岛无核化，维护朝鲜半岛和东北亚地区的和平与稳定。在伊朗核问题上，中国也奉行相同主张，强调通过对话和谈判和平解决伊朗核问题，维护中东地区的和平与稳定。中国一直致力于劝和促谈，多次参加伊朗核问题六国机制外长和政治总司长会议。

中国积极参与防扩散进程，切实努力维护世界安全。在美国总统奥巴马的倡议下，2010年4月在华盛顿举行了首届核安全峰会。核安全峰会的主要目的是促进核安全、打击防范核恐怖主义。2012年3月26日至27日，胡锦涛主席出席在韩国首尔举行的第二届核安全峰会，系统阐述了中国在核安全领域的新进展，包括增强国家核安全能力，提升核安全管理水平；支持核安全国际公约和安理会决议；推进核安全示范中心建设；改造高浓缩铀研究堆；打击核材料非法贩运；加强放射源安全；支持国际原子能机构的工作和参与国际合作等。具体而言，中国在2008年10月批准了《核材料实物保护公约》修正案，2010年8月批准了《制止核恐怖主义行为国际公约》，并且一直严格履行联合国安理会第1540号、第1887号决议。2011年，中美签署了《关于建立核安全示范中心合作的谅解备忘录》，中国成立了国家核安全技术中心，将承担示范中心的建设、运行及管理工作，中国希望利用示范中心促进亚太地区其他国家核安全水平的提升等。

（二）防止生物武器与化学武器扩散

生物武器就是指通过扩散致命性的微生物或者生物技术制造的毒素来导致人、动物或植物死亡和致病的武器。[①] 化学武器是指利用化学物质的有毒特性而非爆炸性质来对敌人造成杀伤的武器，可以是气体、液体或者固体状态。生物武器和化学武器都是可以用来针对平民的不人道的大规模杀伤性武器，因此国际社会已经签署了条约来防止生化武器的扩散，尤其是扩散到恐怖主义分子手中。《禁止生物武器公约》于1972年达成，公约目前有155个成员国，还有16个签约但是尚未得到国内批准的国家。《禁止生物武器公约》是防止生物武器扩散的基础。公约规定禁止生物武器的研发、生产、储存、扩散以及使用等，只允许防御生物武器的研究，只能为防护或和平目的保存和生产有限的生物毒素。但是公约并没有核查与执行机制，其执行和运作只是通过5年1次的评估会议进行，主要通过各国政府自愿主动的方式来实现。但是生物武器扩散的威胁依然严峻：一方面生物武器的制造技术、设备、知识和原料难以同民用目的相区分；另一方面生物技术革命更增加了生物武器被制造和扩散的危险。中国支持旨在加强《禁止生物武器公约》有效性的多边努力，致力于公约的全面、严格履约，建立了较完备的履约法律体系，设立了国家履约联络点。

① Richard Falkenrath, Robert Newman, and Bradley Thayer, eds. , *America's Achilles Heel*, Cambridge: MIT Press, 1998, p.15.

《禁止发展、生产、储存和使用化学武器及销毁此种武器公约》是在1992年11月30日第47届联合国大会通过的，条约在1997年4月29日正式生效，目前共有183个缔约国。这是第一个全面禁止、彻底销毁某一类大规模杀伤性武器并具有严格核查机制的国际军控条约。《禁止化学武器公约》共包括24条与3个附件，主要内容是禁止使用、生产、购买、储存和转移各类化学武器，将所有化学武器的生产设施拆除或者转作他用，提供各自化学武器储存和销毁计划的信息，保证不会将民用化学物质用于战争目的等。所有的缔约国都要在10年内销毁所有的化学武器。条约规定在海牙设立专门机构负责核查与评估工作，目前该组织有超过5000人负责监控化学武器的销毁工作和核查化学武器生产设施。公约规定在2012年之前所有签约国要销毁其拥有的化学武器。迄今通过公约工作机制，已经销毁了2.4万吨化学武器，占申报储存化学武器的33%。中国认真履行《禁止化学武器公约》的各项义务，建立了从中央到地方的各级履约机构，接待了禁止化学武器组织240多次现场视察。中国进一步完善化学品和两用商品、设备和技术的出口管制，在2002年颁布实施了《有关化学品及相关设备和技术出口管制办法》。

三、积极参与世界维和行动

中国作为安理会的常任理事国，支持并且积极参加联合国的维和行动。从1990年中国人民解放军首次向联合国中东维和任务区派遣5名军事观察员以来，中国已经成为联合国安理会常任理事国派遣维和人员最多的国家。近十年来，中国支持并积极参加联合国维和行动。这不仅是中国履行负责任大国身份的重要体现，也是构建和谐世界的重要实践。

中国参与联合国维和行动经历了20世纪五六十年代的“旁观谴责”，70年代的“冷静观察”，80年代的“主动参与”，90年代的“深入参与”，21世纪的“积极参与”几个阶段。进入新千年后，中国不仅继续在联合国维和行动中发挥着重要作用，并且在参与行动广度、派遣人员数量、维和资金支持等几个方面取得了突出的进步。

（一）参与维和行动的范围扩大

在参与维和行动的广度上，中国参与了自2002年以来联合国新部署12项[①]维和任务中的10项，参与度达到了83.3%。同一时期内，中国还在另外10项于2002年以前加入的维和行动中继续发挥重要作用。中国参与的维和行动遍布非洲、亚洲、美洲和欧洲。从任务类型上来看，除“预防性部署”外，中国参与了其他三类维和行动：“监督停火及脱离接触”、“单一任务维和特派团”和“综合性维和行动”。[②]

表10-1　中国参与联合国维和行动统计表（截至2012年4月，共26项）

	中文名称	英文缩写	成立—结束时间	维和类型
（1）	联合国停战监督组织（中东）	UNTSO	1948.5至今	监督停火及脱离接触
（2）	联合国驻黎巴嫩临时部队	UNIFIL	1978.3至今	监督停火及脱离接触
（3）	联合国过渡时期援助团（纳米比亚/安哥拉）	UNTAG	1989.4—1990.3	单一任务维和特派团
（4）	联合国伊拉克-科威特观察团	UNIKOM	1991.4—2003.10	监督停火及脱离接触
（5）	联合国西撒哈拉全民投票特派团	MINURSO	1991.4至今	单一任务维和特派团
（6）	联合国驻柬埔寨先遣团	UNAMIC	1991.10—1992.3	单一任务维和特派团

① 有统计认为是13项，将2002年3月成立的“联合国阿富汗援助团（UNAMA）”也算作维和行动。但这一行动是在联合国维持和平行动部（Department of Peacekeeping Operations, DPKO）领导下的特殊政治任务，未被DPKO认定为维和行动。参见：http://www.un.org/en/peacekeeping/operations/current.shtml 和 http://unama.unmissions.org/。

② 对于维和行动类型分类，各国专家莫衷一是，至今尚无统一定论。反映出对国际社会对集体国际行动的本质还没有统一认识。联合国维持和平行动部1995年发表了《维持和平行动一般准则》，规定联合国维和行动的类型包括：维持停火和部队隔离、预防性部署、全面解决方案的执行和在冲突继续期间采取的保护人道主义行为。本文的维和任务分类标准采用了国内学者赵磊在《中国参与联合国维持和平行动的前沿问题》一书中的分类标准。参见：赵磊、高心满等:《中国参与联合国维持和平行动的前沿问题》，时事出版社，2011年版，第282—286页。

续表

	中文名称	英文缩写	成立—结束时间	维和类型
（7）	过渡时期联合国权力机构（柬埔寨）	UNTAC	1992.2—1993.9	综合性维和行动
（8）	联合国莫桑比克行动	ONUMOZ	1992.12—1994.12	综合性维和行动
（9）	联合国利比里亚观察团	UNOMIL	1993.9—1997.9	单一任务维和特派团
（10）	联合国波斯尼亚-黑塞哥维那特派团	UNMIBH	1995.12—2002.12	单一任务维和特派团
（11）	联合国塞拉利昂观察团	UNOMSIL	1998.7—1999.10	单一任务维和特派团
（12）	联合国科索沃临时行政当局特派团	UNMIK	1999.6 至今	单一任务维和特派团
（13）	联合国东帝汶过渡行政当局	UNTAET	1999.10—2002.5	综合性维和行动
（14）	联合国塞拉利昂特派团	UNAMSIL	1999.10—2005.12	综合性维和行动
（15）	联合国刚果民主共和国特派团	MONUC	1999.11 至今	监督停火及脱离接触
（16）	联合国埃塞俄比亚-厄立特里亚特派团	UNMEE	2000.7—2008.7	监督停火及脱离接触
（17）	联合国东帝汶支助团	UNMISET	2002.5—2005.5	单一任务维和特派团
（18）	联合国布隆迪行动	ONUB	2004.6—2006.12	综合性维和行动
（19）	联合国利比里亚特派团	UNMIL	2003.9 至今	综合性维和行动
（20）	联合国科特迪瓦行动	UNOCI	2004.4 至今	综合性维和行动
（21）	联合国海地稳定特派团	MINUSTAH	2004.9 至今	综合性维和行动
（22）	联合国苏丹特派团	UNMIS	2005.3—2011.9	综合性维和行动
（23）	联合国东帝汶综合特派团	UNMIT	2006.8 至今	单一任务维和特派团
（24）	非盟—联合国达尔富尔混合行动	UNAMID	2007.7 至今	综合性维和行动
（25）	联合国组织刚果民主共和国稳定特派团	MONUSCO	2010.7 至今	单一任务维和特派团
（26）	联合国南苏丹共和国特派团	UNMISS	2011.7 至今	综合性维和行动

来源：UN: Peacekeeping Operations Timelines: http://www.un.org/en/peacekeeping/documents/operationslist.pdf；联合国维持和平官方网站：《1948年至今的全部维持和平行动清单》，http://www.un.org/zh/peacekeeping/resources/operationslist.shtml。

通过表1可以看出以下趋势：首先，中国对联合国维和行动参与度大幅提高。中国于1990年首次参与维和行动，在接下来的十多年里，主要以学习和尝试性参与为主，参与范围与规模必定要经历由小到大，又少变多的过程。因此，1992—2001年间，在联合国部署的31项①维和行动中，中国参加了其中10项〔表1中（7）—（16）项维和行动〕，参与度为32.3%。而在最近十年中，中国积极参与了联合国部署的12项行动中的10项〔表1中（17）—（26）项〕，参与度大幅攀升至83.3%。其次，从中国参与联合国维和行动的任务类型上来看，中国在最近十年内更倾向参加"综合性维和行动"。在1992年至2001年间，中国共参加"监督停火与脱离接触"任务2项，"单一任务维和特派团"任务4项，"综合性维和行动"任务4项；在2002年至2011年间，中国共参加"单一任务维和特派团"任务3项，"综合性维和行动"任务7项。从以上变化可以看出，中国政府更倾向于参加"综合性维和行动"。这类维和行动的对象主要是发生国内冲突的国家，并且包含了大量的行政和民事任务。中国至今尚未派遣过作战部队，中国维和人员多以警察、军事观察员、医护人员、工程兵和其他辅助人员为主。"综合性维和行动"不仅能够发挥中国在行政和民事任务领域的优势，也符合中国政府对于维和"应重在发挥政治优势和综合能力，避免片面强调军事职能"②的看法与政策。

（二）参与维和人员增多

在派遣人员数量上，中国在近十年来实现了近20倍的增长。2002年中国参与联合国维和行动的军队及警察总计只有123人。到2008年，

① UN: "List of Peacekeeping Operations:1948-2011", http://www.un.org/en/peacekeeping/documents/operationslist.pdf.

② 《张义山大使在联大维和行动特别委员会2006年例会上的发言》,2006年2月27日，中华人民共和国常驻联合国代表团网，http://www.china-un.org/chn/ldhy/ld60/t237290.htm。

这一数字迅速增长至2146人。[①] 相应地，中国派遣军事人员和警察的全球排名也从2002年的第44名上升至2008年的第14名。[②]

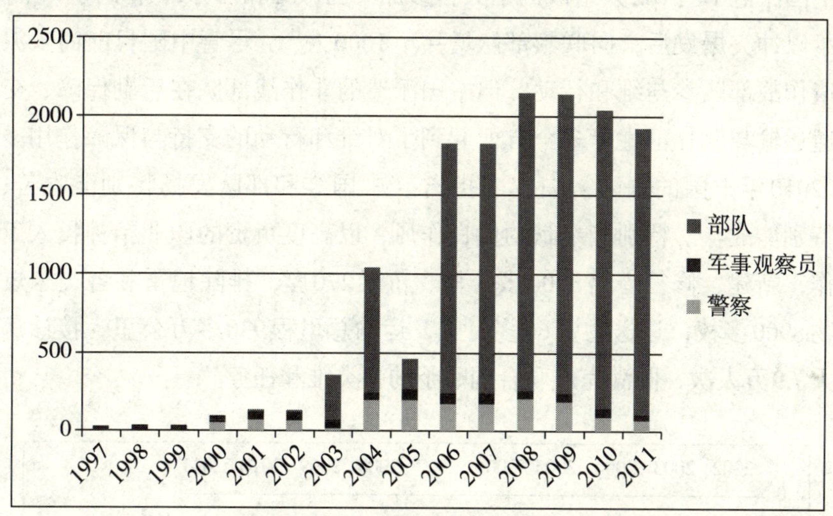

图10-1 中国向联合国维和行动派遣的总人数（1997—2011年）

来源：联合国维持和平行动官方网站，部队和警察派遣国档案，1990—2011年度，引自http://www.un.org/en/peacekeeping/resources/statistics/contributors_archive.shtml, 2012年4月14日访问。

从图10-1中可以看出，中国从2003年开始，派遣的维和人员数量呈爆炸式增长。其中，增长最快最显著的成员类别是维和部队。2002年1月，中国正式加入联合国维和行动第一级待命安排机制（UN Stand-by Arrangements System，UNSAS）。同年10月，国务院、中央军委批准了参加联合国维和待命分队的组建方案。[③] 自此，中国开始大踏步的开展非作战部队的维和任务派遣工作。2003年4月，中国首次向

① UN Peacekeeping: "Troop and police contributors archive (1990 – 2011)", Contributions by countries, http://www.un.org/en/peacekeeping/resources/statistics/contributors_archive.shtml, retrieved on April 14th, 2012.

② UN Peacekeeping: "Troop and police contributors archive (1990 – 2011)", Ranking of military and police contributions, http://www.un.org/en/peacekeeping/resources/statistics/contributors_archive.shtml, retrieved on April 14th, 2012.

③ 赵磊、高心满等:《中国参与联合国维持和平行动的前沿问题》，北京：时事出版社，2011年版，第265页。

刚果派遣了一支由175人的工兵连和43人的医疗分队组成的维和部队；同年11月，中国决定向利比里亚派遣一支550人的维和部队；2006年，中国派遣了右182人组成的工兵营参加黎巴嫩维和任务，并于同年7月黎以冲突爆发后，向联黎部队增兵至1000人[①]。尽管中国目前尚未派遣作战部队参与维和行动，但中国派遣的非作战部队在后勤保障、交通运输与医疗卫生等多个方面起到了对维和行动的支持与保障作用。《2010年中国的国防》白皮书指出："中国维和部队发扬特别能吃苦、特别能战斗、特别能奉献的优良作风，以高度负责的职业精神投入工作，新建、修复道路8700多公里、桥梁270座，排除地雷和各类未爆物8900多枚，运送物资60多万吨，运输总里程930多万公里，接诊病人7.9万人次，圆满完成联合国赋予的各类维和任务。"[②]

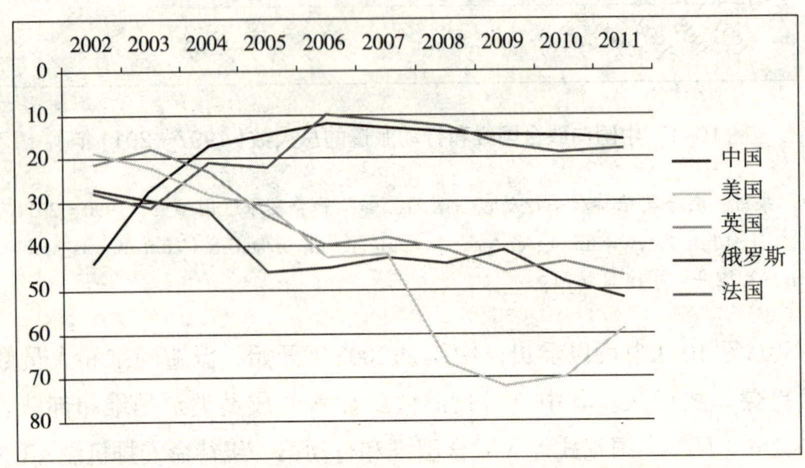

图10-2　联合国安理会五大常任理事国向维和行动派遣军事人员和警察总数排名（2002—2011年）

来源：联合国维持和平行动官方网站，部队和警察派遣国档案，1990—2011年度，引自http://www.un.org/en/peacekeeping/resources/statistics/contributors_archive.shtml, 2012年4月14日访问。

---

① 冯继承：《中国参与联合国维和行动：学习实践与身份承认》，载《外交评论》，2012年第1期，第59—71页。

② 《2010年中国的国防》白皮书（全文），2011年3月31日，中华人民共和国中央人民政府网，http://www.gov.cn/test/2011-03/31/content_1835465.htm。

中国维和警察的数量增长也是不可忽视的现象。维和警察面对任务区国内治安，主要承担指导当地警察、恢复秩序、监督选举和协助难民返乡等民事任务。中国于2000年1月首次派出15名维和警察赴东帝汶参加维和任务①。2004年10月，中国首次成建制派遣了125人组成的警察防暴队赴海地参加维和行动。2000年至今，公安部先后向联合国7项维和行动派遣维和警察1666人次，其中包含8支防暴队共1004人次。②

图2显示，随着中国派遣维和人员数量的不断攀升，中国的派遣维和人员数量排名也不断上升。2002年中国维和人员总数在联合国维持和平行动部统计的数据中仅占第44位，远落后于美国的第19位、英国的第21位、俄罗斯的第27位和法国的第28位。但经过两年的迅速增长，中国的国际排名于2004年赶超了其他四个安理会常任理事国。在此后的时间里，除法国的维和人员数目与中国交替领先外，美国、英国和俄罗斯都逐渐落后到50名左右的位置。

（三）提供维和资金增多

美国、英国等发达国家向联合国维和行动提供的人员支持逐渐减小，这与联合国维和行动由发达国家贡献经费、发展中国家贡献人员的分工体系密切相关。但随着中国国家经济实力的提升以及对国际多边合作的支持，不仅在过去十年中为联合国维和行动提供了大量维和人员，更不断增加维和经费的投入。曾经在很长的时间里，中国对联合国维和费用的摊款占总额的比例不足1%，其中1998—2000年度仅为0.9%。③ 然而从2001—2003双年度预算开始，中国的维和经费分摊份

① 《2000年中国的国防》白皮书，2000年10月16日，中华人民共和国中央人民政府网，http://www.gov.cn/gongbao/content/2001/content_61220.htm。

② 《公安部已向联合国派遣维和警察1666人次》，2011年4月22日，中国维和警察网，http://www.mps.gov.cn/n16/n983040/n1372264/n1372421/2760264.html。

③ 刘恩照：《联合国维持和平行动》，北京：法律出版社，1999年版，第37—38页。转引自赵磊、高心满等：《中国参与联合国维持和平行动的前沿问题》，北京：时事出版社，第266页。

额上升到了1.91%左右。[①] 在联合国通过2010—2011双年度常规预算后，中国维和费用的摊款又从3.1474%上涨至3.9339%。[②] 目前，中国对联合国维和行动摊款的排名位列第7位，仅在美国、日本、英国、德国、法国、意大利之后。[③]

在过去十年间，中国广泛、深入的参加到了联合国的维持和平行动中，是中国外交的亮点之一。中国对联合国维和行动的投入与取得的成绩受到了世界其他国家的欢迎和赞誉。参与维和不仅是中国实践多边外交的重要舞台，还在与国际社会进行互动的过程中提升了国家软实力，塑造了良好的国家形象。中国在十年的时间里能够迅速成为联合国维和行动的重要力量，不仅说明了中国学习国际机制、融入国际体系的能力，更加表明了中国走和平发展道路、履行大国责任的坚定决心。

（曲博　张怡丹）

---

① 《关于联合国维持和平行动经费分摊比额表的决议草案》，文件号：A/RES/55/235，2001年1月30日，http://www.un.org/zh/documents/view_doc.asp?symbol=A/C.5/55/38。

② 《联合国维持和平行动经费分摊比额表，大会第55/235和55/236号决议的执行情况》，文件号：A/C.5/66/14。附件四，引自http://www.un.org/zh/documents/view_doc.asp?symbol=A/64/220。

③ 《维持和平的经费筹措》，联合国维持和平网，http://www.un.org/zh/peacekeeping/operations/financing.shtml, 2012年4月15日访问。排名一至六名的国家摊款比例分别为：美国27.14%，日本12.53%，英国8.15%，德国8.02%，法国7.55%，意大利5%。

第11章

非传统安全领域的合作

非传统安全是相对于传统安全而言的，是指由非军事因素所引发，直接影响并威胁一国国家安全和国际稳定的跨国性问题，包括经济安全、环境安全、能源安全和信息安全等。中国政府从2001年起开始在国家政策文件中使用“非传统安全”一词，如2001年《国防白皮书》和2002年5月《关于加强非传统安全领域安全的中方立场文件》等。非传统安全威胁直接关系到中国的和平发展和政治稳定，已经成为中国在21世纪面临的重要安全挑战。

2010年3月，胡锦涛主席在解放军代表团全体会议上强调了非传统安全在国家安全中的重要地位。他明确指出:“要正确认识和把握国家安全形势发展变化，牢固树立综合安全的观念，坚持把发展作为第一要务，坚持把国家主权和安全放在第一位，进一步增强机遇意识、忧患意识、使命意识，统筹经济建设和国防建设，在全面建设小康社会进程中实现富国和强军的统一。”① 在近十年间，中国政府采取综合治理的手段应对非传统安全问题，在经济安全、环境安全、能源安全和信息安全等领域均取得显著成效。

① 《胡锦涛在解放军代表团全体会议上的讲话》，载《解放军报》，2010年3月13日，第1版。

一、经济安全

改革开放以来的30多年中，中国经济平均保持了9%左右的增长速度，创造了举世瞩目的经济奇迹。中国于2001年加入世界贸易组织，外贸依存度迅速提高，在经济安全领域面临更大的外部风险。中国已成为世界第一大出口国、第二大进口国，外汇储备总量居世界第一位，经济总量于2010年上升到世界第二。中国的经济安全不仅直接关系到本国的国计民生，也关系到世界经济的稳定。

在全球化的时代，经济安全已经成为需要从国家战略高度重视的核心安全问题。中国共产党第十五大报告明确提出要“维护国家经济安全”。党的第十六大报告指出：“21世纪头20年，对中国来说，是一个必须紧紧抓住并且可以大有作为的重要战略机遇期。”要把握这一千载难逢的历史契机，必须要采取有效措施，规避经济风险，确保国家经济的健康稳定发展，以在国际竞争中立于不败之地。

（一）经济安全对国家安全的重要意义

国家经济安全指一国最根本的经济利益不受伤害。具体内容包括三方面：一是一国的国民经济具有足够的自主性、一定程度的竞争力和自卫力；二是经济稳健发展，不会因为某些问题的演化而使经济受到过大的冲击；三是具有避免或化解潜在的局部性或全局性的经济危机的能力。

中国政府高度重视经济安全问题。近些年全球经济发展的不确定性加大，美国次贷危机的影响遍及全球，世界农产品、能源价格上涨，贸易保护主义有所抬头，全球气候变化压力增大，中国经济安全面临着更大的外部挑战。胡锦涛主席在中国共产党第十七次全国代表大会上的报告中专门讨论了如何“拓展对外开放广度和深度，提高开放型经济水平”，提出要完善内外联动、互利共赢、安全高效的开放型经济体系，注重防范国际经济风险。

经济安全不仅要求一国能够有效地应对国际风险，还需要其实现对国内经济的有效治理。国内经济的发展与繁荣是经济安全的重要保障。经济发展是经济安全的前提和基础，国家贫弱是最大的不安全。苏联的解体给人的最大警示就是只有确保国家的稳定和繁荣，逐步提高人民的生活水平，才能实现国家的长治久安。

中国国家经济安全主要包括包括金融安全、贸易安全、产业安全和粮食安全等。金融安全指的是一个国家在经济发展过程中具备抵御各种来自国内外的风险的能力，以确保其金融主权不受侵犯，金融体制不被破坏，金融财富不会大量流失，金融体制正常运行。一国的金融风险防范和控制能力越强，金融安全程度就越高。

贸易安全是指一个国家的对外贸易在面临来自国内外的不利因素的冲击时，能够有效地控制或占有国内外市场，保持本国产品的国际竞争力，为本国经济的发展提供良好的国内外生存环境。中国外贸出口对国内最终需求的贡献率已达到60%以上，加强国家贸易安全已成为一项迫切任务。

产业安全是指一国在对外开放的条件下，具有在激烈的国际竞争中保持民族产业持续生存和发展的能力，在关键领域保持本国资本对本国产业主体的控制。要确保国内的产业安全，中国应采取鼓励与限制并举的引资策略，避免外资在战略产业领域获得垄断地位，提高企业的国际竞争力，使其占领国际市场。

粮食安全是指保障任何人、在任何时候都能够在经济和物质上获得有足够营养的粮食。具体包括三个相互关联的环节，一是确保生产足够数量的粮食；二是最大限度地稳定粮食供应；三是确保所有需要粮食的人都能获得粮食。近几年国际粮价大涨，已在30多个国家诱发粮食危机，世界粮食储备降到了30年来的最低点。中国的粮食连续几年获得大丰收，受到粮食危机的冲击较为有限，然而粮食危机仍是不容忽视的隐患。

金融安全、贸易安全、产业安全和粮食安全是实现一国经济安全不可或缺的四个重要环节，它们之间也是密切相关的。如何确保中国经济的可持续健康发展，在这五大领域实现对国民经济的有效治理，是中国政府面对的重要问题。

（二）中国在经济安全领域取得的进展

在近十年间，中国政府努力增强政府的宏观调控与治理能力，确保经济平稳运行，调整现有的经济体系，运用法制化的手段化解经济风险，在金融安全、贸易安全、产业安全和粮食安全领域均取得较大进展。

在金融安全领域，中国积极推动国际金融体系改革，推动建立公平、公正、包容、有序的国际金融新秩序，维护全球经济稳定。为了更好地抵御金融危机的冲击，中国正在努力构建金融安全网，加强中国人民银行与各监管主体之间的信息交流和政策协调，构建金融监管协调体制、金融风险预警体系和控制机制。中国还在建立投资者保护制度，为金融稳定营造良好的金融生态环境。

在贸易安全领域，中国在加入世界贸易组织后，有效地利用世贸组织的保护机制和竞争机制维护中国的权益。中国在完善相关的外贸法规，推动加工贸易转型升级，加大对高新技术产品研发的支持力度，创立和增加自主品牌，增加中国出口产品在全球市场上的份额。

在产业安全领域，中国政府大力支持各项基础设施的建设和科技研发，规划和调整产业布局，大力扶植能同跨国公司相抗衡的有较强实力的大型企业集团，加强支柱产业的国际竞争力。中国还通过相关法律规范外资在华行为，避免重要战略性企业被外资并购，确保国内产业在公平的经济贸易环境下平稳、全面、健康、有序地发展。

在粮食安全领域，中国积极推行立足国内自给，适度进口调节的战略，保障了粮食的供需平衡。为了满足人们对于粮食的多元化需求，中国采取了一系列加强粮食安全的措施。在国内政策上，中国努力加强主产区粮食生产的供应能力，推广现有的成熟的生产技术，提高其覆盖面，以实现粮食产量的大幅增长。在国际政策上，中国有效地利用国际市场，降低产量波动对粮食供应的影响，发挥中国的比较优势，实现资源的优化配置。

（三）通过国际合作塑造国际经济新秩序

自中国加入世界贸易组织以来，中国以积极主动的态度参与国际事务，在充分遵守国际规则和各种双边、多边协定的基础上，参与国际经济新秩序的建设，已有效实现和维护中国的经济利益。中国积极参与联合国、世贸组织等国际组织，掌握国际规则的制订权，加强国际经济政策协调，支持完善国际贸易和金融体制，推动国际贸易和投资自由化。

随着中国对外开放政策的深入推进，中国积极推进贸易和投资自由化，加强双边和多边的经贸合作，有效利用外资，在相互尊重、平等协商的基础上解决贸易摩擦和投资问题。中国已成为国际经济体系的积极参与者，已与各发达国家和发展中国家建立多种合作机制，如中美战略与经济对话机制、金砖国家峰会机制、二十国集团峰会机制等，通过多种渠道来协调发展中国家、新型大国和发达国家之间的利益分歧，通过平等协商共同构建合理的国际经济秩序。

中美之间建立了战略与经济对话机制。该机制由胡锦涛主席和美国总统奥巴马2009年共同倡导建立，其前身是此前的中美战略对话和中美战略经济对话两大机制。2009年7月，中美在华盛顿举行首次战略与经济对话。这一对话机制规模大、级别高、议题多，每年都有两国几十个部门的数十位部长级高官参加。中美两国作为最大的发展中国家和最大的发达国家，通过对话达成共识，有助于共同应对各种全球性议题。

中国和巴西、俄罗斯、印度和南非五国并称金砖国家，2011年金砖五国的GDP总和超过13.5万亿美元，以购买力计算占世界GDP的26%。金砖国家作为新兴的发展中国家，在努力开创新的现代化发展模式。2012年3月，金砖国家领导人举行第四次会议，讨论如何深化和扩大合作，构建国际政治经济新秩序，实现可持续发展。

二十国集团峰会是一个国际经济合作论坛，由原八国集团以及其余12个重要经济体组成，旨在推动已工业化的发达国家和新兴市场国家之间的对话，以寻求建设性合作，维护国际金融秩序，促进经济的持续增长。二十国集团比八国集团更具代表性。中国作为二十国集团的创始会员国，在峰会上发挥重要作用。

中国积极推动亚洲金融合作。1997年亚洲金融危机结束后，各国普遍希望加强货币金融合作，通过《清迈协议》建立货币互换机制。2007年5月，东盟“10+3”财长会议宣布建立东亚外汇储备库，以便在某个成员国面临外汇资金短缺困难时帮助其缓解危机。2010年3月24日，《清迈倡议多边化协议》正式生效。协议参与国根据协议规定的程序和条件，在总规模达1200亿美元的外汇储备库中，用其本币与美元实施互换。亚洲金融合作的基本架构已基本成型，包括设立一个1200亿美元的储备基金，以及建立“10+3”中央银行行长的定期会晤制度。

随着中国国际影响力的扩大，中国在国际经济领域可以发挥更大的倡议权，在亚太地区以及全球经济合作中发挥关键性作用，解决经济危机，建立世界经济新秩序。中国在深化经济改革的同时，应努力降低经济风险，维护经济稳定，保障经济安全；在积极“求和平、谋发展、促合作”的同时，努力“防霸权、增权益、保安全”，推动建立公正、合理、稳定的国际经济新秩序。

二、生态环境安全

在国家安全范畴中，生态环境安全指的是一国维护其生存和经济社会可持续发展所必需的可再生资源和生态系统免受损害的状态和能力。我国作为正处于高速工业化过程中的发展中国家，既面临经济发展的问题，也面临着严峻的生态环境保护任务，尤其是未来15年随着我国人口的继续增加，经济总量将再翻两番，能源资源需求也将持续增长，我国在环境问题上承受的压力将越来越大。如何在促进经济增长的同时又避免工业化进程对生态环境造成的破坏，怎样使经济发展与生态保护实现"双赢"，是我国当前必须要解决好的一个重大问题。

早在20世纪70年代，我国就已正式开始生态环境保护事业。改革开放后，我国的生态环境保护事业得到稳定发展。自20世纪90年代，尤其是进入21世纪后，我国随着经济的高速增长，对能源和资源的需求不断提升，经济增长对生态环境保护带来压力越来越大。同时，随着国际影响力的提升，我国的生态环境问题也成为国际社会高度关注的问题。以胡锦涛总书记为核心的我国第四代领导集体十分清楚地认识到：就我国的具体情况而言，"环境恶化严重影响经济社会发展，危害人民群众的身体健康，损害我国产品在国际上的声誉"[①]。他在一次省部级主要领导干部提高构建社会主义和谐社会能力专题研讨班上的讲话中指出："如果不能有效保护生态环境，不仅无法实现经济社会可持续发展，人民群众也无法喝上干净的水，呼吸上清洁的空气，吃上放心的食物，由此必然引发严重的社会问题。"[②] 为此，党和政府高度重视国家的生态环境安全问题，将其提升到国家安全的一个新战略高度。在党的十六大报告中，胡锦涛明确提出我国的国土生态安全问题：同国防安全、经济安全一样，生态安全是国家安全的重要组成部分。在党的第十七次代表大会政治报告中，胡锦涛又将"加强能源节约和生态环境保护，增强可持续发展能力"作为基本国策，要求各级干部将这一基本国策从关系人民群众切身利益和中华民族生存发展的战略高度加以认识和贯彻。这充分体现出中国政府改善环境的强烈政治意愿和坚强决心。

（一）建设生态文明成为中国特色社会主义事业总体布局的构成

建设生态文明是以胡锦涛为总书记的党中央在新的历史时期提出的一个重大战略思想。早在2005年召开的人口资源环境工作座谈会上，胡锦涛使用了"生态文明"这一概念，他指出，我国当前环境工作的

① 《十六大以来重要文献选编》（中），北京：中央文献出版社，2006年版，第313页。
② 同上书，第715—716页。

重点之一便是“完善促进生态建设的法律和政策体系，制定全国生态保护规划，在全社会大力进行生态文明教育”。[①] 在党的十七大上，胡锦涛在十六大确立的全面建设小康社会目标的基础上，又提出了建设生态文明的新要求，他还详细描述了生态文明的主要目标，即“循环经济形成较大规模，可再生能源比重显著上升。主要污染物排放得到有效控制，生态环境质量明显改善”。[②] 十七大报告正式提出“建设生态文明，基本形成节约能源资源和保护生态环境的产业结构、增长方式、消费模式”。[③] 这一提法实际上已经赋予生态文明建设与之前我党提出的物质文明、精神文明、政治文明和社会主义和谐社会四项建设以同等的地位，一起成为中国特色社会主义事业总体布局的构成部分。并且，这一定位在十七大以后在胡锦涛的历次讲话中逐渐明确。

2008年1月，胡锦涛在中共中央政治局第三次集体学习时明确强调“贯彻落实实现全面建设小康社会奋斗目标的新要求，必须全面推进经济建设、政治建设、文化建设、社会建设以及生态文明建设，促进现代化建设各个环节、各个方面相协调，促进生产关系与生产力、上层建筑与经济基础相协调”。“要着力建设生态文明，发展循环经济，加强节能减排，建设资源节约型、环境友好型社会”。[④] 同年9月，在全党深入学习实践科学发展观活动动员大会暨省部级主要领导干部专题研讨班上，胡锦涛强调“我们必须走生产发展、生活富裕、生态良好的文明发展道路，全面推进社会主义经济建设、政治建设、文化建设、社会建设以及生态文明建设，努力加快实现以人为本、全面协调可持续的科学发展”。[⑤] 同年12月，胡锦涛在纪念中国科协成立50周年大会上的讲话中又提到“我们要深入贯彻落实科学发展观，全面推进社会主义经济建设、政治建设、文化建设、社会建设以及生态文明建设，更好推进改革开放和社会主义现代化建设，更好应对来自

① 《十六大以来重要文献选编》(中)，北京：中央文献出版社，2006年版，第823页。

② 《十七大以来重要文献选编》(上)，北京，中央文献出版社，2009年版，第16页。

③ 同上书，第16页。

④ 《胡锦涛在中共中央政治局第三次集体学习时强调：精心谋划 周密组织 突出重点 狠抓落实 切实贯彻全面建设小康社会奋斗目标新要求》，载《人民日报》，2008年1月31日，第1版。

⑤ 《十七大以来重要文献选编》(上)，北京：中央文献出版社，2009年版，第570页。

国际环境的各种风险和挑战，迫切需要提高决策科学化、民主化水平”。[①]2009年9月，胡锦涛在国务院第五次全国民族团结进步表彰大会上的讲话中强调，在加快少数民族和民族地区发展问题上，要“采取更加有力的措施，显著加快民族地区经济社会发展，显著加快民族地区保障和改善民生进程，全面推进民族地区社会主义经济建设、政治建设、文化建设、社会建设以及生态文明建设，维护各族人民根本利益，让各族人民共享改革发展成果”。[②]

由此可见，党中央已经将生态文明与物质文明、精神文明、政治文明和社会主义和谐社会，一起作为中国特色社会主义事业总体布局的构成部分。

（二）坚持以人为本思想，建设生态文明

以人为本是胡锦涛国家安全观的一项重要内涵。2004年3月，胡锦涛在中央人口资源环境工作座谈会上的讲话中指出，坚持以人为本，就是要以实现人的全面发展为目标，从人民群众的根本利益出发谋发展、促发展，不断满足人民群众日益增长的物质文化需要，切实保障人民群众的经济、政治和文化权益，让发展的成果惠及全体人民。[③]党的十六届三中全会提出“坚持以人为本，树立全面、协调、可持续的发展观，促进经济社会和人的全面发展”。2007年3月，在中共中央政治局举行第30次集体学习中，胡锦涛强调，人的生命是最宝贵的。我国是社会主义国家，我们的发展不能以牺牲精神文明为代价，不能以牺牲生态环境为代价，更不能以牺牲人的生命为代价。所以，建设生态文明，是我党以人为本的理念的突出反映。

为此，胡锦涛要求全党必须认识到，切实做好人口资源环境工作对不断提高人民群众的生活质量、促进人的全面发展，对改善生态环境、促进人与自然的和谐，具有十分重大的意义。他强调指出，环境

① 胡锦涛:《在纪念中国科协成立50周年大会上的讲话》，载《人民日报》,2008年12月16日，第2版。

② 《国务院第五次全国民族团结进步表彰大会在京举行》，载《人民日报》,2009年9月30日，第1版。

③ 《十六大以来重要文献选编》（上），北京：中央文献出版社，2005年版，第855页。

保护工作，要着眼于人民喝上干净的水、呼吸清洁的空气、吃上放心的食物，在良好的环境中生产生活，坚持预防为主、防治结合，集中力量先行解决危害群众健康的突出问题。在2004年的中央人口资源环境工作座谈会上，他明确强调必须牢固树立以人为本的观念，在人口资源环境工作中“一定要把最广大人民的根本利益作为出发点和落脚点。要着眼于充分调动人民群众的积极性、主动性和创造性，着眼于满足人民群众的需要和促进人的全面发展，着眼于提高人民群众的生活质量和健康素质，切实为人民群众创造良好的生产生活环境，为中华民族的长远发展创造良好的条件”。[①] 党的第十六届五中全会提出，要“加快建设资源节约型、环境友好型社会”，[②] 为此，要大力发展循环经济，加大环境保护力度，切实保护好自然生态，认真解决影响经济社会发展特别是严重危害人民健康的突出的环境问题，在全社会形成资源节约的增长方式和健康文明的消费模式。2006年，胡锦涛在与首都各界群众代表参加义务植树活动时，要求各级党委和政府从全面落实科学发展观的高度，“着力解决生态环境保护和建设方面存在的突出问题，切实为人民群众创造良好的生产生活环境。要通过全社会长期不懈的努力，使我们的祖国天更蓝、地更绿、水更清、空气更洁净，人与自然的关系更和谐”。[③]

在党的十七大上，以人为本被明确地定义为科学发展观的核心。建设生态文明是在统筹人与自然和谐发展的前提下，本着以人为本的精神作出的一项科学决策，是以人为本的必然要求，也是落实科学发展观，构建社会主义和谐社会的重要目标之一。

（三）转变经济增长方式，实现可持续发展

保护生态环境，建设生态文明，需要以科学发展观为指导，从根

① 《十六大以来重要文献选编》(上)，北京：中央文献出版社，2005年版，第852—853页。

② 《十六大以来重要文献选编》(中)，北京：中央文献出版社，2005年版，第1027页。

③ 《胡锦涛在参加首都义务植树活动时强调：持之以恒抓好生态环境保护和建设工作》，载《人民日报》，2006年4月2日，第1版。

本上转变经济增长方式，即从粗放型向集约型转变。经济增长方式的转变需要进行经济结构调整、产业结构优化升级、科技进步、管理创新、发展高新技术产业和战略性新兴产业、提高劳动者素质、实现可持续发展等。早在2005年3月，胡锦涛在主持召开中央人口资源环境工作座谈会上的讲话中就强调指出："我们必须清楚地认识到调整经济结构和转变经济增长方式对缓解人口资源环境压力、实现全面协调可持续发展的极端重要性，真正把做好工作的着力点放到调整经济结构好转变经济增长方式上来。"[①] 党的十七大报告也指出，要加快转变经济发展方式，努力建设资源节约型、环境友好型社会。党的十七届五中全会进一步把加快转变经济发展方式作为"十二五"时期我国经济社会发展的主线，并指出加快转变经济发展方式是我国经济社会领域的一场深刻变革，必须贯穿经济社会发展全过程和各领域，提高发展的全面性、协调性、可持续性。

转变经济增长方式既是根据我国基本国情和发展阶段性新特征解决我国经济发展中的失衡问题，促进经济长期平稳较快发展的需要，也是我国应对后国际金融危机时期世界经济形势新变化作出的战略决策。当今世界，世界性的能源、环境问题使得新能源、新材料、节能环保技术等绿色科技越来越引起各国的重视。特别是2008年国际金融危机以后，各国寻找下一个经济增长点，使其重要性更加凸显出来。胡锦涛在2010年省部级主要领导干部深入贯彻落实科学发展观加快经济发展方式转变专题研讨班上强调，加快经济发展方式转变是在后国际金融危机时期国际竞争中抢占制高点、争创新优势的必然要求。他提出了8点意见，其中之一就是"加快推进生态文明建设，深入实施可持续发展战略，大力推进资源节约型、环境友好型社会建设，加快推进节能减排，加快污染防治，加快建立资源节约型技术体系和生产体系，加快实施生态工程，推动整个社会走上生产发展、生活富裕、生态良好的文明发展道路"。[②]

---

① 《十六大以来重要文献选编》(中)，第817页。

② 《紧紧抓住历史机遇承担起历史使命　毫不动摇地加快经济发展方式转变》，载《人民日报》，2010年2月4日，第1版。

近年来，中国积极倡导低碳经济发展模式和开拓新能源领域的努力也得到世界的承认和称赞。据联合国统计，中国是世界上使用新能源最为广泛的国家，是世界第二大风能和太阳能生产国。尤其近年来，中国大力开发和利用新能源发电技术，在降低能源成本、提高能源效率的同时，也推动了经济健康快速可持续发展。尽管如此，从整体上看，发展中国家在新能源方面的竞争力还比较弱，受技术和价格因素的影响，在实现新能源产业化过程中还需要政府、企业、社会的共同努力，以及与国际社会的合作。

（四）强化环境法治，完善监管体制

保护环境，建设生态文明，需要法律制度来保障。2005年年底出台的《国务院关于落实科学发展观加强环境保护的决定》明确要求：环境保护工作应该在科学发展观的统领下“依靠科技进步，发展循环经济，倡导生态文明，强化环境法治，完善监管体制，建立长效机制”[①]。因此，建立健全生态环境法律法规，做到生态文明建设有法可依，同时加强环境监督管理体制建设，做到生态文明建设人人有责。

我国的环境立法工作自20世纪80—90年代开始发展迅速，特别是90年代，全国人大环境与资源保护委员会的成立，加快了资源环境立法的进度。我国在资源和生态保护、防灾减灾、污染防治等方面相继出台了一系列法律法规。2002年我国第一部循环经济立法——《清洁生产促进法》出台，标志着我国环境污染治理模式由末端治理开始向全过程控制转变。2009年1月1日起施行的《循环经济促进法》规定了一系列促进循环经济的制度。环境立法工作的不断完善，使我国环境保护的主要领域基本都实现了有法可依。到2009年，我国共制定了8部环境保护法律、15部自然资源法律，制定颁布了环境保护行政法规50余项，部门规章和规范性文件近200件，军队环保法规和规章10余件，国家环境标准800多项，批准和签署多边国际环境条约51项，各

① 《十六大以来重要文献选编》（下），第86页。

地方人大和政府制定的地方性环境法规和地方政府规章共1600余项，初步形成了适应市场经济体系的环境法律和标准体系。[①] 这些法律法规，对我国环境保护法规体系的逐步完善，限制破坏资源环境的活动，加快治理污染的进程，起了重要的促进作用。

生态文明建设需要建立权威、高效、协调的统一管理体制。胡锦涛强调，“做好人口资源环境工作，领导是关键”。“各级党委和政府要进一步增强抓好人口资源环境工作的责任意识，继续坚持党政一把手亲自抓、负总责，确保责任到位、措施到位、投入到位，坚决执行国家有关法律法规，把中央关于人口资源环境工作的各项决策和部署落到实处”。“要研究探索健全国家监察、地方监管、单位负责的环境监管体制，加强和完善环境保护协调机制”。[②] 2007年，我国成立了国家应对气候变化领导小组，由温家宝总理担任组长，国务院有关部门根据职责各司其职，各省、自治区、直辖市政府也设立了相应的领导和工作机构。2008年3月，国家批准组建环境保护部，为国务院组成部门，调整了其主要职责和内设机构，强化了统筹协调、宏观调控、监督执法和公共服务等职能，为推进环境保护历史性转变提供了更加有力的组织保障。我国还将资源指标和环境指标纳入考核内容纳入各级领导干部的考核内容。2009年10月，中共中央办公厅印发《关于建立促进科学发展的党政领导班子和领导干部考核评价机制的意见》，要求干部考核既要注重考核发展速度，又要注重考核发展方式、发展质量；既要注重考核经济建设，又要注重考核经济社会协调发展、人与自然和谐发展，特别是履行维护稳定第一责任、保障和改善民生的实际成效；既要注重考核已经取得的显绩，又要注重考核打基础、利长远的潜绩。从而督促和激励各级领导干部牢固树立正确政绩观，并有利于将生态文明建设转变成为各级党委、政府的自觉行为。

建设生态文明，需要全社会的共同参与和行动。为此，胡锦涛提出“做好人口资源环境工作，必须紧紧依靠人民群众。要加强基本国

① 《新中国60年成就：环境保护成就斐然》，2009年9月30日，中国网，http://www.china.com.cn/news/60years / 2009-09/30/content_18632283.htm。

② 《十六大以来重要文献选编》(中)，第824—825页。

情、基本国策和有关法律法规的宣传教育，增强全社会的人口意识、资源意识、节约意识、环保意识，组织和引导广大人民群众积极参与人口资源环境工作。要充分发挥工会、共青团、妇联和计划生育协会等群众组织在推进人口资源环境事业发展方面的作用。要积极创造条件，完善公众参与的法律保障，为各种社会力量参与人口资源环境工作搭建平台，真正形成党政领导、部门指导、各方配合、群众参与的工作格局，不断开创人口资源环境工作的新局面”。①

（五）加强全球合作，应对生态环境挑战

生态环境问题是一个全球性问题，问题的解决必须通过全球合作。我国也必须寻求国际合作来应对当前严峻的环境挑战。对此，胡锦涛曾指出：“气候变化既是环境问题，也是发展问题，归根到底是发展问题。尽管各国对气候变化的认识和应对手段尚有不同看法，但通过合作和对话、共同应对气候变化带来的挑战是大家的基本共识。各国在推进发展的过程中，应该本着对本国人民和世界各国人民负责的态度，充分考虑资源和环境的承受力，统筹考虑当前和未来的发展，积极加强国际合作，共同应对气候变化带来的挑战。我国在参与气候变化上的国际合作中，一是要遵循‘共同但有区别的责任’原则；二是要牢固树立在可持续发展框架内应对气候变化的观念；三是要重视科学技术的作用。”②

我国政府参与多边国际环境合作开始于20世纪70年代。改革开放后的十年间，我国签定或加入了约20个国际环境公约和规定；1989年以后，我国积极参加了《联合国气候变化框架公约》及其《京都议定书》、《关于在国际贸易中对某些危险化学品和农药采用事先知情同意程序的鹿特丹公约》、《关于持久性有机污染物（POPs）的斯德哥尔摩公约》、《关于消耗臭氧层物质的蒙特利尔议定书》、《生物多样性公约》、《联合国防治荒漠化公约》、《生物安全议定书》和《核安全公约》

① 《十六大以来重要文献选编》（中），第826页。

② 胡锦涛：《携手开创未来，推进合作共赢》，载《人民日报》，2005年7月8日，第1版。

等重要国际化公约的谈判，共缔结或签署了30多个国际环境公约，占中国签署的国际环境公约总数的2/3以上。在参与国际环境合作中，我国政府努力在协调国家利益与全球利益的关系，既做国际社会中“负责任的”发展中大国，承担相应的大国责任，也以自身能力为基础，不承担与自身能力不相符合的义务，从而维护人民的正当生存权、发展权和良好的生活权。

我国为维护生态环境安全虽然已经做出了巨大努力，也取得了积极进展，但仍面临着生态破坏严重，水土流失量大面广，石漠化、草原退化加剧，生物多样性减少，生态系统功能退化等严峻的生态形势，发达国家上百年工业化过程中分阶段出现的环境问题，在我国近20多年来集中出现，我国的生态环境安全的维护还需要持续不懈地努力。

三、能源安全

能源资源是指自然中蕴藏的富集能源。据世界能源委员会发表的世界能源调查，各种可利用的能源资源，包括煤炭、石油、天然气、核能、水能、太阳能、地热能、风能和潮汐能等。中国是世界上能源资源较为丰富的国家之一。目前，中国煤炭产量居世界第一位，发电量居世界第二位，石油产量居世界第五位。然而随着中国经济的快速增长，中国的能源需求激增，能源安全已成为中国所面临的迫在眉睫的安全问题。

（一）确保中国油气安全

1993年中国成为石油净进口国，在短短的十年之后，2003年石油的净进口额就突破1亿吨大关。2009年，中国石油进口额已逼近2亿吨，对外依存度超过50%的安全警戒线。中国已成为世界第二大石油消费国，据专家预测，到2015年中国的石油需求将达到5.4亿吨，对外依存度将从2010年的55%上升至60%。

从1859年美国宾夕法尼亚州开凿出世界第一口油井到1970年，人类在110年间仅消费了石油累计产量的近10%，而从1970年到2005年，在短短35年间消费的石油累计产量却达到近90%。全球新发现的油田数量和探明储量呈下降趋势，而石油的需求量却在不断攀升。随着石油供需缺口的不断扩大，全球石油枯竭速度可能远远超出人们的预期。如今石油产业已明显呈现出到达峰值的迹象：石油产量增长乏力，油价持续上涨，开采难度大的非常规石油资源在总产量中的比重在扩大。

国际石油市场充满了不确定性。国际油价常常因为中东地区局势的演变而剧烈波动。马六甲海峡是中东地区的石油运往中国的主要通道。该海峡十分狭窄，易于封锁，还是世界海盗活动最严重的地区。2003年11月29日，胡锦涛主席在中央经济工作会议的闭幕会上指出："国内石油进口的一半以上，都来自中东、非洲、东南亚地区，进口原油4/5左右是通过马六甲海峡海上运输，而一些大国一直染指并企图控制马六甲海峡的航运信道。"要确保中国的油气安全，就要采取有效的措施，突破"马六甲困局"。

为了改变对于变化莫测的国际石油市场的依赖，增强应对石油中断风险的能力，中国在积极建设石油战略储备。中国已经顺利完成石油战略储备一期工程，储油能力已经达到30天的进口量。首批四个储油基地镇海、舟山、黄岛、大连已投入使用，储备总量约1400万吨。二期战略石油储备建设进展顺利，将于2012年全面完工。届时，中国总石油储备能力可以达到2.74亿桶（约合3753万吨）。根据国务院批准的《国家石油储备中长期规划》，2020年以前，中国将陆续完成国家石油储备基地第二期、第三期工程，储备总规模相当于100天石油净进口量，届时中国的石油储备规模将位居世界第二。

在加强石油储备建设的同时，中国采取石油进口多元化战略，以改变依赖中东、非洲进口石油的局面，形成以中东、非洲、南美以及俄罗斯、哈萨克斯坦多个区域及部分重点国家并举的形势。中国三大石油企业已在全球50多个国家和地区拥有100多个油气项目，形成非洲、中亚、中东、南美和东南亚五大海外油气生产区。中国正在加快西北、东北、西南和海上进口油气战略通道建设，建成了中哈原油管道、中亚天然气管道、中俄原油管道和海上通道四大主要油气资源进口通道。2006年7月，中国—哈萨克斯坦原油管道贯通，是最早开通的跨国管线。2009年12月初，中国—中亚天然气管道A线试运投产。2011年1月，中俄原油管道正式投入运营。中缅油气管道已于2010年9月开工，预计将于2013年建成，成为油气资源运往中国的又一条的重要战略通道。

（二）新能源领域发展前景广阔

为了保障中国的能源安全，中国必须改变现有的能源结构，大力发展新能源，实现能源的多元化发展。新能源是指利用新技术系统开发利用的可再生能源，如核能、太阳能、风能、水能、生物能、地热能、海洋能和氢能等。新能源清洁环保，分布范围广，有可再生性，具有极大的发展潜力。新能源产业是重要的战略产业，可以创造数以万计的就业机会，成为经济发展的强大引擎。发展新能源产业，成为规避能源市场风险，带动经济快速、可持续增长的必由之路。

2005年2月，第十届全国人民代表大会常务委员会通过《中华人民共和国可再生能源法》，已于2006年1月1日起实行，成为中国能源领域的基础性法律。2007年10月，通过修订后的《中华人民共和国节约能源法》，于2008年4月1日施行。

2005年12月27日，时任国务院副总理曾培炎在第十届全国人大常委会第19次会议上提出，中国将把优化能源结构作为保障能源供应的重心环节。提出六点具体措施：一是高效清洁开发利用煤炭；二是调整和优化电力结构；三是努力增加石油天然气供给能力；四是加快发展新能源和可再生能源；五是加快石油储备建设进度；六是加大能源资源勘探力度。

2009年，胡锦涛主席在二十国集团会议上做出庄严承诺，争取到2020年将非化石能源的消费比重提高到15%。同年12月18日，温家宝总理在哥本哈根气候变化大会上承诺，到2020年中国单位GDP二氧化碳排放将比2005年下降40%—45%。这一节能减排的目标主要依靠发展新能源来实现。

2010年9月8日，国务院常务会议审议并原则通过《国务院关于加快培育和发展战略性新兴产业的决定》，会议提出现阶段选择节能环保、新一代信息技术、生物、高端装备制造、新能源、新材料和新能源汽车七个产业，在重点领域集中力量，把战略性新兴产业培育成为国民经济的先导产业和支柱产业。

2011年12月15日，国家能源局公布了中国可再生能源发展的"十二五"规划。根据该目标，到2015年，中国将努力建立有竞争性的可再生能源产业体系，风电、太阳能、生物质能、太阳能热利用及核电等非化石能源开发总量将达到4.8亿吨标准煤。

"十二五规划"和"新兴能源产业发展规划"共同勾勒出未来中国能源战略的蓝图。按照新兴能源发展规划，从2011年到2020年，中国在可再生能源领域将累计直接增加投资5万亿元，每年增加产值1.5万亿元，增加社会就业岗位1500万个。按照这一远景规划，中国将于2015年将建起具有较强国际竞争力的可再生能源产业体系。

目前，中国新能源产业已步入迅速发展期。未来二三十年内，新能源将成为中国发展最快的新型产业之一。目前中国水电和太阳能热水器已发展成为比较成熟的产业，风力发电的条件已经具备。中国核能发电潜力很大。根据新兴能源产业发展规划，预计到2020年，中国新能源发电装机2.9亿千瓦，约占总装机的17%。其中，核电装机将达到7000万千瓦，风电装机接近1.5亿千瓦，太阳能发电装机将达到2000万千瓦，生物质能发电装机将达到3000万千瓦。

温家宝总理在2012年马斯达尔世界新能源峰会上指出，截至2011年，中国水电装机突破2亿千瓦，居世界第一；风电装机达4700万千瓦，太阳能装机达300万千瓦，成为全球发展最快的地区；核电装机容量1000多万千瓦，有27台机组正在建设，在建规模居世界首位。中国发展清洁能源，投入之大、建设之快、成效之显著，为世界所公认。

中国在努力调整经济结构，推进能源结构的优化调整，提高清洁高效能源所占的比例，减少对传统化石能源的依赖。中国还在大力发展煤制油产业和洁净煤技术，提高传统能源的清洁利用水平。中国已成为全球第一大碳排放国，必须在全社会倡导绿色消费观念，开展节能减排全民行动，控制能源消费总量，走出一条适合中国国情的绿色发展道路。

（三）能源外交取得显著成效

中国在能源领域积极倡导新能源安全观，能源外交取得显著成效。2006年7月，国家主席胡锦涛在八国集团与发展中国家领导人对话会议上指出，为保障全球能源安全，我们应该树立和落实互利合作、多元发展、协同保障的新能源安全观。中国的新能源安全观强调各国之间的对话与合作，主张不应把能源问题政治化，诉诸武力解决问题，而应通过对话解决分歧，共同维护产油地区的稳定，确保国际能源通道安全。

在双边层面、区域层面和全球层面，中国都在稳健地推进能源外交，与各国和国际组织加强在能源开发利用领域的互利合作，坚定不移地走可持续发展道路。

在双边合作层面，中国与美国、日本、英国、印度、欧盟、欧佩克等国家和国际组织都建立了能源双边对话机制，举行多次官员互访和对话。中国已经和欧盟建立中欧环境政策部长级对话机制和中欧环境联络员会议机制。中国还先后与美国、日本、俄罗斯等42个国家签署双边环境保护合作协议或谅解备忘录。

在区域合作层面，中国积极参与亚太地区的能源合作机制建设。中国已与日本和韩国建立中日韩三国环境部长会议机制，推动三方能源对话，定期进行政策交流，共同发展利用清洁能源计划。2006年12月，中国与印度、日本、韩国和美国举行五国能源部长会议。五国能源部长发表联合声明，表示将在能源结构多元化、节能提效、建立战略石油储备和信息共享等方面加强合作，共同推进能源技术合作研究。

在全球层面上，中国积极参与各大能源领域的全球论坛，是国际能源论坛、世界能源大会的正式成员，是《能源宪章条约》的观察员，与国际能源署等国际能源组织保持密切联系。中国作为最大的发展中国家，在参与各大全球性论坛中积极为发展中国家争取权益，为它们争取更多的资金技术援助。

中国在绿色发展方面所做出的不懈努力已得到国际社会的普遍认可。2012年初，联合国秘书长潘基文对中国在能源领域取得的成就表示赞许："中国已成为世界第二经济大国，对未来能源的投资战略非常明智，中国不是被动等待国际社会制定发展框架，而是主动采取切实行动，发展思路清晰。每次到中国访问看到中国在可持续能源发展方面的成就，我都感到振奋。"中国将以更开放的姿态开展能源外交，积极参与在能源领域全球治理体系的构建，建设性地参与全球能源合作。

四、信息安全

中国已进入信息化高速发展时期。信息安全直接关系到中国的经济发展和社会稳定，成为上升到国家战略高度的重大问题。在信息时代，互联网已经渗透到社会生活的方方面面，将来自世界各地的人们联系在一起，构成一个无限拓展的虚拟空间。网络空间深刻改变着人们的生产和生活方式，重新塑造着社会关系和权力结构，给国家安全带来新的挑战。

（一）信息安全在国家安全中地位提升

信息安全是指信息网络中的数据受到保护，不因偶然或恶意的因素而遭到破坏、更改、泄露，系统可以持续可靠地正常运行，信息服务不受中断。信息安全的实质就是保证信息的安全，确保信息网络中的信息资源免受各种威胁、干扰和破坏。信息安全问题具有很强的连带效应，信息系统的崩溃会引发政治、经济、军事、社会和文化等多种问题。

步入20世纪，中国进入信息化的高速发展时期，网民人数呈快速增长趋势。2005年6月30日，中国网民首次突破1亿，达到1.03亿人。2008年7月，中国网民数量达到2.53亿，跃居世界第一位。根据2011年1月中国互联网信息中心发布的《第27次中国互联网络发展状况统计报告》，截至2010年12月，中国网民数量已达到4.57亿人，互联网普及率攀升至34.3%。

信息化在带给人们的生活极大的便利的同时，也造成了一系列安全隐患。各国政府的网站频频遭受黑客袭击，病毒、木马等网络安全事件层出不穷，给企业和个人造成严重的经济损失。据调查，2010年上半年，有59.2%的中国网民在使用互联网过程中经历病毒、木马或黑客攻击等不安全事件，有30.9%的网民账号或密码被盗过，有89.2%的电子商务网站访问者担心访问假冒网站。

信息安全不仅是在和平时代需要人们关注的问题，也是重要的军事问题。在21世纪，信息化和数字化是现代战场的基本特征。传统战争的打击对象是一国的军事设施和人员，而网络战则以一国的关键基础设施作为攻击目标。网络袭击价格低廉、隐蔽性强，却具有极大的破坏性，可以导致交通瘫痪，金融系统紊乱，大面积的断电，给一国所造成的消极影响不亚于一场小规模战争。世界各国都高度重视网络安全议题，将网络空间视为继陆、海、空和太空之外的第五维战场。

中国政府实行以信息化带动工业化的发展战略，通过信息化带动国民经济和社会发展，并通过一系列文件明确中国在网络安全领域的基本政策。2003年，中共中央办公厅、国务院办公厅下发了《国家信息化领导小组关于加强信息安全保障工作的意见》，成为中国信息安全保障工作的纲领性文件，明确提出“要重点保护基础信息网络和关系国家安全、经济命脉、社会稳定等方面的重要信息系统，抓紧建立信息安全等级保护制度，制定信息安全等级保护的管理办法和技术指南”。

党的十六届四中全会将信息安全作为国家安全的重要组成部分，明确提出要“增强国家安全意识，完善国家安全战略”，确保“国家的政治安全、经济安全、文化安全和信息安全”。党的十六届五中全会强调，推进国民经济和社会信息化，加快转变经济增长方式。

2007年1月23日下午，中央政治局进行了第38次集体学习，胡锦涛总书记强调，加强网络文化建设和管理，充分发挥互联网在中国社会主义文化建设中的重要作用，有利于提高全民族的思想道德素质和科学文化素质，有利于扩大宣传思想工作的阵地，有利于扩大社会主义精神文明的辐射力和感染力，有利于增强中国的软实力。

2011年，全国人大审议通过《中华人民共和国国民经济和社会发展第十二个五年规划纲要》，对信息安全和保密事业发展提出战略规划，明确提出，健全网络与信息安全法律法规，实施信息安全等级保护、风险评估等制度。加强信息网络监测，管控能力建设，确保基础信息网络和重点信息系统安全。推进信息安全保密基础设施建设，构建信息安全保密防护体系。

2012年5月9日，国务院总理温家宝主持召开国务院常务会议。会议指出，加快推进信息化建设，建立健全信息安全保障体系，对于调整经济结构，转变发展方式，保障和改善民生，维护国家安全，具有重大意义。今后一段时期，要以促进资源优化配置为着力点，构建现代信息技术产业体系，全面提高经济社会信息化发展水平；加强统筹协调和顶层设计，健全信息安全保障体系，切实增强信息安全保障能力，维护国家信息安全，促进经济平稳较快发展和社会和谐稳定。

随着信息化的发展，信息安全在国家安全中的重要性不断提升。能否积极利用和有效管理互联网，能否使互联网成为传播社会主义先进文化的新途径、公共文化服务的新平台、人们健康精神文化生活的新空间，关系到社会主义文化事业和文化产业的健康发展，关系到国家文化信息安全和国家长治久安，关系到中国特色社会主义事业的全局。

（二）加强信息安全的主要措施

中国在加强信息安全方面所采取的主要措施主要包括五个方面。

第一，从全局出发，加强国家信息基础设施建设。信息安全是跨部门、跨行业的系统工程。中国已在银行、电信、交通、税收和军队等关键领域开展信息安全建设。中国信息化建设陆续启动了以“金”字命名的一系列国家级信息应用工程，主要包括：金关工程（海关）、金税工程（税收）、金财工程（财政）、金盾工程（公安）、金农工程（农业）等，实现了各个领域的信息化。

第二，掌握信息安全先进技术，抢占新的战略制高点。信息技术的研发和应用正在催生新的经济增长点。中国工业和信息化部等政府部门，积极引导各科研机构和企业从事信息安全技术研发工作，研制出一批信息安全领域的先进产品。新华社自主研发了金融信息平台“新华08”，建立面向全球金融市场的多语种、多终端形式的服务网络，40个金融模型可精确到小数点后8位，超过世界同类产品的精确度。“新华08”具备全天候信息传播能力，为金融机构和非金融企业参与全球金融交易提供资讯和交易支撑服务，填补发展中国家的空白。2010年初，国务院决定用五年时间，在全国全面实现电信网、广播电视网和互联网三网融合。三网融合已经在北京、上海等12个城市开始试点，未来将在全国范围内实现互联互通、资源共享，提高中国的网络资源利用率。

第三，完善国内的制度建设，加强互联网治理。为适应信息化的快速发展，中国组建了相关的网络安全机构，应对安全挑战。2003年10月，中国建立了国家网络与信息安全信息通报中心，以做好重要敏感期、重大政治活动和重大网络安全事件的信息通报工作。2003年，中国国家互联网应急中心在31个省、自治区、直辖市建立分中心，形成了全国性的互联网网络安全信息共享、技术协同能力。2009年11月3日，中国信息安全“国家漏洞库”正式投入运行，开展漏洞分析与风险评估服务。在建立健全网络治理机构的同时，中国还建立和完善前置审批、网站年审等互联网管理的一系列机制和流程，形成了管理合力，对规范网络管理发挥积极的作用。

第四，大力发展信息产业，推动国民经济稳健增长。信息产业已经成为中国的基础性、先导性和支柱性产业，在推动社会进步和提高人民生活水平等方面发挥重要的作用。2001至2005年中国信息产业累计吸收外资1000亿美元，信息产品进出口年均增长速度达30%。2005

年，信息产品进出口总额达到4887亿美元，占全国外贸总额的34.4%，信息产业增加值占国内生产总值的比重达到7.2%，对经济增长的贡献度达到16.6%。根据最新制定的"十一五"规划，到2010年，信息产业增加值将完成2.26万亿元，占GDP的比重达到10%。

第五，加强信息安全领域的法制建设，完善相关法律的工作初见成效。中国2003年出台《关于加强信息安全保障工作的意见》，是从国家层面颁布的关于信息安全领域的纲领性文件。2005年颁布第一部法律信息安全领域《电子签名法》。中国已出台有关域名、IP地址资源、网站备案、网络信息服务、短信服务、电子邮件服务的管理规章和制度，形成依法进行信息安全管理的基本框架。然而与美国、欧盟等先进国家与地区相比，中国的信息安全法律在系统化、覆盖面与深度方面仍有所欠缺，需要继续完善相关法律体系。

（三）提升信息安全领域的软实力

中国政府已确立从国家层面推动和加强文化软实力的重要战略。党的十六大报告明确指出："互联网要成为传播先进文化的重要阵地。"利用互联网这一新的传播渠道，可以加强公众对政府决策的参与程度，建立迅速、有效的沟通途径和意见反馈机制，增强中国信息发布在海外的公信力，塑造中国良好的国际形象，将中国的改革开放所取得的成就展示给世界。

2006年1月1日，中华人民共和国中央人民政府门户网站（www.gov.cn）正式开通。该网站是中国中央政府以及各省、自治区、直辖市政府在互联网上发布政务信息和提供在线服务的综合平台。网站开设"国家机构、政府机构、法律法规、政务公开"等主要栏目，便于公众了解国家法律法规和重大决策，同时提供与政府业务相关的服务。中国政府网已经成为国内外媒体观察中国、报道中国的重要信息来源。

2008年6月20日，胡锦涛主席在《人民日报》社考察工作时指出："互联网已成为思想文化的集散地和社会舆论的放大器，我们要充分认识以互联网为代表的新兴媒体的社会影响力"，"使互联网成为传播社会主义先进文化的前沿阵地、提供公共文化服务的有效平台、促进人们精神生活健康发展的广阔空间。”

同日，胡锦涛在人民网上同广大网民在线交流，在“强国论坛”通过视频直播。他指出，互联网是民众参与政府决策的重要渠道：“网友们提出的一些建议、意见，我们是非常关注的。我们强调以人为本、执政为民，因此想问题、做决策、办事情，都需要广泛听取人民群众的意见，集中人民群众的智慧。通过互联网来了解民情、汇聚民智，也是一个重要的渠道。”

每年在“两会”召开前后，都有大量网民通过网络向“两会”以及全国人大代表和政协委员献言建策。中国领导人对网络舆论采取开放的态度，互联网已经成为社情民意的直通车，成为民众参政议政的重要渠道。2009 年 2 月 28 日，国务院总理温家宝在中国政府网与网民进行了首次在线交流。从 2009 年到 2011 年，温家宝连续三年在全国两会召开前夕，在网上与国内外网民进行在线交流，回答民众疑问，倾听民众心声，不仅积极回应网民关切的民生问题，为其释疑解惑，还提出具体的解决措施，充分发挥了互联网的服务平台作用，在国内外引起广泛反响。

（四）深化信息安全领域的国际合作

中国在信息安全领域积极倡导中国的新安全观，就如何加强信息安全提出中方的主张。2006 年 5 月 24 日，中国政府就《从国际安全的角度看信息和电信领域的发展》向联合国提交意见。中方认为，信息技术的使用应遵循《联合国宪章》和国际关系基本准则；应在确保国家主权和安全、遵守各国法律、尊重各国历史、文化、政治差异的前提下，保障信息自由流动；各国享有根据国内法律管理本国网络空间的权利；鉴于各国在电信领域的发展不平衡，国际社会应加强在信息技术研究和利用方面的合作，切实保障各国获得信息技术的自由。

中国积极参与制定有关信息网络的国际规则和条约。2006 年 10 月 20 日，中国和俄罗斯等国向联合国提交《从国际安全的角度看信息和电信领域的发展》的决议草案，经表决以169对1票通过，标志着国际社会对当前信息安全的基本概念初步达成共识。2010年7月，中国和美国、俄罗斯等15个国家，在联合国签署了一份合作意愿书，同意降低网络攻击的威胁，并提请联合国出台规范网络行为的准则。15国还提议，联合国应该出台规范网络空间行为的准则，就国家立法和网络安全战略交换信息，帮助不发达国家增强计算机体系的保护能力。

中国在网络犯罪领域展开了卓有成效的国际合作。2006年7月，中国国务委员兼公安部长周永康访问美国，与美方签署了关于加强执法合作的联合声明和一系列合作文件。中美双方决定加强执法领域的合作，还签署了关于打击网络犯罪的谅解备忘录。中国已与美国、英国、德国等近30个国家警方建立了双边警务合作关系，与美国等7个国家建立了网络犯罪调查专人联络机制。中国还与日本、韩国等14个国家联合建立了亚洲计算机犯罪互联网络（CTINS），及时交换网络犯罪动态、共享侦查取证技术。

中国积极推动亚太地区以及上海合作组织框架下的信息安全合作。2003年9月27日，中国互联网络信息中心牵头发起并建立亚太互联网研究联盟。联盟的首批成员还包括韩国互联网信息中心、香港城市大学、澳门大学和台湾（地区）网路资讯中心。2006年6月15日，在中国的积极推动下，上海合作组织成员国发表关于信息安全的声明。声明指出，各成员国在国际信息安全的关键问题上立场相近，愿在本组织框架内共同努力，应对新的信息挑战和威胁。中国在亚太经合组织电信工作组中积极参与安全与繁荣工作组的各项工作，多次参加东盟组织的网络安全应急演练。

中国努力探索各种形式的信息安全合作模式，通过跨国家、跨领域、跨部门的合作增强网络治理。中国网络安全应急组织与美国微软公司以及欧美一些网络安全机构联手，成功打击一个名叫威达克（Waledac）的全球大型僵尸网络。中国互联网协会网络安全工作委员会与美国著名智库东西方研究所（East West Insitute）共同建立了中美互联网对话机制，就反垃圾邮件、黑客攻击等多个专题开展交流和沟通。

在信息安全领域，中国积极参与区域层面的国际合作，在联合国等多边论坛上提出中国的主张，制定有关信息安全的国际公约，构建各种预防和打击网络犯罪和网络恐怖袭击的国际机制，推动建立平等互利的国际信息安全新秩序。中国的不懈努力推动了在信息安全领域的国际合作，巩固信息安全秩序，为加强对信息网络的全球治理作出贡献。

五、反对恐怖主义

长期以来，中国深受恐怖主义之害，为反恐斗争做了不懈努力。中国坚决反对一切形式的恐怖主义，认真遵守国际反恐公约，严格执行联合国安理会有关决议，积极参与国际社会反恐正义行动。中国的反恐努力已构成国际反恐斗争的重要组成部分。[①]2001年以来，中国积极开展反恐斗争，不仅在国内加强了反恐队伍建设，在反恐的法律制度建设上也取得明显进步；在国际上加入并履行国际反恐条约，还积极参与联合反恐军事演习，取得了反恐斗争的重大胜利。受国际恐怖主义活动影响，近年来我国境内恐怖主义活动猖獗，在新疆、西藏频频制造骚乱事件，严重地损害了人民群众的生命财产安全、破坏了社会的稳定团结、危害了国家安全与发展。党和政府对此一直高度重视，从维护国家安全与社会稳定的大局出发，切实关心人民群众生命财产安全，加大了对恐怖主义活动的打击力度，增加了与其他国家的联合反恐的行动，具体而言取得了如下成就：

（一）高度重视，不断宣言我国反恐政策与立场

长期以来，我国深受恐怖主义活动危害，特别是在新疆、西藏等西部边陲地区，以“东突组织”为代表的境内外恐怖主义相互勾结，

① 《胡锦涛出席亚太经合组织领导人非正式会议第二部分会议——就信息通讯技术和反恐等问题作专题发言》，载《人民日报》，2003年10月22日。

恐怖主义、分裂主义、极端主义经常狼狈为奸，制造事端，给我国国家安全与社会稳定造成了巨大危害与损失。党和政府对此高度重视，江泽民、胡锦涛等党和国家领导人曾在不同场合向国际社会宣布我国打击恐怖主义的立场与政策。首先，中国向全世界表明了其强烈的反恐态度。作为恐怖主义的受害者，中国坚决反对一切形式的恐怖主义，表明了要将反恐斗争坚持到底的坚决态度。其次，中国积极参与国际反恐合作。中国参与并认真遵守国际反恐公约，2001年以来加入了《制止恐怖主义爆炸国际公约》、《制止向恐怖主义提供资助国际公约》、《制止核恐怖主义行为国际公约》，实现了中国与国际反恐规范的进一步接轨。中国还严格执行联合国安理会有关决议，积极参与国际社会反恐正义行动。再次，中国表明了自身的反恐策略。中国认为要赢得反恐斗争的最终胜利，必须坚持标本兼治。"冲突和动荡是恐怖主义滋生的温床，贫穷和落后是恐怖主义产生的土壤。我们应在缓和地区及国际紧张局势、消除贫困和加强反恐合作三方面同时开展工作，注重反恐手段的综合性，从政治、经济、文化和社会等多方面采取措施，以彻底铲除恐怖主义"。[①] 通过向国际社会宣示我国反恐政策与立场，不仅有利于国际社会了解我国的反恐态度与政策，还有利于争取其他国家对我国反恐斗争的支持，推动我国与其他国家的反恐国际合作。

（二）夯实内功，积极加强反恐力量建设

恐怖主义因其残酷性而对社会影响极大，并且由于其活动的随意性、流窜性、隐密性而很难提前预防、及时发现，迅速应对，因而加强预防并建立相应的反恐力量尤为关键。为了下好反恐这盘大棋，我国在边防、海关、公安、武警等多部门加强了反恐队伍建设。目前，我国反恐力量建设渐成系统，形成了多领域、多兵种、多层次的反恐力量体系。其中，武警反恐部队建设较快，已初步形成了覆盖全国的反恐力量体系。首都与重点省会城市的反恐怖、反劫机分队均配备了

① 《胡锦涛出席亚太经合组织领导人非正式会议第二部分会议——就信息通讯技术和反恐等问题作专题发言》，载《人民日报》，2003年10月22日。

较为先进的反恐怖装备，初步具备了向全国实施机动、进行较大规模反恐作战任务的能力。[①] 空军、海军也炼就了的“上天入地”反恐本领，极大地提升了反恐的灵活机动性，在极端条件下可以给予恐怖分子出其不意的精确打击。针对核生化武器，我国还建立了相应反恐部队，他们单兵作战能力较强，能够准确迅地速判断处理此类恐怖活动。通过一系列反恐力量的建设，极大地提升了我国应对境内外恐怖活动的能力，有效地维护了国家安全与社会稳定团结。

（三）健全法律，稳步推进反恐法制建设

恐怖主义有着深刻的经济社会根源，中国政府一直倡导反恐的标本兼治原则，也清醒地认识到反恐斗争的长期性与艰巨性，因而加强反恐的法律制度建设有利于将反恐作为犯罪活动进行长期打击。截至目前为止，中国已加入了绝大部分国际反恐公约，包括《制止核恐怖主义行为国际公约》、《制止恐怖主义爆炸的国际公约》等国际反恐公约。为了实现国内法律与国际反恐公约、法律的接轨，我国积极修改刑法，制定了反洗钱法等，使得我国反恐有法可依。2001 年“9・11”恐怖事件发生后，联合国通过了 1373 号决议，对各成员国提出了刑事立法和司法要求，这促使了我国打击恐怖活动犯罪的力度。2001 年 11 月 2 日，最高人民法院、最高人民检察院和公安部联合下发了《依法严厉打击恐怖犯罪活动的通知》。2001 年 12 月 29 日，全国人大常委会通过了《刑法修正案（三）》，这是中国为履行加入的反恐国际公约的义务而采取的重要立法举措，也表明了中国依法打击恐怖主义犯罪的立场。在《刑法修正案（三）》中，通过增设新罪名，如资助恐怖活动罪、投放虚假危险罪等；修订原有罪名及其罪状；修改原有条款的罪刑单位等方法将反恐怖犯罪活动法律化。[②] 2006 年中国又制定了《反洗钱法》，确立了相关防范恐怖主义融资的制度，通过反恐刑法立法，我国的反恐活动实现了有法可依，同时也有利于在长期的反恐斗争中坚持不懈。

---

① 龚万鹏:《中国反恐部队四大主力：实现跨国空中投送兵力》，载《世界新闻报》，2007 年 2 月 2 日。

② 赵秉志、杜邈:《中国反恐法制问题研究》，北京：中国人民公安大学出版社，2010 年版，第 42—87 页。

（四）加强合作，有力推进我国反恐工作的国际接轨

新世纪以来，恐怖犯罪活动肆虐，恐怖主义已由一般意义上的非传统威胁上升为“国际公害”。防范和打击恐怖主义已成为世界主要国家安全战略面临的一项新的重大课题。[①]作为恐怖主义的受害者之一，以“互信、互利、平等、协作”为核心的新安全观为指导原则，中国政府制定反恐政策、开展国际反恐合作。在国际层面，中国加入了绝大部分国际反恐怖主义公约中，坚决维护联合国在反恐斗争中的主导地位，积极落实联合国赋予的反恐任务。2002年9月，中国成功推动联合国将“东突伊斯兰运动”及其头目列入联合国安理会的恐怖组织与个人名单。中国加入了《制止向恐怖主义提供资助的国际公约》，并在国内制定《反洗钱法》，从而结合国际国内两条途径提高中国打击资助恐怖主义活动的能力。在地区层面上，中国积极参与亚太地区、东盟等地区组织所倡导的反恐合作，胡锦涛主席多次在亚太经合组织领导人会议上就中国反恐政策进行表态。中国还与美国、俄罗斯、英国、法国、巴基斯坦、印度等国分别进行了反恐磋商，学习交流反恐经验，相互借鉴反恐技能，推动了中国反恐工作的国际接轨，也提升了中国与这些国家的安全合作。比如2004年，中国与巴基斯坦建立了反恐情报交流热线，为中国挫败东突分子的几次恐怖行动发挥了重要作用。2005年，中国公安部高级官员先后两次观摩了俄罗斯在俄南部和新西伯利亚举行的反恐演习，学到不少反恐作战经验。中国还派高级警官到俄接受反恐培训，课程涉及如何解救人质等。中国还加入了《打击核恐怖主义全球倡议》，在今年的首尔核安全峰会上，胡锦涛主席做了《深化合作，提高核安全水平》的讲话，表示“中国高度重视核安全，坚决反对核扩散和核恐怖主义”。[②]为了切实落实国际反恐合作，中国

---

① 戎昌海：《熊光楷在国际安全政策会议上发言阐述中国反恐基本政策》，载《人民日报》，2003年2月10日。

②《胡锦涛在首尔核安全峰会上的讲话》，2012年3月27日，新华网，http://politics.people.com.cn/GB/1024/17510225.html。

与许多国家签署了100多项引渡或司法协助条约，进而为国际反恐合作的实施提供便利。总而言之，通过参与国际合作，中国提升了反恐技能，实现了反恐信息共享，深化了反恐制度，实现了反恐斗争的巨大进步。经过国际社会多年来的密切合作，协力应对恐怖主义威胁，取得了不少积极进展。展望未来，中方愿继续与各方共同努力，推动国际反恐合作不断取得新进展，维护地区与世界的和平、稳定与安全。①

（五）反恐军演，构筑国际安全合作的光辉典范

以打击恐怖主义为契机，中国走出了一条反恐、联合军事演习与军事、政治互信建设相结合的国际安全合作之路，构筑了一种国际安全合作的典范。2001年以来，在上海合作组织框架下，中国不仅与各成员国共同推动成立了上海合作组织地区反恐怖特别机构，而且还与俄罗斯、塔吉克斯坦等成员国分别或联合举行了反恐军事演习，其中尤以“和平使命”系列军事演习为著。反恐军事演习旨在表明成员国共同应对新威胁、新挑战，维护地区安全与稳定、促进共同发展与繁荣的意志，展示成员国共同打击恐怖主义、分裂主义、极端主义“三股势力”的坚定决心和行动能力，反映成员国在防务安全领域的合作水平，彰显上海合作组织在维护地区和平与稳定，推动建设和谐世界、和谐欧亚地区中的重要作用。②除此之外，中国还与印度、巴基斯坦、泰国等国举行了联合反恐军事演习，这对于扩大两国在非传统安全领域的交流与合作，提高两军联合反恐作战能力具有积极意义。通过跨境练兵，中国全面提升了远程投送能力、山地反恐作战能力、协同作战和联合保障能力四大反恐能力，通过反恐联合军事演习，中国不仅增强了反恐实力，还推进了与其他国家的增信释疑，安全互享。

（高望来　卢静　凌胜利）

---

① 彭敏:《中方愿推动国际反恐合作不断取得新进展》，载《人民日报》，2011年9月10日。

② 《“和平使命—2007” 上合组织成员国联合反恐军演将举行》，载《人民日报》，2007年7月12日。

第12章

确保周边安全

一、东部安全重新塑造

中国周边态势的特点，首先是东部的强大与重大的挑战。东部主要是美、日、韩、朝等国家和居于中国东方的外部力量。东部在相当长时期内将是中国主要威胁和主要挑战的来源方向，但也是中国最大的机遇和最大的利益方向。十年来，中国进一步加强了同中国东部地区国家之间的交往，深化了双边之间的关系，稳定了东部局势，改善了东部的政治环境和安全环境。

（一）中美安全关系明显会好转

冷战结束以后，中美关系是中国最重视的大国关系。2003年12月7日至10日，中国国务院总理温家宝对美国进行正式访问。2005年8月1日，中国外交部副部长戴秉国与美国常务副国务卿佐利克在北京举行首次中美战略对话。此后，作为定期对话机制，中美战略对话定期在中美间轮流举行。2006年4月18日至21日，中国国家主席胡锦涛对美国进行国事访问。2009年4月1日，在伦敦出席二十国集团峰会时，中国国家主席胡锦涛与美国总统奥巴马在伦敦举行首次会晤。两国元首一致同意建立中美战略与经济对话机制。双方就中美关系和共同关心的重大问题广泛交换意见，一致同意共同努力建设21世纪积极合作全面的中美关系。胡锦涛指出，“中美无论是在应对国际金融危机冲击、推动恢复世界经济增长方面，还是在处理国际和地区热点问题、维护世界和平与安全方面，都拥有更加广泛的共同利益。”[①] 胡锦涛说：新时期中美关系应该具有以下特点。第一，应该是积极的关系。第二，应该是合作的关系。第三，应该是全面的关系。实际上，2009年中美两国关系的开局很好。冷战结束以后，奥巴马总统成为美国新上任总统中对中国态度最友善的总统。而中国方面也抓住了这个有利契机，胡锦涛主席、温家宝总理等中国国家领导在多种场合与奥巴马总统会晤，讨论国际形势和双边关系，促进了中美关系的稳定和发展。这对于中美两国增进经济合作，解决双边关系中存在的问题，具有良好的指导和引路作用。

中美战略和经济对话机制由美国国务卿和中国主管外交的国务委员共同主持战略对话部分；美国财政部长和中国国务院主管经济的副总理主持经济对话部分。他们分别以两国元首特别代表的身份与会，更加强了这种对话的“高层”分量。首轮中美战略与经济对话于2009年7月下旬在华盛顿举行。双方讨论了具有迫切和长远战略利益的双边、地区和全球领域内两国面临的挑战与机遇。2009年11月14日，奥巴马总统在东京的亚洲政策演说中明确表示，美国无意遏制中国，希望中国在世界上发挥更大作用。美中合作会为双方带来利益，因此，美国欢迎中国在世界舞台上发挥更大作用。奥巴马表示，美国不谋求遏制中国，“一个强大而繁荣的中国的崛起，将成为国际社会的力量源泉”。[②] 胡锦涛在会见来中国访问的奥巴马总统表示，当前，国际形势继续发生深刻复杂变化。新形势下，中美两国在事关人类和平与发

---

① 《国家主席胡锦涛会见美国总统奥巴马》，2009年4月2日，新华网，http://news.xinhuanet.com/newscenter/2009-04/02/content_11116261_1.htm。

② 《奥巴马亚洲政策演讲主调何在》，2009年11月14日，新华网，http://news.xinhuanet.com/world/2009-11/14/content_12456384.htm。

展的一系列重大问题上拥有更加广泛的共同利益和更加广阔的合作前景，肩负着重要的共同责任。新时期中美关系的战略性和全球性日益凸显。本着相互尊重、平等相待、互利双赢的精神，发展中美两国长期友好合作，符合两国和两国人民的根本利益，有利于亚太地区乃至世界和平、稳定、繁荣。我们应该也完全可以超越差异和分歧，不断充实和丰富积极合作全面的中美关系的战略内涵。[①]2009年11月18日，温家宝总理会见奥巴马总统时指出："我们认为，中美合作可以发挥独特作用，推动建立国际政治、经济新秩序，促进世界和平、稳定和繁荣。"[②] 这种表述，充分表现了中国对发达国家的领袖国家——美国的高度重视。2011年1月18日至21日，中国国家主席胡锦涛对美国进行国事访问，同美国总统奥巴马举行会谈，讨论中美关系及共同关心的重大国际和地区问题。两国发表联合声明，表示"中美致力于共同努力建设相互尊重、互利共赢的合作伙伴关系"。这次访问，消除之间的对立情绪，极大地缓解了2010年因为黄海军演、南海问题等的摩擦，增进了相互之间的信任和理解，改善了两国关系。2012年2月，国家副主席习近平对美国进行正式访问，双方发布了《关于加强中美经济关系的联合情况说明》，提升了中美相互信任的程度，为进一步加强两国经贸合作奠定了基础。

中美两国都能从全球战略和高度审视两国关系，超越摩擦的这种关系状态，表明两国关系在新的一年里既有摩擦和斗争，但又没有局限于此，而仍然以大局为重，在现有关系成果的基础上，稳步向前的发展状态。中美两国得以继续保持相互为第二大经贸伙伴，美国为中国最大的投资国，中国为美国最大的政府债券购买国，中国是美国最大的政府采购国等紧密的经济交往状态关系。

中国的经济力量和综合国力正在全面崛起。中美之间既存在着紧密的经济依存关系，也存在着严重的贸易不平衡的问题。按照中方的

---

① 《胡锦涛同美国总统奥巴马举行会谈》，2009年11月17日，新华网，http://news.xinhuanet.com/politics/2009-11/17/content_12478274.htm。

② 《温家宝晤奥巴马：不赞成两国集团提法》，2009年11月18日，中国新闻网（北京），http://news.163.com/09/1118/17/5ODVKRCA000120GU.html。

统计，在2005—2009年5年中，中美贸易额年均增长9%。到2007年，中国已超过日本成为美国第三大出口市场，超过加拿大成为美国第一大进口来源地。中美互为对方第二大贸易伙伴，美国是中国的第二大贸易伙伴，第二大出口市场，第三大进口来源地。中国是美国的第二大贸易伙伴，第三大出口市场，第一大进口来源地。[①]从货物贸易方面来看，中美双边的贸易迅猛增长，中美的贸易额从1979年的不足25亿美元迅速增长到2009年的2982.6亿美元，增长了近120倍。[②]

按照美方统计，2008年中国产品占美国进口的16.4%，加拿大占15.7%，墨西哥占10.1%，日本占6.6%，德国占4.6%。在美国的出口方面，前五位的出口伙伴则为加拿大占20.1%，墨西哥占11.7%，中国占5.5%，日本占5.1%，德国占4.2%，英国占4.1%（2008）。[③]2008—2009年，美国对90多个国家存在贸易逆差，这意味着，美国的贸易逆差是多边的，广泛的。但是，在美国，有这样一个一直被强化的简单公式，即美国"对华逆差每增加100亿美元，美国则会有2.5万人失业"，主要原因在于美国对中国的贸易逆差最大。

2011年，中美双边贸易额达到4467亿美元，是两国刚建交时候的180倍，中国从美进口1222亿美元，对美出口3245亿美元。[④]中国从美国进口首次超过1000亿美元，比2010年上升了20%，中国已经连续11年成为美国增长最快的出口市场。[⑤]随着中国从美国进口贸易的增加，中美贸易不平衡问题将逐渐有所缓解。

在投资领域，到2010年2月底，美国对华投资项目累计达到58362个，美方实际投入达到了628.2亿美元，美国是中国外资最大的来源地之一。但中国在美国的投资却很少，到2010年1月底，中国企业在美

---

① 张意轩：《商务部：美对华贸易逆差实际小于美方统计值·美国企业获得从中国进口产品的绝大部分增加值·对华贸易投资为美国提供大量就业机会·人民币汇率问题必须避免政治化》，2010年3月20日，http://www.chinadaily.com.cn/hqcj/zxqxb/2010-03-20/60317.html。

② 张意轩：《商务部：美对华贸易逆差实际小于美方统计值·美国企业获得从中国进口产品的绝大部分增加值·对华贸易投资为美国提供大量就业机会·人民币汇率问题必须避免政治化》。

③ CIA, *North America: United States, The World Factbook*, https://www.cia.gov/library/publications/the-world-factbook/geos/us.html.

④《商务部：中美2011年双边贸易额4467亿美元》，2012年2月16日，http://hkstock.cnfol.com/120216/132,2113,11769889,00.shtml。

⑤《商务部：中美2011年双边贸易额4467亿美元》。

国的各类投资超过45亿美元。[①] 中国近年在美国兴办的贸易型和非贸易型公司增长较快，投资范围广泛。同时，美国企业和产品在中国的某些领域出现了垄断的趋势。美国企业获得从中国进口产品的绝大部分增加值。“中国货物出口当中40%、50%是由外商投资企业来完成。货物贸易的数据统计掩盖了实际的利益分配情况”。2008年美国的四大国际会计师事务所在华收入合计占中国全行业收入的34%。[②] 在银行业、保险业、证券业等服务业领域，美国的大公司在中国名列前茅，获得大量收益。

因此，在未来十年内，美国必然要从经济领域全力围堵和遏制中国经济力量的崛起。中美之间的经贸战争必将硝烟不断。这对中国的外部经济环境构成了严峻的挑战。

从2009年下半年以来，美国已经明显地把压迫人民币汇率升值作为其整治中国的主要手段。美国财政部原定在2010年4月15日发表半年一度的报告中将中国确定为操纵人民币汇率。但是，直到2012年5月的报告中也没有这样确定。美国财政部称，2010年6月至2012年5月15日，人民币已经升值8%，如果考虑通胀因素，则已经升值12.5%，2005年7月中国启动人民币汇改以来则是升值了40%。[③] 报告指出，在过去的4年中，中国经常性账户盈余占GDP的比例已经明显的下滑，从2008年的9.1%下降至2011年的2.8%。“但是这反映出了中国经济结构的转变、制造行业工资的持续增加，以及人民币的升值效应”。[④] 根据美国法律，如果美国认定某个国家操控汇率，就需要启动双边谈判或者起诉至IMF，但奥巴马和前任总统布什都没有将中国列入汇率操控名单。美国财政部长盖特纳曾公开质疑该报告作为谈判工具的有效性，更倾向于通过G20等多边场合或者直接外交手段来促使人民币升

---

① 张意轩：《商务部：美对华贸易逆差实际小于美方统计值·美国企业获得从中国进口产品的绝大部分增加值·对华贸易投资为美国提供大量就业机会·人民币汇率问题必须避免政治化》。

② 张意轩：《商务部：美对华贸易逆差实际小于美方统计值·美国企业获得从中国进口产品的绝大部分增加值·对华贸易投资为美国提供大量就业机会·人民币汇率问题必须避免政治化》。

③ 是冬冬：《美未将中国列为汇率操纵国》，2012年5月27日，和讯网，http://tech.cnr.cn/list/201205/t20120527_509712967.shtml。

④ 是冬冬：《美未将中国列为汇率操纵国》。

值。美国政府决定将延后是否把中国列为汇率操纵国的政策表态。其原因之一是认为，威胁中国并不是迫使人民币升值的最有效方法。同时，美国也不愿意因为这一问题把两国关系搞僵，而失去大量需要同中国合作的机遇。因此，尽管美国一直威胁这么做，但为了两国关系的大局，却始终没有这么做。

（二）中日在矛盾中深化合作

21世纪初，由于小泉作为日本首相不断参拜靖国神社，中日关系摩擦不断。在小泉卸任以后，中日关系逐渐好转。中日两国都比较珍视双边关系，在中日关系转暖的背景之下，2007年4月1日，中国国务院总理温家宝抵达日本进行为期三天的访问，取得了显著成果。

第一，温总理这次访问不仅全面恢复了两国最高级别领导人的交往渠道，而且，建立经济官员的高层对话机制，使两国的高层互动有了机制方面的保证。在温总理这次访日以前，中日两国只恢复了日本政府最高领导人到中国的访问和两国领导人在第三国会晤的机制，如2006年11月胡锦涛主席在亚太经合组织河内会议与安倍首相的会晤，2007年1月温总理在菲律宾宿务东盟—中日韩会议上与安倍首相的会晤，而中国政府最高领导人已达七年之久没有到访日本。因此，温总理的这次日本之行，具有全面恢复两国最高级别领导人会晤交流的意义。而且，从去年的安倍首相访华，到温总理此行访日，在这样短时间内的交流互动，预示着在中日两国最高级别领导人之间，远比过去频繁的会晤交流机制正在形成。同时，这次访问还建立了中方以增培炎副总理、日方以麻生外务大臣为首、副总理级别的中日经济高层对话机制。这种高层对话机制不仅意在大规模推动中日之间的经济交流与合作，解决经济合作中的关切和问题，而且，也有助于加强中日两国领导人之间的高层沟通，并对推动其他领域和部门的高层交往具有示范作用。如加强中日外长对话，建立中日两国国防和军事方面部长级别的高层交流机制也将在不久的将来提上日程。因此，这次访问，对于中日之间交流机制的恢复和完善起到了较大的推动作用。第二，树立中日关系原则的同时，充实了“战略互惠关系”的内涵。在4月11日《中日联合新闻公报》中，中日双方确定了战略互惠关系的基本精神和基本内涵。为了克服障碍，推动中日关系长远、健康地发展，温家宝总理代表中国政府特别强调了在中日关系中应该遵循的五项原则：增进互信，履行承诺；顾全大局，求同存异；平等互利，共同发展；着眼未来，加强交流；密切磋商，应对挑战。这五项、20个字的原则，每一项都有紧密的对应关系，充实和丰富了中日关系的指导内容。如第一项原则，“增进互信”，应该是两国关系进一步改善的目标，但履行中日之间已有的政治承诺——三个政府之间政治文件是两国关系发展的重要基础。第二项的“顾全大局”主要是指中日两国应该超越双边分歧，谋求长远的关系改善和共同利益，不回避分歧，在具有高度的战略视野下，努力解决双边存在的分歧。第三项“平等互利，共同发展”意在大力推进对双方都有利的经济合作，谋求经济关系的跨越和共赢，互利互惠。第四项“着眼未来，加强交流”意在推动两国的民间交流，尤其强调了青少年之间的交流，意在从树人这一根本的立场上，推动两国关系的持续改善，世代友好。第五项“密切磋商，应对挑战”则将中日之间的合作扩展到了国际的层面，强调地区和全球的视野，在地区和全球事务中加强合作。这是中国在对日外交中较新颖的一个原则，表明中国愿意在国际问题上与日本携手合作，表现出中国政府对日本空前的重视，也显示出中方已经将日本在中国对外关系中的地位提高到了前所未有的“战略”高度，充实了“战略关系”的内涵。第三，增进经济交流与合作，密切民间关系是这次访问的重要目标和突出成果。长期以来，中日关系中，最厚重和最具成效的是经济关系。如何使已有的重大经济关系再上一个新台阶、获得持久发展，是中日两国面临的重要课题。通过这次访问，两国将经济合作的重点写进了《中日联合新闻公报》，包括能源、环保合作，农业合作，医药领域合作，知识产权合作，信息通信技术领域合作，金融领域合作等。这些经济领域的广泛合作如果能够顺利落到实处的话，必将有力的促进中国经济发展产生新的飞跃，也有利于日本彻底摆脱经济复苏乏力的阴影，促进中日经济的共同发展。当然，要想使经济合作大踏步前进，顺利成功，仅有原则方案是不够的。日本官方和民间必须密切配合，改变过去吝于向中国转让技术的保守政策和做法，舍得向中国这个真诚的邻居加大投入力度。同时，中国也要考虑到日本的诉求，逐步完善知识产权的监管体制。

2008年5月6—10日，胡锦涛主席对日本进行了国事访问。这是继“破冰之旅”，“融冰之旅”，“迎春之旅”以后，中日两国关系历史上又一重大盛事，胡锦涛主席一行在盎然的春意中，展开了对日本的友好之旅，是名副其实的“暖春之旅”。这次访问具有承前启后，继往开来，为未来一二十年内中日关系的发展确定框架，勾绘蓝图的意义。从安倍首相2006年10月的“破冰之旅”，到温家宝总理2007年4月的“融冰之旅”；从福田首相2007年底的“迎春之旅”，到胡锦涛主席今年5月的“暖春之旅”，无不体现出两国领导人小心谨慎，精心培育的两国关系、良性互动的氛围和效果，使中日关系出现了越来越好的局面。随着中日关系的不断改善，两国高层政治关系基本上实现了良性互动。

2005年5月，中日两国举行首次战略对话，外交部副部长戴秉国与日本外务省事务次官谷内正太郎主持对话，中日双方就双边关系及共同关心的地区，国际问题深入交换了意见，认为这一对话是积极、有益的，同意继续保持对话进程。这以后，中日两国的战略对话就固定在了副部级官员的级别。2009年1月，中国外交部副部长王光亚和日本外务省次官薮中三十二分别率团举行了中日两国之间的第九次战略对话。这个战略对话在沟通两国政府政策，了解对方政策意图和底线，加强高层相互理解方面发挥了积极的作用，但是，从战略的层面考虑，从战略的高层次性、长远性、全面性和决策性等的角度考虑，这样一个副部级、主要局限于外交部门的沟通还显得很不够，很难达到战略的层次和水平，因此，也就难以实现战略性的作用。

2011年12月26—27日，野田首相借访问中国之际与中国达成了推动跨境交易使用日元与人民币结算；支持日元与人民币发展直接交易市场和债券市场；鼓励私营企业以日元和人民币计价的金融商品和服务；两国联合成立开拓金融市场工作组；两国共同出资建立10亿元人民币节能环保基金，为在中国的节能环保相关企业提供资本性资金供给支持；日本政府购买中国大约100亿美元的政府债券，以后将长期持有人民币计价的中国政府债券。这是日本首次打算购买中国政府债券，也是发达国家首次购买中国政府债券。野田的这次访问比较大地推动了中日两国的经济合作进程。2012年3月，中国政府批准向日本出售650亿元人民币的政府债券。而日本开始购买要最后落实尚需几个月的时间。

日本进一步加强同中国的经济合作是因为日本的经济发展离不开中国的市场和资源。日本企业已经基本熟悉了中国的市场环境，包括基础设施、人才资源、配套的通讯体系、法律法规、商业文化、政策制度等。中国的市场环境是发展中国家中最好的，在日本经济复苏乏力的情况下，中国的市场为日本经济提供了大约50%的弹性增长贡献。这样一个充满了生机和发展潜力的市场对日本来说不可或缺，必须保持并加大对这一市场开发和占有的力度。同时，中国的一些重要资源是日本经济发展中不可或缺的部分，具有独占性和稀缺性。如稀土、煤炭等资源。中国的稀土占据了日本现有市场的大约90%，煤炭虽然不是全部，但是，中国的煤炭比俄罗斯、澳大利亚的运输距离短，成本较低，在日本核电站大部分关闭，急需电力能源的情况下，这部分资源的供应对日本也相当重要。日本企业也最愿意到中国投资设厂。对日本企业来说，在中国是基础设施最为便利，人文环境最有友善的发展中国家。2011年中日贸易额达到3449亿美元、同比增14.3%，创历史新高。[①] 同中国的贸易占日本贸易总量的20%，日本已经难以离开中国市场，中国退出日本市场也会损失巨大。在投资领域，截至2011年底，日本对华投资达到803.17亿美元，投资项目超过4万个。[②] 松下、丰田、索尼等日本大企业在中国都有分支机构。中国相对低廉的劳动力成本，增强了日本在华企业的国际竞争力，同时也促进了中国经济的增长。

---

① 王欢:《2011年中日贸易额同比增14.3%创新高》，2012年2月17日，环球网，http://finance.huanqiu.com/roll/2012-02/2445737.html。

② 《走进“不惑之年”的中日关系》，载《人民中国》，2012年4月12日。

日本是一个在经济上迅速相对衰落的国家，同时，它也没有大的战略防御纵深，即使其能够恢复军国主义，其现代化又脆弱的经济也经不起现代战争的打击，没有能力对中国构成威胁。况且，由于战后长期的和平主义教育、加上其国内体制的限制，在近20年内日本重新走上扩张道路的可能性很小。2010年12月，日本通过“新防卫大纲”要增加潜艇数量和冲绳一线岛链的防御兵力并没有改变其“防御”战略的性质和力量。因此，在20年内没有国家会对中国构成真正的军事威胁。如果中国按照现在的惯性持续发展下去，20年以后，有能力威胁中国的外部势力则更少。

（三）朝鲜半岛、东北亚地区矛盾突出，中国努力维护和平大局

中国对于朝鲜半岛、东北亚的安全形势和稳定作出了巨大的贡献。中国不仅努力化解朝韩两国之间的矛盾，而且，积极倡导并推动了六方会谈机制的建立和运行。同时，中国还对朝鲜给与巨大的经济和物质上的支援，对于朝鲜的粮食短缺，经济发展发挥了重要的贡献，有利于朝鲜半岛的稳定。

中国在维护东亚东北亚地区安全利益，逐渐增进主要表现在三个方面:（1）六方会谈启动了东北亚地区安全对话的良好机制，并正在向解决问题的良性方向发展。2005年9月19日，六方会谈发表的《共同声明》确定了朝鲜半岛无核化的大方向，是解决朝核问题的一个重要成果，具有非常积极的意义。对本地区各国和相关国家都有好处。这种大方向的确定，实现了包括朝鲜在内参加六方的共赢，令人欣慰，令人鼓舞。当然，在具体落实和推进问题上，尽管存在着许多问题和巨大的障碍，有待于通过下一轮六方会谈和磋商加以解决。朝鲜何时能回到六方框架中来则成了朝鲜半岛无核化协议落实的关键因素。（2）中国与东北亚地区国家的贸易额稳步增长，中国推动地区内各国经济发展的作用明显，区域内各国之间的经济联系进一步增强。中国正在努力推动探讨建立中日韩东北亚自由贸易区的工作，并决定在2012年

年内举行中日韩自由贸易区建设的谈判。这将对东北亚和朝鲜半岛的安全环境发挥重大的积极影响。(3)面对危机事件，中国努力化解矛盾，缓和局势，促进东北亚安全局势走出困境。2010年5月和11月，东北亚地区突然爆发了天安号事件和延坪岛炮击事件，给朝鲜半岛的缓和局势带来了很大的危害。中国政府能够本着不偏袒任何一方的态度积极斡旋，促进问题的解决。

同时，就安全问题解决安全问题并不是一件容易的事情。中国政府努力通过加强经济合作，促进自由贸易区建设推动东北亚地区的长远和平与发展。

2012年4月7—8日，中日韩三国外长杨洁篪、玄叶光一郎、金星焕在中国的宁波举行会议，为5月在北京举行的三国峰会做前期准备工作。3月19日至21日，中日韩三方在北京举行了投资协定谈判，各方已就《中日韩投资协定》文本所有遗留问题达成了实质一致，并草签了协定工作文本。这次三国外长会议肯定了该投资协定。2012年5月13日，中日韩领导人第五次会议正式签署中日韩投资协定，并承诺在年内启动三国自由贸易区谈判。

中日韩三国国内生产总值总量接近全球20%，总额达14万亿美元以上，外贸总额6.4万亿美元，但三国间贸易仅占三国贸易总额的11%，而北美和欧盟的区域内贸易均达40%和70%左右。中日韩三国间投资仅占三国对外投资总量的6%，三国间经贸合作潜力依然没有发挥出来，并存在很大的提升空间。

中日韩三国建立自贸区将使三国在一个全面的制度性框架下开展内容更广泛的三边合作，中日韩自贸区是一个由人口超过15亿的大市场构成的三国(中国、日本、韩国)自由贸易区。自由贸易区内关税和其他贸易限制将被取消，商品等物资流动更加顺畅，区内厂商往往可以降低生产成本，获得更大市场和收益，消费者则可获得价格更低的商品，各成员经济体的整体经济福利都会有所增加。实现三方共赢，并将进一步推动东亚经济一体化乃至亚太地区的经济发展。根据一般的研究预测而言，自由贸易区建成以后，韩国的GDP将提升3.1%，得到促进发展的作用最大。中国的GDP将提升至2.9%，也有比较大提升作用。日本在关税等领域已经比较放开，因此，三国自由贸易区对其经济增长的促进作用最小，可以促进GDP提升至0.70%左右。

同时，中日韩自由贸易区如果能够建成，将极大地促进三国贸易、投资关系的发展，促进三国的经济合作向深化的一体化方向发展。其结果将带来三国相互之间了解的提高，也必然加强政治互信，有助于改善政治关系，促进东北亚地区的和平。将来条件和时机成熟的情况下，可以吸收东北亚的国家都加入这样一个机制当中，形成以自由经济贸易区为基础的经济、政治、安全等的共同体。

二、东南部安全稳中求进

东南亚地处太平洋西南隅，扼欧、非、澳洲与亚洲的水路要道，战略位置十分关键。从国际视角看，东南亚是中国和平崛起的极其重要区域。在过去的十年，中国积极开展并不断加强了同东南亚各国及东盟的安全合作，取得了令人满意的成果，有力地维护了中国的国家主权与安全。中国与东南亚各国一道，共同营造了和平稳定、平等互信、合作共赢的地区安全环境。

（一）与邻国的海陆边界问题得到圆满解决

1. 中越北部湾划界问题的解决

2000年12月25日，中华人民共和国和越南社会主义共和国为巩固和发展中越两国和两国人民之间的传统睦邻友好关系，维护和促进北部湾的稳定和发展，在相互尊重独立、主权和领土完整，互不侵犯，互不干涉内政，平等互利和和平共处的原则基础上，本着互谅互让、友好协商和公平合理地解决划分北部湾问题的精神，签订了《中华人民共和国和越南社会主义共和国关于两国在北部湾领海、专属经济区和大陆架的划界协定》。

北部湾海上界线是中国与邻国谈判划定的第一条海上边界，它为本地区其他海界争端树立了榜样。2004年10月8日，在中华人民共和国政府和越南社会主义共和国政府联合公报中，双方对《北部湾划界协定》和《渔业合作协定》于2004年6月30日同时生效予以高度评价，认为这是中越关系中的一件大事，有利于北部湾地区的长治久安，对中越关系长期稳定发展具有重要意义。双方对两个协定生效后的实施情况感到满意，并强调将继续密切配合，严格落实两协定的规定，同时本着互谅互让的精神，不采取过激和武力行动，共同维护北部湾的和平与稳定，致力于长远合作，造福两国人民。

2. 中国、老挝、越南三国国界交界点的确立

2006年10月10日，中国外交部副部长武大伟、越南外交部副部长武勇和老挝外交部副部长蓬沙瓦·布法分别代表本国政府在北京签署了《中华人民共和国、越南社会主义共和国和老挝人民民主共和国关于确定三国国界交界点的条约》。确定了中国、越南和老挝三国国界交界点位于三国领土交界的十层大山上。

该条约的签署，对三国边境地区的稳定和发展具有重大意义。三国交界点地区“鸡鸣三国”，是三国人民和睦共处、和谐共生的象征，也是三国边界交界地区和平与安宁的佐证。

3. 中越陆地边界问题的解决

2008年12月31日，中国外交部副部长武大伟同越南外交部副部长武勇在河内就中越陆地边界勘界剩余问题达成一致，如期实现了两国领导人确定的年内完成陆界全线勘界立碑工作的目标，圆满完成了两国指定的陆地边界的划定，勘定和立碑工作计划。至此，困扰两国的陆地边界问题最终得以妥善解决。

2009年11月18日，中越双方代表在北京签订了《中华人民共和国政府和越南社会主义共和国政府关于中越陆地边界的勘界议定书》及其附件，包括勘界议定书附图、《界标登记表》、《界标坐标和高程一览表》和《岛屿、沙洲归属一览表》等文件。外交部副部长武大伟与越南副外长胡春山分别代表两国政府签署了上述文件。外交部长杨洁篪

出席了签字仪式。

与邻国的海陆边界问题的圆满解决，遵循了国家领土和边界不可侵犯的原则，以及相互尊重主权独立和领土完整、互不侵犯、互不干涉内政、平等互利和和平共处原则，有利于维护中国的国家主权与安全；有利于巩固与提升中国与有关国家的政治互信，将海陆边界建设成为永久和平、世代友好的边界；有利于维护中国与有关国家的边界稳定和边境地区的社会秩序和安宁，方便边民生产生活，并促进边境地区的社会经济合作与发展；有利于回击“中国威胁论”，展示中国负责任的大国形象，以及在本地区营造和平稳定、平等互信、合作共赢的安全环境。

（二）与东南亚国家在安全领域的合作

1. 南海问题的安全合作

南海问题主要涉及中国与相关国家在传统安全领域的合作。关于南海问题，实质是中国与东南亚有关国家在南中国海主权归属的争议，其核心问题有两个：一是南沙岛礁的主权归属。二是领海大陆架和专属经济区的划分。[①]

南海问题不仅事关中国与东南亚诸国的友好关系，也影响到了有关国家安全政策的制定。中国与东盟成员国都意识到，要推动国家经济的稳定发展，一个安定良好的外部环境是不可或缺的。因此，各国一致同意贯彻“东盟的宗旨原则”精神，力图通过和平手段解决南海争端，维护东盟与中国的友好关系与本地区的和平稳定大局。

中国关于南海问题的基本立场是：“搁置争议，共同开发”。这一主张是邓小平同志在20世纪70年代和80年代中国与东南亚国家建交时提出的。冷战结束后，为维护本地区的和平稳定，为经济发展创造良好的外部环境，中国与东盟国家开始高度关注南海问题。

2002年，中国与东盟各国正式签署了《南海各方行为宣言》。宣言

① 吕有生:《称霸亚太——及实际美国亚太战略的大调整》，北京：大众文艺出版社，2002年版，第89页。

主要包括三部分：调整各国之间的关系和解决争端的原则；建立信任原则；合作的事项。这是中国与东盟签署的第一份有关南海问题的政治文件，对增进双方的政治互信与安全合作具有重要意义。显示了双方共同致力于加强睦邻互信伙伴关系，维护南海和本地区和平与稳定的决心。2003年，中国正式签署了《东南亚友好合作条约》，标志着中国与东盟的政治互信达到了一个新水平。2004年9月，在时任菲律宾总统阿罗约访华期间，两国领导人就南海问题达成了"通过和平方式，加强相互协调和沟通，共同开发利用南海资源"的共识，并签署了共同勘探南海资源的协议。同年9月，文莱与中国签署了石油天然气合作协议，并表达了与中国加强合作，共同开发南海资源的愿望。2004年10月，在温家宝总理访问越南期间，向越方提出"从大局出发，加强南海合作，化冲突、争议之海为和平、稳定、合作之海"的倡议，得到了越方的积极响应。2004年12月，越方在国防白皮书中展露积极态度，表示"为了有关各方的共同安全利益，越方支持通过对话、和平谈判的方式解决南海问题"。[①]2004年11月，中国与菲律宾签署了《在南海共同研究油气资源协议》。2005年3月，中国、菲律宾、越南石油公司签署了《在南中国海协议区三方分联合海洋地震工作协议》，并表达了三方联合考察南海协议区内石油储量的意愿，但不损害各国政府在南海问题上的基本立场。[②]协议的签署是有关各方为解决南海争议迈出的重要一步，是对"搁置争议、共同开发"的新突破，具有重大的历史意义。2011年7月，中国与东盟国家就落实《南海各方行为宣言》后续行动指针达成一致。2011年10月，中越双方签署了《关于指导解决中华人民共和国和越南社会主义共和国海上问题基本原则协议》，一致同意在海上问题谈判进程中，双方应严格遵守两国高层领导达成的协议和共识，认真落实《南海各方行为宣言》（DOC）的原则和精神。对中越海上争议，双方将通过谈判和友好协商加以解决。如争议涉及其他国家，将与其他争议方进行协商。双方同意在政府代表团框架下设立热线联系机制，以便就海上问题及时沟通，妥善处理。

---

① 张学刚：《南海：共同开发大步走》，新华网，http://news.xinhuanet.com/world/2005-04/14/。

② 张学刚：《南海：共同开发大步走》。

2. 反对“台独”势力的合作

东盟各国出于对国家安全及本地区安全环境的考虑，从20世纪中期以来，一直重申遵守“一个中国”原则。[①] 近十年来，在涉及反对“台独”势力的问题上，东盟各国一直给予中国以有力的支持与合作。

2004年3月，在东盟外长非正式会议上，就台湾问题发表了联合声明。重申坚持一个中国政策，东盟关注当前台海形势进展，要求避免采取任何可能导致局势恶化的行动（即台湾将举行的公投）。这是东盟第一次就台湾问题发表共同声明，表明了东盟全体成员国坚持一个中国政策的坚定立场。2004年12月，在东盟与中国“10+1”领导人会议后的主席声明中，东盟各国领导人再次重申了对“一个中国”原则的承诺。强调了台海的和平与稳定符合本地区国家的共同利益。

中国与东盟各国在反对台独势力上的合作，对打击台独势力的政治图谋，维护中国的国家主权与安全，领土完整和国家统一无疑具有重大的积极意义。

3. 反恐与打击跨国犯罪

恐怖主义是指“以非法、非理性、违反人类社会公认准则的方式，用暴力或其他非纯利己目标的思想逻辑和实践活动”。[②] 从历史和现实来看，中国和东南亚国家一直面临着恐怖主义的压力与挑战。恐怖主义不仅直接威胁着中国与东南亚国家人民的生命财产安全，同时还制造了恐怖气氛，严重扰乱了正常的社会生活，破坏了经济发展与政治稳定，损害了国家与本地区的形象。中国境内的“东突”、“藏独”分子与国际恐怖主义和民族分裂势力相互勾结，以暴力恐怖手段制造分裂破坏活动，对人民生命财产造成严重威胁，并对中国的国家主权及领土完整构成了极大的挑战。而在“9·11”恐怖袭击之后，恐怖组织的活动从中东、中亚蔓延至北非、东南亚，一些东南亚的伊斯兰教国家反恐形势日益复杂化和严重化。其众多恐怖组织中最为活跃的是印

---

① 阎学通:《东亚和平与安全》，北京：时事出版社，2005年版，第236页。

② 杨洁勉等:《国际合作反恐：超越地缘政治的思考》，北京：时事出版社，2003年版，绪论。

尼的伊斯兰祈祷团和菲律宾的阿布沙耶夫武装组织。其中，伊斯兰祈祷团更是直接策划并实施了印尼巴厘岛恐怖袭击等恶性恐怖事件。

同时，中国与东南亚各国还共同面对着以毒品贩卖，偷运非法移民为重点的跨国犯罪的挑战。在毒品贩卖问题上，中国西南边境与缅甸、老挝、泰国交界处紧邻世界最大的鸦片生产地“金三角”地区，毒品犯罪给中国与东盟有关国家的政治、经济、社会稳定与发展造成了极其消极的影响。此外，非法移民还会被充当成为各种犯罪工具，助长了偷渡、贩毒、绑架等其他跨国犯罪活动。

近十年来，鉴于恐怖组织及跨国犯罪活动对中国及东南亚相关国家的威胁与挑战，双方加强了在相关领域的合作力度。2002年7月，在文莱首都举行的东盟外长会议发表反恐宣言，承诺同心协力打击区域恐怖主义。2002年11月13日，在中国与东盟“10+1”领导人会议期间，双方发表了《中国与东盟关于非传统安全领域合作联合宣言》，将反恐纳入中国东盟合作议题，这对促进中国与东盟关系的全面和长远发展具有重要意义。2003年，中国和东盟联合成立的反恐区域训练中心开始正式运作，该中心主要定位于训练反恐官员和对区域内激进分子的行为进行分析，以促进地区安全。2003年，中国东盟部长级会议召开响应危机毒品合作行动论坛，讨论加强在该框架下加强合作问题（中、老、缅、泰）。2004年1月，中国与东盟签署了《中国与东盟关于非传统安全领域合作谅解备忘录》。中国倡议并参加了2004年1月在曼谷举行的首届东盟与中日韩打击跨国犯罪部长级会议，并提交了概念文件。会议同意建立东盟与中日韩打击跨国犯罪合作机制，并通过了《首次东盟与中日韩打击跨国犯罪部长级会议联合公报》。2004年9月，中国和东盟十国防务领域的专家在中国苏州召开研讨会，就反恐形势及对策措施、反恐应急机制和预警机制的建立、反恐情报工作和执法合作等领域的问题进行交流。2004年9月，中方在云南省昆明市承办了“ARF毒品替代发展研讨会”。2004年11月，中方成功承办了“东盟地区论坛安全政策会议”首次会议。2005年10，在第二届中国东盟禁毒合作国际会议上各方签署了《北京宣言》更新后的《中国和东盟禁毒合作行动计划》，提出要“积极收集有关情报和线索，采取协调一致的执法措施”，国际间将要建立便捷通畅的联络渠道，以加强打击毒品犯罪领域的合作。自2007年以来，中国每年派出高级别防务官员出席在新加坡举行的香格里拉对话会，阐述中国国防政策和地区安全合作主张。中国军事科学院分别于2008年、2009年举办了两届“中国与东盟高级防务学者对话”，就“军队现代化与地区互信”、“东亚地区安全形势与中国—东盟防务合作”话题进行交流。自2010年起，举办“中国与东盟防务与安全对话”，邀请双方防务政策官员与防务学者就地区防务与安全等问题进行深入研讨。2011年10月5日，湄公河惨案发生之后，中国与有关国家积极协调，为打击跨国犯罪，维护湄公河航道安全，迅速采取了应对措施。10月31日，中、老、缅、泰湄公河流域执法安全合作会议在中国北京举行。12月10日，中、老、缅、泰湄公河联合巡逻执法首航仪式在云南省西双版纳关累港举行，四国联合巡逻执法正式启动，以共同维护和保障湄公河流域安全稳定、促进湄公河流域经济社会发展和人员友好往来。

4. 海上安全

20世纪末，南海海盗活动猖獗，从1991年到2003年，全球主要发生了1921起海盗抢劫事件，其中60%发生在马六甲海峡。海盗活动不仅威胁着各国的国家安全，还直接破坏了正常的航运往来，损害了本地区的经济贸易发展。基于此，近十年来，打击海盗问题一直是中国与东南亚国家在涉及海上安全领域合作的重点。

2002年11月13日，在中国与东盟“10+1”领导人会议期间，双方发表了《中国与东盟关于非传统安全领域合作联合宣言》，将打击海盗纳入了中国东盟合作议题。2004年制定的《落实中国——东盟面向和平与繁荣的战略伙伴关系联合宣言的行动计划》中，中国与东盟在加强海上安全合作的具体措施包括：双方本着循序渐进的原则，在诸如海洋环保，海上航行和交通安全、海上搜救、海上遇险人员的人道主义待遇、打击海上跨国犯罪等领域加强对话与合作，促进军队官员之间的合作。2004年11月11日，东盟十国、中国、日本、韩国、印度、孟加拉国和斯里兰卡等16个国家签署了“亚州打击海盗和海上武装抢劫的地区合作协定”。协定生效后，各国在新加坡建立了“信息分享中心”，交换会员国管辖区域的海盗情况，协调各国打击海盗的行动。中国政府派遣了官员常驻“信息分享中心”，协调相关工作。2005年，中国与越南签署了《中越海军北部湾联合巡逻协议》，与菲律宾、印度尼西亚分别签署《海事合作谅解备忘录》、《海上合作谅解备忘录》。中国边海防部队严格执行国际法和与周边邻国签署的协议、协定，建立健全与邻国的会谈会晤机制，开展执法和反恐合作，共同维护边境地区和相关海域的稳定与安宁。2005年，中国与东盟建立了不定期的海事磋商机制，此后又升格为年度磋商机制。2005年12月，中国海军与泰国海军举行了海上联合搜救演习。2007年5月，在新加坡附近海域与新加坡等8个国家共同举行西太平洋海军论坛多边海上联合演习。中国与东盟于2007年签署了《中国—东盟海运协定》，2008年建立了年度海运磋商会议机制。与此同时，双方还建立了港口合作高官会机制，目前正在探讨建立中国—东盟港口服务网络。

过去的十年，面对纷繁复杂的地区安全形势，中国始终高举和平、发展、合作的旗帜，坚持综合安全、合作安全、共同安全的理念，奉行互信、互利、平等、协作的新安全观，在坚决维护国家主权、安全的同时，始终坚持“与邻为善、以邻为伴”的周边外交方针，重视与东南亚相邻国家建立边境地区信任措施，主张各国相互尊重、增进互信、求同存异，通过谈判对话和友好协商解决包括领土和海洋权益争端在内的各种矛盾和问题。展望未来，无论国际风云如何变幻，中国都将继续坚定不移地走和平发展道路，永远做东盟的好邻居、好朋友、好伙伴，并将继续与东盟国家一道，为维护本地区的和平、稳定与发展作出自己的贡献。

三、西北部安全长足进展

中国的西北边界与中亚国家接壤，欧亚两大洲交汇于此，因此该地区的战略位置在整个国际体系的格局中具有极其重要的位置。从地缘政治学的角度而言，任何一个欧亚大陆国家，只要占据中亚，就可实现多重战略目标：向北可以遏制俄罗斯，向东可以挟制中国，向南可以威胁伊朗和控制印巴，向西可到达中东以控制红海和地中海，也可经黑海直抵欧洲，从而扼欧、亚、非三洲的交道咽喉，因此该地区曾被英国的地缘战略学家麦金德爵士形容为欧亚大陆的腹地或“心脏地带”，布热津斯基也曾使用“欧亚大陆的巴尔干”来形容这一地区。他指出，“欧亚大陆的巴尔干在地缘政治上也是重要的，因为它们将控制一个必将出现的旨在更直接地联结欧亚大陆东西最富裕最勤劳的两端的运输网”。[①]同时他也指出，“作为一个潜在的经济目标，欧亚大陆的巴尔干的重要性更加无法估量：本地区集中了巨大的天然气和石油储藏以及包括黄金在内的重要矿产资源”。[②]总之，不管是从地缘政治学角度，抑或是从地缘经济学角度，与中国西北边界交接的中亚地区的战略重要性都不可小觑。

冷战后，美国和俄罗斯都力图建立该地区的主导权，激烈的地缘政治博弈不断在该地区上演，同时夹杂着该地区内部的历史矛盾、领土争议、民族纠纷和宗教冲突，该地区的地缘战略环境异常复杂，面临着如此巨大的战略压力，中国不仅在该地区和平地解决了边界问题，同时也通过上海合作组织这一制度框架，引导着这一地区朝着和平、稳定、合作的方向发展，为中国的周边和平外交抹上了重重的一笔，因此不啻为冷战后中国外交史上的一大功绩。

（一）西北国界线的最终勘定

1991年苏联解体以后，中国的周边国家关系以及与邻国之间的双边陆地边界情况，发生了重大的变化。随着中国与从前苏联独立出来的加盟共和国——哈萨克斯坦、吉尔吉斯斯坦、塔吉克斯坦3国之间的相互承认，中国在西北方向新出现了3个陆地邻国，约3300公里长的

① ［美］布热津斯基:《大棋局：美国的首要地位及其地缘战略》，中国国际问题研究所译，上海：上海世纪出版集团，2007年版，第101页。

② 同上书，第102页。

原来中苏两国之间的双边陆地边界之西段边界，演变为中俄两国之间的双边陆地边界之西段边界和中哈两国之间的双边陆地边界、中吉两国之间的双边陆地边界、中塔两国之间的双边陆地边界4段。面临着新的形势，中国在平等、互利、友好的基础上与哈、吉、塔、俄各国分别勘定了最终的国界线，从而开启了外交关系的新篇章。

1. 中哈国界线的勘定

2002年5月10日，在北京，中国外交部长唐家璇与应邀来访的哈萨克斯坦国务秘书兼外长托卡耶夫分别代表本国政府在已经达成一致意见的《中华人民共和国和哈萨克斯坦共和国关于中哈国界线的勘界议定书》上正式签字。在中哈两国最高权力机关先后相继审议批准以后，2003年7月29日，该议定书互换生效。“勘定后的中哈国界线全长1782.75公里，其中陆界1215.86公里，水界566.89公里；共竖立界标559个，计界桩688棵”。①

2. 中吉国界线的勘定

2004年9月21日，在吉尔吉斯斯坦的比什凯克，温家宝总理和塔纳耶夫总理分别代表本国政府在已经达成一致意见的《中华人民共和国政府和吉尔吉斯共和国政府关于中吉国界线的勘界议定书》上正式签字。勘定后的中吉两国双边陆地边界线全长1084公里，“共竖立了121棵界桩”。②

3. 中塔国界线的勘定

2003年9月3日，在塔吉克斯坦的杜尚别，中国外交部长李肇星与塔吉克斯坦外长纳扎罗夫代表本国政府共同签署并互换《中国和塔吉克斯坦关于中塔国界补充协定》批准书证书，该协定正式生效。根据

---

① 中华人民共和国外交部条约法律司编:《中哈边界概况》，载《中华人民共和国边界事务条约集》(中哈卷)，第2页。

② 中华人民共和国外交部条约法律司编:《中吉边界概况》，载《中华人民共和国边界事务条约集》(中吉卷)，第2页。

协定，中塔两国政府“在对等的基础上”共同组成了联合勘界委员会，从2006年到2009年对双边陆地边界进行了为期3年的实地勘查以及树立界桩的工作。2008年9月20日，中塔两国政府在卡拉苏—阔勒买口岸隆重举行第83号、第84号界碑揭幕仪式，标志着中塔勘界野外工作的结束。中塔双方在平等、友好、互助的基础上，共同竖立界桩101棵，勘定后的中塔两国之间双边陆地边界线全长497公里，新划归中国领土面积1000余平方公里。2010年4月27日，中国和塔吉克斯坦两国外长在北京共同签署了《中华人民共和国和塔吉克斯坦共和国关于中塔国界线的勘界议定书》。2011年1月12日，塔议会下院以多数票批准了《勘界议定书》。至此，两国间存在多年的领土争端问题得以解决。[①]

4. 中俄国界线的勘定

在与哈、吉、塔的国界线划定相继取得重大进展后，中国开始集中精力与俄罗斯解决历史遗留的边界问题，即黑瞎子岛问题。长期以来，中俄边界争端成为影响两国关系稳定和发展的重要因素，而黑瞎子岛的归属是中俄东部边界最大的争议问题。黑瞎子岛面积约350平方公里，是由银龙岛、黑瞎子岛、明月岛3个岛系，93个岛屿和沙洲组成，它北临黑龙江，东南部靠乌苏里江，西南是连接黑、乌两江的抚远水道，西距中国抚远县城11公里，东距俄罗斯哈巴罗夫斯克1500米，故成为双方谈判的一大难点。黑瞎子岛问题由来已久，最远可追溯到第二次鸦片战争、1860年的《北京条约》以及1929年的“中东铁路战争”。自1964年以来，中俄之间共进行了四次边界问题谈判：第一次是在1964年2—8月；第二次是在1969年10月—1979年12月；第三次从1987年2月—1991年5月；第四次谈判从2001年7月—2004年10月。经过多轮谈判，两国最终达成共识，原则上决定平分黑瞎子岛。

2004年10月14日俄罗斯时任总统普京访华期间，中俄双方签署了《中华人民共和国和俄罗斯联邦关于中俄国界东段的补充协定》，俄罗斯将银龙岛的全部和黑瞎子岛的一部分移交给中国，至此，中俄4300

① 何羽:《中哈、中吉、中塔边界问题圆满解决的历史过程及其启示》，载《党史研究与教学》，2012年第1期，第29—30页。

多公里的边界线以法律形式确定了下来。2007年3月26日中国国家主席胡锦涛访问俄罗斯，双方发表了《中俄联合声明》，中俄双方勘界工作进展顺利，双方重申，2007年底前全部完成剩余两地段的实地勘界工作。2008年7月4日，阿穆尔河（黑龙江）上的塔拉巴罗夫岛（银龙岛）和半个大乌苏里岛（黑瞎子岛）上的勘界工作已经完成，2008年7月21日中俄外长在北京签署了中俄关于国界线东段的补充叙述议定书及其附图，这标志着中俄长达4300多公里的边界全线勘定。2008年9月移交给中国。2008年10月14日，中俄界桩揭幕仪式上升起中华人民共和国国旗。中俄国界线的全线勘定不仅为中俄两国长期的边界争端画上了历史句号，同时也为中俄关系未来的发展开辟了新的前景。

中国与哈、吉、塔、俄新的国界线不仅是划定各国疆土的标志，同时也改善了各国的外部环境，为维护国家的安全、营造良好的周边环境提供了可能，更为各国人民开展经贸往来、环境保护、合理利用资源、开展航运业务、共同打击犯罪等许多具体领域合作创造了新的条件。

（二）上海合作组织的全面发展

上海合作组织是中国西北地区和平外交的产物，同时它的成立也进一步促进了中国西北地区的和平、发展与安宁。它成立于2001年6月，由中国、俄罗斯、哈萨克斯坦、吉尔吉斯斯坦、塔吉克斯坦和乌兹别克斯坦六国组成，其成员国总面积近3018.9万平方公里，占欧亚大陆面积的五分之三；人口15亿，占世界总人口的四分之一。该组织致力加强地区及成员国的相互信任与睦邻友好，促进政治、安全、经济、人文各大领域间的合作。成立十余年来，该组织在各个领域都取得了长足进展。

1. 政治安全领域

上合组织明确地把安全合作、维护地区稳定作为第一优先方向，最早界定了“三股势力”的概念，最早提出了联合反恐的任务，最早肩负起地区维稳的重任。2001年6月15日，在上海合作组织成立当天，就通过了《打击恐怖主义、分裂主义和极端主义上海公约》，为推动落实上述公约，切实打击三股势力，上合组织还通过了《上海合作组织反恐怖主义公约》和《打击恐怖主义、分裂主义和极端主义合作纲要》，这些努力都走在了国际反恐合作的前列。同时上合组织还搭建了完善的安全合作机制，相继建立了国防部长会议机制、总检察长会议机制、地区反恐怖机构、安全会议秘书会议机制、最高法院院长会议机制，上述机制的建立为成员国深入安全合作提供了坚实的机制保障。另外，上合组织还通过了一系列安全合作的法律基础文件。除《打击恐怖主义、分裂主义和极端主义上海公约》和《上海合作组织反恐怖主义公约》外，2004年又通过了《关于合作打击非法贩运麻醉药品、精神药物及其前体的协议》，2006年先后通过了《保障国际信息安全声明》和《行动计划》，2009年签署了《保障国际信息安全政府间合作协定》。①

上合组织还举行了一系列的联合反恐军演，包括：

"演习—01"中吉联合反恐军事演：2002年10月10—11日在中吉陆路口岸两侧边境的高山地区举行，中国和吉尔吉斯斯坦两国边防部队和特种部队参加演习。这次演习是新中国成立后首次与外国举行的联合反恐演习，也是中国人民解放军第一次出境演习。

"联合—2003"上合组织联合反恐军事演习：2003年8月6—12日在新疆伊宁地区和哈萨克斯坦乌治拉尔市举行。这是在上合组织框架内首次举行的多边联合反恐军事演习，中、哈、吉、俄、塔5国武装力量参加了演习。

"和平使命—2005"中俄联合军演：2005年8月18—25日在俄罗斯弗拉迪沃斯托克和中国山东半岛及附近海域举行。中俄双方派出陆、海、空军和空降兵、海军陆战队以及保障部（分）队近万人参加演习，其中中方参演兵力8000余人。

"协作—2006"中塔联合反恐军演：2006年9月21—23日在塔吉克斯坦特隆州穆米拉克训练场举行。中塔双方派出500多名官兵，包括中

① 陈玉荣：《上海合作组织走过十年辉煌历程》，载《当代世界》，2011年第7期，第43页。

方1个特战连和塔方1个摩步连、1个特战连和1个炮兵营参加演习。

“和平使命—2007”上合组织武装力量联合反恐军事演习：2007年8月9—17日在中国乌鲁木齐和俄罗斯车里雅宾斯克切巴尔库尔合成训练场举行。来自中、哈、吉、俄、塔、乌六国武装力量参加演习，其中中方参演兵力1600人。这也是上合组织成立以来参与国家最多的一次联合反恐军事演习。

“和平使命—2009”中俄联合反恐军事演习：2009年7月22—26日在俄罗斯哈巴罗夫斯克和中国沈阳军区洮南合同战术训练基地举行，中俄双方参演兵力各1300人。

“和平使命—2010”上合组织联合反恐军事演习：2010年9月10—25日在哈萨克斯坦举行。这次联合反恐军事演习是上海合作组织框架下的第七次联合反恐演习。

“天山—2号（2011）”联合反恐演习：2011年5月6日，中国和吉尔吉斯斯坦、塔吉克斯坦在中国新疆喀什举行了上海合作组织成员国执法安全机关联合反恐演习。

2. 经济合作领域

上海合作组织在成立之初，便将发展区域经济合作作为组织的优先发展方向之一。2001年9月，在首次上海合作组织成员国总理会议上，通过了《上海合作组织成员国政府间关于区域经济合作的基本目标和方向、以及启动贸易和投资便利化进程的备忘录》，正式启动贸易投资便利化进程。

2003年9月23日，上海合作组织成员国总理第二次会议在北京举行。会议期间，六国总理着重讨论了上海合作组织经贸合作问题，在这次会议上，六国总理签署了《多边经贸合作纲要》，确立了基本的远景发展方向，包括经济合作的长期目标（2020年前）：致力于在互利基础上利用区域资源为贸易投资创造有利条件，逐步实现货物、资本、服务和技术的自由流动。中短期（2010年前）的任务是共同努力制订稳定的、可预见的、透明的规则和程序，在上海合作组织框架内实现贸易投资便利化，并且通过制定多边协议、法律措施，建立和发展经贸投资的信息空间，确定经贸合作优先领域和示范项目并付诸实施。

2004年9月23日，上海合作组织成员国总理第三次会议在吉尔吉斯斯坦首都比什凯克举行。与会领导人重申，推进区域经济合作是上海合作组织工作的另一个重点，合作重点应放在能源、交通、电信和农业项目上。会议批准的多边经贸合作纲要落实措施计划涉及11个领域的127个项目。

2005年10月26日，上海合作组织成员国政府首脑第四次会议在莫斯科举行，会议强调在油气开发和建设油气管道过程中开展合作的重要性、紧迫性以及在信息与通信高技术领域开展合作的必要性，并签署了《上海合作组织成员国政府间救灾互助协定》、《上海合作组织银行间合作（联合体）协议》和《上海合作组织实业家委员会理事会首次会议纪要》等文件。

2006年9月15日在杜尚别举行的总理会晤中，六国总理研究了本组织成员国经济合作的优先方向，提出了六国在经贸、科技、社会、文化和其他领域合作的一系列具体措施。

2007年11月2日，第六次总理会议在塔什干举行，签署了《海关合作和互助协定》。

2008年10月30日，在阿斯塔纳举行第七次总理会议。

2009年10月14日，第八次总理会议在北京举行，强调要共同应对国际金融危机，有效利用上海合作组织这一重要平台，加强宏观经济金融政策协调，加快实施能源、交通、通信领域网络型项目，积极推动新兴产业合作，培育新的经济增长点，维护开放自由的贸易投资环境。①

2010年11月25日，第九次总理会议在杜尚别举行。

2011年11月7日，第十次总理会议在圣彼得堡举行，各国总理特别强调必须为发展经济合作注入新的动力，并将提高上合组织各国福祉和改善民生确定为本组织的重要任务之一。总理们强调，必须集中精力，制订和落实交通、通信、科技、创新、节能、农业、贸易和旅

① 孙壮志、张宁：《上海合作组织的经济合作：成就与前景》，载《国际问题研究》，2012年第3期，第10—11页。

游等领域的联合项目。总理会议签署了《上合组织银联体中期发展战略（2012—2016）》。

目前，“贸易投资便利化，加强经济技术合作，实现区域内货物、资本、技术和服务的自由流动”等目标的推进工作，已取得重要阶段性成果。成员国间贸易量占各自外贸总量的比重逐年提高，各国间的经贸关系更加紧密。2008年中国与上合组织其他成员国间贸易额达868亿美元，比2001年增长了7.2倍。而截至2011年上半年，中国已经成为俄罗斯的第一大贸易伙伴，哈萨克斯坦、塔吉克斯坦、吉尔吉斯斯坦的第二大贸易伙伴，乌兹别克斯坦的第三大贸易伙伴。与此同时，投资和经济技术合作逐步成为区域经济合作的主要内容。成员国跨境投资规模不断扩大、领域不断拓展、层次不断深化，进一步推动了区域经济的融合与发展。一批基础设施领域项目的启动实施，使得连接本地区的能源、交通、电信等网络已初显轮廓。①

3. 人文社会领域

上海合作组织高度重视人文领域的合作，大力弘扬和发展成员国间的传统友好关系，奠定组织发展的民意基础。十余年来，各成员国间在文化、教育、卫生、科技、紧急救灾、体育、旅游等领域的合作不断推进，签署了一系列合作文件。上海合作组织大学的工程业已启动，其目标是组建一个成员国高校间的非实体合作网络，搭建合作平台，旨在加强成员国之间的教育合作与交流，促进成员国学生和人员流动。同时作为上海合作组织的第二轨道，上海合作组织论坛也已启动，2006年5月22日，在俄罗斯外交部国立莫斯科国际关系学院举行了上合论坛的成立大会。其是一个多边的、社会性的专家咨询机制，目的在于促进本组织活动并提供学术支持，开展本组织成员国科研和政策研究中心之间的相互协作，共同研究本组织框架内的迫切问题，阐释本组织活动的任务和原则，扩大本组织同学术界及社会各界的交往，以及鼓励专家和学者在政治、安全、经济、生态、新技术、人文

① 《高虎城表示：上合组织区域经济合作取得重要阶段性成果》，上海合作组织区域经济合作网，2010年7月5日，http://www.sco-ec.gov.cn/crweb/scoc/info/Article.jsp?a_no=226933&col_no=293。

及其他领域交流意见。论坛同上海合作组织秘书处、国家协调员理事会、成员国外交部都保持密切的协作关系。总之，上海合作组织的合作层次日益丰富，方式更加多样，逐步形成了安全、经济与人文并重，官方与民间并举的全面合作机制。这是地区一体化进程的必然趋势，也是上海合作组织未来发展的大方向。①

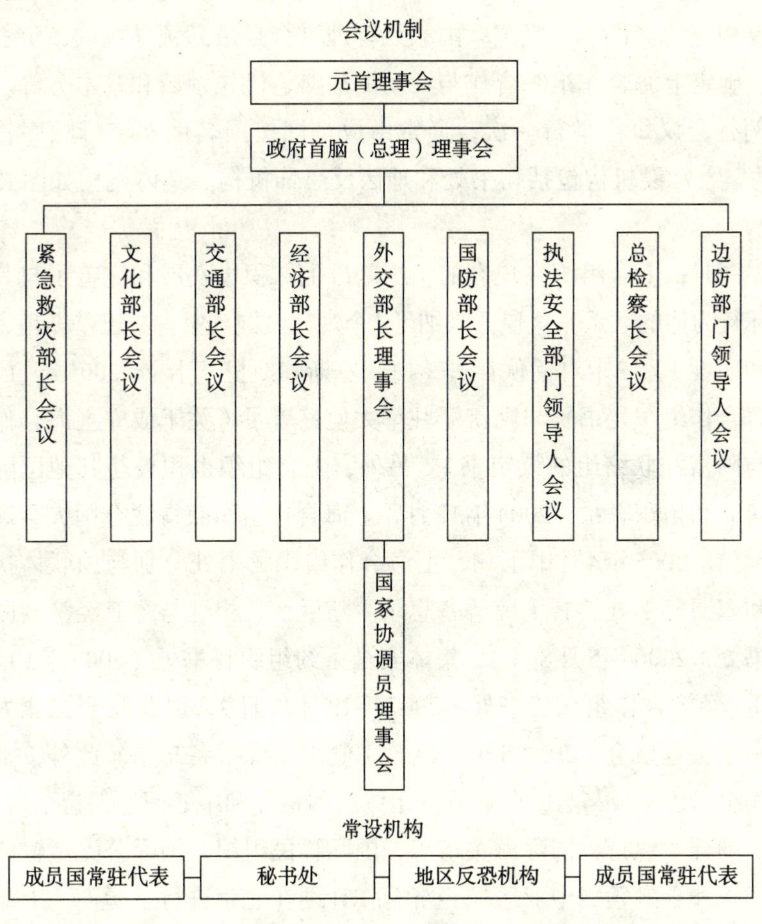

图12–1　上海合作组织架构图

图表来源：上海合作组织秘书处网站。

① 程国平：《上海合作组织：继往开来，前景广阔》，载《国际问题研究》，2012年第1期，第8页。

4. 机制化建设

上海合作组织内部已建立起较完善的机制体系和运作机制，主要包括会议机制和常设机构两大块。如国家元首、总理、总检察长、安全会议秘书、外交部长、国防部长、经贸部长、文化部长、交通部长、紧急救灾部门领导人、国家协调员等会议机制。每个会议机制的运作，均有相应的文件予以规范。国家元首理事会是最高领导机构，负责研究、确定上海合作组织合作与活动的战略、优先领域和基本方等。元首例行会议每年举行一次，通常由成员国按国名俄文字母顺序轮流举办。[①] 常设机构包括秘书处和地区反恐怖机构。具体机构如图12-1所示。

同时，上合组织在现有的组织基础上，积极发展和完善了与其他国际行为体的联系，这包括吸纳了4个观察员国（蒙古、巴基斯坦、伊朗和印度）和2个对话伙伴国（白俄罗斯和斯里兰卡）。2005年11月，上海合作组织秘书长与阿富汗驻华大使签署了《关于成立上海合作组织与阿富汗联络组的议定书》。另外，上合组织也积极与其他国际组织建立和拓宽联系，2004年12月，上海合作组织获得联合国大会观察员地位。2005年4月中下旬，上海合作组织秘书处分别与独联体执委会和东盟秘书处签署了谅解备忘录。随后，又相继与欧亚经济共同体秘书处（2006年5月8日）、集体安全条约组织秘书处（2007年10月5日）、经济合作组织秘书处（2007年12月11日），以及联合国亚太经济和社会理事会（2008年1月21日）签署了谅解备忘录。此外，上海合作组织还积极与与欧盟和欧安组织就阿富汗和中亚问题保持了接触，与亚洲开发银行，国际海关组织，国际移民组织，国际公路运输联盟就经济和金融领域中亚区域经济合作计划在北京进行了磋商。上海合作组织迄今已基本完成机制建设任务，建立起了涵盖不同层次、涉及众多领域的较完善的机构体系，为自身发挥职能和作用奠定了坚实基

① 《背景资料：上海合作组织（上合组织）》，2012年5月30日，环球网，http://china.huanqiu.com/roll/2012-05/2771994.html。

础。[①] 当然，上海合作组织之所以保持了强劲的发展势头，是因为成员国共同倡导并始终遵循了“互信、互利、平等、协商、尊重多样文明、谋求共同发展”的“上海精神”。它的实质是以对话谋和平，以合作促发展，不结盟、不针对第三方和对外开放的精神。

总之，新世纪以来，中国的西北部周边外交取得了长足的进展，边界线的最终勘定打开了各国人民合作的新篇章，而上合组织的建立和深化不仅促进了该地区的和平与稳定，更是促进了该地区的社会经济合作。同时上合组织作为一种新型安全观的典范和一种新型的区域合作模式，是当代国际关系中一次重要的创新性外交实践，对国际安全理念以及国际政治格局都将产生重大而深远的影响。无疑，中国在其中发挥了不可替代的重要作用，这对中国自身以及整个地区、整个世界而言都具有极其重大的意义。

（周永生　刘倩　聂文娟）

① 徐晓天:《开放 包容 合作——上海合作组织对外交往回顾与展望》，载《国际观察》,2011年第3期，第24页。

第 四 编

促进经济的全面、协调和可持续发展

第13章

对外开放强力助推中国经济持续快速增长

党的十六大以来的十年，是中国经济持续快速增长、经济实力显著增强、国际经济地位快速提升的十年，也是对外开放空间不断增大、力度不断增强的十年。进一步扩大开放，扩展对外经济关系，成为中国经济持续快速增长的强劲动力与重要支撑。与此同时，对外开放面临的国际经济环境却更加复杂多变，尤其是面对中国的保护主义愈演愈烈，从而促使经济外交的意义和重要性空前增大，在中国总体外交中的地位空前提升。在党中央、国务院的英明决策和正确领导下，通过有关各方的精诚合作和共同努力，中国经济外交直面挑战，紧抓机遇，积极进取，取得了举世瞩目的成效，为促进中国经济的全面、协调和可持续发展作出了重要贡献。

无论是经济持续稳定增长，还是经济发展方式转型，都与不断扩大对外开放，发展对外经济关系有着密切关系。对外开放成为中国经济稳定增长和发展方式转型的主要动力和强力支撑。

一、快速增长的中国经济

2001至2011年十余年间，虽然遭遇到全球性金融危机的冲击，中国GDP平均增速仍然高达10.38%（图13–1）。2003年我国人均GDP首次突破1000美元，跨上一个重要台阶。2011年，我国GDP总量达到46.6万亿元，较2001年增长3.27倍，是世界第二大经济体。伴随着科学技术的发展和国防现代化建设取得重大成就，我国综合国力显著增强。

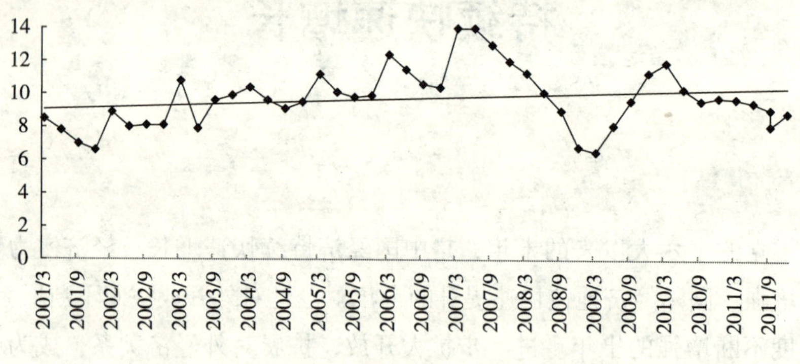

图13–1　中国GDP季度同比增速及趋势线（%）

资料来源：国家统计局。

（一）农业基础地位加固，工业产能空前扩大

这十年，我国第一、第二和第三产业的年均增长速度分别达到4.26%、11.39%和11.02%（图13–2）。农业的年均增长速度虽然只有4.26%，但农业的基础地位却更加巩固。

种植业方面，粮食等主要农产品供给实现了由长期短缺到总量平衡、丰年有余的历史性转变。2011年，全国粮食总产量达到57121万吨，较2001年增长26.20%（同期粮食播种面积只增长了4.24%），实现了自2004以来的连续八年增产。水果、糖料（甘蔗和甜菜）、油料、棉花的产量分别达到22768万吨、12517万吨、3307万吨、659万吨、

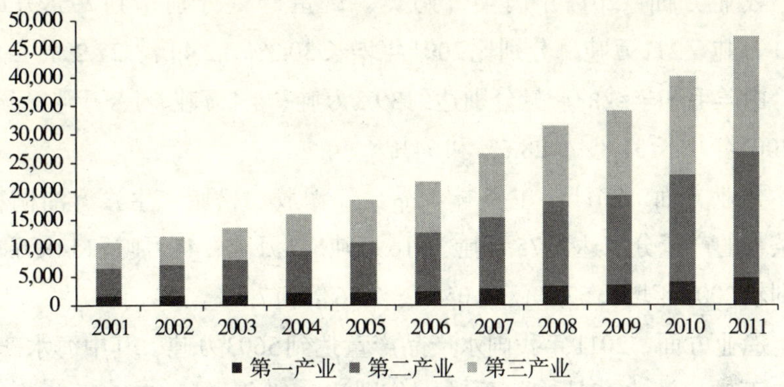

图 13-2　中国经济总量及三大产业构成（单位：10亿人民币）

资料来源：国家统计局。

162万吨，分别比2001年增长2.42倍、44.6%、15.4%、23.8%、1.31倍。与此同时，我国主要农产品（种植业）的单位面积产量也显著提高（表13-1）。农产品单位面积产量的增加意味着我国农业技术水平的提高。

表 13-1　2001—2010 年我国主要农产品单位面积产量（单位：公斤/公顷）

年份	谷物	夏粮	早稻	秋粮	棉花	花生	油菜籽	芝麻	黄红麻	甘蔗	甜菜	烤烟
2001	4800	3643	5323	4416	1107	2888	1597	1061	2046	60625	26807	1732
2002	4885	3597	5158	4648	1175	3011	1477	1180	2868	64663	30232	1792
2003	4873	3745	5274	4477	951	2654	1582	863	2462	64023	24925	1768
2004	5187	4017	5418	4769	1111	3022	1813	1128	2719	65199	30829	1889
2005	5225	4040	5287	4808	1129	3076	1793	1054	2670	63970	37523	1956
2006	5310	4342	5333	4847	1295	3254	1833	1173	2781	70450	39767	2072
2007	5320	4385	5488	4823	1286	3302	1874	1147	2969	71228	41360	2044
2008	5548	4501	5535	5068	1302	3365	1835	1243	3217	71210	40754	2133
2009	5447	4510	5682	4938	1289	3361	1877	1307	3139	68093	38536	2225
2010	5524	4488	5407	5115	1229	3455	1775	1312	3686	65700	42498	2219
增幅	15.1%	23.2%	1.6%	15.8%	11.1%	19.6%	11.1%	23.7%	80.2%	8.4%	58.5%	28.1%

资料来源：CEIC。

牧业方面，2011年肉类、奶类、禽蛋产量分别达到7958万吨、3811万吨、211万吨，分别比2001年增长30.3%、2.4倍、27.2%；绵羊毛、山羊毛和羊绒的产量分别达到39.3万吨、4.4万吨、1.8万吨，分别比2001年增长31.8%、28.6%和64%。

林业方面，2011年主要林产品，如橡胶、松脂、生漆、油桐籽、油茶籽的产量分别达到75万吨、116万吨、2万吨、44万吨和148万吨，分别较2001年增长57.3%、1.05倍、2.86倍和7.7%。

渔业方面，2011年我国水产品产量达到5603万吨，其中海水产品2908万吨，淡水产品2695万吨，分别比2001年增长47.6%、30.2%和72.5%。人均养殖水面面积从2001年的0.030亩增长到2010年的0.037亩，增长了23.3%；同期，人均水产品销售从6.53公斤增长到11.13公斤，增长了70.5%。人均水产品销售量增长速度远远快于人均养殖水面面积增长速度，说明我国养殖业产能显著提高。

工业生产增长迅速。截至2011年底，我国有工业企业313279家，较2001年增加142023家；年均容纳8984万人就业，较2001年增加3543万人；工业总产值85.5万亿元，较2001年增长近8倍；资产总计65.8万亿元，较2001年增长3.86倍；工业企业实现利润总额5.45万亿元，较2001年增长10.5倍。自2001年至2011年，我国工业增加值以年均14.66%的速度增长，重工业增加值年均增速更是高达15.55%，轻工业增加值年均增长13.08%。从所有制看，股份制企业工业增加值增速最快，年均16.06%，其次是外商及港澳台投资企业（14.18%）、股份合作企业（13.23%）和国有及国有控股企业（11.36%）。

2001—2010年，我国工业企业总产值平均增长7.13倍（表13-2）。其中采矿业增长7.19倍，制造业增长6.13倍。采矿业中黑色金属矿采选业总产值增长30多倍，煤炭开采和洗选业增长13倍多。制造业中增长最快的是有色金属冶炼及压延加工业、家具制造业、通用设备制造业和专用设备制造业。全部工业企业总资产贡献率平均为22.33%。

过去十年我国建筑业取得大发展。2011年底建筑业企业有7.04万个，总产值达11.77万亿元，较2001年增长6.66倍。2010年底建筑业企业资产总计7.5万亿元，较2001年增长3.43倍。

表 13–2　我国工业企业发展概况

工业分类		企业数（个）	工业总产值（亿元）	2001—2010年总产值增长倍数	资产总计（亿元）	总资产贡献率（%）
采矿业	煤炭开采和洗选业	7611	22109	13.50	37574	22.71
	石油和天然气开采业	274	9918	2.57	18190	38.73
	黑色金属矿采选业	3345	5999	31.41	6849	26.51
	有色金属矿采选业	2045	3799	8.21	3465	33.01
	非金属矿采选业	3109	3094	7.29	2037	30.93
	其他采矿业	17	31	7.77	11	16.90
制造业	农副食品加工业	20187	34928	7.52	18848	21.26
	食品制造业	6639	11351	5.98	8312	23.15
	酒、饮料和精制茶制造业	4594	9153	4.02	9187	25.66
	烟草制品业	151	5843	2.45	6200	85.95
	纺织业	22484	28508	4.07	19936	16.44
	纺织服装、鞋、帽制造业	11168	12331	3.75	7370	19.82
	皮革、毛皮、羽毛(绒)及其制品业	5823	7898	4.03	4101	26.05
	木材加工和木、竹、藤、棕、草制品业	7844	7393	8.97	3710	28.69
	家具制造业	4125	4415	9.15	2868	18.44
	造纸和纸制品业	6907	10434	4.78	10561	12.14
	印刷和记录媒介复制业	3576	—	—	3019	16.65
	文教体育用品制造业	2870	3135	3.61	1772	15.80
	石油加工、炼焦和核燃料加工业	1966	29239	5.37	18183	24.99
	化学原料和化学制品制造业	21908	47920	6.60	44014	16.35
	医药制造业	5674	11741	4.75	12964	19.91
	化学纤维制造业	1557	4954	3.85	4862	18.94
	橡胶制品业	3186	5907	5.61	4725	18.41
	塑料制品业	12963	13872	5.49	9445	26.25
	非金属矿物制品业	25382	32057	6.96	28689	28.31
	黑色金属冶炼和压延加工业	6621	51834	8.08	51175	14.38
	有色金属冶炼及压延加工业	6629	28119	10.87	23273	17.36
	金属制品业	16004	20135	6.06	14229	23.13

续表

	工业分类	企业数（个）	工业总产值（亿元）	2001—2010年总产值增长倍数	资产总计（亿元）	总资产贡献率（%）
制造业	通用设备制造业	24953	35133	9.02	29359	16.64
	专用设备制造业	13143	21562	8.17	21977	14.79
	交通运输设备制造业	14490	55453	7.56	53460	16.07
	电气机械和器材制造业	19036	43344	6.91	36244	13.71
	计算机、通信和其他电子设备制造业	10816	54971	5.11	40888	9.64
	仪器仪表及文化、办公用机械制造业	3564	6399	5.82	5562	15.12
	废弃资源综合利用业	995	2306	—	1189	24.76
电力、热力生产和供应业		5151	40551	6.97	81118	6.39

注：工业总产值数据除建筑业外均为2010年底，其余为2011年底。建筑业工业总产值和增长倍数为2011年。

资料来源：CEIC。

2011年底我国第三产业国内生产总值20326亿元，较2001年增长3.58倍。其中房地产业和金融业增长最快，分别增长4.59和4.53倍。批发和零售业增长3.78倍，交通运输、仓储和邮政业增长2.17倍。

经过30多年的发展，我国已经成为名副其实的世界制造大国。2008年底，我国粮食、棉花、肉类、禽蛋等主要农产品，以及钢、煤、水泥、化肥等210种工业产品产量位居世界第一，并成为电脑、移动电话等新兴电子产品和彩电、冰箱、汽车等现代耐用消费品的生产大国。[①]2011年，我国彩电、手机、计算机等主要电子产品产量占全球出货量的比重分别达到48.8%、70.6%和90.6%，均名列世界第一。[②]

经济的发展也大大提高了国家财力。2001年全国财政收入只有1.64万亿元，2011年已经超过10万亿元，十年增长了5倍多。国家财力的增长，为调节收入分配，实施必要的财政政策提供了重要的财力保障。

① “发改委：中国已有210种工业产品产量位居世界第一”，新华网，http://www.sdpc.gov.cn/xwfb/t20090916_302467.htm。

② “工业和信息化部发布2011年电子信息产业统计公报”，工信部网站，http://politics.gmw.cn/2012-02/27/content_3660708.html。

（二）投资需求强劲增长，经济外需拉动明显

1. 投资增速独占鳌头，基础设施焕然一新

从2001年到2011年十年间，我国GDP增长了3.27倍，最终消费增长了2.36倍。投资和净出口增长速度均超过GDP增速，分别增长了4.76倍和4.34倍（图13–3）。

2011年，我国资本形成总额22.91万亿元。其中固定资本形成总额21.52万亿元，较2001年增长4.70倍。同年，我国固定资产投资（不含农户）30.19万亿元，较2001年增长9.06倍①，其中中央项目投资2.02万亿元，较2001年增长2.06倍；地方项目投资28.17万亿，较2001年增长了11.03倍。固定资产投资以新建为主（占47.6%），扩建和改建为辅（各占14.0%和13.6%）。

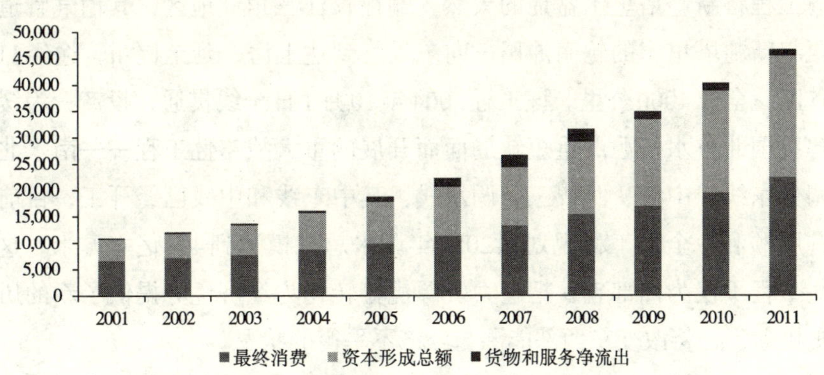

图13–3　中国经济总量及三大需求结构（单位：10亿元）

资料来源：国家统计局。

十余年间，我国基础产业建设取得长足进展，一批重大工程相继

① 固定资产投资额与固定资本形成总额的区别是：固定资产投资额中不包括5万元以下的固定资产投资，固定资本形成总额则包括相应统计的投资；固定资本形成总额中包括部分无形固定资产的净增加额，即用于矿藏勘探的支出、计算机软件等，固定资产投资额不包括相应部分；固定资本形成总额中扣除了由于出售、易货交易和实物资本转移而转出的旧固定资产价值，而固定资产投资额不扣除相应的价值。

建成或顺利推进。2005年10月，贯通青海格尔木与西藏拉萨，全长1142公里的青藏铁路提前一年建成，成为全球海拔最高和最长的高原铁路。2008年开工的京沪高速铁路，已于2011年6月30日通车，全长1318公里，总投资约2209亿元，设24个车站，设计最高速度为350公里/小时。截至2011年12月底，我国已建成并开通运营的高速铁路已接近1万公里，遥遥领先于世界其他各国，大约相当于世界其它国家和地区高速铁路的总量。

历时15载，投资1849亿元人民币，兼具防洪、发电、航运等综合效益的三峡工程于2009年完工，成为世界最大的水力发电站。为了开发贵州、云南、广西、四川、内蒙古、山西、陕西等西部省区的电力资源，将其输送到电力紧缺的广东、上海、江苏、浙江和京、津、唐地区，我国启动了西电东送工程。从2001年到2010年，西电东送项目的总投资在5265亿以上。同样为缓解东部地区能源短缺启动的西气东输工程将新疆塔里木盆地的天然气输往长江三角洲地区，其输气管道西起新疆塔里木的轮南油田，向东最终到达上海，延至杭州，途经11省区，全长4000公里。该工程2004年10月1日全线贯通并投产；为缓解我国北方水资源严重短缺局面而开展的重大战略性工程——南水北调分东线、中线、西线三条调水线，其中东线和中线已经开工，目前进展顺利，全部工程规划到2050年调水总规模达到448亿立方米。这些工程不仅为西部省区把电力资源优势转化为经济优势提供了新的历史机遇，还将改变东西部能源与经济不平衡的状况。

除此之外，2003年底开始筹建的中国第二、世界第三大水电站——溪洛渡水电站（计划2015年完工）、2007年开工的红沿河核电站（计划2014年完工），以及一批千万吨级炼油厂、百万吨级乙烯等重大项目陆续开工建设。四川省达州市宣汉县普光气田和河北省唐山市南堡油田等的勘查开发进展顺利。

在风电开发方面，我国已经形成了兆瓦级风电机组的自主研发和规模化制造能力，2011年总装机容量超过6000万千瓦；在太阳能光伏发电方面，我国形成了高性能晶体硅、太阳能光伏电池的规模化制造和生产能力，2011年光伏发电装机容量超过300万千瓦，取得了一批重大成果；通信光纤、钽铌铍合金等新材料生产技术已达到国际先进水平，为相关产业发展提供了重要支撑。

2. 对外贸易大幅增长，居民消费档次提高

2011年，我国进出口贸易总额达到3.64万亿美元，较2001年增长6.15倍。其中，出口1.90万亿美元，比2001年增长6.13倍；进口1.74万亿美元，比2001年增长6.16倍。2011年末国家外汇储备达到3.181万亿美元。2008年以来受国际金融危机的影响，贸易顺差有所下降（图13–4）。

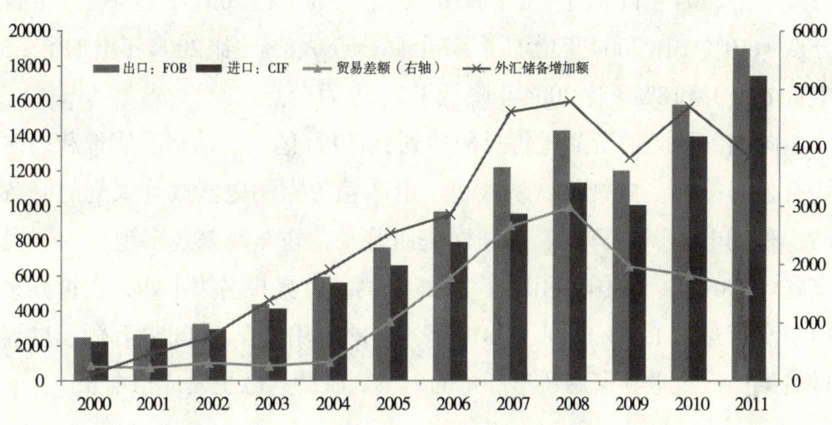

图13–4　我国进出口规模（左轴，亿美元）、贸易差额及外汇储备增加额（右轴，亿美元）

资料来源：CEIC。

十余年来，我国贸易结构发生了一些可喜的变化，主要表现在：贸易伙伴国更趋多元化；贸易方式进一步改善，一般贸易显著增长；进出口的产品结构进一步优化，初级产品的出口比重下降，机电产品和高新技术产品的出口比重增大；中西部地区出口增速明显加快；民营企业在对外贸易中所占比重提升较快。

近年来，我国还加大了企业“走出去”的步伐。2011年，我国对外直接投资600.7亿美元，同比增长1.8%；对外承包工程企业完成营业额1034.2亿美元，与上年同期相比增长了12.2%。

2011年，我国最终消费22.47万亿元，较2001年增长了2.04倍。其中居民消费16.28万亿元，较2001年增长了2.29倍。2010年，城镇居民消费占73%，较2001年提高了5个百分点。城镇居民的消费结构中，食品占29%（比2004年降低了2.7个百分点），居住占18%（比2004年增加3.3个百分点），交通和通讯占11%（比2004年增加1.5个百分点），医保和文化教育娱乐各占10%（医疗保健比2004年增加0.9个百分点，文化教育娱乐降低2.1个百分点）。农村居民消费占居民消费比例为32%，食品、居住、交通和通讯、医保、文化教育娱乐各占41%（比2004年降低了3.8个百分点）、17%（比2004年增加了1个百分点）、10%（比2004年增加了1.7个百分点）、8%（比2004年增加了2.5个百分点）和8%（比2004年降低了2.2个百分点）。

同期，社会消费品零售总额达到18.39万亿元。消费品质量和档次均有显著提高。电视机、洗衣机、电冰箱等家用电器成为家庭的必备品，移动电话、计算机、互联网快速普及，轿车越来越多地进入居民家庭。2001年，中国家用轿车70.35万辆，世界排名第十四，占世界家用轿车产量的1.77%。到了2011年，中国家用轿车1448.53万辆，世界排名第一，占世界家用轿车产量的24%。旅游人数更是成倍增长。

（三）居民收入持续增加，福利水平总体提高

1. 新增就业人口扩大，居民收入稳步增加

2004至2011年，我国城镇新增就业人数8942万人，平均每年新增1117.8万人就业。单“十一五”期间，城镇新增就业5771万人，转移农业劳动力4500万人。截至2011年底，我国就业总人口7.64亿，其中城镇就业人口3.59亿人。根据国家统计局的调查，2011年底，我国城镇居民人均收入23979元，较2002年增长1.93倍；农村居民人均现金收入8639元，较2002年增长2.18倍，而同期居民消费价格指数仅上涨30.3%。这十年，中央财政通过不断加大政府投入，改善居民住行条件；在城市重点改造棚户区，推进保障性住房建设；在农村，加快了

农村电网的改造，降低了农村用电价格，通过多种途径减轻农民负担，增加农民收入。与本世纪初相比，无论是在城镇还是乡村，居民享有的公共服务明显增多。

2. 教育投入力度加大，文体事业蓬勃发展

2003年国务院做出《关于进一步加强农村教育工作的决定》，全面实现城乡免费义务教育。中等职业教育对农村经济困难家庭、城市低收入家庭和涉农专业的学生实行免费。中央财政加大了对农村教育的支持力度，主要用于补助中西部农村教师工资发放、中小学危房改造、中小学现代远程教育工程试点和资助家庭经济困难的学生。2004年新一轮教育振兴行动计划启动以来，进展顺利。一是加大了对贫困地区农村义务教育的支持，继续实施农村中小学危房改造；二是为中西部地区农村义务教育阶段2400多万贫困家庭学生免费提供教科书；三是高校贫困家庭学生资助体系进一步完善。2010年6月，国务院发布《国家中长期人才发展规划纲要（2010—2020）》，这是我国第一个中长期人才发展规划，成为当前和今后一个时期贯彻落实科学发展观、实施人才强国战略的指导性文件。同年7月，国务院发布《国家中长期教育改革和发展规划纲要（2010—2020年）》；11月，国务院下发《关于当前发展学前教育的若干意见》，要求各省（自治区、直辖市）深入调查，准确掌握当地学前教育基本状况和存在的突出问题，采取有效措施缓解学年前儿童“入园难”问题。

经过25年坚持不懈的努力，截至2011年，我国已全面实现九年制义务教育；免除了3000多万名农村寄宿制学生住宿费，其中1228万名中西部家庭经济困难学生享受生活补助。建立起完整的家庭经济困难学生资助体系；初步解决了农民工随迁子女在城市接受义务教育的问题；目前正在推动实施“学前教育三年行动计划”，提高幼儿入园率；大力发展职业教育；加强中小学教师培训工作，扩大中小学教师职称制度改革试点，提高中小学教师队伍整体素质。

这十余年，我国文化体制改革取得重要进展。公共文化服务体系建设明显加快。一是哲学社会科学和新闻出版、广播影视、文学艺术

繁荣进步；二是城乡公共体育设施建设加快，全民健身活动蔚然成风；三是县乡两级公共文化服务体系初步形成，基本实现了县县有图书馆、文化馆。全国文化信息资源共享工程、广播电视村村通工程等基层文化设施建设扎实推进；四是文物和非物质文化遗产保护得到加强；五是对外文化交流更加活跃。

这十余年，国家大力加强群众体育设施建设，全民健身活动蓬勃开展，体育事业取得新成绩。城乡公共体育设施建设加快，群众性体育蓬勃发展，体育健儿在国际大赛中取得优异成绩。2008年，我国成功举办北京奥运会、残奥会，实现了中华民族的百年梦想。2010年成功举办上海世博会。

3. 卫生保健事业发展，社会保障体系加固

首先，覆盖城乡的公共卫生体系和基本医疗服务体系初步建立。2003年，我国正式启动新型农村合作医疗制度试点，2008年基本实现制度全覆盖；至2011年底，新农合参保人数达到8.32亿，参合率超过96%。

2007年，我国启动城镇居民医疗保险试点，对象为不属于城镇职工基本医疗保险制度覆盖范围的中小学阶段学生、少年儿童和其他非从业城镇居民。筹资方式以家庭缴费为主，政府给予适当补助。重点解决参保居民住院和门诊大病医疗支出。截至2011年，我国有13亿城乡居民参保基本医疗保险，全民医保体系初步形成。

其次，2009年8月，国家发改委、卫生部等9部委发布了《关于建立国家基本药物制度的实施意见》，这标志着我国建立国家基本药物制度工作正式实施。除《实施意见》外，9部委还同时发布了《国家基本药物目录管理办法（暂行）》和《国家基本药物目录（基层医疗卫生机构配备使用部分）》（2009版）。2010年2月，卫生部等五部委联合发布《关于公立医院改革试点的指导意见》，选定16个城市作为国家联系指导的公立医院改革试点地区。2003—2007年间，国家规划免疫预防的疾病由7种扩大到15种，对艾滋病、结核病、血吸虫病等重大传染病患者实施免费救治；政府安排资金改造和新建1.88万所乡镇卫

生院、786所县医院、285所县中医院和534所县妇幼保健院，为1.17万个乡镇卫生院配备了医疗设备，农村医疗卫生条件明显改善；全国建立了2.4万多个社区卫生服务机构，新型城市医疗卫生服务体系进一步健全。人民健康水平不断提高，婴儿死亡率和孕产妇死亡率明显下降。

再次，城镇职工基本养老保险制度不断完善，社会保险基金收入不断增加。经过多年努力，国有企业下岗职工基本生活保障向失业保险并轨基本完成。城镇职工基本养老保险实现省级统筹，实施养老保险关系跨省转移接续办法，提高了企业离退休人员基本养老金标准。社保基金使用的监督管理得到加强。最低生活保障制度实现全覆盖，城乡社会救助体系基本建立，社会福利、优抚安置、慈善和残疾人事业取得新进展。截至2010年，全国社会保障基金总资产达到8566.9亿元，比2001年增加7761亿元。

2011年，社会保障覆盖范围继续扩大，全国参加城镇基本养老保险、失业保险、工伤保险和生育保险人数大幅增加；2147个县（市、区）实施城镇居民社会养老保险试点，1334万人参保，641万人领取养老金；2343个县（市、区）开展新型农村社会养老保险试点，3.58亿人参保，9880万人领取养老金，覆盖面扩大到60%以上；解决了500多万名集体企业退休人员养老保障的历史遗留问题；将312万名企业“老工伤”人员和工亡职工供养亲属纳入工伤保险统筹管理。

最后，大力推进保障性安居工程建设。国家出台了关于保障性安居工程建设和管理的指导意见，完善财政投入、土地供应、信贷支持、税费减免等政策，着力提高规划建设和工程质量水平，制定保障性住房分配、管理、退出等制度和办法。2011年，中央财政安排资金1713亿元，是2010年的2.2倍，全年城镇保障性住房基本建成432万套，新开工建设1043万套。

以上这些数据充分说明，过去十余年我国改革开放和全面建设小康社会取得重大进展，社会生产力和综合国力显著增强，社会事业全面发展和人民得到更多实惠，我国国际地位和影响不断提高。

二、加速转型的中国经济

这十余年，我国不断深化各项社会主义事业的改革：深化粮食流通体制改革，全面放开粮食收购市场；逐步取消农业税，建立国有资产监管体制框架；国有商业银行股份制改革顺利推进；全面落实出口退税改革措施；在东北老工业基地开展了增值税转型改革试点，等等。随着改革的深入推进，国家加大了对经济结构的调整力度，产业结构优化升级加快。

（一）“三农”投入大幅增加，贫困人口显著减少

近年来，国家基础设施建设和社会事业发展的重点转向农村，在广大农村推进征地制度、集体林权制度改革，积极发展农民专业合作组织。财政支农投入逐年增加，农业科技进步显著。中央财政“三农”支出由2003年的2144.2亿元增加到2010年的8579.7亿元，年均增长21.9%。2011年，中央财政“三农”支出超过1万亿元，比上年增加1839亿元。

2005年12月29日，第十届全国人大常委会第十九次会议决定，2006年1月1日起废止农业税条例，标志着具有2600多年历史的农业税正式退出历史舞台，与改革前的1999年相比，全国农民一年减轻负担约1250亿元，人均减负约140元。同时，通过粮食直补、农资综合补贴、良种补贴、农机具购置补贴等政策调动农民种粮积极性。截至2010年底，这四项补贴达到5088.9亿元。

强农惠农富农政策全面落实。农业生产补贴力度加大，粮食最低收购价稳步提高，以农田水利为重点的农业农村基础设施建设不断加强。2009—2010年，在850个县实施小型农田水利重点县建设。2001—2010年，支持改造中低产田、建设高标准农田2.8亿亩，新建续建中型灌区节水配套改造项目416个，新增和改善灌溉面积2.5亿亩，增加粮

食综合生产能力3645万吨；扶持产业化经营项目6884个，建设优质高效种植基地874万亩，发展水产养殖348万亩。加大对产粮（油）大县的奖励力度，增强地方政府发展农业生产的积极性。农村金融服务体系不断完善，农业保险保费补贴试点省份扩大到29个，带动3.9亿户次农户参保，提供风险保障超过1.1万亿元。增加现代农业生产发展专项资金规模，积极创新资金管理使用机制，促进各地优势特色产业快速发展。财政扶贫开发力度不断加大，农村贫困人口从2000年的9423万人减少到2009年的3597万人，贫困地区基础设施建设和优势特色产业发展取得明显成效。[①]

农作物良种补贴扩大到10个品种，水稻、小麦、玉米和棉花实现全覆盖，大豆和油菜实现主产区全覆盖，马铃薯原种、青稞、花生补贴试点顺利启动。农机具购置补贴覆盖全国所有农（牧）业县（场）的农业生产急需机械种类。

到2011年末，中国大陆城镇人口比重达51.27%，数量首次超过农村人口，这是中国社会结构的一个历史性变化。

（二）科技创新能力增强，产业结构优化升级

十余年间，一方面我们淘汰了一大批落后产能。仅在2003至2007五年间，我国关停小火电2157万千瓦、小煤矿1.12万处，淘汰落后炼铁产能4659万吨、炼钢产能3747万吨、水泥产能8700万吨。2011年，中国加大对高耗能、高排放和产能过剩行业的调控力度，淘汰落后的水泥产能1.5亿吨、炼铁产能3122万吨、焦炭产能1925万吨。

高技术产业和战略性新兴产业成为我国优先发展的产业，国家两次修订《当前优先发展的高技术产业化重点领域指南》，研究出台了支持生物、数字电视、集成电路、软件、平板显示器、高技术服务等发展的一系列产业政策，并在财税、金融、人才、市场准入等各方面营造良好的经营生产环境。国家支持高技术产业发展的做法从过去主要

① 谢旭人:《推进农村税费改革 理顺分配关系》，网易财经频道，http://money.163.com/11/0216/11/6T0R9JI100252G50.html，2012年4月27日登录。

靠发放研发补贴逐步转变为培育拓展市场和新兴业态，通过实施物联网、云计算、卫星及应用、信息化等应用示范和试点工程，将研发突破和政策创新结合起来，优化高技术产业发展环境。2011年4月，国家发展改革委员会修订、发布了新的《产业结构调整指导目录》（2011年本），支持钢铁、石化、装备、船舶、汽车、轻工、纺织等产业的技术升级和结构调整。同月，工业和信息化部向各地下达了2012年19个工业行业淘汰落后产能目标任务。具体为：炼铁1000万吨、炼钢780万吨、焦炭2070万吨、铁合金289万吨、电石112万吨、电解铝27万吨、铜冶炼70万吨、铅冶炼115万吨、锌冶炼32万吨、水泥（熟料及磨机）21900万吨、平板玻璃4700万重量箱、造纸970万吨、酒精64万吨、味精14.3万吨、柠檬酸7万吨、制革950万标张、印染28亿米、化纤22万吨、铅蓄电池2000万千伏安时。11月，工业和信息化部发布了《“十二五”产业技术创新规划》。规划范围涵盖原材料、装备制造、消费品、信息产业四个领域，规划期为2011—2015年。规划同时明确了我国“十二五”期间加强技术创新能力建设，构建技术创新服务体系，大力开发关键和共性技术，着力促进科技成果转化，培育与发展战略性新兴产业等五大重点任务。

2006年，历时两年研究制定的《国家中长期科学和技术发展规划纲要》颁布实施，并制定了相关专项的规划和配套政策措施，启动了一批重大专项，对增强我国企业自主创新能力，推进创新型国家建设有着重要而深远的影响。信息、生物、航空航天、新能源、新材料、海洋等高新技术产业加快发展；振兴装备制造业成效显著；旅游、金融、物流等现代服务业蓬勃发展；大型油气田和煤层气开发、新一代宽带无线移动通信网、大型飞机设计与制造、载人航天与探月工程等16个重大专项陆续启动。高性能计算机、超级优质杂交水稻、第三代移动通信、数字电视等一些关键技术取得突破，自主创新能力增强。

“十一五”期间我国大范围实施了重点产业调整振兴规划，大力推进自主创新和加强科技支撑。2010年，国务院发布实施了关于加快培育发展战略性新兴产业的决定，提出依托重大技术突破和经济社会发展重大需求，加快培育发展节能环保、新一代信息技术、生物、高端装备制造、新能源、新材料、新能源汽车等产业。在航天领域，2003年首次载人航天飞行获得圆满成功；2011年，天宫一号目标飞行器与神舟八号飞船先后成功发射并顺利交会对接，成为我国载人航天发展史上新的里程碑。在通讯技术领域，集成电路芯片设计开发、第三代移动通信、高性能复合材料、高档数控机床研制等重大科技专项取得重要进展。在新能源领域，我国开展了百万千瓦级核电机组、超临界火电机组、新型船舶等设备自主化工作，启动高档数控机床和重要基础制造装备等重大专项。国家通过实施70个高技术产业化专项，带动社会投资超过4400亿元，

全社会研究与实验开发经费，从2002年1288亿元增加到2007年的3664亿元，占国内生产总值比重从1.07%提高到1.49%。2011年全国研发经费达到8610亿元，是2006年的2.9倍，五年间年均增长24%。

（三）节能减排政策完善，生态环境保护改善

十余年来，我国对节约资源和保护环境从认识到实践都发生了重要转变。“十一五”规划纲要把节能和减排作为约束性目标。“十一五”期间，政府投资支持重点流域水污染防治项目691个。继续推进天然林保护、京津风沙源治理等生态建设，五年累计退耕还林、植树造林3191万公顷，退牧还草3460万公顷。加强土地和水资源保护，五年整理复垦开发补充耕地152.6万公顷。2011年，我国发布实施“十二五”节能减排综合性工作方案、控制温室气体排放工作方案和加强环境保护重点工作的意见。2011年，中国清洁能源发电装机达到2.9亿千瓦，新增城镇污水日处理能力1100万吨，5000多万千瓦新增燃煤发电机组全部安装脱硫设施。实施天然林保护二期工程并提高补助标准，实行草原生态保护奖补政策，开展湖泊生态环境保护试点。①

经过各方面努力，节能减排取得积极进展，单位国内生产总值能耗逐年下降（图1–5）。

---

① 温家宝:《政府工作报告——2012年3月5日在第十一届全国人民代表大会第五次会议上》，人民出版社，2012年版，第4—5页。

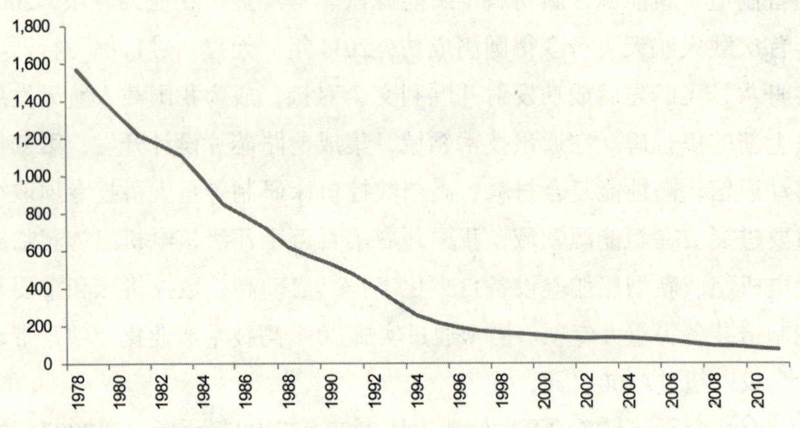

图13-5　国内生产总值能源消耗（单位：吨标准煤/百万人民币）

资料来源：CEIC。

（四）东部西部发展加速，区域结构趋于协调

2001年3月，九届全国人大四次会议通过的《中华人民共和国国民经济和社会发展第十个五年计划纲要》对实施西部大开发战略进行了具体部署。西部大开发总的战略目标是：经过几代人的艰苦奋斗，到21世纪中叶全国基本实现现代化时，从根本上改变西部地区相对落后的面貌，建成一个经济繁荣、社会进步、生活安定、民族团结、山川秀美、人民富裕的新西部。2006年12月8日，国务院常务会议审议并原则通过《西部大开发"十一五"规划》，目标是努力实现西部地区经济又好又快发展，人民生活水平持续稳定提高，基础设施和生态环境建设取得新突破，重点区域和重点产业的发展达到新水平，教育、卫生等基本公共服务均等化取得新成效，构建社会主义和谐社会迈出扎实步伐。包括东北地区振兴规划，中部崛起规划，大型粮食基地建设等。前述的"三峡工程"、"西电东送"、"西气东输"等都是西部大开发的重要工程。

目前，实施西部大开发战略已走过12年，西部地区综合经济实力大幅提升，地区GDP占全国比重由1999年的17.5%提高到2010年的18.6%，人均地区生产总值相当于全国平均水平由58%提高到68%，主要经济指标年均增速高于全国平均水平。[①] 同时，基础设施和生态环境建设取得突破性进展，特色优势产业蓬勃发展，社会事业长足进步，改革开放不断深化，人民生活水平显著提高，城乡面貌发生历史性变化。2000—2011年，西部大开发累计新开工重点工程165项，包括青藏铁路、西气东输、西电东送等一批重大工程项目，投资总规模3.1万亿元。[②] 西部大开发不仅直接关系到扩大内需，促进经济增长，还关系到民族团结、社会稳定和边防巩固。西部大开发的推进有助于我国东西部地区的协调发展和最终实现共同富裕。近年来，我国区域发展协调性进一步增强，中西部和东北地区主要经济指标增速高于全国平均水平。

除了西部大开发战略的实施，我国对经济特区、上海浦东新区、天津滨海新区的开发开放也在加快推进，东部地区产业转型升级步伐正在加快。

三、中国经济增长的外向型特征

党的十六大报告指出，坚持“引进来”和“走出去”相结合，全面提高对外开放水平。进一步扩大商品和服务贸易。实施市场多元化战略，发挥我国的比较优势，巩固传统市场，开拓新兴市场，努力扩大出口。进一步吸引外商直接投资，提高利用外资的质量和水平。[③] 自十六大以来，中国经济增长的外向型特征不断增强，主要表现在以下几个方面：(1) 外贸进出口总值增加较快，占世界进出口总值的排名不

---

① “认清形势，明确任务：不断开创深入实施西部大开发战略新局面——2012年国家发展改革委西部大开发工作会议在云南昆明召开”，发改委网站，http://www.sdpc.gov.cn/xwfb/t20120222_462948.html，2012年4月19日登录。

② “2011年西部大开发新开工22项重点工程”，发改委网站，http://www.sdpc.gov.cn/xwfb/t20111220_451616.html，2012年4月19日登录。

③ 引自十六大报告。

断上升；(2) 国民经济外向度上升较快；(3) 利用外资和对外投资水平不断提升。

(一)外贸进出口总值增加较快，占世界进出口总值的排名不断上升

2001年，中国进出口总值占世界进出口总值的4.05%，位居世界第6位。此后，在努力扩大出口的政策下，中国进出口总值年均增加22.62%，到2011年，中国进出口总值达到36421亿美元，是2001年的7倍多，占世界进出口总值的比重也首次突破10%，达到10.18%，占世界排名也达到第2位，仅次于美国，相关数据见表13-3。

表13-3 中国进出口总额占世界比重及排名情况[①]

年份	中国进出口总值		出口总值		进口总值		顺差/亿美元	占世界排名
	总量/亿美元	比重/%	总量/亿美元	比重/%	总量/亿美元	比重/%		
2001	5098	4.05	2662	4.32	2436	3.78	226	6
2002	6208	4.74	3256	5.07	2952	4.42	304	4
2003	8510	5.54	4382	5.81	4128	5.28	254	4
2004	11545	6.21	5933	6.50	5612	5.93	321	3
2005	14220	6.67	7620	7.28	6600	6.09	1020	3
2006	17604	7.20	9689	8.03	7915	6.39	1774	3
2007	21746	7.69	12186	8.71	9560	6.70	2626	3
2008	25615	7.87	14285	8.86	11330	6.90	2955	3
2009	22075	8.75	12016	9.60	10059	7.91	1957	2
2010	29729	9.71	15778	10.35	13951	9.07	1827	2
2011	36421	10.18	18986	10.68	17435	9.69	1551	2

资料来源：2001—2010年数据来自2002—2011年《中国统计年鉴》，2011年数据来自WTO于2012年4月12日发布的新闻稿《World Trade 2011，Prospects for 2012》。

① 2007年及以后的世界进口总值、出口总值、进出口总值包括中国香港的转口贸易。

同期，中国出口年均增长22.66%，占世界出口总值的比重也由2011年的4.32%达到2011年的10.68%。进口年均增长22.62%，占世界进口总值的比重也由2011年的3.78%达到2011年的9.69%。

在中国出口高速增长的同时，出口对中国GDP的贡献率[1]和拉动点数也长期保持高位，见图13-6。从2001年截止到美国次贷危机爆发前的2006年，出口对GDP的贡献率平均为45.78%，拉动点数为4.34个百分点。同期，资本形成总额对国内生产总值的贡献率和拉动点数平均为49.83%和5.05个百分点。[2]鉴于经济增长主要由出口和投资拉动，很容易受国际市场波动影响，在党的十七大报告中，强调要加快转变经济发展方式，坚持扩大国内需求特别是消费需求的方针，促进经济增长由主要依靠投资、出口拉动向依靠消费、投资、出口协调拉动转变。[3]

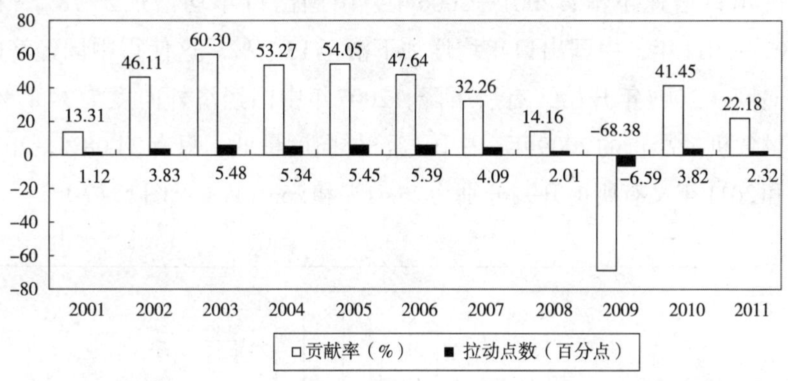

图13-6 2001—2011年中国出口对GDP的贡献率和拉动点数

资料来源：2001—2010年出口数据来自《国际经济统计年鉴》，2011年出口数据来自WTO于2012年4月12日发布的新闻稿《World Trade 2011，Prospects for 2012》，2001—2011年国内生产总值数据来自IMF世界经济展望数据库。

十七大之后，我国对外贸易基本政策从努力扩大出口、追求贸易顺差转向国际贸易的基本平衡。受国际金融危机以及贸易政策转变的影响，我国贸易顺差在2008年达到顶点2955亿美元之后，开始逐年下

① 贡献率是指出口增量与GDP增量之比，拉动是指不变价GDP增长率与出口对GDP贡献率的乘积。

② 资料来源：2011年《中国统计年鉴》，其中的GDP为支出法GDP。

③ 引自十七大报告。

降，2009年为1957亿美元，2010年为1827亿美元，2011年则为1551亿美元。

（二）国民经济外向度上升较快

在中国进出口总值占世界排名不断上升的同时，我国国民经济外向度也上升较快，用出口值与国内生产总值之比作为外向度指标，2001年，中国国民经济外向度为20.09%，此后，平稳上升，到十七大之前的2006年，中国国民经济外向度达到最高值35.71%。十七大之后，中国调整经济发展方式，促进经济由主要依靠投资、出口拉动向依靠消费、投资、出口协调拉动转变，再加上国际金融危机影响，中国出口增速下滑，2001—2006年，中国出口年均增加25.78%，而2007—2011年，中国出口年均增加下滑至15.75%。这使得中国经济的外向度从2007年开始，有所下降，2007年中国经济外向度为34.87%，金融危机最严重的2009年，中国经济外向度最低，只有24.08%，2010年和2011年又有所提升，分别为26.61%和26.01%（见图13-7）。

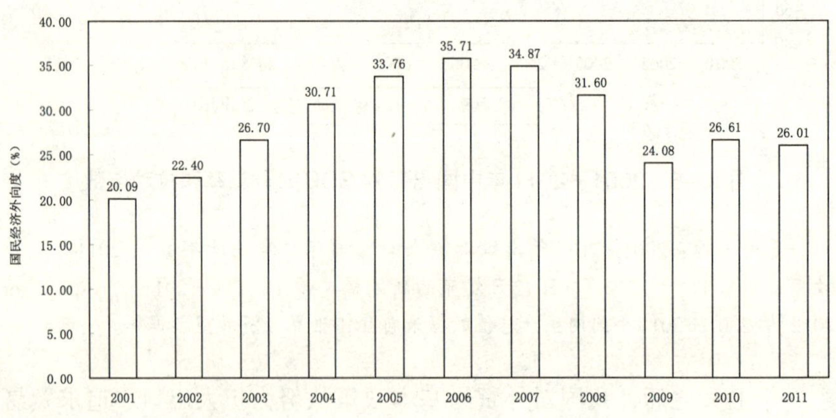

图13-7 2001—2011年中国国民经济外向度

资料来源：2001—2010年出口数据来自《国际经济统计年鉴》，2011年出口数据来自WTO于2012年4月12日发布的新闻稿《World Trade 2011，Prospects for 2012》，2001—2011年国内生产总值数据来自IMF世界经济展望数据库。

（三）利用外资和对外投资水平不断提升

十六大报告提出要坚持“引进来”和“走出去”，进一步吸引外商直接投资，提高利用外资的质量和水平。同时认为实施“走出去”战略是对外开放新阶段的重大举措。鼓励和支持有比较优势的各种所有制企业对外投资，带动商品和劳务出口，形成一批有实力的跨国企业和著名品牌。

在国家利用外资优惠政策的大力推动下，中国利用FDI水平不断提升。2001年，中国利用FDI为468.46亿美元，此后，快速增长，到2008年，达到1083.12亿美元，受金融危机影响，2009年利用FDI水平有所下滑，但仍达到950亿美元，2010年，FDI又有所回升，达到1057.35亿美元，从2001年到2010年，中国利用FDI年均增长10.08%。在FDI流入水平不断提升的情况下，中国利用FDI占世界的排名也由2001年的第6位上升至2002—2004年的第2位，此后几年排名虽有所下滑，但2009年、2010年中国利用的FDI水平重新位居世界

表13–4　2001—2010年中国和世界的FDI流动情况（单位：亿美元）

年份	中国FDI流入量	中国FDI流出量	世界FDI流入量	世界FDI流出量	排名
2001	468.46	68.84	8238.25	7114.45	6
2002	527.0	28.5	6511.88	6473.63	2
2003	535.1	18.0	5578.69	5611.04	2
2004	606.3	54.98	7107.55	8130.68	2
2005	724.06	122.61	9825.93	8821.32	3
2006	727.15	211.6	14618.63	14053.89	4
2007	835.21	224.69	19709.4	21748.03	6
2008	1083.12	521.5	17441.01	19105.09	3
2009	950.0	565.3	11850.3	11705.27	2
2010	1057.35	680.0	12436.71	13233.37	2

资料来源：联合国贸易发展会议（UNCTAD）2002—2011年《世界投资报告》。

第2位（详见表13–4）。从2001年到2010年，中国利用FDI水平平均约占世界FDI流入量的7.12%。

在利用FDI水平快速上升的同时，中国“走出去”的步伐也在加快，2005年，中国对外直接投资首次突破100亿美元，达到122.61亿美元，此后，年均增长47.91%，到2009年，中国对外直接投资达到680亿美元。随着中国对外直接投资快速增长，中国对外直接投资占全球对外直接投资的比重也快速上升，由2001年的0.97%快速上升到2010年的5.14%。

四、全面发展的中国对外经济关系

2001年以来，中国全方位发展对外经济关系，除积极推进对外贸易、引进外资和对外投资外，我国还积极开展对外经济合作，积极发展与世界主要国家和地区间的双边经济关系，努力拓展与主要国际经济组织的合作关系。

（一）积极开展对外经济合作

中国积极开展对外经济合作，合同金额和完成营业额快速增长，从2001年到2010年，对外经济合作合同金额年均增长29.76%，从2001年的164.55亿美元快速增长到2010年的1430.92亿美元。同期，对外经济合作完成营业额年均增长26.75%，从2001年的121.39亿美元快速增长到2010年的1010.50亿美元（详见表13–5）。

对外经济合作主要形式包括对外工程承包、对外劳务合作以及对外设计咨询，其中对外工程承包和对外劳务合作是主要的对外经济合作方式。从2001—2010年，对外工程承包合同金额年均增长32.70%，从2001年的130.39亿美元快速增长到2010年的1343.67亿美元；完成营业额年均增长29.86%，从2001年的88.99亿美元快速增长到2010年的921.70亿美元。同期，对外劳务合作合同金额年均增长12.14%，从

表 13–5　中国对外经济合作合同金额与完成营业额（单位：亿美元）

年份	合同金额				完成营业额			
	对外承包工程	对外劳务合作	对外设计咨询	总计	对外承包工程	对外劳务合作	对外设计咨询	总计
2001	130.39	33.28	0.88	164.55	88.99	31.77	0.63	121.39
2002	150.55	27.52	0.85	178.91	111.94	30.71	0.87	143.52
2003	176.67	30.87	1.76	209.30	138.37	33.09	0.88	172.34
2004	238.44	35.03	3.51	276.98	174.68	37.53	1.47	213.69
2005	296.14	42.45	3.57	342.16	217.63	47.86	2.27	267.76
2006	660.05	52.33	4.11	716.48	299.93	53.73	3.29	356.95
2007	776.21	66.99	10.26	853.45	406.43	67.67	4.90	479.00
2008	1045.62	75.64	8.88	1130.15	566.12	80.57	4.48	651.16
2009	1262.10	74.73	0.00	1336.82	777.06	89.11	0.00	866.17
2010	1343.67	87.25	0.00	1430.92	921.70	88.80	0.00	1010.50

资料来源：商务部网站。

2001年的33.28亿美元快速增长到2010年的87.25亿美元；完成营业额年均增长12.54%，从2001年的31.77亿美元快速增长到2010年的88.80亿美元。相比较，对外设计咨询的合同金额以及完成营业额则要小得多，从2001年到2008年，平均约为4.23亿元和2.35亿元。

（二）积极发展与世界主要国家和地区间的双边经济关系

中国积极发展与世界主要国家和地区间的双边经济关系，表13–6给出了2001—2011年中国与主要国家和地区间的双边经济关系概况。从2001—2011年，中国总体出口年均增速为22.66%，中国对印度、俄罗斯、拉美、非洲、欧盟、东盟的出口年均增速都超过中国总体出口年均增速，其中对印度、俄罗斯和拉美的出口增速排前三位，分别达到40.82%、36.63%和33.06%，只是对日本、美国、韩国的出口增速低于整体出口增速，这主要是因为中国对日本、美国、韩国的出口基数大，所以增长率就稍低。在2011年中国出口对象排名中，欧盟、日本和拉美位居前三位。

表13-6　2001—2011年中国与主要国家和地区间的双边经济关系概况

国家	进口年均增速	出口年均增速	实际利用FDI累计/亿美元	流出FDI累计/亿美元	2011年进口排名	2011年出口排名
美国	17.19%	20.45%	350.56	34.90	5	4
欧盟	20.13%	25.74%	467.81	109.44	1	1
东盟	24.74%	25.42%	395.17	113.64	3	5
日本	17.28%	13.29%	456.02	5.99	2	2
韩国	22.53%	22.38%	368.78	5.07	4	6
印度	34.62%	40.82%	3.78	1.64	9	8
拉美	35.30%	33.06%	1244.96	441.82	6	3
非洲	37.72%	29.32%	103.20	119.19	7	7
俄罗斯	18.28%	36.63%	5.77	25.52	8	9

资料来源：CEIC数据库。

注：对外直接投资累计年份为2003—2010年；中国实际利用FDI累计中，由于一些国家和地区没有2011年的数据，为便于比较，所有国家和地区的累计年份都从2001—2010年，且欧盟27个成员国中没有统计塞浦路斯；在计算排名时，仅考虑表中所列的国家和地区。

从2001—2011年，中国整体进口年均增速达到22.62%，中国从非洲、拉美、印度、东盟的进口增速超过中国整体进口年均增速，其中中国从非洲、拉美、印度的进口年均增速位居前三位，分别达到37.72%、35.30%和34.62%。在2011年中国进口对象排名中，欧盟、日本和东盟位居前三位。

从2001—2010年，排除香港，中国累计实际利用外资来源地排名前三位的是拉美、欧盟和日本，累计金额分别达到1244.96亿美元、467.81亿美元和456.02亿美元。从2003—2010年，中国累计对外直接投资排名前三的目的地分别是拉美、非洲和东盟，累计金额分别达到441.82亿美元、119.19亿美元和113.64亿美元。

（三）努力拓展与主要国际经济组织的合作

中国积极拓展与主要国际经济组织的合作，主要包括世界银行、国际货币基金组织、世界贸易组织以及亚洲开发银行。

1. 中国与世界银行的合作

中国与世界银行的合作主要包括贷款合作、知识合作以及国际发展合作三个方面，合作成果显著。

在贷款合作方面，从2001—2011年，中国共获得国际复兴开发银行（IBRD）贷款148.67亿美元，支持建设111个项目，见表13-7。这些项目遍布我国大部分省、自治区和直辖市。涉及交通（36.76%）、工业（7.40%）、能源（19.33%）、教育（1.06%）、卫生（0.50%）、城市建设和环境（16.69%）、农业（15.76%）、技术等（2.51%）领域。[①] 从2001—2010年6月30日，通过国际金融公司（IFC）获得贷款和股本投资等共计37.1亿美元，支持我国167个私营部门项目。

在知识合作方面，重点强调经济分析、政策建议、技术援助和培训。从2001—2010年6月30日，世行独立或与中方合作完成106份研究报告，这些报告对中国的宏观经济、国企改革、财政金融以及农村发展等进行深入研究，为中国经济发展提出了有价值的参考建议。

在国际发展合作方面，我国在力所能及的范围内向世界银行的发展援助业务提供资金支持，为全球发展和消灭贫困做出努力，并通过世界银行积极宣传中国的发展道路和经验，加强与广大发展中国家间的交流和合作。此外，作为世界银行的股东国，我国还与世界银行联合举办国际研讨会，扩大对国际金融组织重大决策的影响，引导国际金融组织的业务发展方向。[②]

---

① 括号内的数据为相应部门获得的世界银行贷款比重，计算时间从1981—2010年6月30日。近年，60%的贷款项目集中在环保领域。

② “中国与世界银行合作30周年专题：财政部副部长李勇就中国与世界银行合作30周年答中国财经报记者问摘要”，财政部网站，http://www.mof.gov.cn/ zhuantihuigu/cw30/ xwbdC/201009/t20100907_337752.html，2012年4月20日登录。

表13–7 2001—2011年世界银行和亚洲开发银行对华贷款及技术援助一览表

年份	世界银行		亚洲开发银行			
	IBRD贷款/百万美元	项目/个	贷款/百万美元	项目/个	技术援助/百万美元	项目/个
2001	787.50	8	997.00	6	12.448	20
2002	562.90	5	868.48	7	13.197	26
2003	1145.00	6	1488.00	7	12.96	24
2004	1218.27	9	1259.90	7	16.704	32
2005	1030.30	9	1499.52	8	18.334	34
2006	1454.33	11	1522.0	10	13.58	27
2007	1641.00	10	1146.70	8	20.482	33
2008	1513.40	12	1526.00	13	19.45	31
2009	2360.00	13	1762.06	12	24.625	38
2010	1414.00	14	1577.50	14	22.172	40
2011	1740.00	14	1439.84	13	22.914	34

资料来源：www.worldbank.org；www.safe.gov.cn；www.adb.org。

2. 中国与国际货币基金组织的合作

2001—2011年，中国与国际货币基金组织的合作是双向、平等互利的合作，富有成效。主要包括政策咨询和技术援助、资金支持以及推动国际货币基金组织和国际货币体系改革。

根据国际货币基金协定第四条款规定，国际货币基金组织定期与中国就经济和金融政策进行磋商，在撰写总结发言和磋商报告中对中国经济发展中的一些问题提出有益的政策建议。此外，2001年以来，国际货币基金组织以研讨班、专家访问、代表团访问、培训的形式对中国进行多方面的技术援助，主要涉及税收体系改革、税收管理改革、公共财政管理、政府间财政关系、统计以及货币政策和银行监督。[①]

中国对IMF的资金支持包括几个方面，一是缴纳会费，2010年11

① 刘赛力和周林：《中国对外经济关系》，中国人民大学出版社，2009年版，第337—342页。

月5日，IMF执行董事会通过了份额改革方案，份额改革完成后，中国的份额将由当前的3.72%增加至6.39%，投票权将由目前的3.65%升至6.07%，这也意味着中国需要缴纳更多的会费。[①] 二是通过购买IMF发行的债券以增加IMF的资金，2009年9月3日，IMF总裁宣布，中国购买不超过320亿特别提款款（SDR），即约合500亿美元的国际货币基金组织债券。[②] 三是随着中国国际收支盈余不断扩大，中国成为IMF的净债权国，这也为IMF提供了资金支持。四是中国提供贷款和捐助支持IMF的国际减贫活动等，如2001年6月，中国承诺向IMF减贫与增长贷款提供1亿SDR的贷款本金，2005年5月，中国向IMF“冲突后和自然灾害紧急援助贴息账户”捐款200万美元。[③]

2007年次贷危机爆发后，由于国际货币基金组织难以有效地阻止国际金融危机蔓延，要求改革国际货币基金组织的呼声重新响起。实际上，早在1997年亚洲金融危机后，中国就积极参与国际货币基金组织改革的讨论，并在IMF年会、G20峰会、G20央行行长和财长会议等序列会议上阐述中国改革国际货币基金的主张。在中国等国家的共同推动下，IMF改革取得实质性进展，2010年G20韩国首尔峰会公报承诺打造一个现代化的IMF，通过扩大活力充沛的新兴市场和发展中国家的代表权来反映世界经济的变化，并承诺将国际基金组织份额向新兴市场和发展中国家转移6%以上，赋予以“金砖四国”为代表的新兴市场和发展中国家更多地话语权。IMF投票权改革，不但能更好的体现该组织的合法性和有效性，促进该组织更好地服务于国际社会，而且它意味着朝着建立公平、合理的国际政治经济秩序迈出了重要一步。

3. 中国与世界贸易组织的合作

自2001年12月11日中国正式成为世贸组织成员以来，中国与世界贸易组织上的合作主要体现为中国积极履行“入世”承诺、积极利用

---

① IMF总裁：“中国在国际货币基金组织投票权将升至第三”，新华网，http://news.xinhuanet.com/fortune/2010-11 /06/c_12745053.htm，2012年4月25日登录。

② 付碧莲：“中国率先认购500亿美元IMF债券”，人民网，http://finance.people.com.cn/GB/71364/9985685.html，2012年4月25日登录。

③ 刘赛力和周林，《中国对外经济关系》，中国人民大学出版社，2009年版，第343页。

世界贸易组织争端解决机制以及参与世界贸易组织其他事务。

根据中国签署的“入世”协议，10年来，中国全面履行诺言，逐步降低进口产品的关税税率，关税总水平由“入世”时的15.3%降至9.8%，远远低于发展中国家的平均水平。① 在WTO服务贸易分类的160多个部门和分部门中，截至2007年我国已开放104个，接近发达国家平均108个的水平。② 中国还加大对知识产权的保护力度，对专利法、商标法、著作权法等进行了修订，使这些涉及知识产权的法律符合世界贸易组织要求。

加入世界贸易组织后，中国迅速成为世界贸易组织争端解决机制最积极的使用者之一，尤其是2006年12月“入世”5年过渡期结束后，中国以申诉方和被申诉方参与了25起WTO贸易争端案件，占当期发生案件总数的36%。③ 积极利用世界贸易争端解决机制有利于维护中国合法的国际贸易权利。

作为WTO的成员国，中国还积极参与WTO的其他事务，如参与对其他WTO成员国贸易政策的审议工作，对违反WTO规则的情况提出中肯的批评和建议。此外，中国还多次参加WTO部长级会议等。

4. 中国与亚洲开发银行的合作

中国与亚洲开发银行的合作主要涉及贷款合作、知识合作、区域合作和非主权业务合作。

中国与亚洲开发银行的贷款合作求真务实，从2001—2011年，亚洲开发银行对华贷款达到150.87亿美元，涉及105个项目，见表13–7。亚洲开发银行对华贷款涉及交通通讯、能源、基础设施、农业、环保、水利等诸多重要领域，产生了较好的经济效益和社会效益。

知识合作是中国和亚洲开发银行合作的基础，从2001—2011年，

---

① 温家宝：“中国关税水平远低于发展中国家平均水平”，中国新闻网，http://www.chinanews.com/cj/2011/10-14/3389259.shtml，2012年5月3日登录。

② “2007年透视中国问与答”，中国网，http://www.china.com.cn/aboutchina/zhuanti/2007-09/29/content_8984676.html，2012年5月3日登录。

③ 田丰：“中国与世界贸易组织争端结局机制：评估与展望”，《世界经济与政治》，2012年第1期，第128—146页。

亚洲开发银行共批准339个对华技术援助项目，涉及金额1.97亿美元。这些技术援助项目有效地支援了亚洲开发银行在华贷款项目的顺利实施，也为中国经济和社会发展作出了贡献。

亚洲区域合作发展方兴未艾，中国与亚洲开发银行积极合作，共同推动本地区的区域合作发展。中国积极参与亚洲开发银行倡导的大湄公河次区域经济合作机制和中亚区域经济合作机制，为大湄公河次区域经济合作机制和中亚区域经济合作机制在重点领域取得突破发挥了重要作用。①

非主权业务合作主要涉及亚行在中国实施的非主权担保的私人项目以及在中国发行人民币债券业务。截至目前，亚行在华私营部门共投资了26个项目，总金额27.75亿美元。项目包括贷款和股权投资等，主要集中于基础设施和金融行业。② 截至目前，亚行已分三次在中国内地和香港发行总额32亿的10年期人民币债券。在中国发行人民币债券不但支持了亚洲开发银行在中国开展非主权担保的私人项目的资金需求，而且促进了中国债券市场的发展。

（张慧莲　胡再勇）

① 财政部部长就中国与亚洲开发银行合作25周年答问，中央政府门户网站，http://www.gov.cn/gzdt/2011-03/ 22/ content _1829483.htm，2012年5月11日登录。

② 财政部部长就中国与亚洲开发银行合作25周年答问，中央政府门户网站，http://www.gov.cn/gzdt/2011-03/ 22/ content _1829483.htm，2012年5月11日登录。

第14章

经济外交积极拓展中国经济对外开放空间

党的十六大以来中国经济的快速增长与加速转型，是在世界经济形势剧烈波动、国际经济环境复杂多变、全球经济格局加速调整、国际经济体系艰难变革、对外经贸摩擦愈演愈烈的环境和背景下实现的。在此环境和背景下拓展对外开放空间、发展对外经济关系，必须努力增大经济外交的力度，有效发挥经济外交的作用。在此十年间，中国经济外交积极进取、不辱使命，为我拓展对外开放空间、发展对外经济关系做出了巨大贡献。

一、剧烈波动的世界经济形势

近十年来，世界经济发展经历了剧烈波动，前半期出现了20世纪70年代中期以来的近三分之一世纪少见的稳定较快增长，后半期又经历了20世纪30年代大萧条以来最严重的金融危机和经济衰退。重大的拐点就是由美国次贷危机引发的全球性经济危机，把全球经济拖入谷底。这一过程如同“过山车”一般波动剧烈（如图14–1所示）。危机后，经济回升过程也并不顺利。

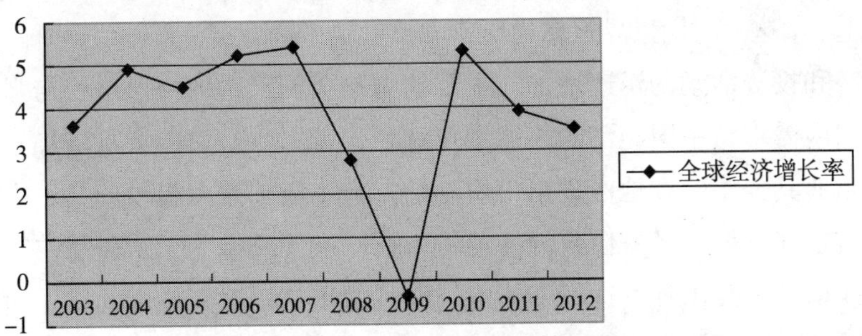

图 14–1　近十年世界经济增长率趋势图

资料来源：根据国际货币基金组织（IMF）2011 年 10 月发布的《世界经济展望》第 178 页和 2012 年 4 月发布的《世界经济展望》第 190 页数据绘制。

（一）前半期的较快增长

2002 年，全球经济走出美国泡沫经济破灭和“9 · 11”导致的衰退，步入新一轮回升进程。2003 年世界经济增长率进一步提升至 3.6%，[①] 其后四年，世界经济分别增长 4.9%、4.5%、5.2%、5.4%，显示出平稳较快增长的态势。其中，发达经济体取得了 2% 以上的增长率。新兴与发展中经济体增长强劲，保持着 6% 以上的增长率。其中，中国更是保持着 10% 以上的增长率，成为新兴与发展中经济体和全球经济增长的引擎之一。[②]

此间全球经济较快增长的主要原因是：

1. 世界贸易快速增长

根据国际货币基金组织 2011 年 10 月和 2012 年 4 月发布的《世界经济展望》数据，从 2003—2007 年，世界贸易增长率分别为 6.1%、

① IMF, World Economic Outlook, October, 2011, p.178.

② IMF, World Economic Outlook, April, 2012, p.190.

10.6%、7.8%、9.3%、7.9%。发达经济体除了2003年外，进出口均保持了5%以上的增长率；新兴与发展中经济体的进出口则均保持在10%以上。[①] 这一时期世界贸易的快速增长反映了全球经济复苏后全球工业生产和投资活动的迅速增加。主要动力是美国经济的快速增长与强大的国内需求、中国经济的快速增长和"入世"后进口的大量增加，以及东亚其他国家和地区进出口贸易的扩大。需要重点提及的是，中国等新兴和发展中经济体强劲的经济增长对能源资源等大宗商品的需求迅速增长，美国等发达经济体生产设备的出口因对其投资的增加而快速增长。这两方面的原因共同促成了这五年世界贸易的快速增长。

2. 国际投资重新活跃

按流入量统计，国际直接投资在经历了2003年、2004年相对低速增长后，从2005—2007年，分别达到了9825.93亿美元、14618.63亿美元和19709.40亿美元，直接投资加速增长。其中发达经济体的流入量分别为6191.34亿美元、9778.88亿美元和13068.18亿美元，说明发达经济体仍是国际投资的主要目的地。但发展中经济体的流入量也在快速增长，2005年到2007年，分别达到3323.43亿美元、4294.59亿美元、5730.32亿美元。[②]

3. 金融市场相对稳定

从2003—2007年，利率、主要货币汇率虽然有所波动，但幅度较小，有利于金融市场的稳定，大部分公司和金融机构的盈利增加，财务状况持续向好，投资者信心稳步增强，全球股市交易活跃，呈现出稳定发展的态势。当然，同时期全球经济、贸易、投资持续增长，也为国际金融市场的稳定奠定了基础。

除了以上原因外，这五年的世界经济平稳增长还与大国间关系相对稳定、国际局势相对平稳，没有发生影响全球稳定的意外政治事件有关。

---

① IMF, World Economic Outlook, October, 2011, p.193; IMF, World Economic Outlook, April, 2012, p.205.

② UNCTAD, World Investment Report 2011, p.187.

（二）后半期的剧烈波动

由于受2008年金融危机和欧债危机的影响，全球经济增长出现剧烈波动。此间全球经济波动可以划分为两大阶段。

1. 经济衰退空前严重

2003—2007年，全球经济平稳增长，但这种好景不长，2007年，美国发生次贷危机，受其影响，2008年，全球经济开始下滑，次贷危机逐步升级成全球金融危机；2009年，全球经济进一步恶化，形成全球性经济危机，经济跌至谷底。从增长率看，2008年、2009年全球经济增长率为2.8%、-0.6%。自第二次世界大战以来，全球经济第一次出现了负增长。其中，发达经济体所受冲击最重，增长率分别为0和-3.6%。发展中经济体也未能免于这次危机的冲击，2008年和2009年，经济增长率分别降为6.0%和2.8%。但中国在2009年依然保持了9.2%的增长率，印度则保持了6%以上的增长率，而巴西则出现了-0.3%的增长率，俄罗斯出现了-7.8%的增长率。①

2009年，世界贸易大幅萎缩，比上年下降10.5%，其中新兴与发展中经济体下降7.7%以上，发达经济体下降达11.5%以上②；2009年，按流入量计算，国际投资由2008年的17441.01亿美元锐减为11850.30亿美元③。全球经济增长的动力严重不足。

2. 回升进程出现波折

2010年全球经济出现迅速回升的态势，但因受欧债危机的影响，2011、2012年的经济增长又开始回落。2010、2011和2012年的经济增长率分别为5.3%、3.9%和3.5%，发达经济体在2011年、2012年的增

① IMF, World Economic Outlook, April, 2012, p.195, p.196, p.194.

② IMF, World Economic Outlook, April, 2012, p.205.

③ UNCTAD, World Investment Report 2011, p.187.

长率低于2%。[①] 世界贸易在2010年出现了快速反弹，增长率为12.9%，但2011年、2012年又开始回落，分别为5.8%、4.0%。[②] 与2009年相比，2010年的国际投资并未出现大幅增长，以流入量统计，仅为12436.71亿美元。[③] 在欧债危机未能有效缓解的情况下，2011年、2012年的国际投资仍难有较大增长。全球经济增长一波三折，脆弱性仍在，甚至不能排除二次探底的可能性。

二、复杂多变的国际经济环境

近十年来，国际经济环境复杂变化，对中国经济发展带来了诸多的不利影响。主要表现在以下一些领域和方面。

（一）国际贸易起伏不定，保护主义重新抬头

从2003年到2007年的金融危机前，世界贸易增长迅速，其中，2003年到2007年，按照国际货币基金组织数据，世界贸易分别增长6.1%、10.6%、7.8%、9.3%、7.9%，2009年负增长10.5%，2010年又出现了12.9%的快速增长，国际货币基金组织预测2012年国际贸易增长率又将降为为4.0%。国际贸易增长起伏不定（如图14–2所示）。

另外，受金融危机影响，贸易保护主义抬头。由于相关国际组织制度不完善，一些成员国利用这些组织的漏洞谋取私利。比如，一些成员国以保护公民权利为由，设置贸易壁垒，阻碍国际贸易。另外，目前的WTO谈判历经多轮而无最后结果，严重消耗了民众对这一组织的信心，无形中降低了WTO的影响力。从国家层面看，一些国家支持并实施贸易保护政策。更加重要的是，实行保护主义的已不再是那些传统的弱小、落后国家，那些强大、先进的发达国家反而越来越成为

---

① IMF, World Economic Outlook, April, 2012, p.190.

② IMF, World Economic Outlook, April, 2012, p.205.

③ UNCTAD, World Investment Report 2011, p.187.

新保护主义的主要执行者。[①] 为刺激经济增长，美国“购买国货”的条款就是明证。目前为止，美国等国对中国实行多起对华贸易救济调查，中国深受其害。据商务部网站“应对贸易摩擦专题”的数据统计，截至2012年4月，美国正在实施的对华贸易救济措施涉案产品多达114起。[②] 为限制其他国家商品进入本国，并为输出本国的低碳技术及其产品提供机会，欧洲国家则利用征收“碳关税”的形式实行保护主义。

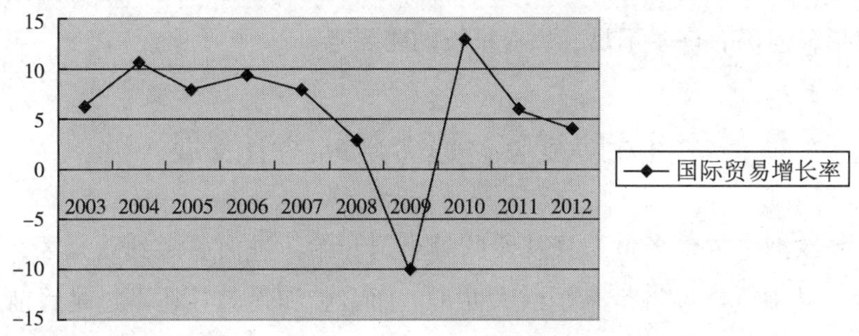

图14-2　2004—2012年国际贸易增长率

资料来源：根据国际货币基金组织（IMF）2011年10月发布的《世界经济展望》第193页和2012年4月发布的《世界经济展望》第205页数据绘制。

（二）国际货币体系畸形，金融监管亟待加强

虽然布雷顿森林体系已经解体，但到目前为止，美元仍是国际货币体系中的主导币种，充当着世界货币、储备货币的角色。美国可以根据国内的需要，实行强势美元政策或弱势美元政策，以转嫁国内的危机。美国实行的量化宽松政策就是一例。这种不稳定、不合理的国际货币体系对像中国、日本等具有巨额外汇资产的国家是严重的威胁。但国际社会缺少对美元霸权的约束，不合理的国际货币体系和缺

① 江瑞平：“当前中国经济外交面临的机遇与挑战”，《外交评论》，2009年第5期，第41页。

② “美国目前正在实施的对华贸易救济措施涉案产品一览表”，中华人民共和国商务部网站，http://gpj.mofcom.gov.cn/aarticle/subject/mymcyd/subjectdd/201205/20120508104018.html，2012年5月10日登录。

少约束的美元霸权成为全球金融危机的根源之一。在今后较长的时期内，由于欧洲债务危机的冲击，欧元可能持续对美元的弱势，日元、人民币等短期难以撼动美元的地位，美元霸权仍将在一定时期内存在。

此外，金融危机的爆发凸显了监管体系的严重疏漏。为此，国际主要金融监管机构国际货币基金组织、巴塞尔银行监管委员会和世界主要的国家美国、中国、日本、欧盟等均在推动国际金融体制监管的改革。巴塞尔协议III和G20会议上一系列协调意见的达成是阶段性的成果，但仍有许多不足，仍有很长的路要走。

（三）债务危机威胁复苏，迟滞全球经济发展

欧洲主要债务危机先从希腊等小国开始，进而蔓延到欧元区，已对回升中全球经济带来了巨大冲击。而希腊和爱尔兰还不过是目前全球主权债务链条上的两个薄弱环节，有些国家的问题甚至远比这两个国家更加严重，比如，2011年，美国、欧元区、日本的负债率分别达到了102.9%、88.1%、229.8%。[①] 主权债务危机已成为世界主要经济体的带普遍性的问题，主权债务危机是后危机时代全球经济稳定运行所面临的最大风险。[②] 目前，一些欧元区国家实施紧缩政策，这有可能打击投资者和消费者的信心，为本来就脆弱的欧元区经济复苏蒙上阴影，甚至威胁全球经济的增长。

（四）大宗商品价格动荡，影响全球经济稳定

大宗商品价格波动给全球经济复苏带来不利的影响。最直接的影响就是推高了整体的物价水平，导致各国以降低经济增长、就业来稳定物价，延缓了目前全球经济复苏的步伐。

在大宗商品中，石油价格的波动对全球经济的影响尤为显著。首先，近十年，油价波动幅度巨大。2003年7月3日，布伦特原油价格为

---

① IMF, World Economic Outlook, April, 2012, p.204.

② 赵进军主编:《中国经济外交年度报告（2011）》，经济科学出版社，2011年版，“代序”部分，第5页。

28.20美元/桶，2008年7月3日，布伦特原油价格冲到146.08美元/桶，2012年5月11日，布伦特原油价格又回落至112.26美元/桶。[①]其次，油价高位震荡影响经济稳定。石油是工业的血液，高油价推高了工业制成品价格。当油价涨幅过大、过快时，必然对经济增长形成抑制。石油属于不可再生资源，因此，寻找替代能源或其他能源生产方式成为当前各国的重要任务。在寻找到可替代能源之前，世界经济仍难摆脱油价波动的影响。

（五）全球失衡日趋严重，恢复均衡难度增大

近十年的国际收支失衡主要体现在美国与中国、日本等经常账户的失衡上。仅以商务部综合司统计的2008年数据为例，2008年，中国全年进出口差额（绝对值）为2954.6亿美元，美国进口814.40亿美元，对美出口2522.97亿美元，中国对美顺差为1708.57亿美元，占中国当年进出口差额的57.8%。[②]

收支失衡不利于顺差、逆差双方的经济增长。以中美贸易失衡为例，对顺差方中国来讲，一是增大了货币升值的压力；二是大量顺差加剧了国内通货膨胀的压力。为了有效应对这一压力，中国政府不得不采取增加货币投放量和调整信贷政策等应对方式，这在一定程度上影响了中国经济健康发展的程度。对逆差方美国来讲，一是大量逆差导致美元信誉下降，使其国际融资难度增大、成本增加。二是降低了其对外支付能力，国际购买力的下降进而影响到普通消费者的生活水平，并在一定程度上导致国内政治生态的变化。虽然说美国民主党选举失利的主要原因是失业问题，但经常收支持续性逆差降低了选民对奥巴马政府的信心也是重要因素之一。

再平衡问题加剧了国家间摩擦。在谁应该对失衡负责任上，各主

---

① “布伦特——原油期货价格”，国际石油网，http://www.in-en.com/oil/quote/futures-oil-info.asp，2012-05-12。

②《中国对外贸易形势报告（2008年秋季）》，表6、表7，中华人民共和国商务部网站，http://zhs.mofcom.gov.cn/aarticle/cbw/200811/20081105897329.html，2012年5月13日登录。

要方面存有明显分歧。美欧等国认为，出口导向型的新兴经济体应该对世界经济失衡负最大责任，这些国家通过低估本币大量出口，对美国拥有巨额贸易顺差，维持较高的储蓄率与较低的国内消费。以这一观点为基础，美欧国家与国际货币基金组织（IMF）等国际金融机构提出的再平衡方案主要集中在中国等新兴经济体的汇率升值、减少出口、增加国内消费等问题上。与之相对，中国等新兴经济体则从自身发展阶段和发展需要出发提出一种责任与利益对称的再平衡路径选择，要求发达国家承担其在纠正世界经济失衡中应当承担的责任，实现储蓄投资结构、金融监管、财政赤字等方面的改革，并要求重塑世界经济秩序，实现各国经济均衡发展。①

三、加速调整的全球经济格局

经济增长的差异是实力分野的基础。进入新世纪以来，由于各主要国家、地区、不同类别经济体经济增长速度的差异较大，导致经济实力随之发生重大变化，全球经济格局进入加速调整的时期。

（一）发展格局：新兴市场与发展中经济体快速崛起

发达经济体和新兴与发展中经济体的发展也出现了重要的变化。2003年，发达经济体占世界GDP的60.705%，新兴与发展中经济体占世界GDP的比重为39.295%；2012年时，发达经济体占世界GDP的比重降为50.081%，而新兴与发展中经济上升到49.919%。经过近十年的发展，两大经济体所占世界GDP的比重已基本持平。②

上述格局的产生是由多种因素促成的。从新兴与发展中经济体来

① 宋玉华、叶绮娜：“后危机时代世界经济再平衡及其挑战”，《经济理论与经济管理》，2010年第5期，第75页。

② IMF, World Economic Outlook Databases, http://www.imf.org/external/pubs/ft/weo/2012/01/weodata/download.aspx.

看，一是新兴与发展中经济体处于资本积累快速增长的周期，还可利用后发优势，降低发展的成本；二是新兴与发展中经济体人口年龄比较年轻，劳动力优势明显，随着中产阶级的人数增多，消费能力增强；三是新兴与发展中经济体之间的联系在增强，相互间贸易和投资在快速增长。这些因素在未来一段时期不会消失。反观发达经济体，人口老化、高福利、经济结构调整滞后等因素阻碍着经济的快速发展，并且，这些因素在短期内也不会消失。

两大经济体比重的基本持平意味着，在世界经济格局中，新兴与发展中经济体将占有越来越多的话语权，世界经济的发展也应该更民主化。

当然，新兴与发展中经济体和发达经济体在总量上的日趋接近，并不意味着两者人均GDP的接近。新兴与发展中经济体要想在人均GDP上接近或超过发达经济体，仍然有很长的路要走。

（二）地域格局：亚太化、东亚化大势所趋

由于美国、欧盟、亚洲发展中国家分别在美洲、欧洲、亚洲中所占GDP最大且具有压倒性优势，因而，我们把美国作为美洲力量的代表，欧盟作为欧洲力量的代表，亚洲发展中国家作为亚洲的代表。在

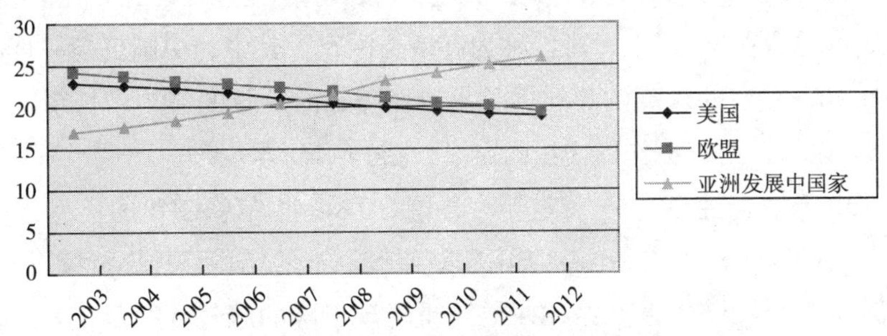

图 14–3　美国、欧盟、亚洲占世界GDP的比重

资料来源：根据国际货币基金组织2012年数据库数据绘制，http://www.imf.org/external/pubs/ft/weo/2012/01/weodata/download.aspx。

2003年时，亚洲发展中国家的力量是三者中最弱的，约占世界GDP的17%左右，欧、美则占22%以上。但经过5年的发展，到2008年时，亚洲发展中国家所占世界GDP的比重已与欧、美相当，均为20%以上。2012年时（国际货币基金组织预测数据），亚洲发展中国家的所占世界GDP的比重将超过美、欧（如图14–3所示）。

从GDP增长势头上看，美、欧正走处在下滑的通道中。欧盟由于主权债务危机的困扰，短期内的发展预期不容乐观；美国有强大的自我调整能力，如果保持目前的经济增长率，情况会好于欧洲，但与经济快速增长的亚洲发展中国家相比，经过若干年后，经济总量被超过也成为大概率事件。因此，亚洲发展中经济在未来的某个时期将可能成为最大的区域力量。

而亚洲发展中国家力量的代表就是中国。据国际货币基金组织预测，2012年，中国按购买力平价计算的GDP占世界总额的14.988%，同期亚洲发展中经济体占世界GDP的26.008%，[①] 中国的贡献已近60%。随着中国经济的进一步发展，中国的贡献有可能越来越大。

（三）大国格局：新兴大国地位提升

近十年来，各主要国家的增长速度差异非常大。如果按增长率高低大体分类，可以看到，中国、印度、俄罗斯、巴西四国的年均增长率基本保持在5%以上，可以称为高增长国家。其中，中国更是一直保持在10%左右的较高的年均增长率。而美、欧、日的年均增长率保持在5%以下，可以称作低增长国家。如图14–4所示。

由于增长速度的巨大差异，各国GDP占世界总GDP的比例发生了较大的变化。首先是由于美国、欧盟、日本的年均增长率持续下滑，导致这几个经济体占世界GDP的比重呈现下降的趋势。欧盟、美国等低增长率国家所占世界的比重由本世纪初的近25%，下降到2012的不足20%；与此相反的是，高增长率国家经过近十年的高速增长，GDP

① 国际货币基金组织，2012年数据库，http://www.imf.org/external/pubs/ft/weo/2012/01/weodata/download.aspx。

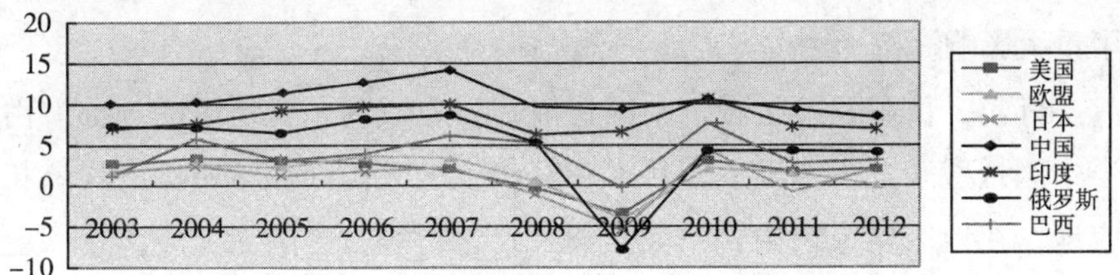

图 14–4　世界主要经济体近十年来经济增长率

资料来源：根据国际货币基金组织2012年数据库数据绘制，http://www.imf.org/external/pubs/ft/weo/2012/01/weodata/download.aspx。

总值有了一定提升，尤其是中国，经过十年的高速增长，其GDP所占世界GDP的比重已接近15%，同欧盟、美国一起列入第一集团。这是一个非常重要的变化，原来传统的美、欧、日三强分化，日本由于近十年的增长不力而跌入第二集团，中国则进入第一集团。如果不能尽快调整发展战略，日本完全有可能被印度等国超过甚至甩开（如图14–5所示）。

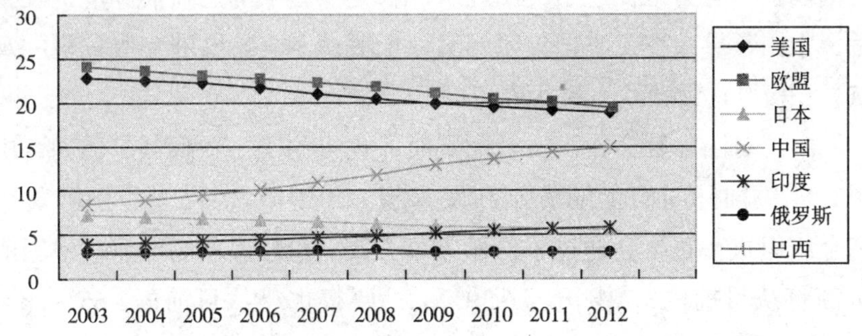

图 14–5　世界主要国家或国家集团GDP占世界GDP的比例

资料来源：根据国际货币基金组织2012年数据库数据绘制，http://www.imf.org/external/pubs/ft/weo/2012/01/weodata/download.aspx。

通过以上三方面的分析可以看到，不论在南北关系层面、区域关系层面，还是在大国关系层面上，中国都占有重要或者突出的地位。

这种地位的变化在近十年来最明显。这种变化在区域和国际上都带来了重大影响。

首先，从东亚地区看，中国将取代日本成为东亚地区的领袖。由于中国近些来的飞速发展，日本在经济上的大国地位被中国取代。相应地，在地区性组织中，比如亚洲开发银行等，中国无疑应该发挥更大的作用，甚至是与其实力相称的作用。但由于亚行等组织体制及其其他因素的制约，中国并未能发挥与其实力相称的作用，日本在地区层次特别是亚洲的影响也将在一定的时期内存在。

其次，从国际层次上，中美日益成为国际格局中的两强。欧盟虽然实力相当，但其并非完全意义上的单一主权国家，所以，从一般意义上讲，中美构成了国际层次上的两强。

在这种格局下，随着中国实力的增长，中国对国际社会的贡献越来越大，国际社会也对中国寄予了厚望，要求中国承担国际责任。中国本着力所能及的原则，对国际社会尽了最大努力。例如，1998年亚洲金融危机时，中国承诺人民币不贬值，对相关国家进行支援，为亚洲尽快走出危机起到了重要作用。在美国次贷危机后，中国没有抛售美国国债，有力地促进了美国经济的稳定。在欧洲主权债务危机发生后，中国领导人在二十国集团等会议上表达了支持欧洲克服危机的观点并积极寻求帮助欧洲的办法。

中国对国际社会作出贡献的同时，也得到了一些权利。比如，中国在相关国际组织上的份额和发言权。2010年11月5日，国际货币基金组织执行董事会通过了份额改革方案。份额改革完成后，中国的份额将从目前的3.72%升至6.39%，投票权也将从目前的3.65%升至6.07%，超越德国、法国和英国，位列美国和日本之后。在世界银行内，2010年4月，中国的投票权比例从2.77%提高到4.42%，超越德国、法国、英国，成为仅次于美国、日本位居投票权第三位的国家。

虽然中国获得了一些份额与投票权，但在世界银行与国际货币基金组织中，主要的领导人职位仍然为美国、欧洲所占据。并且，世界银行、国际货币基金组织已有的一些条款有利于欧美日等发达国家，相关规则的制定权也在欧美日等发达国家手中。总体看，中国在国际经济组织中所占份额或发言权与其经济总量相比，仍具有一定的差距。

四、艰难变革的国际经济体系

（一）国际经济体系变革势在必行

进入21世纪以来，新兴经济体群体性崛起，成为世界经济主力军，尤其是中、印、俄、巴等新兴大国成为世界经济重要引擎，加速了全球力量格局变迁，多极化趋势明显加快，重心向新兴大国倾斜。以中国为代表的一批发展中国家虽然发展迅速，经济实力不断增强，成为举世瞩目的新兴经济体，对世界经济的贡献率越来越大，但是长期以来，发达国家主导着国际经济体系，掌握着不可撼动的话语权和决策权。然而，2008年爆发的国际金融危机及其引发的全球经济衰退削弱了美国及西方国家的综合国力，引发了对美国治理全球能力的挑战、对以美国为主导的国际秩序的挑战，以及对美元霸主地位的挑战，发展中国家，尤其是新兴经济体在国际事务中影响力扩大，从而加速了世界经济格局和国际经济秩序的调整和变化。

国际金融危机不仅使世界格局发生变化，新兴大国在大国关系中的地位和作用进一步上升，大国关系进入新一轮调整，还引发世界各大国对发展模式、发展理念的深刻反思，各国普遍调整各自的发展战略、对外政策。国际经济体系变革是大势所趋，变革成为不可阻挡的国际潮流。

（二）国际经济体系酝酿艰难变革

1. 国际多边组织改革逐步展开

在国际金融危机的推动下，已有先兆的国际金融组织改革加快了进程，最引人注目的就是IMF份额和投票权改革。

份额是各成员国在IMF中所持有的基金股份，反映了成员国在世界经济版图中的相对地位。2006年9月，IMF新加坡年会迈出了份额改革的第一步，对中国、韩国、土耳其、墨西哥进行了小幅上调，但这一调整与发展中国家对世界经济所做的贡献并不相符。国际金融危机凸显了对IMF治理机制进行彻底改革的迫切性。经过多次G20峰会的推进，IMF份额改革进程加速。2009年4月，G20伦敦峰会定下份额改革基调。2009年9月，G20匹兹堡峰会达成份额改革框架协议，IMF份额改革取得了突破性的进展，发展中国家的份额提高至少5%。2010年10月，G20财长和央行行长庆州会议达成了份额改革历史性协议。2011年3月3日，IMF宣布由IMF执行董事会2008年提出的份额和投票权改革方案在得到占总投票权85%的117个成员国批准后，正式生效。根据这一方案，发达国家在该组织的投票权比例将从59.5%降为57.9%，发展中国家的投票权比例则从40.5%上升为42.1%。这项方案实施后，中国在IMF的份额将从目前的3.72%升至6.394%，投票权将从目前的3.65%升至6.071%，超越德国、法国和英国，仅排在美、日之后，位列第三。IMF份额改革是IMF有史以来针对新兴市场和发展中国家的最大份额转移方案，具有重要的历史意义。

世界银行投票权改革为IMF改革发挥了示范作用。在2010年4月世界银行发展委员会春季会议上，世界金融秩序重构正迈出重要一步，会议通过了发达国家向发展中国家转移投票权的改革方案。改革后的投票权分配，美国仍保持在15.85%，日本则由7.62%减至6.84%，原先投票权高于中国的德国、法国和英国，改革后投票权分别为4%、3.75%和3.75%。发达国家向发展中国家共转移了3.13个百分点的投票权，使发展中国家整体投票权从44.06%提高到47.19%。这次改革使中国在世行的投票权从目前的2.77%提高到4.42%，中国从原先投票权排第六升至第三。

这次改革还通过了国际金融公司提高基本投票权以及2亿美元规模的特别增资方案，使发展中国家在国际金融公司整体的投票权从33.41%上升到39.48%。

世行在代表性和发言权方面的改革，较好地反映了新兴市场和发展中国家要求提高话语权的正当要求，进一步促进国际金融机构治理框架内公平和合理性的提高。

2. 国际货币体系改革提上日程

当今世界经济发展日趋多元化，但美元作为储备货币一枝独秀，这导致美元外汇储备被大量累积，增加了世界经济体系的脆弱性。在美元快速贬值的情况下，世界经济将直接暴露在金融风暴的风险之下。“改革和完善国际货币体系，是经济全球化的必然要求，有利于促进全球贸易持续发展、资本有序流动，防止汇率和大宗商品价格大幅波动，保持国际金融体系健康稳定运行，推动世界经济强劲、可持续、平衡增长”。①

诺贝尔经济学奖得主约瑟夫·斯蒂格利茨认为，不稳定的国际货币体系对任何人都没有好处，有必要提出并讨论改革方案，否则改革永远无法启动。

2011年G20戛纳峰会法国任G20轮值主席时，确定了三个优先议题，其中之一就是改革国际货币体系。峰会在国际货币体系改革方面取得了较为实质的进展，各方达成协议，对IMF特别提款权货币篮子进行的审查最晚将于2015年进行，满足标准的货币将被纳入。会议还决定推动建立更具代表性、稳定性和弹性的国际货币体系，IMF特别提款权货币篮子组成应继续反映各国货币在全球贸易和金融系统中发挥的作用，特别提款权货币篮子组成的评估应基于现有标准，IMF将进一步明确这些标准。②

（三）推进国际经济体系变革任重而道远

现行国际经济体系改革主要涉及的是各国在国际金融机构话语权问题，这方面的改革已取得初步进展，但其他不利于国际经济健康发展的因素仍然存在且不得解决，如国际储备货币的改革问题尚在争论

① “改革和完善国际货币体系　是经济全球化的必然要求”，《人民日报》，2011年4月1日。

② “二十国集团戛纳峰会力促经济增长与就业”，外交部网站，http://www.fmprc.gov.cn/chn/pds/wjb/zzjg/xws/xgxw/t874223.html，2012年5月14日登录。

当中，有利于推动世界贸易发展的多哈会谈尚处搁浅，国际金融组织话语权仍是美欧独大，国际经济体系进一步改革任重而道远。

首先是国际储备货币问题。虽然现行体系下出现了储备货币多元化的趋势，但美元依然主导着现行体系下的国际储备资产的供给和价值标准，发展中国家只能被动地接受发达国家输出的储备资产，难以摆脱对美国等发达国家经济与金融的依赖。

其次是多边贸易谈判问题。多哈回合谈判的宗旨是促进世贸组织成员削减贸易壁垒，通过更公平的贸易环境来促进全球，特别是较贫穷国家的经济发展。多哈回合谈判成功是推进建立公平、合理的国际贸易新秩序的重要保障，但是多哈回合谈判自2001年启动以来，由于发达成员和发展中成员发展水平不同，利益和需求也不同，谈判异常艰难，几度遭遇重大挫折甚至中止。2010年11月，G20首尔峰会表达了希望尽快完成多哈回合谈判的意向，并期待获得一个“成功的、有雄心的、全面的和平衡的”结果，多哈回合新一轮谈判又拉开了序幕，从以上情况来看，陷入困境的多哈回合谈判在2011年又迎来了新的转机。但是由于各国目标和诉求的差异，多哈回合谈判的道路注定是曲折的。

最后是话语权问题。根据国际货币基金组织（IMF）的规定，有关国际货币体系改革的任何重要问题，如修改协定、调整份额等，必须有85%以上的投票权才能通过。而美国目前在IMF中的投票权是16.76%，欧盟作为一个整体拥有30%的投票权，这意味着美国和欧盟具有一票否决权，要突破美欧障碍，国际货币体系改革的难度可想而知。正是因为美欧独大，发展中国家在国际金融机构中难以发挥应有的作用，其利益也难以得到体现。

从以上情形看，国际经济体系的变革虽然取得了一些成果，但目前尚处初级阶段，这些成果的取得获得了国际金融危机巨大的助推力。正是寒冷的冬天孕育着春芽，严峻的世界经济形势必将推动国际经济体系的进一步变革。

五、愈演愈烈的对外经贸摩擦

（一）针对中国的经贸摩擦的发展态势与特点

1. 中国成为国际贸易保护主义的重灾区

伴随着我国进出口总额2004年突破1万亿美元、2007年突破2万亿美元、2009年超过德国成为世界第一出口大国的快速发展态势，对华贸易摩擦也进入了高发期。从入世到2010年底的十年间，中国受到贸易救济调查总计近700起。[①] 另据英国伦敦“经济政策研究中心”2009年9月发布的《未实现承诺：关于G20峰会》的报告披露，在对自2008年11月华盛顿峰会后由20国集团政府采取的425项“影响他国商业利益”的措施进行深入分析后发现，中国成为国际保护主义措施的首要攻击目标——因为在其调查的56个经济体中，无论是已经实施的99项措施还是尚未实施的134项措施中，内容涉及损害中国商业利益的比重均位居第一位。[②] 而世界银行于2010年10月初发布的报告也表明，尽管中国出口总量占世界之比不足10%，但从2010年全球新发起和已完成的贸易救济调查案件看，针对中国的占比仍分别高达47%和82%。除了贸易救济调查外，一些国家还直接对中国商品实行了贸易保护措施。在2010年全球新启动的15项贸易保护政策中，针对中国商品的占10项，比例高达67%。[③]

2. 发达经济体强势带头，密集地向中国产品“发威”

美国、欧盟等发达经济体相继出台了以“反倾销”和“反补贴”

① 朱鸿杰：“入世十年我国遭遇贸易救济调查近700起”，新华网，http://news.xinhuanet.com/fortune/2012-03/23/c_122873741.html，2012年5月14日登录。

② “中国如何应对反倾销”，搜狐财经，http://business.sohu.com/20091120/n268357636.shtml，2012年5月14日登录。

③ “世界银行报告：中国出口商品‘很受伤’”，新浪网，http://finance.sina.com.cn/roll/20100528/08228017247.shtml，2012年5月15日登录。

调查（即“双反调查”）和反规避调查为主要内容的多起强化贸易救济效力的政策，密集地向中国产品“发威”。例如，据中国商务部统计，在2009年前三季度19个国家对中国产品发起的88起、涉案总额102亿美元的贸易救济调查中，美国一国就占16起、总计58亿美元，分别占18%和57%。[①] 尤其值得一提的是，2009年6月下旬，美国商务部相继宣布分别对中国产钢铰线、钢格栅板和钢丝层板进行贸易救济调查（其中，前两种产品为反倾销立案调查，第三种产品为反倾销反补贴合并调查），创下了10天之内连续发动3起针对中国产品的立案调查记录，立案频率之高，针对性之强，令人震惊。而在2010年欧盟对中国出口产品也发起了共11起贸易救济调查，为2009年7起的1.6倍，[②] 立案数量为近年来最多，涉案金额亦较大，涉案产品包括三聚氰胺、铜版纸、玻璃纤维制网眼织物、瓷砖、无线数据卡、磷酸三酯、不锈钢无缝钢管、石墨电极等。日本政府在2010年发布的共涉及中国、美国、加纳、泰国、印度尼西亚、德国、澳大利亚、阿尔及利亚等54个贸易伙伴、总计1523批次的食品扣留通报中，来自中国的食品占比22.8%、达到348批次，居首位。[③]

3. 新兴经济体集体挑战中国产品，中国出口遭遇全面围堵

新兴经济体对华贸易摩擦快速增长，已经成为一支限制中国产品进口的生力军。阿根廷是拉美地区对华发起贸易救济案件最多的国家，[④] 据世贸组织统计，1995—2010年，阿根廷共启动了284起反倾销调查，其中涉及中国的案件数为83起、居首位，占阿根廷全球反倾销立案总数的29.2%；[⑤] 仅2011年前三季度，巴西、土耳其、印度尼西亚、

---

① http://finance.sina.com.cn/roll/20100227/10167469576.shtml.

② “2010年欧盟对华贸易救济调查立案数量增多”，商务部网站，http://gpj.mofcom.gov.cn/aarticle/subject/mymcyd/subjectdd/201101/20110107368114.html，2012年5月15日登录。

③ “2010年日本对华食品扣留位居首位”，商务部网站，http://gpj.mofcom.gov.cn/aarticle/subject/mymcyd/subjectnn/201101/20110107377178.html，2012年5月15日登录。

④ “阿根廷重启对华反倾销调查措施”，商务部网站，http://www.mofcom.gov.cn/aarticle/weihurenyuan/a/201007/20100707052846.html，2012年5月15日登录。

⑤ “阿根廷贸易救济案件的特点及走势”，东方财富网，http://finance.eastmoney.com/news/1365,20120412200522310.html，2012年5月16日登录。

阿根廷和印度等五个发展中大国针对中国就发起了18起贸易救济调查，占我国遭受调查总数的36%；[①]其中，中国与“金砖国家”间的贸易关系更是问题频频，[②]仅2011年上半年，印度、巴西、俄罗斯等“金砖国家”就对中国发起了7起贸易救济调查，涉案金额近7.8亿美元，为历年之最。[③]

4. 中国高科技出口产品遭受调查，贸易摩擦从低端向高端蔓延

近年来，对华贸易救济调查出现的一个值得关注的迹象是开始从中国传统低成本、低价位、低技术含量的出口产品如纺织品、轻工产品等逐渐扩展至医疗保健、微电子等高附加值的资本和知识密集型产品。例如，2009年3月18日，欧委会发布公告称，应英国公司的申请、经审查依法决定对自中国的集装箱扫描仪进行反倾销立案调查，成为近期首次对华高科技产品发起贸易救济调查的标志；2010年9月16日，欧盟委员会对中国数据卡发起反补贴调查，涉及金额约41亿美元，此案不仅成为迄今中国产品遭遇涉案金额最大的贸易救济调查，而且也是针对中国高科技电子出口产品的首个反补贴案件。[④]2010—2011年，美国国际贸易委员会共发起了127起337调查中，涉及中国企业总计45起，占35.4%，涉案产品绝大部分为电子信息技术产品，如动态随机存储器、显示设备、半导体集成电路芯片、喷墨墨盒等。[⑤]

5. 贸易摩擦的涉案产品扩展至绿色产业，借环保之名行保护之实

在中国商务部公布的对华贸易救济调查中，与绿色环保和低碳经济相关联的贸易摩擦有显著增多的趋势。例如，2010年9月，美国

---

① “明年中国经济面临三重外部重压”，商务部网站，http://www.mofcom.gov.cn/aarticle/hyxx/fuwu/201112/20111207893436.html，2012年5月16日登录。

② 同上。

③ “新兴经济体集体挑战中国”，http://www.bwchinese.com/article/1020877.html，2012年5月16日登录。

④ “中国产品遭遇新一轮贸易摩擦 产品深陷重围”，http://finance.qq.com/a/20101018/001121.htm，2012年5月16日登录。

⑤ “2010年美国337调查涉华案件数量达历史新高”，http://gpj.mofcom.gov.cn/aarticle/subject/mymcyd/subjectkk/201101/20110107368166.html；“2011年美国337调查情况分析”，http://www.chinadaily.com.cn/hqcj/gjcj/2012-02-01/content_5052180.html，2012年5月17日登录。

联合钢铁工人工会针对中国的绿色产业相关政策向奥巴马政府提出了“301调查”的请求，申诉中国政府对清洁能源产品出口提供的大量补贴违反了WTO原则，要求政府调查中方的贸易政策。2011年11月初，美国商务部置中国方面的强烈反对于不顾，又一意孤行地对中国输美太阳能电池（板）正式发起了“双反”调查，从而开创了中国出口清洁能源产品遭受外国政府“双反”调查的先河。

6. 贸易摩擦向宏观经济政策和制度等深层次领域扩展

随着中国成为世界第一出口大国以及中国出口商品结构的不断优化升级，针对中国的贸易摩擦也从产品领域日益向投资乃至人民币汇率等领域扩展，贸易摩擦的矛头直指我国的经济政策乃至制度层面。据不完全统计，近年来在中国产品遭遇的国外反补贴调查案件中，涉及我国税收、投资、贸易、产业、土地、国企改革等中央和地方经济政策的超过了150项。[①] 对华贸易摩擦已经开始更深层次波及我国的规章制度领域。

（二）针对中国的经贸摩擦愈演愈烈的原因分析

1. 过快增长的国际市场份额

无论是欧、美、日等发达经济体还是新兴经济体在对中国产品采取贸易救济措施时，对抗中国产品市场份额的快速增长均成为了一个重要理由。例如，在中美太阳能电池板纠纷案中，据美方公布的资料显示，中国的太阳能电池制造商在美国市场的份额从5年前的几乎为零增加到目前的占50%以上；而墨西哥政府限制中国鞋类产品进口举措的重要原因也是依据墨鞋业部门的统计，2000—2010年期间，墨自中国进口的鞋类产品增幅高达475%。[②] 在中国与新兴经济体之间的经贸

---

① “中国产品遭遇新一轮贸易摩擦，产品深陷重围”，http://finance.qq.com/a/20101018/001121.html，2012年5月17日登录。

② “墨西哥政府限制中国鞋类产品进口以保护国内产业”，http://www.sjfzxm.com/news/xieye/20110920/260072.html，2012年5月17日登录。

摩擦中，由于后全球金融危机时期欧美等中国传统的出口市场经济增长放缓、需求萎缩，从而使中国出口企业转向以“金砖国家”为代表的新兴经济体市场，从而对这些国家的出口增长强劲，客观上使这些国家的相关产业感到了生存空间受挤压。世界银行的研究报告也认为，中国出口商品具有的竞争优势令巴尔干地区国家（包括阿尔巴尼亚、波黑、保加利亚、马其顿、黑山、罗马尼亚、塞尔维亚和斯洛伐克等）的外贸出口增长缓慢，从而威胁到该地区经济的可持续发展。类似的“中国产品威胁论”目前在世界许多国家和地区盛行，结果造成“中国制造”频遭“围堵”，对中国出口贸易也产生了十分不利的影响。

2. 对中国产品竞争力的惧怕

近年来，伴随着“中国制造”在世界产业链地位的不断攀升，“中国产品威胁论”也越来越盛行于国际市场。中美太阳能电池（板）和中欧铜版纸纠纷案均显示出发达经济体对中国近年来在科技进步和产业结构升级方面成果的日益关注，担心中国在全球产业链中的快速攀升给其高端产品制造商带来的竞争压力，同时也为中国政府以各种形式补贴高科技、新能源的产业政策而对其带来的不利后果而忧心忡忡。而中国与“金砖国家”从原先多年的贸易伙伴变成现在的竞争新对手的原因则主要在于，其产品结构有着巨大的趋同性和竞争性；同时，作为“世界制造中心”的中国在与印度和巴西的双边贸易中，印、巴对华出口仍主要以低价值的初级产品为主，而中国对印、巴出口的产品则以附加值相对较高的电子设备和机械设备等制成品为主，这对目前均志在成为世界制造业强国却在工业制造技术和基础设施方面仍明显落后于中国的印、巴而言，无疑倍感压力。

3. 贸易问题政治化

不可否认，在当前的对华经贸摩擦中，有相当一部分案件与相关国家的国内政治直接有关，特别是在与中国存在大量贸易逆差的美国和欧盟等发达经济体的政府部门，为给自己开脱便置贸易逆差的真实原因——经济全球化带来的新型国际分工以及这些国家对华实行高技术产品出口限制等于不顾，采取了“自己患病令他人服药”的寻找替罪羊的办法，作为解决与中国巨额双边贸易不平衡的出路，将经贸问题政治化。

六、不辱使命的中国经济外交

2002年党的十六大明确提出了完善社会主义市场经济体制的任务，继续推动以经济建设为中心的大方针。在外交工作方面，十六大报告中明确提出了新的外交方针和路线，包括：各国政治上应相互尊重，共同协商，而不应把自己的意志强加于人；经济上应相互促进，共同发展，而不应造成贫富悬殊；文化上应相互借鉴，共同繁荣，而不应排斥其他民族的文化；安全上应相互信任，共同维护，树立互信、互利、平等和协作的新安全观，通过对话和合作解决争端，而不应诉诸武力或以武力相威胁。“主张维护世界多样性，提倡国际关系民主化和发展模式多样化。主张反对一切形式的恐怖主义。强调坚持与邻为善、以邻为伴，加强区域合作的八字方针，并积极参与多边外交活动，在联合国和其他国际及区域性组织中发挥作用”。在十六大的对外政策方针中，对外经济关系、经济外交占有比较重要的地位。党的十六大以来，经济外交不辱使命，取得了一系列重大的成就。

（一）日益明确的中国经济外交路线

2004年8月，中央政府高层的两次会议事实上肯定了改革开放以后经济外交的政策方向，并确立了经济外交在外交工作中的重要地位，改变了经济外交概念在中国使用的层次和结构，是中国经济外交政策的一次重要发展和转折。一次是2005年8月25日至29日，我国第十次驻外使节会议。另一次是同月召开的全国对发展中国家经济外交工作会议。

在第十次驻外使节会议上，中共中央总书记、国家主席胡锦涛提出，要加强经济外交和文化外交，推动实施“引进来”和“走出去”相结合的对外开放战略。[①] 温家宝总理在使节会议上指出，随着经济全球化的深入发展和中国经济实力的增强，经济外交越来越成为我国总体外交的重要组成部分。要大力发展对外贸易和扩大对外投资，不断拓展海外市场；进一步提高利用外资和引进先进技术的质量和水平；积极为国家重大经济发展战略服务。[②]

紧接着，2004年8月31日—9月1日，中华人民共和国国务院在北京召开了全国对发展中国家经济外交工作会议。中共中央政治局常委、国务院总理温家宝接见会议代表并即席发表讲话。他强调，必须从国际政治经济的大势、从国内经济社会发展的大局、从外交工作的大战略和总方针，充分认识对发展中国家经济外交工作的重要性，坚持“相互尊重，平等相待；以政促经，政经结合；互利互惠，共同发展；形式多样，注重实效”的指导原则，推动对发展中国家的经济外交工作上一个新水平。[③]

会议总结了新中国建立以来对发展中国家经济外交工作所取得的主要成效和经验，深刻分析了当前国际国内形势以及开展对发展中国家经济外交工作所面临的挑战和机遇，指出，新时期对发展中国家经济外交工作的总体要求是：以邓小平理论和“三个代表”思想为指导，按照国家外交战略的整体部署，充分发挥我国的比较优势和竞争优势，综合运用各种方式，全方位、多层次、宽领域推动我国同发展中国家的经贸交流与合作，为推进我国现代化建设、完成祖国统一大业、维护世界和平和促进共同发展做出贡献。[④] 中共中央政治局委员、国务院副总理吴仪作了《继往开来，与时俱进，努力开创对发展中国家经济外交工作新局面》的工作报告，国务委员唐家璇进行了会议总结。

---

① “第十次驻外使节会议在京举行　胡锦涛温家宝讲话”，http://news.cqnews.net/system/2004/08/30/000399554.shtml，2012年5月10日登录。

② “第十次驻外使节会议在京举行　胡锦涛温家宝讲话”，http://news.cqnews.net/system/2004/08/30/000399554.shtml，2012年5月10日登录。

③ “全国对发展中国家经济外交工作会议召开”，央视国际，http://www.cctv.com/news/china/20040902/101088.shtml，2012年5月10日登录。

④ 同上。

2005年3月5日，在第十届全国人民代表大会第三次会议上，温家宝总理在《政府工作报告》“坚持和平发展道路与独立自主的和平外交政策”部分中提出：“我们将全面加强经济外交和对外文化交流，积极维护我国公民在海外的生命安全和合法权益。”[①] 这种提法，和胡锦涛主席在第十次使节会议上的提法完全相同，表明我国政府在2004年总结和部署对发展中国家经济外交工作的基础上，将不仅局限于对发展中国家的经济外交工作，而更全面地加强有关经济外交的工作：既包括发展中国家，也包括发达国家；既包括双边，也包括多边；既包括大国，也包括小国；既包括经贸往来，也包括经济合作；既包括引进来，也包括走出去，等等。在中央和国务院高层会议、高级领导人和各有关部门的关注与安排下，中国经济外交的方针、路线和政策日益明确。

（二）对外经济联系迅速扩大，中外经贸额增长迅速

2001年中国的GDP总额为9.59万亿元人民币，折算成美元超过1.15万亿美元，比上年增长7.3%，成为世界上第六个经济总产量超过1万亿美元大国。2011年中国的GDP总额为47.8万亿元，按照美元计价约达7.6万亿美元。2011年美国GDP约达15万亿美元，中国GDP已经达到了美国的一半，并且已经站稳了世界第二大国别经济体的地位。从2001—2011年，中国GDP增长了约7倍，中国人均GDP从1000美元飞跃到5000美元，提高了约5倍。

2001年我国对外贸易进出口总值为5097.7亿美元，比上年增长7.5%。其中出口总额2662亿美元，增长6.8%；进口总额2436亿美元，增长8.2%。顺差226亿美元。2011年全年，中国对外贸易进出口总额达到36420.59亿美元，同比增长22.51%。其中，中国出口总额达到18986.00亿美元，同比增长20.32%；中国进口总额达到17434.59亿美元，同比增长24.99%。[②] 中国对外贸易总额2001—2011年十年间提高

① 温家宝：《2005年政府工作报告》，人民出版社，2005年版，第40页。

② “中国对外贸易：2011年分析和2012年展望”，http://www.caitec.org.cn/c/cn/news/2012-04/06/news_3208.html，2012年5月12日登录。

了7倍。

截至2011年底，中国吸引外国直接投资占全球外国直接投资的10%，全球500强企业中，已经有470多家在中国落户，中国已累计吸收外资约达1.2万亿美元，连续19年居发展中国家首位。2011年我国境内投资者共对全球132个国家和地区的3391家境外企业进行了非金融类对外直接投资，累计实现直接投资600.7亿美元，同比增长1.8%。其中股本投资和其他投资456.7亿美元，占76%；利润再投资144亿美元，占24%。[①]

中国对外经贸额度的大幅度增长，说明了经济外交工作在务实的基础上卓有成效地展开并取得了显著成效，不仅极大地推动了中外经贸关系的发展，从根本上促进了中国经济的跨越式发展，而且使中国在经济总量的很多指标上都开始居于世界领先地位。

（三）全面参与国际经济协调，积极促进机制创新

中国的经济外交，面临着很多全球和地区大事，中国本着着眼长远，重视当前，既维护本国的利益，又关注人类的可持续发展，积极参与，全面协调，以一个负责任大国的面目展示中国的国际形象，发挥中国作为一个发展中大国应尽的国际义务。中国经济外交积极、主动、活跃。仅中共中央政治局常委以上的领导人每年安排出访的外交活动就多达几十次左右，访问的国家和地区范围遍布五大洲的60个国家。中国政府通过这些外交活动全面参与国际协调，其中，一条重要主线就是应对金融危机，促进世界经济摆脱金融危机困境，走向复苏和发展的轨道。

十年来，中国在很多国际经济领域参与了制度和机制的创新，二十国集团机制的诞生就比较典型。二十国集团最初由美国等七个工业化国家的财政部长于1999年6月在德国科隆提出建立，当年12月召开首次大会，目的是防止类似亚洲金融风暴重演，为有关国家举行国

① “2011年我国非金融类对外直接投资简明统计”，http://www.fdi.gov.cn/pub/FDI/wztj/jwtztj/t20120119_140581.htm，2012年5月12日登录。

际经济、货币政策的非正式对话提供平台，促进国际金融和货币体系的稳定。二十国集团会议当时只是由各国财长或各国中央银行行长参加，影响力有限。自美国金融危机引发全球金融危机以后，金融问题再次成为国际焦点。2008年11月15日，在美国首都华盛顿举行二十国集团领导人“金融市场和世界经济”第一次峰会，讨论全球金融和经济问题，扩大各个国家的发言权。中国积极推动这一新机制的产生，胡锦涛主席先后参加了2008年第一次和2009年中的第二、三次二十国集团领导人峰会，并积极推动这一峰会成为有关国际经济问题大国协调的主渠道，从而，促进这一新机制在某种程度和意义上取代了原来的八国集团首脑会议、或20国集团财长会议，成为国际经济领域有关金融和经济问题最有效率、最受关注、最具有权威性的高级协调机制。

二十国集团领导人峰会这一机制的制度化，对中国和世界都具有正面的意义。第一，它改变了过去国际经济问题主要由纯粹的发达国家八国首脑会议讨论和协调的片面局面，加进了发展中国家的元素。二十国集团和八国首脑会议最大的不同，在于它不是由发达国家主导讨论国际经济问题的场所，而是加进了发展中大国和新兴发展中国家。这就打破了发达国家独霸国际经济领域外交协调制高点的局面，在数量上，发展中国家在其中的数量和发达国家大体相当，从而使有关国际经济问题最高层次的协调有了发展中国家的声音，加进了他们的元素。第二,二十国集团作为讨论国际经济问题外交协调的主渠道，反映了国际经济力量的对比变化，具有一定的合理性。冷战结束以后，中国、印度等新兴工业国家经济实力快速增长，而老牌工业国家、包括美国、日本、欧盟在内的发达经济体却处于相对衰落的状态。特别是2008年由美国引发的金融危机，对发达经济体构成了沉重的打击，它们已经没有能力单独主导和解决世界的经济问题，而不得不和发展中经济体共同协商，共谋大计。而新兴发展中经济体，随着自身经济实力的增强，既有积极参与的愿望，同时，也具有了一定的经济实力作为参与的基础和后盾。第三,二十国集团领导人峰会的确立，使国际经济协调既具有一定的广泛参与性，也具有一定的效率性。作为世界最权威机构的联合国，虽然具有广泛的参与性，但是，正因为参与的国家过多，利益分歧过大，因此，很多问题其实都无法通过联合国大会获得解决，这使联合国大会成为一个具有象征意义的论坛，而很少能够解决实际问题。二十国集团领导人峰会虽然目前在性质上也属于论坛的性质，但是，由于它是一定数量的主要发达国家和有实力的发展中国家参与，因此，其中的国际协调既相对于联合国机制容易，并且，也易于提高协调效率，可以作为联合国机构和机制的某种补充。第四，中国对二十国集团的加盟，不仅使二十国集团更具有代表性，而且，也使中国自身有了在国际高层宏观经济协调中主张本国政策的有利平台。

（四）全力抵御危机冲击，稳步应对保护主义

2008—2009年，受世界金融危机的影响，世界经济普遍萧条。中国和世界经济形势还存在着很多不确定的因素，衰退的阴影挥之不去。如何保持中国经济的持续快速增长？是对中国国家整体政策的重要考验。

面对这一严峻课题，中国政府主要采取了两方面政策，一方面属于国内政策，国内政策中最重要的一个战略性政策就是如何落实好2008年11月制定、中央政府投入4万亿元人民币，地方政府配套投入18万亿元人民币，加大投资力度，扩大内需，促进经济恢复和较快发展的政策；另一方面，是通过国内涉外政策、对外政策等经济外交政策和手段，改善国内、国际经济运行环境，扩大国内市场消费，推动中国产品的对外出口，根本目标，仍然是为了改变国内经济衰退或低速增长的风险，促进国内经济的恢复和发展。尽管这一政策带来房地产泡沫、通货膨胀一些负面效果，但当时对于挽救经济危机，的确发挥了重大的抵制作用。

如前所述，中国是贸易保护主义受害最严重的国家。因此，反对贸易保护主义成为2009年中国经济外交的一项艰巨、繁重的任务。在中方遭遇到贸易保护主义的事件中，由于中方通过外交、经济手段和法律手段的反击，中国成功应对多起涉案金额巨大的反倾销案和特保

调查案，其中，印度对中国帘子布、汽车轮胎、汽车零部件等产品的3起特保调查以无措施结案。美国紧固件双反案以无损害结案，欧盟对中国冷轧不锈钢薄板和镀锌板反倾销案也以无措施结案，两案涉案金额近20亿美元。[①] 这些案件的无损害了结，反映了中国在反对贸易保护主义具体案件上积极应对所获得的胜利，应该对其成功经验加以认真总结。但是，也要看到，大部分贸易保护主义案件无法获得公正的解决。

反对贸易保护主义，中国首先从本国自身做起。中国关税总水平为9.8%，其中，农产品平均税率为15.2%，仅为世界平均水平的四分之一。2002—2008年，中国累计从世界进口了4.8万亿美元商品，年均增速达到25.1%，进口增量占世界同期的近9%。[②] 中国已成为世界第三大进口国。截至2008年底，中国实际利用外资金额已经超过8500亿美元，现有外资企业约28万家，绝大多数处于盈利状态。在汽车、手机、化妆品、家电等重要消费品领域，外国品牌和进口产品分别占据了中国市场70%、75%、75%和50%的份额。[③] 这些数据，表明了中国市场对国际贸易、国际投资厂家高度的开放性，其开放的程度甚至超过了部分发达国家。

对于贸易逆差较大的美国等国家，中国派出大规模的政府采购团，进行大宗的政府项目采购，尽最大限度和努力来缩减对方国家的贸易逆差，在主观上努力追求贸易平衡的目标。

（五）稳步发展大国关系，推进周边合作

十年来，中国十分重视发展同美国、俄罗斯、日本和欧盟等在世界上有影响力的大国和地区之间的关系。双方建立起了互访、国际会议上的会面等多种沟通和磋商机制。2011年1月18日至21日，国家主

---

① 耿雁冰、陈梦吉：“2009年中国出口或成全球第一 应对贸易摩擦考验企业智商”，21世纪网，http://www.smelzh.gov.cn/readnews.asp?newsid=9272&page=2，2012年5月12日登录。

② 龚雯：“商务部部长：中国反对保护主义绝非是徒做姿态”，《人民日报》，http://www.gov.cn/jrzg/2009-07/07/content_1358747.html，2012年5月17日登录。

③ 同上。

席胡锦涛应邀对美国进行国事访问。胡锦涛主席访问华盛顿、芝加哥，出席近20场活动。19日胡锦涛主席与美国总统奥巴马举行会谈，这是本次访问的核心安排，受到各方高度关注。胡锦涛主席与奥巴马总统等美方领导人坦诚交换意见，与各界广泛接触。增进了中美战略互信，推动了两国各领域务实合作，扩大了两国人文交流，促进了两国地方政府合作，加强了在重大国际和地区事务中的沟通协调。

2011年12月底的中日两国首脑会晤，也是2011年中日两国首脑经济外交的一个亮点。2011年12月26—27日，日本野田首相对中国进行访问。中国国家主席胡锦涛、总理温家宝等党和国家领导人会见了野田首相。野田内阁对中国的政策已经初步形成，包括既愿意稳定同中国的关系，不参拜靖国神社，不激化对日本不利的历史矛盾；进一步深化对中国的经贸往来、经济合作。核心是利用中国发展日本。同时，也充满了对中国的戒心，甚至，启动了大量牵制、抗衡中国的政策，具有明显的两面性。尽管如此，这次访问依然取得了很大的成功，两国在经济领域的合作取得了一些重要的成果。

2011年5月9—10日，第三轮中美战略与经济对话在美国华盛顿举行。胡锦涛主席的特别代表王岐山副总理、戴秉国国务委员，同美国总统奥巴马的特别代表希拉里国务卿、盖特纳财长共同主持对话。中美双方分别有20多个部门的近30位负责人参加对话。中美双方在促进高层交往，双边对话和磋商，应对地区和全球挑战，加强中美双边合作，气候变化、能源和环境合作，对口磋商和其他会见等七个方面取得了48项具体成果。其中大部分属于经济外交领域的磋商成果。

在大政策方面，这次中美对话有一定的新意。（1）美方承诺在出口管制体制改革进程中，充分考虑中方要求给予公平待遇的呼吁。与中方就特定零部件、技术和感兴趣物项的出口管制状况进行探讨。双方同意将通过中美高技术与战略贸易工作组，积极落实《中美高技术贸易重点领域合作行动计划》，定期举办中美高技术贸易论坛，讨论高技术与战略贸易合作。（2）对中方指出在美投资安全审查程序存在不透明、不公正的问题，美方重申欢迎来自包括中国在内的所有国家和包括国有企业在内的外国直接投资与经济合作，并承诺以同等规则、标准和非歧视性待遇对待所有外国投资。(3)关于汇率问题，双方在会后发表的对话成果说明中提出，美国将对汇率过度波动保持警惕，中国将继续增强人民币汇率的弹性。(4)关于中国的市场经济地位问题，双方一致同意通过中美商贸联委会以一种合作的方式迅速、全面承认中国市场经济地位。(5)双方还将继续推进双边投资保护协定谈判，加强在知识产权保护、产品质量和食品安全以及金融监管和改革等领域的合作。

中国与欧盟的关系也有一定发展。近八年来，欧盟长期保持中国第一大贸易伙伴的地位，中国也将成为欧盟的第一大贸易伙伴。中欧互为重要的经贸伙伴，经济互补性很强，中国需要欧洲的高技术，而欧洲在严重的债务危机面前，不仅需要扩大占有中国市场的份额，也急需引进中国的资金，中欧双方相互需求的领域更加宽广，经贸合作已成为中欧全面战略伙伴关系的重要引擎和坚实基础。

东盟是中国的南大门，是中国重要的周边地区。过去20年，中国与东盟双边贸易额增长了37倍。2011年东盟已经超过日本，上升为中国第三大贸易伙伴，双边贸易总额达3628.5亿美元，仅次于欧盟与美国，成为中国外贸出口新的增长点。2011年中国对东盟出口总额达1700.8亿美元，同比增长23.1%。[①] 东盟对中国的出口也获得大幅度提升。2011年，中国—东盟中心开始试运行。双方设立了中国—东盟合作基金和中国—东盟公共卫生合作基金，用于支持中国—东盟领域合作。东盟10国均已成为中国公民出国旅游目的地，双方互为主要旅游客源对象。到2011年，中国—东盟自由贸易区已经建成两年，能够取得这么大的成绩值得欣慰。中国始终重视发挥东盟在东亚地区合作中的主导地位，努力同东盟国家发展全面关系，尤其重视推动地区经济合作。

2011年，中俄两国高层交往频繁，胡锦涛主席和吴邦国委员长先后访问俄罗斯，梅德韦杰夫总统和普京总理分别访问中国。双方战略互信进一步增强。双方通过战略磋商机制，在涉及彼此主权、国家安

① “中国式经援外交蓄势东盟”,《财经》杂志，http://finance.sina.com.cn/china/20120130/153411272904.shtml。

全和发展等重大问题上相互支持、密切配合，成为非同盟关系的同盟国家。中俄两国关系的良好发展势头进一步巩固了中国北部和西部地区的稳定和安全，加强了以上海合作组织为核心的地区合作，为两国发展国内经济赢得了良好的外部环境，有效地维护了自身的经济发展和共同利益。

（张体伟　陈阳　樊莹　周永生）

第15章

促进中国经济外交的多机制互动

党的十六大以来的十年，也是中国经济外交努力进取、积极作为、全面发展的十年。近十年中国经济外交的全面发展，首先体现在双边、区域、多边等多机制经济外交的良性互动上。在这十年间，我积极开展双边经济外交，确保了对美、对欧、对日、对俄等大国经济关系的基本稳定；积极参与区域经济合作，为国内经济发展营造了总体良好的周边经济环境；积极推动多边经济外交，提升了国际经济地位和影响力，获得了应有的国际经济权力和利益。

一、双边经济外交：确保稳定的大国经济关系

中国与美国、欧盟、日本、俄罗斯等国家的经济关系是中国对外经济关系的重要方面。长期以来，中国通过各种渠道尤其是通过双边经济外交方式不断加强和深化与上述大国之间的经贸往来，确保与这些大国经济关系的长期稳定、健康发展，为我国经济发展争取更有利的国际环境。回顾十六大以来，中国与主要大国经济外交取得了丰硕成果，经济关系更加密切，虽然在发展中存在一些摩擦和问题，但中国同大国之间的经济关系仍不断深入发展并保持双赢或多赢格局。

（一）不断加强与大国的双边经济外交

中美两国1979年正式建立外交关系后，随着两国政治往来的增多和经贸关系的不断发展，两国经济外交得到加强。十六大以来，两国进一步完善和加强了经济外交机制和形式，主要体现在两国逐渐建立和发展起来的各种形式的对话磋商机制，如中美经济联委会、中美商贸联委会、中美科技联委会、中美战略对话、中美战略经济对话等。尤其是2009年4月，胡锦涛主席同奥巴马总统在伦敦举行首次会晤，双方一致同意共同努力建设21世纪积极合作全面的中美关系，同意建立中美战略与经济对话机制。新的“战略与经济对话”机制将此前存在的中美战略对话和中美战略经济对话合二为一，由此将两国合作提高到一个新的层面。这一新的机制包括了更广阔的议题，表现出中美合作由双边议题向多边议题的转变。而且，与以前对话机制不同的是，奥巴马政府将对话由部长级首次升格为内阁级，以体现出对新对话机制的高度重视。

中美战略与经济对话等一系列经济外交活动，围绕中美经济关系中全局性、长远性、战略性以及当前热点问题展开。通过双边经济外交，加深了中美对彼此宏观经济政策与重大利益关切的理解，增强了战略互信和维护双方经济关系的大局意识，并在促进相互贸易和投资、能源与环保、可持续发展、产品质量安全及共同应付经济全球化的机遇与挑战等重大问题上取得广泛共识，并达成一系列重要协议。

中国与欧盟的经济外交是中国双边经济外交的重要方面。2001年，双方建立中欧全面伙伴关系。2003年10月，第六次中国—欧盟领导人会晤在北京举行，双方决定由全面伙伴关系走向全面战略伙伴关系。2006年9月，第九次中欧领导人会晤后，中欧双方一致认为应当制定中欧新伙伴合作协定并立即启动相关谈判。2007年1月，中欧伙伴合作协定的实质性谈判正式启动。同年11月，第十次中欧领导人会晤在北京举行，双方同意成立副总理级的中欧经贸高层对话机制，就双方的经贸合作和经济发展等问题进行磋商和对话。

中欧在1985签署《中欧伙伴与合作关系协定》后，每年举行一次中欧经贸混委会，以加强中欧在经贸领域的对话与合作。2012年5月31日，第26届中欧经贸混委会在欧盟总部布鲁塞尔举行。中国商务部部长陈德铭与欧盟委员会贸易委员德古赫特共同主持混委会，就共同关心的经贸议题深入交换意见，达成一系列重要共识。此外，中国与欧盟海关还建立了双边高层对话磋商机制；建立了中欧能源对话机制、中欧清洁能源中心项目两大平台，在能源工业发展规划、节能减排、清洁能源技术、可再生能源发展等方面扩大企业间商业合作。

中日两国双边经济外交也在多领域多层次展开。2002年10月，中日经济伙伴关系磋商机制在中日两国总理的共同倡议下正式启动。在此机制下，双方主要就两国经济现状及经贸合作广泛领域存在的问题交换意见。双方代表团各由十几个部委的官员组成。到2010年中日经济伙伴关系磋商已举行了8次。

2007年12月首次中日经济高层对话在北京举行。中国副总理曾培炎和日本外相高村共同主持了对话。对话就包括双方宏观经济政策、节能与环保、贸易与投资、地区与国际经济合作等重要内容进行了广泛讨论并取得重要共识。这是继中美战略经济对话之后，中国与世界主要经济大国之间第二个高级别的双边经济对话机制。这对中日双方提升经济合作水平，构筑战略互惠关系具有重要意义。中日经济高层对话已于2007年12月、2009年6月和2010年8月在中日两国举行三次。

中俄总理定期会晤机制是中国对外合作中规格最高、组织结构最全、涉及领域最广的磋商机制。该机制于1996年建立，随着这一机制的确立，中俄两国总理每年举行一次会晤。

1996年12月，双方决定成立中俄总理定期会晤委员会，并下设经贸、能源、运输等分委会，由两国副总理分别担任委员会的中、俄方主席。委员会在政府首脑会晤前夕召开会议，以协调该定期会晤机制的顺利运行。

2002年8月22日，朱镕基总理和卡西亚诺夫总理在上海举行第七次会晤。双方就加强相互协作、反恐、缓和热点地区紧张局势等问题深入地交换了意见，并出席了《中俄总理定期会晤委员会第六次会议纪要》、《中国人民银行与俄罗斯联邦中央银行关于边境地区贸易的银行结算协定》和《中国工商银行向俄罗斯对外贸易银行提供2亿美元出口买方信贷框架协议》等3个文件的签字仪式。到2011年10月11日，中俄总理已举行了十六次定期会晤。

以中俄总理定期会晤为核心的两国政府间合作机制高效运转，有力促进了两国在经贸、能源、科技、运输、海关、航空、航天、金融、核能、环保、通信和信息技术等领域的合作。

（二）与大国双边经贸关系稳步发展

随着中国经济持续快速增长，尤其是通过与大国开展广泛的经济外交活动，中国同相关大国之间的经贸关系获得了稳步发展。

根据中方统计，2002年中美贸易额为971.84亿美元，到2011年，在中美两国有关部门的支持和两国企业努力下，中美贸易额达到4467亿美元，创历史新高。美对华出口突破1000亿美元关口，达到1222亿美元，同比上升20%。[①] 中美已互为第二大贸易伙伴。美国是中国第二大出口市场和第六大进口来源地。在投资领域，2011年美对华投资合同额达74亿美元，同比增长9.7%。截至2011年底，美对华投资项目累计达6.1万个，累计合同外资金额1623亿美元，实际投入676亿美元。目前，美国仍是中国外资最大的来源地之一。2011年，中国企业在美累计直接投资为60亿美元，投资范围涉及工业、农业、科技、金融和工程承包等广泛领域。[②]

在我国对外经贸合作的格局中，与欧盟的经贸关系一直占有十分重要的地位。欧盟已连续多年保持中国第一大贸易伙伴、出口市场和技术来源地地位，中国则是欧盟第二大贸易伙伴和出口市场、第一大进口来源地，也是欧盟出口增长最快的市场。双边经贸合作从单纯的

① 中国海关统计，http://www.chinacustomsstat.com/aspx/1/newdata/stat_class.aspx?page=2&state=3&t=2&guid=4676，2012年5月14日登录。

② 商务部：2011年中企在美直接投资为60亿美元，http://www.ce.cn/cysc/newmain/pplm/hysm/201202/12/t20120212_21113756.shtml，2012年5月14日登录。

货物贸易逐步扩展到投资、技术合作、服务贸易、知识产权保护、研发创新等多个领域。据中方统计，2011年，中欧双边贸易突破5000亿美元，创历史新高。截至目前，欧盟累计在华投资800多亿美元。中国企业累计对欧投资达170亿美元。①

中俄之间贸易结构和贸易秩序持续改善。中俄贸易额从2002年的119.28亿美元跃增到2011年的近800亿美元。目前，中国已成为俄罗斯第一大贸易伙伴，俄罗斯也跻身中国前十大贸易伙伴之列。双方投资与经济技术合作不断推进。截至2011年底，双方已累计相互直接投资38亿美元，俄罗斯已成为中国第九大直接投资目的地。两国企业和金融机构合作意愿日益增强，双方在能源和矿产资源开发、基础设施建设、工业设施改造、木材深加工、农业综合开发、高科技研发等领域的合作日益深化，一批具有示范意义的大项目正在稳步实施。②

中日贸易总体处于稳定健康发展状态。据中方统计，2002年中日贸易额为1019亿美元，到2011年1—9月，中日贸易额达到2534.51亿美元。③不过，由中国社会科学院2012年5月22日上午发布的2012年《日本经济蓝皮书》分析指出，中日双边贸易高位徘徊的态势未出现根本性改观，这种现象一方面意味着中日贸易关系的成熟化和稳定化，同时也反映出中日贸易进入了疲劳期或停滞期。蓝皮书指出，2001—2011年的11年期间，中日贸易增长率一直低于同期中国外贸总额的增长率，与中美、中欧、中韩贸易增速的差距更大。④

① 第26届中欧经贸混委会在比利时召开，商务部网站，http://www.mofcom.gov.cn/aarticle/ae/ai/201206/20120608157374.html，2012年5月14日登录。

② “商务部副部长撰文总结中俄经贸合作五大特点”，中国经济网，http://intl.ce.cn/sjjj/qy/201204/27/t20120427_23277707.shtml，2012年5月7日登录。

③ 商务部国际贸易经济合作研究院：“中国对外贸易形势报告（2011年秋季）”，http://zhs.mofcom.gov.cn/aarticle/cbw/201111/20111107825710.html，2012年5月7日登录。

④ 中国日报网，http://www.chinadaily.com.cn/hqgj/jryw/2012-05-22/content_5981294.html，2012年5月8日登录。

二、区域经济合作：营造良好的周边经济环境

随着经济全球化的不断深化，中国同世界的前途命运日益紧密地联系在一起。中共十六大报告中明确提出加强睦邻友好与地区合作，成为中国区域合作战略发展的里程碑。这也从根本上决定了中国区域合作的立场和对经济外交的高度重视。新世纪伊始，中国提出和实践“与邻为善、以邻为伴”和“睦邻、富邻、安邻”的方针，积极参与东亚合作，进一步提升和强化同邻国的关系。① 面对东亚区域合作机制的深入发展，对于东亚峰会对话机制的扩容趋势，中国积极倡导和支持东亚合作，以开放包容的姿态，实现各种机制优势互补，相互促进，支持东盟共同体建设和其主导作用的发挥。②

（一）巩固和发展中国—东盟务实合作

中国一贯支持东盟联合自强，高度重视和积极推进双方关系的发展，为保持本地区经济的稳定和发展做出了积极贡献。

1. 不断提升中国—东盟政治互信

随着政治交往的不断加深，中国与东盟关系不断进入一个个新阶段。2003年10月，中国与东盟领导人共同签署了《面向和平与繁荣的战略伙伴关系联合宣言》。在这次会议上，中国正式加入《东南亚友好合作条约》，双方政治互信进一步增强。目前，中国同东盟已建立起较为全面的对话合作机制，确定了11个重点领域开展务实合作。2010年，在圆满完成第一份《落实中国—东盟面向和平与繁荣的战略伙伴关系

---

① 尹承德：“独立自主　铸就辉煌——新中国外交政策的发展历程”，中国国际问题研究所，http://www.ciis.org.cn/index-news.asp?NewsID=20090724164111585&d=4&classname=%C9%EE%B6%C8%B7%D6%CE%F6&classid=9，2012年5月10日登录。

② 杨洁篪：“中方主张并支持东盟在东亚区域合作方面起主导作用”，人民网，http://2010lianghui.people.com.cn/GB/181624/11088928.html，2012年5月10日登录。

联合宣言的行动计划（2005—1010）》基础上，双方制订了第二份战略伙伴关系行动计划（2011—2015）。这将把中国—东盟战略伙伴关系提升到一个更高的水平，也将为东亚和全球经济的复苏与发展做出积极贡献。

2. 稳步推进中国—东盟自贸区建设

2000年，中国政府首次提出建立双边自由贸易区。2002年，中国与东盟签署了《中国—东盟全面经济合作框架协议》，决定在2010年建成中国—东盟自贸区。2010年1月1日，中国—东盟自由贸易区如期建成。倡议并积极推进中国—东盟自由贸易区，是中国政府主动参与区域合作、开展对外经济外交的一个重要尝试。这也是中国与东盟双方在经济相互依赖水平日益提升，政治互信不断加强的背景下，双方提升合作水平的制度性安排。[①] 中国—东盟自贸区的正式建成，为扩大双方贸易投资合作提供了前所未有的良好环境，双方贸易额同比增长38%。

3. 积极构建中国—东盟互联互通

2009年4月，中国政府宣布设立总规模100亿美元的中国—东盟投资合作基金、向东盟国家提供150亿美元信贷支持，重点支持中国与东盟有关国家在公路、铁路、水路等领域基础设施的建设。[②] 2010年东盟通过了“东盟互联互通总体规划”，互联互通成为中国—东盟合作的重要内容。根据东盟的需要，2011年11月，中国倡议成立中国—东盟互联互通合作委员会，设立30亿元人民币的中国—东盟海上合作基金，为促进本地区商品、资本、信息的自由流通、人员往来和经济社会发展创造更好条件。[③]

---

① 李光辉：“中国—东盟自由贸易区《投资协议》”，商务部国际贸易经济合作研究院，http://www.zftec.gov.cn/main/llyj/T232919.shtml，2012年5月12日登录。

② “中国驻东盟大使：中国—东盟战略伙伴关系将面临更大发展机遇”，新华网，http://news.xinhuanet.com/politics/2010-10/25/c_13574226.htm，2012年5月12日登录。

③ “温家宝总理在印尼卡尔蒂妮宫的演讲（全文）”，新华网，http://news.xinhuanet.com/politics/2011-04/30/c_121367247.html，2012年5月13日登录。

（二）东盟与中日韩合作机制不断取得突破性进展

迄今，东盟与中日韩（“10+3”）在18个领域建立了50多个不同层次的对话机制，形成了多层次、宽领域、全方位的对话合作。中国国家领导人参加了历次会议并积极提出倡议。

1. 共同推动东亚区域财金合作

中国一直以积极的态度与东亚各国密切合作，共同推进区域财金合作。一是旨在建立区域资金救助机制的清迈倡议多边化进程取得重大实质性进展。2010年3月24日，清迈倡议多边化协议生效，总规模1200亿美元的区域外汇储备库正式建立。其中中国出资384亿美元，占储备库总规模的32%。[①] 这对东亚经济金融的稳定、区域合作的顺利进展，以及国际金融体系的健康发展有着十分重要的意义，[②] 也表明了中国勇于承担稳定区域经济的责任。二是亚洲债券市场取得积极进展。2010年5月举行的“10+3”财长会上，总规模为7亿美元的区域信用担保与投资基金正式成立，中国承诺出资2亿美元。

2. 东亚自贸区建设取得积极进展

“10+3”合作作为东亚合作的主渠道和重要推动力量，是东亚区域合作的现实选择。“10+3”合作把东盟十国和中、日、韩三国聚合在一起，提升了共同的地区意识，增进了彼此的良性互动，拓展了共同发展的空间。2010年，中国再向“10+3”合作基金注资100万美元，用于推动东亚自贸区建设的相关工作。2011年8月，中日共同提出加速推进东亚自贸区和东亚全面经济伙伴关系建设的倡议。中国愿在充分尊重东盟中心地位、循序渐进、兼顾各方关切的基础上，务实推进。

① “清迈倡议多边化正式签约”，财政部网站，http://www.mof.gov.cn/mof/zhengwuxinxi/caizhengxinwen/200912/t20091228_252854.html。

② “财政部部长谢旭人就“10+3”财长会接受专访”，财政部网站，http://www.mof.gov.cn/pub/mof/zhengwuxinxi/caizhengxinwen/200905/t20090503_138854.html。

2012年是“10+3”合作进程启动15周年、中国将担任中日韩合作协调国，我们要以此为契机，增进战略互信，推动“10+3”合作达到更高水平。

（三）积极推动中日韩合作后来居上

过去十年间，中日韩合作不断发展，成为亚洲区域合作的亮点。中日韩三国共同利益不断增长，各领域合作稳步推进。

1. 合作机制建设取得重大突破

1999年11月，时任中国总理朱镕基、日本首相小渊惠三、韩国总统金大中在菲律宾出席东盟与中日韩（“10+3”）领导人会议期间，举行早餐会，启动了三国在“10+3”框架内的合作。2000年，三国领导人在第二次早餐会上决定在“10+3”框架内定期举行会议。2008年12月，首次“10+3”框架外的中日韩领导人会议在日本福冈举行。截至2011年10月，三国已建立外交、科技、财政等17个部长级会议机制和50多个工作层交流合作平台。在2009年设立三国合作网络秘书处基础上，于2011年9月在韩国正式建成中日韩合作秘书处。合作秘书处的建立使三国合作迈上了机制化道路。[①] 中国一直积极支持在韩设立三国合作秘书处，为秘书处开展工作提供积极协助。

2. 中日韩自贸区建设进程提速

早在2002年“10+3”会议上，中国就提出了启动中日韩自由贸易区可行性研究的设想，并得到了日韩两国的积极回应。在接下来的七年时间里，三国研究机构对建立自贸区的可行性进行了大量分析研究。直到2009年10月的第二次中日韩领导人会议，三国领导人就尽快启动三国自贸区官产学的联合研究达成共识，并于2011年最终完成中日韩自贸区联合研究。2012年5月13日，在北京举行的第五次中日韩

---

① 《中日韩合作》，外交部网站，http://www.fmprc.gov.cn/chn/pds/gjhdq/gjhdqzz/zrhhz/，2012年5月18日登录。

领导人会议上，《中华人民共和国政府、日本国政府及大韩民国政府关于促进、便利和保护投资的协定》正式签署。同时，三国领导人同意年内正式启动中日韩自贸区谈判。早日建成三国自贸区，不仅给三国带来切实的利益，也将为东亚经济一体化注入强劲动力。

（四）坚持开放的东亚区域合作

随着东亚峰会的扩容，东盟“10+8”防长会议机制的创立，以及《泛太平洋战略经济与伙伴关系协定（TPP）》的强势发展，东亚地区合作机制已经进入一个新的调整和演进时期。

中国赞赏东盟坚持东亚合作既定方向、原则和任务的立场主张，支持东盟继续在东亚合作中发挥主导作用。东亚合作吸收域外国家和地区参与，是顺应经济全球化潮流的必然选择。美、俄与东亚各国存在密切关系，它们的加入扩展了东亚合作的空间。中国欢迎一切有利于促进地区稳定与发展的主张，正视美国对东亚经济合作的某些合理关切，欢迎美国与东亚发展双边和多边的经贸合作安排，如亚太自由贸易区、跨太平洋战略经济伙伴关系等。

中国将继续奉行睦邻友好的区域合作观，坚持走和平发展道路，奉行互利共赢的开放战略，坚持与邻为善、以邻为伴的睦邻友好政策，在和平共处五项原则基础上与所有周边国家开展友好合作，共同营造和平稳定、平等互信、合作共赢的周边环境。[①] 开放的东亚既能容纳美国的利益，也能扩展中国的利益，同时还能确保周边国家从中国的崛起中获得越来越多的利益。

① “杨洁篪就中国外交政策和对外关系答中外记者问摘要”，外交部网站，http://www.mfa.gov.cn/chn/pds/ziliao/zt/dnzt/yjcdjzw/，2012年5月18日登录。

三、多边经济外交：力争合理的国际经济权益

（一）利用峰会外交，在动荡中推动建立新型国际金融秩序

要支撑全球经济健康运行和发展，一定要有良好有序的国际金融体系。国际金融危机的爆发深刻地说明，现有国际金融体系出现重大缺陷，如美元在现行国际货币体系中的垄断与霸权地位，现行国际金融组织体系缺乏独立性和权威性，现行国际金融监管体系不完善等。这些重大缺陷表明国际金融体系急需改革。

当前国际金融体系改革的博弈主要是两种力量和两个方面的较量：一是长期主导国际金融体系的美欧发达国家内部的权利和利益分配的博弈；二是已经崛起的新兴和发展中经济体国家与发达国家之间要求改变现状和维持原有秩序不变的博弈。在国际秩序和国际规则上，中国的立场和态度有了转变，过去是被动服从、执行，现在转变为力图改变不合理的、危害中国和发展中国家利益的国际金融体系和国际规则，要求提高发展中国家在国际金融体系中的发言权和地位、改善国际金融和经济环境。中国在G20的数次峰会，以及金砖四国的首脑会议上都提出要改造和重塑现行国际金融体系，“推动国际金融秩序不断朝着公平、公正、包容、有序的方向发展”，包括“改进国际货币基金组织和世界银行治理结构，提高发展中国家代表性和发言权”，“完善国际货币体系，健全储备货币发行调控机制，保持主要储备货币汇率相对稳定，促进国际货币体系多元化、合理化”，[①] 加强国际金融监管合作，完善国际金融监管体系等。

① “胡锦涛主席出席二十国集团领导人第二次金融峰会取得重大成果”，外交部网站，http://www.fmprc.gov.cn/chn/gxh/wzb/zxxx/t555959.html，2012年5月10日登录。

（二）利用WTO机制，在共赢中推动建立新型国际贸易体系

1. 加入WTO，中国与世界共赢

由于各种历史原因，作为一个快速发展的经济体，2001年之前的中国一直徘徊在世贸组织的大门之外。中国为了加入WTO花费了大量的人力、物力和财力，做出了巨大让步。入世的过程异常艰难，谈判在争取与妥协中曲折进行，在各方的努力下，中国终于在2001年加入了世贸组织。中国自入世以来，积极履行入世诺言，逐步降低了进口产品关税税率，取消了所有进口配额、许可证等非关税措施，全面放开对外贸易经营权，大幅降低外资准入门槛。中国关税总水平由15.3%降至9.8%，远远低于发展中国家的平均水平。中国服务贸易开放部门达到100个，接近发达国家水平。①

在中国对世界敞开大门的同时，本国经济也取得了长足发展，对外贸易增长迅速。2001年国际贸易总量为12.6534万亿美元，2010年为30.3870万亿美元，十年增长逾140%。中国货物贸易进出口规模从5098亿美元增至近3万亿美元，增长4.8倍，中国已成为世界第一大出口国和第二大进口国。服务贸易方面，中国进出口规模从719亿美元增至3624亿美元，增长4倍。这期间，中国国内生产总值从2001年的11万亿元人民币增至2010年的近40万亿元人民币，年均增长超过10%。2010年，中国经济总量（按汇率法的GDP计算）已升至世界第二位，占世界总量比重升至超过9%。中国人均国内生产总值由2000年的800多美元增至2010年的4000多美元。②

曾与中国进行入世谈判的美方核心人物、前贸易代表巴尔舍夫斯基表示，入世十年以来，中国经贸发展取得“大跨步”式的成就，入

---

① “中国与世界共赢——中国加入世贸组织十周年述评”，中华人民共和国政府网站，http://www.gov.cn/jrzg/2011-12/11/content_2017052.html，2012年5月10日登录。

② “中国入世十年‘世界观’”，新华网，http://news.xinhuanet.com/fortune/2011-11/01/c_122223529.html，2012年5月15日登录。

世让中国和其他国家拥有共同的“经济语言”，成为中国加深与世界各国关系的纽带，而中国的发展对于国际经贸格局的结构性变化也有着重要意义。正如美国前商务部长坎特所说：“中国入世不仅对双方（中美）是双赢，对全世界都是双赢。”①

2. 推动多哈回合谈判，积极参与全球经济治理机制改革

WTO具有维护其宗旨并保证贸易规则实施的较完善的组织体系和法律制度，各成员愿意通过其争端解决机制化解贸易摩擦，这也使WTO成为维护国际公平贸易秩序的最有力机构，并有力推动了国际公平贸易秩序的建立。但是国际多边贸易体制是在美国等西方主要发达经济体主导下建立起来的，由于制定规则者话语权的非对等性和规则适用对象的差异性，包括世贸组织规则在内的许多国际贸易规则主要还是为了保护这些制定国的利益。

诺贝尔经济学奖得主斯蒂格利茨曾说过，“世界贸易体制最根本的问题是，在过去的50年中，它一直执行一个代表美国和欧盟等发达工业国家利益的日程表”。② 由于世界贸易组织体系建立在不平等基础之上，随着贸易规模的扩大，中国在世贸组织中已成为遭投诉最多的成员之一。出现这种情况的重要原因之一，是现存的国际规则更多反映了发达国家的利益需要，而没有充分反映发展中国家的利益需要。比如，现有的世贸组织规则没有针对美国高新技术产品出口限制的制裁措施，但是中国为改善环境而实施的出口限制却成为世贸组织的制裁内容。鉴于以上情况，中国有必要推动改革不合理的国际规则，实现从“规则被动接受者”到“规则主动制定者”的身份转换。

多哈回合谈判与中国倡导公平贸易的目标是一致的，多哈回合谈判的宗旨是促进世贸组织成员削减贸易壁垒，通过更公平的贸易环境来促进全球，特别是较贫穷国家的经济发展。贸易大国的地位要求中

① “入世十年：中国与世界共赢”，新华网，http://news.xinhuanet.com/fortune/2011-12/07/c_111224954.html，2012年5月15日登录。

② 乔新生：“要破除世界贸易组织的不公平规则”，《环球视野》，http://www.globalview.cn/readnews.asp?newsid=1782，2012年5月16日登录。

国通过积极参与多哈回合谈判，建立反映自身利益的多边贸易规则，维护多边贸易体制和推动国际贸易秩序朝更加公正合理的方向发展。

多哈回合谈判的关键在于农业和非农产品市场准入问题，主要包括削减农业补贴、削减农产品进口关税及降低工业品进口关税三个部分。为了推进多哈回合谈判，中国在农业谈判中所作出的所有削减都是实质性的。中国在加入世界贸易组织时已就农产品作出巨大承诺，并且一直在大幅降低农业关税，所以中国在多哈农业谈判上没有太多让步的余地。财政部数据显示，中国的非农产品关税从1992年的42%降低至2007年的8.9%，降幅超过80%，农产品关税由加入世界贸易组织前的54%下降到目前的15.3%，而目前世界农产品关税的平均水平是62%。

在世界贸易组织谈判中，中国既代表了发展的观念，也代表了开放的概念，既支持发展中国家通过多哈回合获得更大发展，也支持全球更大的贸易流和更开放的市场环境，兼顾了发展中国家和发达国家的利益，因而将更好地推动建立新型的国际贸易新秩序。[①]

（周林　冯兴艳　陈阳）

① 王晓欣:“多哈回合谈判：中国兼顾发展与发达国家利益”，金融时报网，http://business.sohu.com/20070622/n250710696.shtml，2012年5月19日登录。

第16章

推动中国经济外交的多领域拓展

近十年中国经济外交的全面发展，也充分体现在经济外交领域的不断拓宽上。在改革开放后的很长时期，中国经济外交主要集中在对外贸易、引进外资、对外援助等传统领域。近十年来，不仅对外贸易、引进外资、对外援助等传统领域的经济外交得到进一步强化，而且在金融合作、对外投资、能源资源、气候环保等领域的经济外交也越来越受到重视，越来越成为中国经济外交的重要组成部分。

一、拓展市场，应对摩擦，贸易外交成果显著

（一）反击对华贸易摩擦，消化国际贸易保护主义巨大压力

1. 高调驳斥对华贸易保护主义，并采取适当措施予以回应

——针对2009年12月23日欧盟部长理事会通过的继续对中国皮鞋产品延长15个月征收反倾销税的无理决定，中国商务部亦迅疾作出反应，公布了自2009年12月28日起对欧盟碳钢紧固件反倾销调查的初裁决定，即对该产品采取以向中国海关提供相应保证金为主要形式的临时反倾销措施。

——2010年2月，针对美国奥巴马政府对中国生产的汽车轮胎加征关税，作为美国肉鸡第一大出口市场的中国宣布将对自美国进口的禽类产品征收反倾销税。

——2010年3月，针对美国商务部发布的对中国输美铜版纸和磷酸盐两起“双反”案的反补贴初裁公告，中国商务部新闻发言人随即表示，美方采用歧视性做法频频对中国发起反补贴调查并任意提高反补贴税率，不公正地限制了中国产品的正常出口，中方坚决反对美国此种有悖于WTO规则的滥用贸易救济措施的做法，同时强调中方绝不接受美方企图将美国生产企业遇到的困难转嫁给中国的无理行为。

2. 以更加成熟务实的方式努力化解贸易纠纷

为缓和欧美对巨额贸易逆差的不满情绪，中国政府先后多次派出大型商贸采购团奔赴海外，向其他国家抛出“采购大单”。这些大型贸易投资促进团由中国商务部牵头，包括了机电、能源、医药、轻工、机电等行业数十家企业、行业协会及有关政府机构在内，主要以美国及德国、瑞士、西班牙、英国、意大利、芬兰、瑞典、葡萄牙等欧洲国家为目的地，所购货物不仅包括大豆、棉花、火腿、葡萄酒、机械设备及零部件、电信产品、大型民用航空器等有形产品，而且还包括技术和服务等无形产品，订单金额总计约1千亿美元，显示出中国政府对努力削减贸易顺差的决心。

3. 中国企业维权意识增加，依法状告美国政府机构大获全胜

针对国外机构对我产品的种种不合理反倾销指控和审理，我方积极应对，从多方入手动员广大利益方抓住一切机会，综合运用政治、经济和法律等外交手段全方位运作，直至取得对我有利的结果。

——在经历了漫长的对阵后，2010年8月27日，美国联邦巡回法院驳回了美国联邦政府机构——国际贸易委员会（ITC）根据所谓“337”条款指控中国通领集团侵权的错误裁决，判定涉案的通领生产的漏电保护断路器（GFCI）产品并未侵犯帕西西姆340专利和398专利及任何涉案专利；该判令要求ITC根据本判决修改并解除对通领GFCI

产品的海关有限禁止令，此案最终以中方完胜而告终，同时也创造了中国企业依法状告美国政府机构（ITC）并获胜的经典案例。

——2009年2月4日，在巴西针对中国草甘膦行业的反倾销日落复审中，先是巴西外贸委员会（CAMEX）宣布对来自中国产草甘膦的反倾销调查终裁为加征35.8%的关税，后经我多方努力，先后调整为11.7%和2.9%，后又提升至29%，但最终裁定为征收2.1%的反倾销税。虽然几起几落、惊心动魄，但终以中国企业基本保住在巴西的市场份额而告结束。

（二）积极运用国际贸易规则维护自身利益，世贸组织日益成为中国多边贸易外交的主渠道

1. 积极维护世贸组织，努力在多哈贸易回合中发挥中坚作用

——作为快速成长起来的贸易大国和多边贸易体制的最大受益国，中国自入世以来一贯支持并积极参与世贸组织的各项活动，尤其是在多哈回合谈判中，尽管并非该组织的资深成员，但中国的谈判出价曾被评为是最好的成员国之一；同时，伴随着话语权的增加，中国在整个多哈回合谈判中也一直努力发挥建设性作用，先后或单独或与其他发展中成员一起提交了100多个提案，还积极参加了历次小型部长会议以及各种各样的多边与双边磋商；尤其是在多哈回合谈判几度陷入僵局时，中国都做到了顾全大局，坚持公正、公开的原则，认真务实地主动站出来协调各方立场，表现出了足够的灵活性，多次在谈判的关键时刻发挥建设性作用，因而曾赢得所有参加会议和谈判的世贸组织其他成员以及WTO秘书处的高度赞赏和感谢。

——2009年11月30日开幕、有WTO153个成员的代表出席的日内瓦第七届部长级会议上，中国商务部长陈德铭又充分地阐述了“中国始终是多边贸易体制的坚定支持者、始终是自由贸易原则的忠实拥护者、始终是多哈回合谈判的积极推动者”的鲜明立场，同时中国还呼吁各方坚定信心、珍惜来之不易的成果，坚持多边主渠道的作用，以尽早走出多哈回合的谈判僵局。

2. 积极学习利用世贸组织规则伸张中国权益并获积极成果

——2010年9月29日，世贸组织专家组就“中国诉美国禽肉进口限制措施案”发布裁决报告认定，美《2009年综合拨款法》关于限制中国禽肉进口的条款不符合世贸组织规则。中国常驻世界贸易组织代表团商务部新闻发言人随即对此裁决结果表示欢迎，并同时强调中国禽肉产品是安全的，希望美方能够重视中方关切，进一步采取积极措施，彻底消除专门针对中国禽肉设置的任何歧视性措施，公平公正地开展对中国禽肉的等效性评估和进口检验，早日实现两国禽肉的正常贸易。①

——2010年12月3日，世贸组织裁定中方在“中国诉欧盟紧固件反倾销措施案”中获胜。据该专家组发布的裁决报告，欧盟为了补偿其认定的所谓中国“不公平竞争行为”，曾对从中国进口的为期5年的价值7.69亿美元的碳钢紧固件（如螺丝和螺栓）施加反倾销税的做法违反了世贸组织相关法规。②专家组裁定，欧盟《反倾销基本条例》有关“单独税率”的规定不符合世贸组织规则；专家组还裁定，欧盟对中国碳钢紧固件商品是否按低于国内成本的价格倾销的计算方式不当，且采取的反倾销措施也违反了世贸组织规则。中国政府旋即对这项裁定表示了欢迎。

3. 圆满完成世贸组织对中国贸易政策的审议工作

自入世以来，中国政府曾先后于2006年、2008年、2010年和2011年四次接受了世贸组织17个机构的对华贸易政策审议。中国方面对此项工作非常重视，本着高度认真和负责的态度，以及澄清事实、增信解疑、提高共识的原则，向世贸组织认真履行贸易政策通报义务，同时还认真解答了世贸组织成员提出的累计约5000个主要涉及中国贸易

---

① “商务部就我诉美禽肉限制措施案裁决报告发表谈话”，http://www.gov.cn/gzdt/2010-09/30/content_1713746.html，2012年5月19日登录。

② “商务部条法司负责人就世贸组织专家组就中国诉欧盟紧固件反倾销措施案发布裁决报告发表谈话”，http://gpj.mofcom.gov.cn/aarticle/subject/mymcyd/subjectss/201012/20101207295651.html，2012年5月19日登录。

体制透明度、技术性贸易措施、出口退税和补贴、出口限制、知识产权执法、产业政策、政府采购以及服务业的进一步开放等方面的问题，最终为审议工作的成功举行做出了重要贡献，也为这一长达十年的对华贸易政策审议机制画上了圆满句号。

4. 通过举办各种形式的中国入世专题研讨会及招待会等外交活动，宣传中国入世后取得的巨大成就，赢得了国际社会的广泛赞誉

为纪念入世10周年，2011年中国在海内外举办了规模和规格各不相同，且形式多样的专题研讨会及招待会，充分宣传中国入世十年来，通过全面履行承诺、不断扩大对外开放程度，努力提高对外贸易政策的稳定性、透明性和可预见性，在促进中国经济大发展的同时，也惠及了贸易伙伴的积极成果，赢得了国际社会的广泛赞誉。

（三）自贸区战略进展显著，中国贸易外交的基础平台雄厚

——进入新世纪以来，中国贸易外交领域的另一突出成就即是抓住了因中国经济实力日益强大所带来的影响力和投射力与日俱增的难得机遇，视自贸区为中国“和平崛起”的试验田和试金石，以积极的姿态和有效的方法，有的放矢地与一些贸易伙伴开展自贸区框架下的合作，进一步夯实了中国外交的基础平台。目前，我国正与五大洲的32个经济体共建16个自贸区。其中，与中国香港、中国澳门、东盟、智利、巴基斯坦、新西兰、新加坡、秘鲁、中国台湾和哥斯达黎加等经济体之间的双边自贸协定已经生效，且总体运行情况良好。与此同时，我国与海合会、冰岛、挪威、瑞士、韩国、日本等经济体的自贸区谈判也在积极推进之中。

——尤其值得一提的是，在中国—东盟自贸区这项典型的南南合作中，中国始终秉承了多予少取、平等互利的谈判策略，尊重和照顾合作伙伴特别是落后国家的利益和关切，充分展示了一个大国的仁厚和慷慨。对于老挝、柬埔寨、缅甸等经济相对落后的东盟成员国，中国采取单边让渡而不要求这些国家的对等市场开放。此外，该自贸区

的分步骤谈判和分阶段实施、先易后难、以及边谈判、边建设的独特方式，为今后中国乃至世界其他国家的自贸区建设提供了宝贵的经验。

（四）寻求承认中国“完全市场经济地位”的外交努力成果显著

中国争取“完全市场经济地位”的外交努力始自于本世纪初中国加入世贸组织伊始。因为根据中国加入世贸组织协议条款，中国将最迟于2016年才能自动获得“完全市场经济地位”，且人们普遍认为近些年来各国对华反倾销案件的持续升温与中国入世时签署的非“完全市场经济地位”密不可分，更重要的是近些年因遭遇反倾销已经给中国出口造成了总计超过150亿美元[①]之巨的损失。因此，为促进中国对外贸易更加健康的发展，通过积极的贸易外交手段，努力获得世贸组织其他成员对中国“完全市场经济地位”的承认，便成了进入新世纪以来中国贸易外交的热点问题。

通过领导人会晤、政府官员多次的双边交流和沟通等多个方面的外交努力，2004年4月，中国最终获得了新西兰的正式承认，实现了自己在此方面外交努力的零的突破，也为其他贸易伙伴对中国这一地位的最终认可奠定了基础。据中国商务部统计，到目前为止，经过不懈的外交努力，包括俄罗斯、巴西、新西兰、瑞士、澳大利亚等重要经济体在内的81个世贸组织成员国已经承认了中国的“完全市场经济地位”。

二、强化协调，规避风险，财金外交积极进取

十六大以来的这十年既是中国国力不断上升的十年，也是全球经济金融形势发生巨变的十年。这十年来，中国在全球经济治理和全球

① “中国对外贸易形势报告（2011年秋季）”，http://zhs.mofcom.gov.cn/aarticle/cbw/201111/20111107825710.html?60825548=234575841。

金融格局的作用越显重要，在财政金融领域的外交活动成为近十年来经济外交的重要内容，中国在参与全球经济治理，推进国际金融体系改革，加强区域货币金融合作和开展双边财政金融外交合作中发挥着积极的作用。

（一）积极参与全球经济治理，推进国际金融体系改革

由于国际经济环境在这十年中发生了深刻变化，全球经济的主题也随之变化，以宏观经济问题和金融稳定为主要议题的财政金融外交的内容也在深刻变化。

在金融危机以前，中国参与全球经济治理一是通过在国际货币基金组织、世界银行等传统国际经济治理的多边机制发挥影响，二是加强二十国财长和央行行长会议机制。特别值得一提的是，2005年10月15日，中国主办了二十国集团财长与央行行长会议。当时全球经济失衡是一个热门话题，因此这次会议的主题是《全球合作：推动世界经济平衡有序发展》。胡锦涛向出席会议的代表做了题为《加强全球合作，促进共同发展》的讲话。在讲话中，胡锦涛呼吁“加强国际宏观经济政策的对话与协调”，“增加发展中国家在国际金融机构中的发言权”。此次会议取得了一系列成功，表明中国在全球经济治理中发挥着越来越重要的作用。

在金融危机以后，全球经济治理的话题从再平衡转移到保持金融稳定和促进经济增长上，全球治理的机制发生了深刻变化。二十国集团财长和央行行长会议被升格为峰会。从2008年11月二十国集团华盛顿峰会开始，胡锦涛主席出席了所有峰会。会上所提的观点引起了有关国家的广泛关注，部分观点被吸收为会议的宣言中。同时，在这一机制下，中国积极开展与金砖国家的财金外交，使金砖国家在全球治理中越来越协调行动。同时，中国人民银行、财政部、中国银监会等也成为金融稳定理事会的成员，在推动国际金融监管体系改革中发挥着积极的作用。

进入21世纪以来，国际社会要求改革国际金融体系改革的呼声越

来越高。在包括中国在内的新兴经济体的一再要求下，国际货币基金组织推出了改革计划。当时的国际货币基金组织总裁拉托于2005年提出了“分两步走”的改革方案。即第一步给份额低估最严重的少数国家特别增资；第二步是修改份额计算公式、增加基本投票权、改革总裁遴选程序、改变执董会的结构和规模等。在2006和2008年，中国获得了两次特别增资，中国在基金组织的份额和投票权从第8位提高到第6位。虽然这一成果有限，但来之不易。中国不仅通过IMF内部做工作，而且善于利用G20财长和央行会议，在这次会议上，发表了《关于布雷顿森林机构改革的联合声明》，要求推进布雷顿森林机构在治理、管理与战略等方面进行改革。

中国等新兴国家抓住了国际金融危机的机会，通过G20机制，推进了布雷顿森林机构改革。2009年9月G20匹兹堡峰会设定了IMF和世界银行份额改革的进一步目标。2010年11月，G20首尔峰会就IMF份额和治理改革方案达成共识，承诺向有活力的新兴市场和发展中国家转移约6个百分点的份额，发达欧洲国家让出两个执董会席位，随后IMF执董会于2010年11月5日通过了改革最终方案。中国在IMF的份额权重上升2.398个百分点，达到6.394%，排名从第六位上升至第三位。在人选上，中国分别推荐了经济学家林毅夫和中国人民银行原副行长朱民出任世界银行副行长和国际货币基金组织副总裁。在2010世界银行春季会议上，会议决定将发展中国家在世行的投票权提高3.13个百分点由原先的44.06%提高到47.19%；其中，中国的投票权从2.77%提高到4.42%，中国在世行的投票权提升到第三位。

在国际货币体系改革上，周小川行长发表了《关于改革国际货币体系的思考》等三篇署名文章，提出国际货币体系改革的主张，得到了广泛关注。中国国家领导人在峰会上提出的“加强对主要储备货币发行国进行监督，改革特别提款权的组成”等主张分别得到了相应峰会的支持，被写入了相关文件。

在国际金融监管体系改革中，以优化资本质量和增加资本数量为核心内容的国际金融监管体系改革也反映了中国的观点和主张。显然，经过十年的发展，中国不再是国际金融体系的接受者而是积极的参与者和推动者了。

（二）建立区域财金合作机制，保持区域经济金融稳定

为了避免东亚金融危机那样的冲击，2000年5月，东盟与中日韩（简称“10+3”）财长会议通过了旨在加强区域货币金融合作的《清迈倡议》。其主要内容有：双边互换协议、监控资本流向、区域监督、货币互换网络和人员培训。其中双边互换协议成为最重要的内容。在2003年的“10+3”领导人会议上，温家宝总理提出了清迈倡议多边化的主张。2010年3月24日，总额为1200亿美元“10+3“清迈倡议多边化正式生效。2011年，作为日常机构的“10+3”宏观经济研究办公室（AMRO）正式成立。2012年的财长会议上，各方同意将清迈倡议多边化规模扩大一倍到2400亿美元，提高与国际货币基金组织贷款规划的脱钩比例到30%，延长危机后贷款使用期限，现有危机解决机制命名为清迈倡议多边化稳定基金。会议同意新建地区危机预防功能，并将其命名为清迈倡议多边化预防性贷款工具。中国是清迈倡议多边化的主要出资国之一，中国派出的代表原国家外汇管理局副局长魏本华成为首任AMRO的主任。

亚洲债券市场倡议（ABMI）是在2003年8月的“10+3”财长会议的成果之一。2008年5月的财长会议上，通过了ABMI新路线图。2009年的财长会议上，同意建立初始基金为5亿的区域信用担保与投资机制，2010年4月，初始资金7亿元的信用担保和投资便利（CGIF）正式签署。中国为亚洲债券倡议作出了贡献，中国承担了工作组的工作，早在2003年的领导人会议上，温家宝总理提出了建立区域投资实体的主张，这就是后来CGIF的最初提法。中国也是CGIF的主要出资方之一。此外，中国还推动了海外多边机构在境内发人民币债和中资机构和外资机构在香港和其他国家发行人民币债，大大促进了亚洲债券市场的发展。

此外，中国人民银行还参与了由东亚及太平洋中央银行行长会议组织（EMEAP）发起的两期亚洲债券基金（Asian Bond Fund，ABF）。

（三）创新双边财金协调机制，促进双边金融关系和谐

十年来，金融问题也成为中国主要双边关系的大问题。中美汇率问题、欧洲主权债务问题成为主导中美和中欧的重要议题。同时，中国注意发展与新兴国家的双边金融关系，创新性地开展工作。

中美双边关系的金融议题的份量越来越重，并集中体现在中美战略经济对话和后来的战略与经济对话中。在2002年底以来，中美关于汇率的争论就没有停止过。2003年美国财政部部长斯诺访华向中国施压要求提高调整人民币汇率。而中国出于基本国情的考虑，采取了主动性、渐进性、可控性的政策，在2005年7月21日进行了汇率形成机制改革。2010年6月19日中国人民银行宣布重启人民币汇率形成机制改革。2012年4月16日，中国人民银行宣布进一步增强汇率弹性，人民币对美元日波动区间由0.5%上升到1%。同时，中国采取了人民币国际化的战略，从2009年7月1日，实行跨境贸易人民币结算，后渐渐取消了地域限制和交易种类限制，其间与不少国家签订了本币结算协议。

中美金融关系的另一个问题是金融开放问题。美国要求中国金融市场更加开放，而中国也要求美方对中国金融机构进入美国市场不实行歧视政策。一方面，中方承诺在金融市场方面有更多的开放，但另一方面，中国金融机构在美国的进入也取得了一些突破。如中国招商银行、中国工商银行、中国建设银行在纽约设立分行的申请分别在2007年和2008年获得了美方批准。中国工商银行收购美国东亚银行的申请和中国农业银行在纽约设立分行的申请也在2012年的中美战略与经济对话中获得承诺。

中欧金融关系主要体现在欧洲主权债务危机上。自2009年底，欧盟部分成员国陷入严重的主权债务危机以来，中国积极救助。中国领导人在多个场合表明中国对欧盟解决自身危机的信心，中国会以实际行动支持欧洲，购买欧盟成员国的债券。但是，随着危机的发展，面对各种要求中国救欧洲的声音，中国也非常理性，一再表示，中国有

自身的困难，欧洲债务问题的解决主要靠欧洲。当然，中国要求欧盟承认市场经济地位并没有想象的那样解决。

同时，中国与日本、韩国的财长与央行行长的会谈机制已经建立。中国与俄罗斯的金融外交活动则以推进本币结算为重点。中日领导人在2011年底达成的有关促进金融市场合作和人民币与日元直接交易协议尤为重要。

全球金融危机后，应有关国家的要求，中国积极拓展双边合作，创新性地引入双边本币互换机制。到目前为止，中国人民银行与17个央行或货币当局签订了货币互换协定。签约的有新兴国家或地区的央行或货币当局，也有发达国家的央行。（见表16–1）

三、促进合作，确保安全，资源外交有序推进

改革开放以来，中国经济高速增长，GDP平均每年增长达9.6%。特别是进入20世纪90年代以来，我国已明显进入工业化高速发展阶段，能源资源作为驱动经济发展的主要因素，中国经济的持续高速发展带动了能源资源消费量的急剧上升。由于国内供给增长缓慢，供需缺口日益增大，资源短缺问题已成为实现我国经济社会可持续发展的重要制约因素之一。以石油为例，自从1993年首度成为石油净进口国以来，中国的原油对外依存度不断提高，2011年中国石油净进口量在国内油品消费量中的占比已超过56%。①

中国能源资源需求持续增长的现实，促使能源资源经济外交在保障国家能源资源安全与发展中的作用进一步凸显。新的历史条件下，能源资源领域的经济外交，已经成为国家增强国际地位、扩大国际影响、谋取国家战略利益的重要保障。回顾十六大和十七大期间，中国能源资源经济外交取得突出成就，主要体现在以下四个方面。

① 发改委："2011年中国石油对外依存度已达56%"，人民网，http://finance.huanqiu.com/data/2012-03/2537085.html，2012年5月21日登录。

表16-1　危机以后中国人民银行签订的双边本币互换协议

日期	互换协议	主要内容
2008年12月12日	韩国银行	1800亿元人民币/38万亿韩元
2009年1月20日	(中国)香港金融管理局	2000亿元人民币/2270亿港元
2009年2月8日	马来西亚国民银行	800亿元人民币/400亿林吉特
2009年3月11日	白俄罗斯共和国国家银行	200亿元人民币/8万亿白俄罗斯卢布
2009年3月23日	印度尼西亚银行	1000亿元人民币/175万亿印尼卢比
2009年4月2日	阿根廷中央银行	700亿元人民币/380亿阿根廷比索
2010年6月9日	冰岛中央银行	30亿元人民币
2010年7月23日	新加坡金融管理局	1500亿元人民币/约300亿新加坡元
2011年4月18日	新西兰储备银行	250亿元人民币
2011年4月19日	乌兹别克斯坦共和国中央银行	7亿元人民币
2011年5月6日	蒙古国中央银行	50亿元人民币
2011年6月13日	哈萨克斯坦共和国国家银行	70亿元人民币
2011年10月26日	韩国银行(中央银行)	互换规模由原来的1800亿元人民币/38万亿韩元扩大至3600亿元人民币/64万亿韩元
2011年11月22日	(中国)香港金融管理局(续签)	互换规模由原来的2000亿元人民币/2270亿港币扩大至4000亿元人民币/4900亿港币
2011年12月22日	泰国银行	700亿元人民币/3200亿泰铢
2011年12月23日	巴基斯坦国家银行	100亿元人民币/1400亿卢比
2012年1月17日	阿联酋中央银行	350亿元人民币/200亿迪拉姆
2012年2月8日	马来西亚国家银行	互换规模由原来的800亿元人民币/400亿林吉特扩大至1800亿元人民币/900亿林吉特
2012年2月21日	土耳其中央银行	100亿元人民币/30亿土耳其里拉
2012年3月20日	蒙古国中央银行(补充协议)	由原来的50亿元人民币扩大到100亿元人民币
2012年3月22日	澳大利亚国民储备银行	2000亿元人民币/300亿澳元

资料来源：根据中国人民银行公开资料整理

（一）能源资源多元化卓有成效

在世界石油资源日趋短缺的情况下，石油资源的分布也是不均匀的，其中中东地区就占到57.4%，排名前五位的国家都集中在中东。美国通过两次海湾战争已基本掌握了对中东石油的控制权，日本也在利用资金优势积极加强同海湾国家的合作，而俄罗斯也正力图重返中东，显示昔日超级大国的影响。目前我国50%的石油进口来自中东地区，而中东政局又常风云变幻，全部依靠油轮通过海路运输，线路漫长、国际局势动荡和中国海军的实力均无法保障运输线路的安全，输送通道已成为我国石油安全的一个瓶颈。为避免供应风险，能源多元化战略成为中国能源资源外交的主题。

中国加强与中东、中亚、俄罗斯以及拉美国家的石油合作，积极营造“多元化”能源外交格局，走出增长瓶颈。发展中俄能源关系是俄罗斯发展经济的现实选择，中俄双方开启了贷款换石油的能源外交新模式，并签署了中俄石油和天然气领域合作政府间协议，中国由此得到了一个长期和稳定的能源供应商，提高了中国的能源安全。中国和拉美的能源合作获得突破，中国和巴西、委内瑞拉和厄瓜多尔等拉美国家达成了能源合作等一揽子协议，开拓了中国和拉美能源的合作机制。与中东、非洲相比，无论从地缘位置还是从供应和运输安全上看，中亚无疑是中国理想的石油供应源。中亚地区因为与我国接壤，且可提供相对稳定的资源，应成为我国投资和获取海外能源的首选战略要地。中亚能源外交有助于减少我国对中东石油的依赖，增加能源安全系数；同时，能源纽带可加强中国和中亚国家的互信，保证国家西部边境的安全。①

① 樊颖、张炜：“中国在国际能源合作中的战略定位及策略选择”，《国际经济合作》，2008年第7期。

（二）能源资源合作机制不断深化

在经济全球化日益发展的今天，石油国际供给安全靠一国的努力难以实现，开展多边合作是最有效的措施。在解决国内能源需求方面，一味地主张与其他能源消费大国开展竞争，只会导致两败俱伤。损害别国利益，实质上也是在损害本国的利益。对于石油这种战略资源来说，无论是在维护市场稳定，还是防范供应中断或运输安全方面，消费国之间的合作显得尤其重要。能源消费大国在能源问题上利益相关，可以通过合作共同抵御风险。因此，风险互担，降低成本，加强互利合作才是我国与其他能源消费大国开展能源外交的发展方向。

中国以加强政治友好为先，重视经济贸易，并辅以经济援助等多种方式，推动能源资源合作机制化，为国内经济发展获得稳定而可行的能源保障。目前我国已与美国、欧盟、俄罗斯等36个国家和地区建立双边合作机制，如中国与俄罗斯之间的中俄两国总理定期会晤制度、中国与哈萨克斯坦的中哈合作委员会、与海湾合作委员会的合作会晤机制等，这既为中国开展能源双边外交提供机制保障，同时为中国从能源生产国直接获得能源进口提供了最坚实的保证。中国参与了APEC能源合作、东盟+3能源合作、上合组织能源合作、中亚区域合作能源协调委员会等22个能源国际组织和国际会议多边合作机制，[①] 并发起组织了中国—东盟能源合作研讨会、五国能源部长会议、金砖四国峰会等多次会议，在国际上引起积极反响。

（三）探索能源资源外交新模式

金融危机的爆发引发了“蝴蝶效应”，对世界各国的政治、经济产生了不同程度的影响。金融危机将许多石油进口国家拖入困局，产油国作为资源发展大国，有其先天优势，而在自身建设上容易体现出劣

① 陶冶等：“构建全球合作背景下的中国能源外交方略”，《中国能源》，2007年第7期。

势。在全球金融危机下，中国作为重要的消费国和俄罗斯、巴西、委内瑞拉、哈萨克斯坦等国的石油生产商，为改变石油金融的不合理局面终于迈出了第一步。“贷款换石油”是一种准期货和准现货交易，以美元贷款换石油供应的一揽子协议，进一步加强了合作层次和深度。

在全球金融危机下，中国作为重要的消费国和俄罗斯、巴西、委内瑞拉、哈萨克斯坦等国的石油生产商，签署了多项“贷款换石油”的合作协议。中方与俄罗斯、巴西、委内瑞拉三国达成3个总计390亿美元的能源合同；中国与安哥拉签署了金额为10亿美元的贷款换石油协议，与厄瓜多尔签署一项总额为10亿美元的贷款协议。哈萨克斯坦则与中国石油签署了50亿美元的融资协议。[①] 中国签署“贷款换石油”的协议，这不仅是中国与其他国家合作的重大成果，亦是中国在国际资源金融史上的一次大规模尝试。从长远看，“贷款换石油”能够维护地区能源安全的稳定，提高地区应对国际能源错综复杂局面的能力。

（四）新能源国际合作方兴未艾

中国能源外交正处在使用传统能源和开发新型能源“两种形态能源的交织期”。由于我国传统能源资源相对不足，经济发展对其需求量又很大，且面临节能减排问题的紧迫性，凸显出新型能源的可持续性、超强动力性和良好环保性的优势。这要求中国顺应世界新能源发展的大势，将开发使用新能源作为保障经济可持续发展的战略之策。新能源产业孕育着新的经济增长点，也是新一轮国际竞争的战略制高点，中国政府将新能源产业视为维持经济增长速度的重要推动力和产业升级的重要载体。[②]

从传统能源向新能源转变势必会影响到未来世界能源格局的新变化，面对这一挑战，中国新能源国际合作步入新阶段，由以与欧美双边新能源合作机制为主的模式，转变为双边和多边新能源国际合作并行发展、积极重视和参与区域组织下的新能源合作，以经济外交手段

① 闫世刚：“后金融危机时期中国能源外交战略构建”，《太平洋学报》，2010年第8期。

② 金乐琴：“后危机时代中国新能源产业创新与发展的思考”，《经济问题探索》，2010年第11期。

积极推动新能源发展。中国参与新能源国际合作一个重要途径是以清洁发展机制为主要平台的全球合作，清洁发展机制为平台的国际合作不仅帮助中国引进了大量资金，提升了开发新能源的能力，而且已经在一定程度上缓和了中国减少温室气体排放与发展经济之间的矛盾。中国积极加强与美欧在新能源领域的合作与对话交流、开展务实合作，中国和美欧双方签署了《中欧清洁能源中心联合声明》、《中美关于加强气候变化、能源和环境合作的谅解备忘录》等多项新能源合作协议和协定，积极吸收和引进美欧发达国家新能源技术、设备和成果，积极推动我国新能源产业可持续稳步发展。中国以亚太经济合作组织（APEC）能源合作、亚太清洁发展和气候变化新伙伴关系计划、东亚峰会能源合作、东盟+3能源部长对话机制和上合组织能源合作为平台，加强区域一体化框架下的新能源合作，使新能源合作真正成为保障本地区能源安全、促进经济发展的可靠基础。

四、服务发展，助力转型，环保外交渐入佳境

气候变化是国际社会普遍关注的全球性问题。各国携手应对气候变化，共同推进绿色、低碳发展已成为当今世界的主流。中国是全球最大的发展中国家，人口众多，能源资源匮乏，气候条件复杂，生态环境脆弱，尚未完成工业化和城镇化的历史任务，中国发展经济、消除贫困、改善民生的任务仍然十分艰巨。同时，中国是最易受气候变化不利影响的国家之一，全球气候变化已对中国经济社会发展产生诸多不利影响，成为可持续发展的重大挑战。

中国政府一贯高度重视气候变化问题，把积极应对气候变化作为关系经济社会发展全局的重大议题，纳入经济社会发展中长期规划。中国政府积极开展环保外交，把环保外交提升到战略高度，服务经济发展，助力经济转型。在气候变化国际谈判中，中国一直发挥着积极建设性作用，努力推动谈判进程，为应对全球气候变化作出了重要贡献。在气候变化国际合作中，中国积极参加和推动与各国政府、国际

组织、国际机构的务实合作，为促进国际社会合作应对气候变化发挥了积极的建设性作用。

(一)参与国际谈判，推动建立公平合理的应对气候变化国际制度

中国政府高度重视全球气候变化问题，以高度负责任的态度，积极建设性参与应对气候变化国际谈判，加强与各国在气候变化领域的多层次磋商和对话，努力推动各方就气候变化问题凝聚共识，为推动建立公平合理的应对气候变化国际制度作出了积极贡献。

1. 积极参加联合国进程下的国际谈判

中国坚持《联合国气候变化框架公约》和《京都议定书》双轨谈判机制，坚持缔约方主导、公开透明、广泛参与和协商一致的规则，积极发挥联合国框架下的气候变化国际谈判的主渠道作用，坚持“共同但有区别的责任”原则，积极建设性参与谈判，加强与各方沟通交流，促进各方凝聚共识。

2007年，中国积极建设性地参加了印尼巴厘岛联合国气候变化谈判会议，为巴厘路线图的形成作出了实质性贡献。2009年，中国积极参加哥本哈根会议谈判，为打破谈判僵局、推动各方形成共识发挥了关键性作用。2010年，中国全面参与墨西哥坎昆会议谈判与磋商，坚决维护谈判进程的公开透明、广泛参与和协商一致，就各个谈判议题提出建设性方案，为坎昆会议取得务实成果、谈判重回正轨作出了重要贡献。2011年，中国以开放积极、建设性的姿态参加南非德班气候变化大会，促成《京都议定书》第二承诺期，敦促发达国家启动了绿色气候基金，为各项减排机制得以落实作出了重要贡献。

2. 积极参与相关国际对话与交流

利用高层互访和重要会议推动谈判进程。中国国家主席胡锦涛在出席二十国集团峰会、主要经济体能源安全和气候变化领导人会议、

亚太经合组织等重大多边外交活动中，多次发表重要讲话，努力促进国际社会在应对气候变化方面凝聚共识，共同推进全球合作应对气候变化进程。中国国务院总理温家宝在东亚峰会、中欧工商峰会、亚欧峰会等重要国际会议中，多次就深化应对气候变化国际交流和合作、发展绿色经济等问题阐述中国的立场和采取的行动，呼吁加强气候变化技术和管理方面的国际合作，加深各方对彼此立场的理解。

积极参与气候变化谈判相关国际进程。参与联合国气候变化大会东道国举办的部长级非正式磋商会议、彼得斯堡气候变化部长级对话会、小岛国气候变化部长级会议、气候技术机制部长级对话会、联合国秘书长气候变化融资高级别咨询小组会议和国际民航、国际海事组织会议及全球农业温室气体研究联盟等系列国际磋商和交流活动。中国积极参与政府间气候变化专门委员会及其工作小组的活动，中国科学家参与了历次评估报告的编写。

加强与各国磋商与对话。加强与美国、欧盟、丹麦、日本等发达国家和地区的部长级磋商。加强与其他发展中国家的沟通，推动建立“基础四国”协商机制，并采取“基础四国+”的方式，协调推动气候变化谈判进程。加强与非洲国家、最不发达国家、小岛屿国家的沟通。中国国家气候变化专家委员会积极开展与其他国家相关智库的学术交流对话，推动气候变化科学研究、技术转让、公众教育和信息共享等方面的国际合作。①

（二）加强国际合作，携手国际社会共同应对气候变化

中国本着“互利共赢，务实有效”的原则积极参加和推动与各国政府、国际组织、国际机构的务实合作，为促进国际社会合作应对气候变化发挥着积极的建设性作用。2010年3月，中国颁布《应对气候变化领域对外合作管理暂行办法》，进一步规范和促进了气候变化国际合作。

① 《中国应对气候变化的政策与行动(2011)》白皮书，中华人民共和国中央人民政府网站，http://www.gov.cn/jrzg/2011-11/22/content_2000047.html。

1. 拓展与国际组织合作

加强与相关国际组织和机构的信息沟通、资源共享和务实合作，签署了一系列合作研究协议，实施了一批研究项目，内容涉及气候变化的科学问题、减缓和适应、应对政策和措施等，主要包括：与联合国开发计划署、世界银行、欧洲投资银行开展项目合作，与亚洲开发银行、碳收集领导人论坛、全球碳捕集和封存研究院开展碳捕集、利用和封存领域相关合作，与全球环境基金开展了中国技术需求评估项目合作，与能源基金会合作开展编制温室气体清单能力建设及相关政策、技术路线研究、气候变化立法研究等。中国积极参与相关国际科技合作计划，如地球科学系统联盟框架下的世界气候研究计划、国际地圈—生物圈计划、国际全球环境变化人文因素计划、全球对地观测政府间协调组织、全球气候系统观测计划等，相关研究成果为中国应对气候变化政策的制定提供了有益参考。

2. 加强与发达国家务实合作

中国与美国、欧盟、意大利、德国、挪威、英国、法国、澳大利亚、加拿大、日本等国家和地区建立了气候变化领域对话和合作机制，签署相关联合声明、谅解备忘录和合作协议等，气候变化是合作的重要内容。推动中日节能环保合作，与美国在建筑节能、清洁煤／碳捕集与封存、清洁能源汽车等三个优先领域开展联合研究，与德国在电动汽车领域开展深入的科技合作，与澳大利亚开展二氧化碳地质封存合作，与意大利开展清洁能源／碳捕集与封存技术合作，与欧盟开展建筑能效与质量的合作，与英国推进绿色建筑和生态城市发展合作，与加拿大开展采用现代木结构建筑技术应对气候变化合作，与瑞典开展城乡可持续发展领域合作。

3. 深化与发展中国家务实合作

与南非、印度、巴西、韩国等国家签署相关的联合声明、谅解备忘录和合作协议等，建立气候变化合作机制，加强在气象卫星监测、新能源开发利用等领域的合作，为发展中国家援建200个清洁能源和环保项目。加强科技合作，实施了100个中非联合科技研究示范项目。加强农业合作，援建农业示范中心，派遣农业技术专家，培训农业技术人员，提高非洲实现粮食安全能力。注重在人力资源开发上的合作，实施援外培训项目85个。2008年12月，中国在吉布提举办了清洁发展机制与可再生能源培训班。2009年6月，在北京举办了发展中国家应对气候变化官员研修班。同年7月，在北京为来自非洲国家的官员和学者举办发展中国家气候及气候变化国际高级研修班。2010年，共安排19期应对气候变化和清洁能源国际研修班，为受援国培训548名官员和专业人员。中国还向南太平洋、加勒比等地区小岛屿国家提供支持与帮助，先后为太平洋岛屿国家援建130多个项目，为发展中国家应对气候变化提供力所能及的援助，提高其减缓和适应气候变化的能力。①

4. 积极开展清洁发展机制项目合作

为促进清洁发展机制项目在中国的有序开展，2005年中国制定和颁布实施了《清洁发展机制项目运行管理办法》。2010年，为提高清洁发展机制项目开发和审定核查效率，又对该管理办法进行了修订。大力开展相关能力建设，提高推动清洁发展机制项目开发的能力。每年组织专家计算电网基准线排放因子，及时公布和共享信息。截至2011年7月，中国已经批准了3154个清洁发展机制项目，主要集中在新能源和可再生能源、节能和提高能效、甲烷回收利用等方面。其中，已有1560个项目在联合国清洁发展机制执行理事会成功注册，占全世界注册项目总数的45.67%，已注册项目预计经核证的减排量（CER）年签发量约3.28亿吨二氧化碳当量，占全世界总量的63.84%，为《京都议定书》的实施提供了支持。②

① 《中国应对气候变化的政策与行动（2011）》白皮书，中华人民共和国中央人民政府网站，http://www.gov.cn/jrzg/2011-11/22/content_2000047.html，2012年5月15日登录。

② 同上。

五、增大外援力度，担当国际责任

2001年正式成为世界贸易组织成员以来，受益于平等互利、合作共赢的对外开放政策，中国经济保持了高速的增长。2010年，以国内生产总值衡量的中国经济总量超过日本，成为世界第二大经济体。与此同时，中国积极承担应尽的国际责任，积极推动建立更加平等、更加均衡的新型全球发展伙伴关系，加强南北对话和南南合作，加大对外援助力度，努力推动各国共同发展。[①]

（一）对外援助规模持续增长

如表16-2所示，2001—2011年的十年间，国家财政支出部分的对外援助规模持续增长。2011年对外援助近160亿元，相当于2001年的3.37倍。同时，从相对规模来看，对外援助金额占外交支出的比重也呈现波动型增长态势，2007年首次超过50%，此后外交支出的至少一半都用于外援。当然，除国家财政项下的无偿援助和无息贷款外，中国的对外援助资金还包括中国进出口银行对外提供的无息贷款。按此口径，2001—2011年间我国累计对外提供各类援款1700多亿元人民币。[②]更重要的是，即使在金融危机期间，中国依然信守承诺，公布了一系列支持发展中国家的援助措施，凸显了国际责任的担当。例如，在2009年11月的中非合作论坛第四届部长级会上，通过了《中非合作论坛—沙姆沙伊赫行动计划（2010—2012年）》，温家宝总理代表中国政府宣布了对非务实合作的新八项举措。

---

① 胡锦涛："在中国加入世界贸易组织10周年高层论坛上的讲话"，http://news.xinhuanet.com/politics/2011-12/11/c_111234873.html，2012年5月17日登录。

② 胡锦涛："在中国加入世界贸易组织10周年高层论坛上的讲话"，http://news.xinhuanet.com/politics/2011-12/11/c_111234873.html，2012年5月17日登录。

表 16-2　2001—2011 年中国对外援助规模单位：亿元人民币；%

年份	外援金额	外援占外交支出的比重	年份	外援金额	外援占外交支出的比重
2000	45.88	42.7	2006	82.37	43.0
2001	47.11	40.6	2007	111.54	51.8
2002	50.03	39.7	2008	125.59	52.2
2003	52.23	40.1	2009	132.96	53.0
2004	60.69	39.0	2010	136.14	50.6
2005	74.7	43.0	2011	158.97	51.8

注：此表外援仅包括财政支出范围内的部分，即无偿援助和无息贷款。

资料来源：2000—2010 年数据来源于相应年份《中国财政年鉴》；2011 年数据来源于《2012 年度中央级财政预算》。

（二）多边与双边共举，扩大对外援助影响

“中国的对外援助以提供双边援助为主，同时在力所能及的前提下支持和参与联合国等多边机构的发展援助工作”。① 实际上，中国的多边援助开始于20世纪50年代，近年来规模不断扩大，方式也日益多元化。多边援助不仅是中国对外援助不可或缺的组成部分，而且其重要性与日俱增。如今，中国向绝大多数多边发展组织提供资金或服务，与联合国开发计划署、世界银行、亚洲开发银行等全球或区域性多边发展机构建立了较为紧密的合作关系。② 例如，自2006年起，联合国世界粮食计划署停止对中国的援助，双方携手共同帮助其他发展中国家。2001—2009年中国共向世界粮食计划署捐款2830.5万美元。③ 2009年，中国与联合国粮农组织签署协定，在2009—2011年间向联合国粮农组织捐赠3000万美元设立信托基金，用于支持联合国的粮食安

① 国务院新闻办公室:《中国的对外援助》白皮书。

② 熊厚:“中国对外多边援助的理念与实践”，载《外交评论》，2010年第5期，第49—63页。

③ 根据世界粮食计划署相应年份《World Food Programme Annual Report》数据计算。

全特别计划，推动南南合作及联合国千年发展目标的实现。[①]

与此同时，近年来中国政府利用联合国高级别会议和中非合作论坛、中国—东盟领导人会议、中国—太平洋岛国经济发展合作论坛、上海合作组织、中国—葡语国家经贸合作论坛等区域合作机制，推出了一系列有针对性的援助措施，受到了国际社会的广泛关注，也得到发展中国家的一致好评。[②]中国政府在2005年联合国发展筹资高级别会议、2006年中非合作论坛北京峰会、2008年联合国千年发展目标高级别会议、2009年中非合作论坛第四届部长级会议和2010年联合国千年发展目标高级别会议上，先后6次宣布免除与中国有外交关系的重债穷国和最不发达国家对华到期无息贷款债务。[③]

（三）及时、高效的紧急人道主义援助，塑造负责任的发展中大国形象

中国多年来一直积极参与对外紧急救援行动，为使救援行动更加快速有效，我国于2004年9月正式建立人道主义紧急救灾援助应急机制。2004年12月印度洋海啸发生后，中国开展了对外援助历史上规模最大的紧急救援行动，向受灾国提供各种援助共计7亿多元人民币。[④]此后，每当世界各国，不论发展中国家还是发达国家，发生严重自然灾害或人道主义灾难时，中国都给予了及时、高效的人道主义援助，得到了受援国和国际社会的高度评价。例如，2011年3月11日日本关东地震、海啸后，中国政府于次日宣布提供3000万元人民币人道主义救援物资，又于3月16日决定向日本政府提供1万吨汽油、1万吨柴油的紧急无偿援助。此外，中国政府还派出了15人的国际救援队。除中国政府的紧急援助外，中国的非政府组织如红十字会、中华少年儿童慈善救助基金会等和一些企业都给予了援助。这些援助得到了日本政

① “中国与WFP的合作”，http://www.cie.gov.cn/cie/gjzy/2303.html，2012年5月20日登录。

② “中国对外援助进入新阶段”，http://news.hexun.com/2011-07-11/131316477.html，2012年5月23日登录。

③ 国务院新闻办公室：《中国的对外援助》白皮书。

④ 同上。

府、非政府组织和日本人民的高度肯定，日方提出了进一步充实中日“战略互惠关系”的工作重点。[①]

（四）注重民生和提高自主发展能力是中国对外援助的目标与重点

推动发展中国家民生事业发展，是中国对外援助的首要目标。到2009年底，中国为发展中国家援建了150多所学校、近百所医院、70多项饮水设施、60多个体育场馆。[②] 截至2009年底，中国累计向69个国家派遣21000多名援外医疗队员，经中国医生诊治的受援国患者达2.6亿人次。[③] 此外，中国政府通过债务减免、发展经贸合作、提供人力资源培训等方式，致力于提高受援国的自我发展能力。2001—2011年共免除50个重债穷国和最不发达国家近300亿元人民币到期债务，承诺对同中国建交的最不发达国家97%的税目产品给予零关税待遇，为173个发展中国家和13个地区性国际组织培训各类人员6万多名，增强了受援国自主发展能力。[④]

（五）对外援助宣传和交流合作日益加强

中国支持和参与联合国等多边机构的发展援助工作，并本着开放的态度同多边组织和其他国家在发展援助领域积极开展交流，探讨务实合作。2005年以来，中国与多个国际多边组织和国家在发展援助领域开展交流，并派团参加联合国发展筹资问题会议、联合国千年发展目标高级别会议、联合国发展合作论坛、援助有效性高级别论坛、八国集团和发展中五国海利根达姆进程发展对话、世界贸易组织促贸援

---

① 作者根据相关媒体报道整理。

② “温家宝在联合国千年发展目标高级别会议上的讲话”，http://www.fmprc.gov.cn/chn/gxh/zlb/ldzyjh/t754970.html，2012年5月23日登录。

③ 国务院新闻办公室:《中国的对外援助》白皮书。

④ 胡锦涛:“在中国加入世界贸易组织10周年高层论坛上的讲话”，http://news.xinhuanet.com/politics/2011-12/11/c_111234873.html，2012年5月20日登录。

助全球审议等多个关于国际发展合作的会议和对话，加强与其他援助方的交流和沟通，积极推动南南合作。在开展双边援助的同时，中国与部分国际多边组织和国家在能力建设、培训和基础设施建设方面开展了充分发挥各自优势的三边合作和区域合作，取得积极成果。1981年，中国与联合国开发计划署合作，在我国实施发展中国家间技术合作项目，20多年共为其他发展中国家培训技术人员6000多名。自1996年起，中国与联合国粮农组织合作，向发展中国家派遣中国农业专家，截至2009年底，累计向非洲、加勒比和亚太地区22个国家派遣700多名农业专家和技术员。此外，中国还与世界银行、联合国贸发会议、联合国工发组织等多边机构和新加坡在培训领域开展了有效合作。在大湄公河次区域合作框架下，中国与泰国和亚洲开发银行共同出资援建了昆曼公路老挝境内路段，该项目已于2008年3月建成通车。①

在中国对外援助60周年之际，全国援外工作于2010年8月13—14日在北京召开，温家宝总理在会上做重要发言，对中国援外的成就、援外模式、未来战略做了总结，将具有中国特色的援外发展模式的内涵概括为：相互尊重、平等相待；互利互惠、共同发展；力所能及、重信守诺；形式多样、注重实效。②

2011年4月21日国务院新闻办公室发布《中国的对外援助》白皮书，这是新中国历史上的第一次。③ 它对1950—2009年的中国对外援助进行了系统的总结与信息披露，对各界更好地了解中国的对外援助大有裨益。白皮书的发布引发了外媒的关注，有报道指出，中国此次白皮书展示了对外援助成就，回击了西方批评，并称在提高透明度方面“迈出了一大步”。美联社文章称，白皮书标志着中国在透明度上迈出了一大步。报道援引美国美利坚大学中国—非洲问题专家德博拉·布罗伊蒂加姆（Debra Brautigam）教授的话说，“这对他们（中国）来说是一大步。他们正努力思考作为一个负责任的大国意味着什么。

① 国务院新闻办公室:《中国的对外援助》白皮书。

② “全国援外工作会议在京召开，胡锦涛会见与会代表，温家宝做重要讲话，王岐山主持会议”,http://yws.mofcom.gov.cn/aarticle/subject/dwyz/subjectjj/201008/20100807090611.html，2012年5月20日登录。

③ 商务部:“《中国的对外援助》白皮书主要阐明6个观点”,http://gb.cri.cn/27824/2011/04/26/145s3229810.html，2012年5月25日登录。

他们受到很多批评的问题之一就是对外援助”。她还说，有关中国的对外援助以前总是零碎地透露出来，这是首次整理成一份正式的报告发出来。[①] 此外，4月25日的新加坡《联合早报》对白皮书的发布给予了积极评价，认为对外援助是中国履行国际责任的表现，值得赞许，尤其是在华尔街金融危机后，美国财政赤字及国债问题悬而未决、欧洲诸国相继面临主权信用危机、日本的地震、海啸、核泄漏三合一危机，势必都将影响这些发达国家的外援能力。中国的外援多少能起到弥补的作用。此外，也希望中国对外援助的主力继续集中在人道领域，这将是对国际社会的和平的巨大贡献。[②]

六、为中国企业走出去保驾护航

2002年党的十六大报告明确指出，实施“走出去”战略是对外开放新阶段的重大举措。鼓励和支持有比较优势的各种所有制企业对外投资，带动商品和劳务出口，形成一批有实力的跨国企业和著名品牌。在党中央方针政策的正确指引下，同时伴随着经济持续增长和企业竞争力的日益增强，中国对外直接投资尽管起步较晚，但自进入新世纪尤其加入世界贸易组织以来，也开始快速发展。中国企业的海外扩张之路并不平坦，期间遇到很多障碍和问题，尤其作为企业，在与东道国政府打交道的过程中，存在着单个企业从经营角度无法掌控和解决的问题，如商业行为政治化和投资保护主义问题。为此，母国政府的经济外交将发挥无可替代的作用。过去十多年中，中国政府通过各种外交手段开展了多层次的国际投资协调活动，为中国企业走出去保驾护航。

① “外媒关注中国对外援助白皮书 称赞援助不附带政治条件”，http://world.huanqiu.com/roll/2011-04/1647012.html，2012年5月26日登录。

② “新媒：中国对外援助‘达则兼善天下’”，http://gb.cri.cn/27824/2011/04/26/5005s3229933.html，2012年5月26日登录。

（一）中国对外直接投资迅猛发展

1. 对外直接投资规模迅速扩大

随着经济的持续发展，企业竞争力的逐步增强，尤其在国家“走出去”战略的指引下，中国企业最近几年加快了参与国际投资合作的步伐。如图16-1所示，中国对外直接投资从2004年开始出现了成倍增长的态势，2008年对外直接投资高达559.1亿美元，同比增长111%，创下历史新高，在全球对外直接投资流量中占3%，排名全球第11位。2009年在全球对外直接投资下降43%的背景下，中国对外直接投资微增1.1%，达到565亿美元，位居世界第五，仅次于美、法、日、德。2010年我国对外投资又更上一层楼，境内投资者共对全球129个国家和地区的3125家境外企业进行了直接投资，投资流量达到688.1亿美元，年度流量首次超过日本，成为全球第四对外直接投资大国。

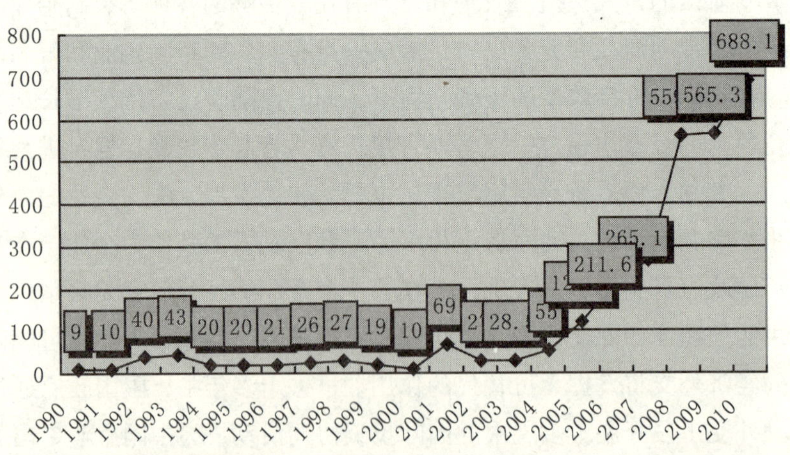

图16-1　中国历年对外投资额：1990—2010年（单位：亿美元）

注：2005年及之前为中国非金融类对外直接投资统计数据，2006—2009年为全行业对外投资数据，2010年为非金融类数据。

资料来源：因中国于2002年才建立起对外直接投资统计制度，所以1990—2001年中国对外直接投资数据摘自联合国贸发会议相关年份的《世界投资报告》，2002—2009年数据来源于商务部《2009年度中国对外直接投资统计公报》。

2002—2010年，中国对外直接投资年均增长速度为49.9%。按照这一速度测算，我国对外直接投资流量在2013年有望突破千亿美元，存量可望达5000亿美元的规模。

2. 对外直接投资方式趋于多样化

伴随中国对外投资经验的积累，投资方式也由单一的绿地投资向跨国并购、境外上市等多种方式扩展。2003年以并购方式实现的对外直接投资仅占18%，之后，并购投资方式逐年增加，2006—2010年，对外直接投资通过收购、兼并方式实现的金额（包括非金融类和金融类）分别为83亿、63亿、302亿、192亿和297亿美元，占当年流量（包括非金融类和金融类）的39%、23.6%、54%、34%和43.2%。其中，2010年并购领域涉及采矿业、制造业、电力生产和供应业、专业技术服务业、金融业等。可见，海外并购除了聚焦于资源相关行业，对高科技企业并购的交易数量也在增长。

3. 对外直接投资行业分布广泛

到20世纪末，中国对外投资就已经涉及第一、二、三产业相当多的部门。加入WTO以后，随着我国对外投资步伐的加快，投资的行业分布也逐渐广泛起来。从表16-3可以看出，我国对外投资的行业分布比较齐全，商务服务业、采矿业、金融业和批发零售业占的比重较高。尤其金融业，在金融危机的背景下，中国在金融业的投资有了迅猛的提高，2008年金融业对外直接投资达到140.5亿美元，创下历史新高，占当年对外投资总额的1/4强。但是中国制造业对外直接投资只有17.7亿美元，仅占全部投资的3.2%，主要是通信设备/计算机及其他电子设备制造业、纺织业、电器机械制造业、交通运输设备制造业、木材加工业、通用设备制造业、黑色金属冶炼及压延业等的投资。但是随着人民币的不断升值，国内外投资环境的变化以及我国产业结构的调整，制造业对外投资正在迅速增加，2010年制造业对外投资达到46.6亿美元，比上年增加108%，可以预见，制造业将逐渐成为我国产业转移和对外投资的重点。2010年九成的投资流向商务服务业、金融业、批发零售业、采矿业、交通运输业和制造业。

表16-3 中国对外直接投资流量主要行业分布：2003—2010（单位：亿美元）

	2003	2004	2005	2006	2007	2008	2009	2010
总计	28.5	54.98	122.6	211.64	265.1	559.1	565.3	688.1
农、林、牧、渔业	0.86	2.89	1.05	1.85	2.7	1.7	3.4	5.3
采矿业	13.68	18	16.75	85.4	40.6	58.2	133.4	57.1
制造业	5.99	7.56	22.8	9.07	21.3	17.7	22.4	46.6
电力、煤气及水的生产和供应业	0.29	0.78	0.08	1.19	1.5	13.1	4.7	10
建筑业	0.29	0.48	0.82	0.33	3.3	7.3	3.6	16.3
交通运输、仓储和邮政业	0.86	8.29	5.77	13.76	40.7	26.6	20.7	56.6
信息传输、计算机服务和软件业	—	0.31	0.15	0.48	3	3	2.8	5.1
批发和零售业	3.71	8	22.6	11.14	66	65.1	61.4	67.3
金融业	—	—	—	35.3	17.7	140.5	87.3	86.3
房地产业	—	0.09	1.16	3.84	9.1	3.4	9.4	16.1
租赁和商务服务业	2.85	7.49	49.42	45.22	56.1	217.2	204.7	302.8
科学研究、技术服务和地质勘查业	—	0.18	1.29	2.82	3	1.7	7.8	10.2

注：—处表示数据不可得。

资料来源：根据商务部对外直接投资公报数据整理而得。

（二）企业海外投资风险逐步加大

在世界经济朝着贸易、投资自由化大方向前进的同时，保护主义、反全球化的声音也不绝于耳，并且这种声音还不时左右着许多国家的决策者，在经济金融危机背景下尤其如此。不仅美国，俄罗斯、印度甚至是欧盟，都对本属其急需的外国投资建起了种种壁垒。这些壁垒也就是企业跨国投资经营中所遇到的非商业性（非市场）风险，或称政治风险。[①]政治风险是与东道国主权有关的不确定因素，可能涉及东道国参与的战争或在其国内发生的革命、颠覆、政变、罢工、内乱、破坏和恐怖活动等，在一些发展中国家发生的可能性较大。利比亚、赞比亚和苏丹即是浅近的例子。

如前所述，中国目前已成为全球第四大投资国，迅速崛起的中国加上中国的“特殊”背景，使中国企业的跨国经营备受世人“瞩目”。从中国企业跨国经营的发展态势来看，非商业性风险已然成为中国企业从事跨国经营的首要障碍或风险。早年有：2002年中石油在俄罗斯收购油田受挫；2004年中国商品在西班牙被焚烧；2005年中国五矿集团收购加拿大诺兰达矿业公司失败；2005年中海油并购优尼科失败；2006年深圳中集集团所属的天达空港设备有限公司对印度42台登机桥的国际竞标活动被拒。最近几年有：2008年，华为收购美国电信企业3Com公司因美国政府所谓“国家安全”的担忧而放弃；2009年中铝收购力拓受挫；2010年，华为试图再次收购3Com和摩托罗拉网络设备部门等美国电信企业时，也因类似的原因受阻。2011年中国海外投资依然被政治风险的阴霾笼罩。在北美，华为公司再次遭遇美国安全魔咒，撤回收购3Leaf系统公司部分资产的申请。在欧洲，中坤集团投资购买冰岛一块300平方公里土地投资方案经过几个月博弈，最终于11月底被否决。此项投资虽然得到了总统、大部分政府部门以及民意的赞同，但作为反对党的内政部长使用了一票否决权就使其流产。在亚洲，越南国家主席张晋创会见选民时称，“越共中央政治局已决定不允许中国投资者开发越南中部高地铝土矿”，[②]而在越南开矿的美国公司却未见受到指责，中国企业投资被越南狭隘的民族情绪所左右。将外国投资与政治博弈挂钩，这无疑对投资者和民众都是不公平的。

2011年中国企业在海外投资的政治风险转变为现实损失的案例莫过于利比亚动乱给中国企业造成的巨大损失了。截至动乱发生前，中

---

① 竺彩华：“重新审视世界市场——中国企业跨国投资经营的非商业性壁垒及其应对”，《国际经济合作》，2007年10期。

② “越南国家主席称‘不让中国参与开发铝土’”，环球网，http://world.huanqiu.com/roll/2011-08/1908036.html。

国在利比亚有75家企业承建的50个工程承包项目，涉及金额188亿美元。[①] 自2月15日开始骚乱以来，利比亚的中国企业损失主要有两部分：一部分是中国在利比亚的固定资产、原材料、工程垫付款项的损失；另一部分是利比亚合作方或银行向中国企业的索赔而引致的损失。由于中国和利比亚没有签订双边投资保护协定，所以只能在单边机制下向利比亚通过外交的途径进行索赔。这种索赔不在法律框架的保护下，结果很难预料。

2011年除了利比亚动乱给中国企业造成巨大损失外，8月底中国企业被动卷入柬埔寨金边的万谷湖开发项目拆迁纠纷；9月底缅甸政府决定停建中国投资和共建的价值36亿美元水电站项目，等等。以上只是中国企业在海外经营过程中遭遇到的政治风险的冰山一角，在此不一一枚举。

（三）经济外交构筑投资安全屏障

随着中国企业“走出去”进入高速增长期，海外投资风险尤其政治风险也进入高发期。政治风险的事前防范和评估、事中及事后的应对和化解，外交发挥了不可替代的重要作用，当然，在为企业构筑投资安全屏障方面，我们也还有很多工作要做。

1. 建立政治风险防范和评估体系

发达国家有比较成熟的体系，在美国有大量的咨询公司、智库以及主流媒体提供相关的评估服务，在日本主要由有政府背景的机构负责，例如日本贸易振兴会（JETRO）。由于中国是近10年才成为投资国家，这方面还远远跟不上中国企业“走出去”的步伐。因此，无论是投资主体的企业内部还是政府和社会都没有一套评估投资风险的有效机制，让中国企业“走出去”显得很脆弱。尤其像柬埔寨和缅甸这样的中国友好近邻，这些问题仍会发生，最重要的原因就是缺乏系统的

① “商务部例行新闻发布会2011年3月22日”，http://www.mofcom.gov.cn/xwfbh/20110322.shtml。

对外投资政治风险评估机制和相关的咨询服务机构。目前，商务部网站提供各国投资环境介绍，但对东道国的政治风险评估仍显不足，尤其缺乏时效和跟进。因此，可考虑利用我在外使领馆的便利条件，提供及时、准确、完整的对象国家或地区的有关政治风险的数据和资料。

2. 推进中外多双边投资保护机制的建立

目前，中国已与世界上130多个国家签订了双边投资保护协定；与10个国家和地区签订了自贸区协议，其中绝大部分包括投资协定或投资议题，同时也在努力推进APEC投资自由化和便利化；在多边层次上，中国也在积极争取世界银行旗下的多边投资担保机构（MIGA）的支持。但利比亚动乱中中国损失惨重的教训告诉我们，在中国企业加速走出去的过程中，国家对海外投资企业的保护还有很大的提升空间，我国政府应当积极全面深入地参与和影响国际投资领域规则的形成，促进多边、区域、双边等各层次国际投资规则的发展完善。避免在利比亚类似国家由于未签订投资保护协定而导致损失无法弥补的情况发生。尤其要重视和加强与潜在动乱国家的双边投资保护问题，一方面积极构建双边投资保护协定（BIT）网络，运用BIT将东道国的国内法问题提升到国际法层面上来加以解决，进而增强法律的稳定性和确定性；另一方面，积极推进双边司法互助协定的发展，保证母国法院的判决可以获得东道国的承认与执行。此外，还应进一步争取世界银行多边投资担保机构的支持，因为这个机构可以直接承保各种政治风险，为海外投资提供经济上的保障。

3. 为企业化解政治风险提供坚强后盾

当政治风险由潜在风险变为现实时，强大的祖国可以为海外投资企业提供强有力的外交保护，成为海外投资企业的坚强后盾。从利比亚动乱中可以看到，国家实力的提高在帮助企业化解政治风险方面发挥了无可替代的重要作用。一方面，中国领事保护的应急协调机制经受住了严峻考验，充分体现了国家统一领导、多元参与、协调配合的总体外交的优势，有力地维护了海外中国公民的安全。另一方面，政府代表中国企业向利比亚有关当局交涉，尽最大可能保全中方在利资产以及对所受损失的补偿。企业到海外投资，除了实力外，还需要决策者具有非凡的勇气和决心，祖国的声音就是海外投资企业最大的心理安全保障。当然，国家实力的提高才真正是中国企业“走出去”的最坚强后盾。

七、开拓中国经济外交的新领域

自十六大以来的10年中，随着中国国力的快速上升，国际影响力日趋增大，中国经济外交领域也不断拓展，中国越来越多地承担起大国的国际责任，越来越多地发挥大国的国际作用。在贸易领域，积极应对贸易保护主义引发的贸易摩擦，贸易外交成果显著；在财金领域，与国际金融组织和主要国家强化协调，规避风险，财金外交积极进取；在资源领域，促进国际合作，确保国家资源安全，资源外交有序推进；在环保领域，服务于国家发展目标，助力转型，环保外交渐入佳境；在援助领域，努力增大外援力度，增加援助方式，推动互利共赢，担当国际责任；在投资领域，开展多层次的国际投资协调活动，与多国谈判签署投资保护协定，加强侨民保护，为中国企业走出去保驾护航。中国经济外交在最近的10年里为中国经济的发展发挥了积极而重大的作用。

（一）中国经济外交领域进一步拓展

10年间，中国在上文提到的各个经济外交领域不断开拓新的渠道和手段，获得了创新性发展。

贸易外交领域的突出成就就是以积极的姿态，大力推进与多个国家和经济体的自贸区谈判和建设，自由贸易区谈判成果丰富。[①] 与32个

① 中国自由贸易区服务网，http://fta.mofcom.gov.cn/，2012年5月27日登录。

经济体共建16个自贸区。其中，与中国香港、中国澳门、东盟、智利、巴基斯坦、新西兰、新加坡、秘鲁、中国台湾和哥斯达黎加等经济体之间的双边自贸协定已经生效。与此同时，与海合会、韩国、日本等经济体的自贸区谈判也在积极推进之中。贸易外交的创新还表现在反补贴调查应对方面，中国政府集中力量，通过多层面政治交涉，全方位开展法律抗辩，贸易壁垒应对工作取得积极成效。商务部发布了《对外贸易壁垒调查规则》，将贸易壁垒应对工作纳入法制化、规范化轨道，指导企业应对好美国337知识产权调查，通过各种方式提高企业的应对能力。作为世贸组织的新成员，中国积极参与国际贸易规则的制定，与其他发展中大国协商合作，提升了发展中成员在多哈回合中的谈判能力与参与水平。自多哈谈判启动以来，中国已经签署了100多份提案[①]。

在财金外交领域，最近10年间，尤其是国际金融危机爆发以来，中国在多边金融外交中处于主动地位，全方位展开工作，积极参与危机救助，提出国际货币体系改革的倡议，参与和引导重大国际金融事务的讨论，不断深化金融对外交流与合作，努力提高中国在国际金融事务中的话语权，提升影响力，维护国家的战略利益。2008—2010年，中国参与了二十国集团领导人历次峰会，在G20机制发展过程中发挥了前所未有的重要作用，提出了改革国际货币体系、改进国际金融组织治理、完善国际金融监管体系的一揽子建议，积极参与国际社会危机救助与全球经济金融结构治理。同时，中国在区域财金合作机制创建方面发挥了主导性作用，提出了清迈倡议多边化的主张，并与2010年3月同其他12个东亚国家共同推动总额为1200亿美元的“10+3“清迈倡议多边化正式生效。

中国还积极参与全球能源资源、气候环保等领域的外交谈判，在非传统外交领域表明中国的立场，反映中国的利益诉求；通过多种形式，加强与能源富藏国的双边能源资源开发合作，互惠互利，实现利益双赢。实施能源资源多元化战略，改善对少数国家和地区的过度依

① “‘入世’十载行思录：专访中国驻世贸组织首任大使——孙振宇”，中国诚商网，http://china.trade2cn.com/dataservice/economy/110831130746364.html，2012年5月27日登录。

赖，与越来越多的国家建立了能源资源合作伙伴关系。鉴于中国的经济快速发展、巨大的市场潜力、比较先进的生产技术和充足的外汇储备等财金实力，合作伙伴国愈益看重中国在能源资源合作中的能量和作用，愿意探索与中国加强能源资源合作新形式，开发本国能源资源，带动本国经济走出危机阴影，走向繁荣发展。在全球金融危机下，中国作为重要的消费国和俄罗斯、巴西、委内瑞拉、哈萨克斯坦等国的石油生产商，签署了多项“贷款换石油”的合作协议；与俄罗斯、巴西、委内瑞拉三国达成3个总计390亿美元的能源合同；与安哥拉签署了10亿美元的贷款换石油协议；与厄瓜多尔签署一项总额为10亿美元的贷款协议。哈萨克斯坦则与中国石油签署了50亿美元的融资协议。

在对外援助领域，作为充满活力的发展中新兴大国，中国变得越来越有所作为。中国为广大发展中国家建成了一大批成套项目，促进了受援国经济和社会发展；与受援国开展了富有成效的技术合作，帮助他们提高管理和技术水平；推动受援国加快人力资源开发，促进受援国提高发展能力；为受援国提供优惠贷款，使援助方式更加多元化，有效扩大援助规模；减免重债国对华债务，减轻受援国债务负担；为受灾国提供紧急人道主义援助，帮助受援国减灾抗灾；派遣医疗队，为受援国提供医疗服务。

在国际投资领域，中国积极与世界多数国家签订双边投资保护协定；在已签订的自贸区协议中绝大部分包括了投资协定或投资议题；努力推进APEC投资自由化和便利化；在东亚“10+3”合作中，力主推进基础设施投资合作、互联互通合作，以便为区域经济合作提供基础条件，加快周边落后国家的经济发展；在多边层次上积极争取多边投资担保机构（MIGA）的支持。利比亚动乱中，中国政府充分发挥领事保护应急协调机制，政府统一领导、多元参与、协调配合，有力地维护了海外中国公民的安全。

（二）中国经济外交多领域积极互动

中国经济外交战略由党中央、国务院等政府最高决策部门做出，由外交部、商务部、发改委、财政部、中央银行、国家环保署、国资委等多个部门分工协作具体实施和落实。各领域的经济外交工作相互配合、积极互动，大大增强了中国的经济外交谈判能力和效力，提高了中国政府经济外交的影响力。

贸易外交领域的自由贸易区谈判虽然是以商品和服务贸易自由化为目标，以削减和消除关税及非关税壁垒为核心内容，但是，在中国已经在建和在谈的自贸区中，大多数都包含投资协定和投资便利化的内容。

在中国与东盟国家建设自贸区的过程中，中国还将金融外交——人民币区域化的战略贯彻其中，积极推动中国与这些国家使用人民币进行贸易结算，同时与东亚多个国家和其他地区的一些国家签订了多个本币计价的货币互换协议，既有推动人民币国际化进程的作用，又有对一些经济规模小国和金融实力弱国的援助意义。

在中国对一些发展中国家提供发展援助的过程中，中国政策性银行提供的优惠贷款加速了中国企业走出去的进程，许多中国企业通过项目投标，在国外获得了公路、桥梁、水坝等基础设施承包工程项目，这又进一步为企业提供了了解所在国市场并进而寻求投资机会，进行新的投资甚至是集群式投资的机会。由此可见，中国的相当一部分对外投资与中国政府的对外援助有着密切的关系。

中国的援助外交也促进了中国商品的出口和劳务人员的输出。大多数受援国利用中国政府提供的援助资金，进口物美价廉的中国设备和技术，引进中国的工程技术人员，加强了这些国家与中国的贸易联系，对中国使领馆的侨民工作提出了新的需求，并进一步推动了侨务工作和领事保护工作的发展。

金融危机期间，中国与多个国家的石油生产商签署的总额高达数百亿美元的多项“贷款换石油”合作协议，既为陷入金融危机和融资困难的国家提供了援助，解决了燃眉之急，同时也为保证中国能源供应保障能源安全做出了贡献。

（三）中国经济外交新领域发展展望

随着经济实力的继续强大和外交工作的深入发展，新时期中国经济外交的领域将进一步拓展创新，呈现前所未有的新气象。

在贸易外交领域，寻求均衡型进出口增长的外贸发展模式将为中国贸易外交提供巨大的发展空间。中国的出口越来越把高端制造业、低碳环保产业和现代服务业等作为新的增长点，努力把中国建设成贸易强国。中国将通过更加积极的姿态，努力加强贸易外交的机制建设、扩大贸易融资规模、改革贸易外交的管理体制、实施更有针对性的国别贸易外交战略等手段，建立起更合理的贸易外交架构，继续推动境外经济贸易合作区建设，化解国际贸易摩擦，达到总体推动中国贸易外交不断前行的目标。

在财金外交领域，中国将继续推进全球金融治理改革，争取早日将人民币加入特别提款权（SDR）货币篮子，以反映世界经济格局现状与中国经济实力的变化；进一步加强区域金融稳定机制建设，继续推进“10+3”金融合作，加强上合组织的金融合作，扩大双边本币互换的规模与对象，大力推进人民币跨境结算从而逐步提高人民币国际化程度；与除了美国以外的主要国际货币发行国磋商使用两国货币直接交易而不再经过美元，减少中国居民与企业的交易成本和金融机构的结算风险，提高人民币的国际地位，加强中国在国际事务上的话语权，削弱美元的霸权地位。

在气候外交领域，中国将主要围绕着谈判与合作而展开，深入参与气候变化谈判，维护公平的气候变化国际制度；全方位开展国际合作，落实应对气候变化各项机制与安排。

在能源资源外交领域，“十二五”规划中提出：“坚持节约优先、立足国内、多元发展、保护环境，加强国际互利合作，调整优化能源结构，构建安全、稳定、经济、清洁的现代能源产业体系。”因此，今后中国将在能源资源外交领域进一步加强能源资源多元化战略，深化新能源国际合作，推动建立国际能源新秩序。

在援助外交领域，中国政府将坚持与时俱进、改革创新。中国将顺应国内外形势发展变化，注重总结经验，创新对外援助方式，及时调整改革管理机制，不断提高对外援助工作水平。中国的对外援助项目将更加集中于能够惠及发展中国家广大民众的基础设施、农业食品、医疗卫生、技术转让、教育培训等方面。

在国际投资外交领域，中国将推动投资协定谈判，加强多层次国际投资协调；加强对外投资合作指导，积极开展对外投资促进活动。继续加强区域投资合作，加快东亚"10+3"国家的基础设施投资合作与区域内互联互通投资合作。

总之，展望未来，中国经济外交发展前景广阔，大有可为。

（樊莹　欧明刚　闫世刚　崔绍忠　张翠珍　竺彩华　刘曙光）

第五编

提升中国“软实力”与外交为民

第17章

增强“软实力”与提升中国国际影响力

经过30年改革开放，中国的综合国力不断增强，与世界的联系也更加紧密。努力使中国“在政治上更有影响力、经济上更有竞争力、形象上更有亲和力、道义上更有感召力”，[①]是新形势下完善中国外交布局的客观要求。自20世纪80年代末美国学者提出“软实力”概念以来，我国政界和学术界就一直关注和研究它，将此概念和相关理论应用于中国发展实践，力图从文化、政治价值观、制度建设以及对外政策等方面来提升国际影响力。增强“软实力”建设已成为中国发展战略的重要内容，是“和谐社会”、“和谐世界”理论的重要组成部分。

提高国家的软实力是一个涉及多领域的系统工程，对外有提升国际影响力和维护海外公民基本权益等方面的工作，对内则涉及政治、经济、社会及文化等方面的建设和发展。中国“软实力”的提高要着眼于富强、民主、文明，着眼于科学发展观、和谐社会、实现全面小康的战略目标，着眼于和平发展、推动和谐世界。在此基础上，力求切实推动政治、经济、文化、教育、社会、对外工作等各领域的工作，系统推进各领域的改革进程，追求国富民强、社会公平正义、平等法制、公民社会建设，夯实中国和平发展的道义基础，拓展中国的国际影响。

---

① 胡锦涛：“在第十一次驻外使节会议上的讲话”，《人民日报》，2009年7月21日，第1版。

最早明确提出“软实力”概念的是美国著名学者约瑟夫·奈。奈曾出任卡特政府助理国务卿、克林顿政府国家情报委员会主席和助理国防部长，后重返哈佛大学任教，在美国政界和学界都具有广泛影响力。他是在与20世纪80年代风行一时的美国“衰落论”进行辩论时提出“软实力”概念的。在那场美国“衰落论”占主流的辩论中，奈认为美国的实力并没有衰落，而是其本质和结构正在发生变化。1990年，他分别在《政治学季刊》和《外交政策》等杂志上发表了《变化中的世界的本质》和《软实力》等一系列论文，并出版《注定领导:变化中的美国权力的本质》一书明确提出“软实力”概念。① 他在该书中指出，“权力”概念在政治学上的基本含义是一个行为者把自己的意志强加于另一个行为者的能力。② 他指出，一个国家的综合国力既包括由经济、科技、军事实力等表现出来的“硬实力”，也包括以文化和意识形态吸引力体现出来的“软实力”；硬实力和软实力都很重要，但是在信息时代，软实力正变得比以往更为突出。此后，奈对软实力的概念和理论进行了不断完善。

2004年，奈出版了以“软实力”命名的著作《软实力:世界政坛的成功之道》，进一步澄清了“软实力”理论。他提出，软实力是“使其他人想要你想要的后果——诱惑，而不是强制他人去做”的能力。软实力可以称为“权力的第二面”，一个国家可以获得它在世界政治中想要得到的结果，是由于其他国家想要追随它，它们赞赏其价值，仿效其榜样，渴望其繁荣和开放程度。③ 软实力不是建立在威胁或利诱基础上的影响力，而是吸引力。奈认为，一个国家的软实力主要有三个来源:一是对他国具有吸引力的文化，二是在内外事务中遵守并践行的政治价值观，三是正当合理且具有道德上的权威性对外政策。

关于软实力的作用，奈认为:“如果一个国家能够使其权力在别国看来是合法的，那么它在实现自己意志的时候就会较少受到抵制。如

① 刘德斌:《“软权力”的由来与发展》,《吉林大学社会科学学报》，2004年7月第4期，第55页。

② Joseph S. Nye, J r., *Bound to Lead: The Changing Nature of American Power*, New York: Basic Books,Inc., Publisher, 1990.

③ Joseph S. Nye, J r., *Soft Power: The Means to Success in World Politics*, New York: Public Affairs, 2004, p. 5-6.

果它的文化和意识形态具有吸引力，那么别的国家就会更愿意效仿。如果它能建立起与其社会相一致的国际规范，那么它需要改变自己的可能性就会很小。如果它能够帮助支持那些鼓励其他国家按照主导国家所喜欢的方式采取或者限制自己行为之制度，那么它在讨价还价的情势中就可能没有必要过多地行使代价高昂的强制权力或者硬权力。”① 总的来说，奈将软实力的作用集中归纳为四个方面的影响力：文化影响力、意识形态影响力、制度安排上的影响力和外交事务中的影响力。

一、中国对“软实力”的认识及应用

“软实力”概念提出及其与价值观、制度和对外政策的高度关联性引起了中国学者的注意。1993年王沪宁在《作为国家实力的文化：“软权力”》一文中便集中讨论了国家的软实力问题。② 进入21世纪，中国学术界就软实力的讨论呈逐年增多之势，2011年国内学术期刊发表的以“软实力”、“软力量”为关键词的文章高达2202篇。国内专家学者在对“软实力”概念进行研究的同时，还总结了软实力的某些特征，为将相关理论应用于中国实践奠定了基础。③ 国内学界对中国软实力的研究主要从以下几个方面着手：以历史唯物主义的观点看中国软实力的变迁并进行横向的国际比较；从传统文化中寻找建设软实力的积极因素；从中国模式的价值角度研讨如何提高中国的软实力；从中国如何更有效地参与国际制度建设和融入国际社会角度来思考如何增强中国国际影响力等。同时，学者们也就中国软实力的国际地位以及构成要素等问题进行了深入探讨和研究。④

---

① Joseph S. Nye, J r., *Bound to Lead: The Changing Nature of American Power*, New York: Basic Books, Inc. , Publishers, 1990, pp. 32-33.

② 王沪宁：“作为国家实力的文化：软权力”，《复旦大学学报》（社会科学版），1993年第3期，第91—96页。

③ 张玉芝：《国内学者关于软权力的研究综述》，《承德民族师专学报》，2007年3月第27卷第1期，第65—67页。

④ 唐慧云：《国内学术界中国软实力研究现状述评》，《国际关系学院学报》，2008年第3期，第18—23页。

随着社会、经济的发展，提升国家软实力，已从学术研究转变成为中国国家发展的战略任务。2006年11月10日，胡锦涛在中国文联第八次全国代表大会、中国作协第七次全国代表大会上，就提及了“国家软实力”的概念。2007年10月15日胡锦涛在中共十七大上正式提出，“坚持社会主义先进文化前进方向，兴起社会主义文化建设新高潮，激发全民族文化创造活力，提高国家文化软实力”。[①]2008年1月22日，胡锦涛在全国宣传思想工作会议上讲话指出：“加强国家文化软实力建设，对内增强民族凝聚力和向心力，对外增强国家亲和力和影响力，是全面增强我国综合国力的必然要求，也是实现我国和平发展的战略之举。”[②] 2010年10月18日，中共十七届五中全会通过的《中共中央关于制定国民经济和社会发展第十二个五年规划的建议》，明确提出要大力推动文化大发展大繁荣，“增强中华文化国际竞争力和影响力”。研究、发展提升国家文化软实力，构成当代中国综合国力发展的基本任务。2011年7月1日，胡锦涛在庆祝中国共产党成立90周年大会上的讲话中强调：“要着眼于推动中华文化走向世界，形成与我国国际地位相对称的文化软实力，提高中华文化国际影响力。”[③] 2011年10月18日，中共十七届六中全会通过的《中共中央关于深化文化体制改革推动社会主义文化大发展大繁荣若干重大问题的决定》，再次强调增强国家文化软实力，并提出“努力建设社会主义文化强国”的战略目标。这些都反映出中国政府已将建设国家软实力置于国家战略高度，对发展软实力越来越重视，政策越来越具体明确。

二、中国加强软实力建设的必要性

首先，加强软实力建设是时代发展的要求。当今世界处在大变

---

① 胡锦涛：《高举中国特色社会主义伟大旗帜　为夺取全面建设小康社会新胜利而奋斗——在中国共产党第十七次全国代表大会上的报告》，《人民日报》，2007年10月15日。

② 胡锦涛：“胡锦涛在全国宣传思想工作会议上讲话”，《人民日报》，2008年1月23日。

③ 胡锦涛：“在庆祝中国共产党成立90周年大会上的讲话”，《人民日报》，2011年7月2日，第2版。

革、大调整之中。在纷繁复杂的国际矛盾中，现有国际治理体制与日益增强的全球秩序需求之间的矛盾越来越突出，成为时代的主要矛盾问题。从性质上看，围绕这一矛盾主线衍生出来的各种具体矛盾许多属于非对抗矛盾。对于这类矛盾来说，基本的解决方式不是斗争，而是合作。从形式来看，全球性挑战是当代世界最主要的威胁，国际恐怖主义、全球暖化、流行性疾病等威胁着人类的安全，全球金融危机影响着世界的发展。这些问题都不是世界上某一个国家能够自行解决的，解决问题只能通过国际合作。因此，“尽管当今世界还存在着这样那样的矛盾和冲突，不确定不稳定因素有所增加，但和平与发展仍是当今时代的主题，世界要和平、国家要发展、人民要合作是不可阻挡的历史潮流”。[①] 与此同时，我国伴随着经济的飞速发展，在政治、经济、文化和生态环境等领域，也相应地出现了一些问题，这些问题使我国和谐稳定和进一步发展受到了影响，正是在这样的国际国内背景下，科学发展观应运而生。坚持科学发展观就要重视软实力的整体提升。在合作中贯彻自己的国家意志，占领战略制高点，加强软实力建设是关键。

加强软实力建设同时也是中国发展的客观需要。心理学家马斯洛认为，人的“类本能”就是不断满足其日益增长的需求。需求呈金字塔状，由低到高依次排列，形成“需求层次”，并据此提出了人的五个需求层次：生理需求、安全需求、归属需求、尊重需求和自我实现需求。[②] 在国家层次上，国家的需求也具有类似的特征。建国60多年来，中国实现了国家的政治独立和经济发展，国家需求实现了从“求生存”、“求安全”到“求发展”再到“求归属”和“求尊重”的历史性转变。作为国际社会的负责任一员，树立良好的国家形象，“推动建立公正合理的国际政治经济新秩序”，“推动建设持久和平、共同繁荣的和谐世界”，是当代中国发展的客观需要。2004年6月的一期《瞭望》杂志刊文指出：中国的和平崛起，必然把构建和强化软实力放在

① 中央文献研究室第五编研部张晓彤：《试论胡锦涛的时代观》，《瞭望》，2009年11月。

② ［美］亚伯拉罕·马斯洛：《动机与人格》，许金声等译，北京：华夏出版社，1987年中文版，第40—53页。

重要位置。文章分析，人口众多和多民族特点，决定了中国必须以共同的理念和价值观来协调内部关系，增强全社会的凝聚力。中国作为一个负责人的大国，必须具有与世界各国进行沟通的能力。中国作为一个发展中的社会主义国家，其政策主张能够得到大多数发展中国家的认同，事业的成败得失具有示范作用。因此，中国需要软实力，也势必重视软实力。反过来，和谐社会与和谐世界的构建，也可以提高中国的软实力，使中国借助日益强大的实力来推动国家和世界的良性发展。①

我国的影响力、吸引力、亲和力和塑造力为提升国家软实力奠定了基础。首先是我国的发展理念在国际上产生了影响力。近年来，从我国提出全面建设小康社会，到提出构建社会主义和谐社会，再到提出推动建设和谐世界；从提出以人为本的全面、协调、可持续发展的科学发展观，到提出走和平发展道路，努力实现和平的发展、开放的发展、合作的发展、和谐的发展，都体现了我国与时俱进的发展理念，这些发展理念既符合我国国情，又具有鲜明的时代特征，得到国际社会的好评，产生了积极影响。同时我国外交政策在国际事务中塑造和提升了大国形象。改革开放以来，我国始终高举和平、发展、合作的旗帜，奉行独立自主、互利共赢的外交政策，以参与者、合作者、建设者的身份积极参与国际和地区事务，致力于推动和谐世界建设，在国际舞台上发挥着越来越关键的作用，赢得了越来越重要的话语权。更重要的是，中华文化在全球不断释放出亲和力。近年来，中外文化交流与合作不断深入，“中国热”在一些国家出现，并在全球范围内此起彼伏，与中国文化有关的各种形式的文化节、文化年等活动接连在一些国家举办。②了解中华文化和学习汉语的热情遍布全球，作为传播中华文化推广汉语学习的重要机构孔子学院的影响日益扩大，自2004年开办第一家至今，孔子学院已经在世界五大洲的105个国家和地区开设了358所学院和500个课堂，注册学员数有50多万人。③ 2008年奥

① 卢绍彤:《发展战略与文化软实力提升》,《理论学习》，2011年4月，第55页。

② 同上，第56页。

③《孔子学院：向世界的一声问候》,《光明日报》，2012年1月5日。

运会在北京成功举办，开幕式上所展现的中华文化令世界叹为观止。2010年5月，上海世博会正式拉开帷幕，世界的目光再次聚焦中国，古老国度的城市文化焕发出的勃勃生机，同样让世界上许多国家刮目相看。中华文化的精髓也在这样的展示中传递、渗透并影响着世界。

当代中国加强软实力建设具备了充分的硬实力保障。2011年中国的GDP已达7.3万亿美元，居世界第二位；国家外汇储备3.2万亿美元，稳居世界第一位；人均GDP超过5000美元。硬实力的发展客观助推了软实力的提升。改革开放30多年来的成功经验和发展模式被广泛认为是新的发展范例，“中国模式”对许多国家尤其是发展中国家产生了巨大的吸引力。非洲国家领导人认为，“在过去近60年里，中国发展成为世界经济大国，人民生活质量发生了很大变化。中国曾经历挫折，但中国成功渡过难关。中国现在是一个稳定的世界经济大国，这不仅是中国人民的福祉，也是世界和平与进步的福祉。中国在过去近60年里所取得的成就不仅属于中国人民，也属于全人类”。[①] 非洲学者认为，“改革开放以来，中国日臻强盛，其根本在于坚持中国特色的社会主义发展模式。他说，20世纪90年代，西方在非洲掀起多党民主浪潮，结果在非洲大陆引发了大规模动荡，遗患至今。一些非洲国家从痛苦的经历和教训中认识到，重要的是寻找和确立与本国社会、经济、政治、历史及文化传统相适应的发展模式。而中国做到了这一点，建立了中国特色的社会主义发展模式，并在实践中不断完善，为发展中国家树立了榜样”。[②]

软实力和硬实力的发展相辅相成，硬实力发展能够为软实力建设提供物质载体，助推软实力提升；软实力的发展通过提升产品的价值内涵、营造和谐稳定的内外部环境，反过来更好地支持硬实力的发展。软实力和硬实力的发展不一定同步，但不能失衡。改革开放30多年来，中国的硬实力和软实力都有了很大的提升，从全球竞争排名看，中国许多主要产品的产量和出口规模都已名列前茅，但在信息、法制、

---

① “专访：厄立特里亚总统　厄中战略伙伴关系发展迅速，http://www.nbbap.cn/viewthread.php?tid=1428&extra=page%3D1。

② “‘非洲老朋友’见证中国改革开放”，http://www.tfol.com/10026/10118/2008/11/4/10652742.shtml。

管理、市场自由度、创新能力等软实力指标方面，中国发展的任务依然很重。这种硬、软实力不平衡表明，发展软实力已成为中国现代化进程中的核心问题。

三、中国提升软实力需要增强“内功”

提高国家的软实力是一个涉及多领域的系统工程。要着眼于富强、民主、文明，着眼于科学发展观、和谐社会、实现全面小康的战略目标，着眼于和平发展、推动和谐世界，切实推动政治、经济、文化、教育、社会、对外工作等各领域的工作，系统推进各领域的改革进程，追求国富民强、社会公平正义、平等法制、公民社会建设，夯实中国和平发展的道义基础，拓展中国的国际影响。加强软实力要从自身建设做起：

一是传统文化的继承和超越。传统文化是中国最大的软实力资产。传统文化是中国民族几千年传承下来的，基本上没有断裂过的基本价值取向、生活方式、思维方式、社会组织方式和审美特色。[①]孔子认为，“远人不服，则修文德以来之”，其实质就是通过提升软实力实现国家的利益目标。增强中国的软实力，提升中国的影响力和向心力，必须塑造有中国特色的普世价值观，使之既符合中国传统文化价值，又能为世界大多数国家和人民所认同。中国古代的优秀传统文化与当今中国核心价值体系建设、拓展国际影响力之间关联密切。在中国文化的许多象征中，为外部世界，特别是东亚国家所熟悉的主要是儒学和儒家的价值观。像人权或民主在西方一样，儒学和儒家价值观在东亚具有一定程度的普世的意义。20世纪90年代初，许多亚洲的学者和政治家就曾纷纷提出，亚洲的价值观应该且能够与西方的价值观比肩而立。近年来，中国的崛起再一次唤起人们关注以中国文化为基础构建亚洲价值观的可能性。注重家庭、对德行和伦理的关注、集体

① 卢绍彤：前引文，第56页。

相对于个人的优先性、对统一或和谐和秩序的尊重以及勤劳、节俭和强调教育的重要性，这些价值既是中国的传统，也是东亚国家的“共识”，容易引起地区国家的共鸣。在继承和发掘传统文化的同时，也应注意传统文化的现代改造和创新。传统不是一成不变的，儒家文化就经历了唐宋时期的巨大变革，通过汲取了佛教哲学的概念实现了自身的理论体系化。当代世界与古代有明显的差别，全球化时代要求我们要承前启后、推陈出新，创造一种有感染力和包容性、能被世界普遍接受和理解的文化价值体系。中国正处于社会转型时期，面临核心价值重建的重任，儒家思想已经成为现代中国文化的重要组成部分，“以人为本”、“立党为公，执政为民”，“和谐社会”、“和谐世界”和“社会主义荣辱观”等都体现出从儒家的民本理念汲取和改造的新思想。进入新世纪，国内持续的“国学热”与“孔子学院”在海外的快速发展，客观反映了传统文化的这种继承需求与创新方向，需要继续维护和发展下去。

二是不断探索和完善中国发展模式。传统儒家认为，一个国家实现良治，必然会导致其他国家“从义向风”、“见贤思齐”。经过30多年的改革开放，中国实现了国家稳定、经济发展和社会进步，国际影响力空前提高。中国的政治、经济发展模式本身就具有很强的示范作用。无论在发达国家还是在发展中国家中，人们公认中国的经济发展模式是成功的。新世纪以来特别是国际金融危机之后，中国的经济持续高速发展，与西方近年来经济发展低迷乃至衰退形成鲜明反差，“中国因素”在国际政治和国际关系中的权重日益增大。中国快速的经济发展，成了当今时代“最大的亮点”。2005年12月，约瑟夫·奈在《华尔街日报》发表了一篇题为《中国软实力的崛起》的文章。文章指出中国的软实力崛起威胁到了美国利益，美国应采取措施遏制中国软实力的发展。2010年中国经济规模超过日本、跃居世界第二，这在西方世界引起了不小震动。英国前工党政府外交大臣戴维·米利班德就露骨地声称，像中国这样的“集权国家”的崛起对民主不利。前香港总督彭定康也强调，中国的成功是对西方民主政治的威胁，因为它提供了一种“不需要民主而致富”的发展模式。这些言论在相当程度上反映了西方国家群体性对中国的担心和焦虑。面对中国如此快速的发展，特别是由此所牵动的国际格局的重塑与国际关系的深刻变动，西方世界缺乏足够的思想与心理准备。很显然，消除外部世界的疑虑，“建设社会主义核心价值体系”，[①]推进“和谐社会”建设，完善社会主义民主、法治，努力塑造公正、民主、人权进步的国家形象，在经济发展的同时完成开放的公民社会建设，将不仅有助于保证中国的可持续发展，而且将有力地影响国际对华舆论朝积极的方向发展。

三是中国和平、和谐外交的发展。外交通常被看作一国的软实力资源，通过外交的内容和风格可以增进一国的亲和力和政治模式的吸引力。改革开放以来，随着中国综合国力的提升，“当代中国同世界的关系发生了历史性的变化，中国的前途和命运日益紧密地同世界的前途命运联系在一起”。[②]中国坚持发展中国家的定位，坚持和平发展道路和互利共赢的开放战略，努力建设和谐世界，提升了中国的软实力。2001年加入世界贸易组织以来，中国年均进口近7500亿美元商品，相当于为相关国家和地区创造了1400多万个就业岗位。过去10年，在华外商投资企业从中国累计汇出利润2617亿美元，年均增长30%。[③]2000年至2011年，中国非金融类年度对外直接投资从不足10亿美元增加到590亿美元，十年累计对外直接投资存量超过3000亿美元，有力地促进了有关国家经济发展，带动了一大批发展中国家经济的崛起。中国近年来对世界经济增长的贡献率均达到10%以上。于此同时，中国积极推动国内改革，加入WTO以后，中国废止、修改和新出台了3000多部法律法规，根据WTO公开透明的原则要求，入世后中国实现了立法的公开透明，转变了政府职能，化外部压力为国内改革新的动力。中国还积极参与国际机制建设进程，目前已参加了100多个政府间国际组织，签署300多个国际公约，成为了国际体系中负责任的参与者、建设者和贡献者。中国还认真落实联合国千年发展目标，积

① 胡锦涛：“在纪念中国科协成立50周年大会上的讲话”，《人民日报》，2008年12月16日，第2版。

② 胡锦涛：《高举中国特色社会主义伟大旗帜 为夺取全面建设小康社会新胜利而奋斗——在中国共产党第十七次全国代表大会上的报告》，《人民日报》，2007年10月15日。

③ 《中国的和平发展》（白皮书），2011年9月6日。

极开展对外援助，截至2009年底，中国累计向161个国家、30多个国际和区域组织提供了2563亿元人民币的援助，减免50个重债穷国和最不发达国家债务380笔，为发展中国家培训人员12万人次，累计派出2.1万名援外医疗队员和近1万名援外教师。中国奉行“睦邻、安邻、富邻”的周边政策，划定了除印度和不丹外所有邻国的陆地边界，并积极推动全球经济与安全合作。2008年国际金融危机爆发后，中国本着“同舟共济”的精神积极参与二十国集团等全球经济治理机制建设，推动国际金融体系改革，参与各国宏观经济政策协调，组织大型采购团赴海外采购，向陷入困境的国家伸出援手。在安全方面，中国已累计向联合国30项维和行动派出各类人员约2.1万人次，是派出维和人员最多的联合国安理会常任理事国。中国为应对国际和地区热点问题也发挥了建设性作用，在朝核问题、伊朗核问题等热点问题上坚持劝和促谈，维护了地区和平与稳定。中国的外交政策和实践有力地支持了中国软实力的提升。

四、中国提升国际影响力的主要途径

国家形象和软实力是一种重要的国家资源，也是一项系统工程。软实力的建设与提升需要从文化、意识形态、制度建设、外交政策等多元层次和途径实现。应当说，近些年来，随着中国国力和传播实力的增长，中国在以上几个方面的影响力都有了较大幅度的提升——中国的语言文化在世界范围内受到重视；“中国模式”、“北京共识”成为西方学者和政要津津乐道的话题；中国参与制定国际规则的意识在增强；中国政府在处理国际关系中的斡旋能力、协调能力以及对国际社会的号召力有所提高，这些都是我国软实力逐步提升的重要体现。

第一，软实力不仅需要深厚的文化支撑、先进的制度保障及和平的外交政策，也需要投送技巧和传播能力的发展。20世纪90年代以来，信息技术的迅速发展改变了全球竞争格局，世界被新技术和跨国资本碾成一块没有边界的平地，技术缩短了后起国家与发达国家之间的技术差距。以互联网为代表的新技术以其时时性和互动性，改变了权力的作用模式，正如福柯所说，“现代权力是一种‘关系性’权力……知识与权力体制不可分离……当代权力特征乃在于有空前繁多的权力核心，以无以计数的流通节点，权力关系在其中得以维系、支撑，并散播于四面八方”。[①] 在新的情势下，发展驾驭互联网、微博等新媒体的能力是软实力建设不可或缺的组成部分。加强中国软实力建设应充分利用信息技术领域的进步：首先，信息技术发展迅速，软实力传播的载体正经历革命性变化。截至2011年底，中国网民数量突破5亿，达到5.13亿，全年新增网民5580万，中国网民总量稳居世界第一位。即时通信用户规模达4.15亿，博客/个人空间用户数量为3.19亿，微博用户数达到2.5亿。其中微博仅用大约一年时间就发展成为近一半中国网民使用的重要互联网工具。无疑，这为中国软实力建设提供了良好的物质基础。其次，新媒体降低了政治参与成本，激发了政治参与热情。传统媒体时代，普通百姓只能通过有限的通道，如信访办、市长信箱、读者来信或听众电话等来表达意见。由于这些表达和参与影响范围有限，常常导致社会成员对政治的态度趋于冷漠。信息技术的发展根本改变了这一状况，以微博为例，微博使用的低门槛极大地降低了人们的政治参与成本，其高互动性和延伸性则提高了人们政治参与的收益。人们在微博平台上，围绕包罗万象的话题，建立起由“人”汇聚成的社区，并在社区里相互分享信息、创意、观点和情感。“人的关系”成为人们之间进行信息交流的重心，这不仅增强了社会的自我管理、自我教育能力，客观上也增强了政府对社会的动员能力，有利于和谐社会建设。新媒体引导舆论的能力巨大。在中国，微博等信息平台的发展体现出很强的媒体属性，许多人通过微博上获取传统主流媒体上难以得到的信息。通过“关注”、“被关注”网络，人们将自己或自己所关注的人所发布的信息，通过“转发”，一层层地对外传播开来。这种裂变式的传播效应，一旦成功发起就会四下蔓延，快速复制，对软实力的传播常常能起到事半功倍的效果。2011年初，作为冷战先

① 刘文富:《网络政治—网络社会与国家治理》，北京：商务印书馆，2002年版，第25页。

锋的BBC和美国之音先后关闭或削减了中文广播，将相关业务转向了网络。新技术的影响和冲击由此可见一斑。作为后发国家，在信息技术领域中国与发达国家的差距不大，新技术革命客观上为所有国家提供了较公平的起跑线，能否妥善利用新技术平台是决定当代软实力竞争的关键。

第二，发挥软实力的作用，其主体性要求与硬实力有所不同，需要充分发挥个人及NGO等非国家行为体的作用。现在中国每年有1200万人次出国（出境为4600万人次），到中国来的外国人有2400万人次。“公众”成为了对外交往的重要组成部分，这要求外交及其机制进行调整以适应这一变化。首先是要不断推进公共外交，完善公共外交机制。公共外交是践行中国政府以人为本、执政为民理念、构建和谐社会的必然要求，也是增进中国与各国相互理解和信任、推动建设和谐世界的重要途径。2009年冬，外交部新闻司公共外交处升格为公共外交办公室，此后“加强公共外交”又被写入《中共中央关于制定国民经济和社会发展第十二个五年规划的建议》，公共外交在中国总体外交中的地位获得提升。目前，我国中宣部、国务院新闻办、文化部、外交部等许多部门兼具公共外交职能。提升中国的软实力，公共外交的整体投入和部门协调力度还应该进一步加大。让普通大众全面参与公共外交，本身就是一种软实力。公共外交不同于政府外交，它主要依靠民间和社会的力量。通过公共外交以合理、合法的方式推行自己的价值观和理念应成为中国外交事业的一个重要部分。创造民间外交发展的有利环境，充分重视民间外交与政府外交“官民互补、相互促进”的作用。随着对外开放的深入和人口素质的提高，中国的青年志愿者越来越多，服务内容越来越广泛，比如教育、灾后心理干预、卫生，等等。这些志愿者也有走向国门的意愿。政府要对国民的民族精神和爱国主义精神充分信任，并在机会和财力上给予大力扶持。可以想象，随着政府鼓励或支持普通民众和私人团体参与公共外交，鼓励和支持更多的中国青年志愿者走向非洲，这种爱心志愿者行动将极大地提高中国的软实力，改善中国的国际形象。其次，是要充分发挥NGO的作用。目前中国在推进软实力建设的过程中，主要以政府主导，非政府组织则参与较少。这既有中国的特殊国情导致中国非政府组织发育不成熟的因素，也与中国历来把对外交往作为“国之大事”、“政府对政府”的理念有关，所以非政府组织、公司、个人及其他社会团体直接参与甚少。以2009年哥本哈根气候大会为例，美国有100多家NGO在活动，而中国只有14家，并且普遍缺乏国际会议经验。这常常使中国在对外交往中陷于“中国政府Vs外部公民社会”的非对称尴尬博弈中。从趋势看，全球社会“后现代”特征日益展现，国际权力分配出现了新的趋势。国际利益纷争复杂化，国际政治参与主体的多元化特征加深。全球政治、社会议题变得无限细分和复杂，要求政策制定者寻求体制外的NGO、智库参与国际事务的解决。客观而言，NGO、智库参与国际矛盾的解决有巨大的优势：首先，没有政治包袱，没有外交背景，谈判不存在预设前提和障碍；其次，不受制于政府和行政规制，更具灵活性和创造性；最后，工作具有弹性，即便谈判失败，也能为政府或其他国际组织的进一步活动保留了空间。NGO、智库或个人参与外交进程体现了从服从型政治到参与型政治的发展，本身就是一种软实力。因此，对普通民众和NGO参与公共外交的行为应继续给予鼓励、支持和规范，协助本国的NGO开展国际合作。

改革开放以来，中国的软实力在不断增强，2007年美国卡内基国际和平基金会的访问学者约舒亚·科兰兹克甚至以《魅力攻势——中国软实力如何改变世界?》著书分析中国的软实力增长，但这并不意味着中国已经具有了软实力上的优势，中国在国际舞台上和国际组织中还缺乏话语权。在获得与自身硬实力相匹配的软实力方面仍面临许多挑战。综而言之，加强中国自身的文化建设，完善有中国特色的社会主义制度，推进和平、和谐的外交政策，是中国软实力建设的根本。重视互联网、微博等信息技术的传播平台作用，推动NGO等非国家行为体参与公共制度建设和公共外交发展是中国塑造软实力、提升国家影响力的关键。

（朱丹丹）

第18章

公共外交的拓展

进入21世纪，国际环境的变化促使各国传统外交方式不断变化。在中国当代的外交实践中，外交方式的种类日益丰富多样，诸如“体育外交”、“军事外交”、“政党外交”、“文化外交”、“公共外交”、“媒体外交”、“网络外交”、“环境外交”等新的外交形式，随着外交工作的深化和创新而不断涌现，层出不穷，并在各个领域中发挥着日益显著的作用。其中，公共外交在实践已经成为建设有利于我国和平发展的国内外环境的重要途径。党的十七大再次重申，要抓住和用好战略机遇期。实现这一要求，建设良好的国内外和平发展环境至关重要。中国政府公共外交具有内向性和外向性两个维度，从内来讲，公共外交需要赢得国内民心，争取民众对于外交政策的认可和理解、进而支持和参与国家外交工作，形成合力来推动我国外交事业的健康顺利发展；从外来讲，公共外交同样需要赢得国外民心，不断改变和纠正国外民众对中国的看法，在各国民众当中树立起中国良好的国家形象。

一、中国开展公共外交的必要性

（一）公共外交是外交民主化的现实需求

公共外交的兴起与公众舆论对一国对外政策的制定和实施影响力日益增大紧密相连。公共外交的思想基础是对国内民意的重视。在统治者看来，民意或者舆论蕴含着巨大的社会能量，对民主国家的社会稳定和政治稳定至关重要。为此，统治者需要采取各种手段对国内舆论进行调整、控制、引导、疏通，从而维护其统治秩序。随着全球化和信息革命浪潮的不断发展，传统外交形态的客观基础发生了重大变化，如何使公众更多的参与到外交政策的实施过程之中，赢得广大民众对外交政策的理解和支持，“制造同意”，并且通过“人民外交”、“民间外交”、“公共外交”等方式为国家的外交利益服务成为决策者需要考虑的重要因素。近年来，各国议会普遍加强了对外交事务的管理，议会的外交权得到了很大程度的复兴。公共外交是外交组织体制从高度集权向民主管理转变的重要标志。①

当代中国正在经历着广泛而深刻的历史性变革和转型，政治、经济、社会、文化等方面发生的巨大变化，推动了中国外交决策机制的变化，使得公共外交的重要性明显上升。中国特色市场经济体制的建立以及世界范围内全球化、信息化、民主化三大趋势的蓬勃发展，形成了中国国内社会变迁的内外动力。在社会变迁的大环境下，中国民众的自主意识、平等意识、参与意识在普遍提高，公民意识、权力意识、法律意识在不断增强。公众观念日益多元化，其表达途径也更趋多元化。这些精神层面的变化，反映在对外政策过程中就是民众对外交事务的积极参与，民众越来越强烈地渴望表达自己对外交的见解和主张。这就要求政府在外交政策制定及实施的过程中，必须把民众的

① 赵可金:《论现代外交的民主化趋势》,《世界经济与政治》，2008年第1期，第29—33页。

要求认真考虑在内，并积极做出回应。

（二）公共外交是“外交为民”的重要体现

新中国成立之后，在冷战两极格局和意识形态领域激烈斗争的国际环境下，中国外交侧重于维护国家主权、领土完整和民族尊严，侧重于宏观的国际政治和意识形态领域的合作与斗争。中国对外关系给人的总体印象是，“比较识大体、看大事、讲大局，但不太重微观、不太看小事、不太讲个人”。[①] 改革开放以来，在市场化、全球化和信息化的多重推动下，为了适应以经济建设为中心的形势需要，对于个人价值的维护成为社会主义市场经济的题中应有之意。在外交领域，这就表现为政府对于个人利益的保护，对于民众诉求的积极回应。随着我国公民安全和合法权益问题日益突出，我国政府在继续重视外交“大事”的同时，也开始逐渐关注我国公民合法权益保护方面的“小事”。中国外交要“急人民之所急，想人民之所想，在国际上为维护我国法人和公民的合法权益多做实事”。[②] 这种外交理念的变化影响到了我国外交工作重心的变化，中国外交从单纯的“外交为国”，发展到了“外交既为国也为民”的新阶段。

第四代领导集体提出的“以人为本，外交为民”是中国共产党“以人为本，执政为民”理念在外交领域的直接反映和具体体现，是中国外交在新时期内涵的拓展和丰富。外交部长杨洁篪在第12次公众开放日上对这一外交新理念的解释是，“外交为民就是外交为人民服务，这包括两层含义：第一，外交为人民的根本利益服务，为经济建设服务；第二，人民是外交的基石和后盾”。[③] 在“以人为本，外交为民”的方针下，一方面中国政府对境外中国公民的领事保护和领事安全空前高度重视。遇到突发事件之时，中国领导人或者致电当事国领导人要求

---

① 王逸舟：《中国外交新高地》，中国社会科学出版社，2008年版，第7页。

② “李肇星在2004年3月6日举行的十届全国人大二次会议记者招待会答记者问”，http://www.xinhuanet.com/zhibo/20040306b/zhibo.html。

③ 王冲：《外交部“公众开放日”，杨洁篪阐述中国外交新理念》，《中国青年报》，2007年5月20日。

紧急救援和公正处理，或者亲自做出批示要求外交等相关部门全力做好善后工作。而外交部在处理个体事件中，也把保护公民的正当权益放在重要位置，反应越来越迅速，处理力度也在不断加大。另一方面，中国政府加大了外交决策的社会性参与程度。向公众开放越来越多的外交信息，更多形式的加强同公众的交流与沟通，从民众的意见和建议中汲取养分。更加重视对专家学者的政策建议，咨询活动逐渐机制化、常态化。如原外交部“公共外交处”副处长卫真所说：“外交部近年来在贯彻以人为本、执政为民方面做了很多工作，外交部现在几乎所有人都有了公共外交的意识，在工作中贯彻‘以人为本’理念的意识也在深入人心。”“外交本来就是人民的外交，就是为人民服务的。外交为民本来就是公共外交的宗旨。”①

（三）公共外交是总体外交的重要组成部分

随着全球化的发展，公共外交的执行者有很大的变化，众多非政府行为体参与到公共外交活动中。而政府始终使公共外交中最重要的主体。公共外交的执行团队是一个国家外交体制的组成部分，最高领导层是公共外交战略的制定者，公共外交要为国家总体外交战略服务。

2009年7月，胡锦涛总书记在第十一次驻外使节会议上发表重要讲话，精辟论述了公共外交在我国外交工作中的重要地位和作用，指出公共外交作为总体外交的重要组成部分，是新形势下完善我国外交布局的客观要求，也是我国外交工作的重要开拓方向。他强调指出，开展好公共外交直接关乎我国国际形象，外交工作要努力使我国在政治上更有影响力、经济上更有竞争力、形象上更有亲和力、道义上更有感召力。②随着国际社会的变化，中国国内改革与开放的深化，中国与国际社会互动的紧密化，公共外交构筑了中国总体外交的重要一环，成为统筹国内国际两个大局的有力途径。正如外交部长杨洁篪所说：

---

① 《李肇星：外交部是全国人民的外交部——外交部公众开放日“首次走进非洲”》，人民网，2005年8月15日报道，http://politics.people.com.cn/GB/1026/3614273.html。

② 胡锦涛：《我国改革发展稳定面临新的机遇和挑战》，《人民日报》，2009年7月21日。

"开展公共外交是顺应世界潮流和时代发展的必然选择，是为国家的自身发展和对外合作营造良好软环境的客观需要，是新形势下外交工作的重要开拓方向。"①

二、中国公共外交的目标

（一）塑造和平发展的国际形象

改革开放30年以来，中国的综合国力迅速提升，国际地位大大提高，全方位外交取得了巨大的成就，国际影响力不断增加。在关注度上升的同时，国际社会由于对中国的实际情况、内政外交和文化价值不够了解，对中国国力增长背后潜在威胁的疑虑也有所上升。加之一些西方媒体对中国充满偏见的报道，大大扭曲了中国的国家形象，为"中国威胁论"提供了土壤和市场。

中国的公共外交由对外宣传发展而来，承担着塑造国家形象的目标和任务。江泽民同志对外宣提出的方向是："继续向世界说明我国改革和建设的伟大成就，说明邓小平同志开创的建设有中国特色社会主义道路的正确性，充分展示中国人民坚定不移地走自己的道路、实现社会主义现代化的形象；继续向世界说明我国反对霸权、维护和平、支持国际正义事业的立场，充分展示中国人民爱好和平的形象；继续向世界说明我国政治稳定、经济发展、社会进步、民族团结的局势，充分展示中国人民为维护安定团结和实现繁荣富强而不懈奋斗的形象；继续向世界说明我国社会主义建设成就，充分展示中国人民依法治国，建设社会主义法治国家的形象。"② 胡锦涛同志对公共外交提出了具体要求，即"要紧紧围绕党和国家的工作大局，认真贯彻中央的对外工作方针，全面客观地向世界介绍我国社会主义物质文明、政治文明和精神文明不断发展的情况，及时准确地宣传我国对国际事务的主张，着

---

① 杨洁篪：《努力开拓中国特色公共外交的新局面》，《求是》，2011年第4期，第43页。

② 江泽民：《在全国对外宣传工作会议上的讲话》，《人民日报》，1999年2月27日。

力维护国家利益和形象，不断增进我国人民同各国人民的相互了解和友谊，逐步形成同我国国际地位相适应的对外宣传舆论力量，为全面建设小康社会营造良好的国际舆论氛围”。[①] 为了贯彻落实中央决策部署。实现中央提出的战略目标，维护和平发展的形象，中国的公共外交事业取得了不断进步和长足发展。

当前中国迅速发展和快速崛起带来了国际舆论环境的变化，既有认同中国道路，希望中国发挥更大作用的，也有心存疑虑，曲解中国政策意图的。为此公共外交的战略目标需要定位为“向世界说明中国”，在国际社会塑造一个高举和平、发展、合作大旗，维护国际正义，谋求互利共赢的中国形象。为此，要努力解答好三个问题：“第一，中国如何实现复兴？第二，中国是一个什么样的国家？第三，中国如何才有话语权”。[②] 只有向世界讲清楚这三个问题，才能让“中国威胁论”转化成为“中国机遇论”，维护和发展好中国和平发展的国际舆论环境。

（二）构建稳定健康的国内舆论

构建和谐社会是我们党在新时期提出的重大历史任务。“和谐社会离不开和谐的舆论。舆论的和谐是社会和谐的重要条件，舆论的和谐程度反映和影响着社会的和谐程度”。[③] 没有一个和谐的国内舆论环境，就难以实现构建和谐社会的目标。

当代中国正在经历着广泛而深刻的历史性变革，政治、经济、社会、文化等方面的巨大变化，推动了中国外交决策机制的变化，使得公共外交的重要性明显上升。中国特色市场经济体制的建立以及世界范围内全球化、信息化、民主化三大趋势的蓬勃发展，形成了中国国内社会变迁的内外动力。从1978年改革开放以来，中国的社会变迁发生在社会领域的方方面面。中国国内社会阶层的分化逐步加快，不同

---

① 胡锦涛:《在全国宣传思想工作会议的讲话》,《人民日报》，2004年12月7日。

② 裘援平:《中国的和平发展与公共外交》,《国际问题研究》，2010年第6期，第2—3页。

③ 刘云山:《宣传思想工作要积极为建设社会主义和谐社会贡献力量》,《人民日报》,2006年6月30日。

地区之间的区域差距正在拉大。中国国内出现了各种类型的利益集团，其影响力日益扩大。广播电视、互联网等媒体自由化程度不断提高，影响力显著上升。形形色色的非政府组织增长速度非常惊人，已经成为影响政府政策制定的重要社会力量。社会问题出现内外互动的状况，国家对社会以及公众的传统控制力下降，中国社会已经进入了矛盾多发期。

中国外交必须应对社会变迁带来的各种机遇与挑战。只有积极主动地改进和调整外交决策机制，使之不断朝着决策科学化、民主化的方向发展，并充分利用广泛的社会资源，将消极因素转化为积极因素，才能抓住机遇应对挑战，促进外交工作的顺利开展。一个政府引导舆论的能力、它的公共形象，都是执政能力的一种体现。公共外交是政府树立公共形象的重要途径。利用公共外交增强国内民众的“主体参与性”，从而使我国国家利益得到更充分、更准确地表达，将为和谐社会的中国外交创造有利条件。因此，在中国外交政策机制上要进一步扩大公众对于外交事务的知情权，扩展国内舆论的传播渠道，加强对公众舆论的引导，充分发挥智库和各类学术研究机构的功能，为中国外交政策提供强有力的支撑。这些方面都是公共外交实践中所必不可少的内容。正如杨洁篪部长所说，“引导公众客观认识我国所处的发展阶段和国际环境，理性看待中国与外部世界的关系，正确理解中国应发挥的国际作用及对外政策，形成正确的国家利益观，增强民族向心力和凝聚力，培养开放、包容、平和、理性的国民心态，是公共外交的重要职责”。①

三、中国公共外交的实践

就中国而言，迄今为止我们并没有比较成熟的公共外交理论，公共外交实践与西方国家相比也有比较大的差距。在中国的话语体系中，

① 杨洁篪：《努力开拓中国特色公共外交的新局面》，《求是》，2011年第4期，第44页。

外向性的公共外交实践一般表现为对外宣传、国际交流和对外传播。直到20世纪90年代冷战结束之后，对外宣传工作的重点才从强调宣传策略转向创建公共外交体系，国家开始把公共外交的重点放在国外普通民众身上，并通过市场机制有效地开展说服性宣传。[①]党的十六大以来，在党中央的英明领导下，从领导人到各级决策者，从外交部门到政府机关，开展了丰富多彩、形式多样的公共外交活动。这些日益丰富的公共外交活动，向国内外公众提供了充足的外交方面信息，一方面加深了其他国家公众对中国的全面了解，一方面增强了国内民众对于国家外交政策的理解和支持。

（一）国家首脑与公共外交实践

在现代外交活动中，国家首脑人物扮演着十分重要的角色，对国内外舆论的影响十分显著。国家首脑人物不仅是国家政治权力的核心，也是国家形象、国家利益乃至民族文化的个体展现。国家领导人出访受关注度高，影响广，为开展公共外交提供了最佳契机和平台。可以说，国家首脑人物已经成为公共外交的重要一环。

中国国家领导人是公共外交的积极践行者。近年来，我们党和国家领导人在出访期间，积极同往访国各界进行广泛接触，比如走访普通市民家庭，参观工厂学校，深入灾区看望受灾民众等等，都在国际社会产生了极大的反响，拉近了中国与世界的距离，传递出了中国和中国人民的诚意、善意和友谊。

具体来说，中国国家首脑的公共外交实践活动主要有以下几个方面：

1.在国内外树立良好的首脑形象，拉近首脑人物与普通民众的距离，增强对国内外舆论的感染力和影响力。作为中国国家首脑，胡锦涛主席和温家宝总理在国内外一直都享有很高的声望，他们亲民爱民为民的形象一直被国内外媒体大量而广泛地进行宣传报道，既体现了

① 唐小松:《中国公共外交的发展及其体系构建》,《现代国际关系》，2006年第2期，第44页。

我国新一代领导人建设和谐世界的执政理念和为政之道，又成功塑造了我国良好的首脑形象。这种形象无疑可以大大增加公共外交活动的吸引力和影响力，大大增强对国内外民众的感染力和说服效果。

早在新中国之初的外交史上，周恩来总理的出访活动可以说是首脑外交和公共外交的一个成功典范。20世纪50年代，周恩来总理访问非洲各国时，就注重与非洲人民之间的面对面交流，他平易近人、和蔼可亲的形象赢得了非洲人民的广泛尊敬和爱戴，为后来中非关系的发展打下了坚固的民众基础。时至今日，许多非洲人民仍对周总理的个人魅力和感人形象念念不忘。近年来，中国领导人经常利用各种机会和场合，身体力行公共外交，总会在繁忙的日程安排中抽出时间，专门深入到访问国民众中走访交流，无形中拉近了中国同受访国的距离。

2006年，在中日关系还没有完全走出低谷时，温家宝总理于4月份展开了他对日本的“暖春之旅”。访问中他温文尔雅、平易近人的形象，与当今老百姓对当代政治家的良好期待正相吻合。因此温总理以平民总理、亲民总理的身份访问日本，就非常容易被日本民众所接受，受到日本民众的欢迎，对此国内外媒体进行了广泛的宣传和报道。温家宝通过与日本学生一起打棒球、晨练和与日本民众亲切交谈等活动，全方位地展现了中国首脑外交的独特魅力，加深了两国人民的互相了解，在潜移默化之中缓解了中国民众对日本的敌视情绪，推动了中日友好的舆论氛围持续升温。

2011年，胡锦涛主席初访美期间身体力行。通过访前接受美国主流媒体联合书面采访、访问期间与奥巴马总统共见记者、出席美国友好团体欢迎宴会并发表重要演讲、与中美两国企业家和青少年进行面对面互动交流等方式，面向美国各界人士，全面阐述中国对发展相互尊重、互利共赢的中美新型合作伙伴关系的政策主张及中国的和平发展战略，从而受到了美国民众和国际舆论的广泛关注和积极评价，堪称新时期国家首脑在中国公共外交的成功范例。

以上可以看出，中国领导人在出访过程中通过演讲、接受媒体采访、举行记者招待会、与访问国民众多种场合的直接交流等形式，成功塑造了首脑人物良好的亲民形象，展现了他们独特的人格魅力，这有利于国际社会加深对中国的了解，增进了国际社会对我国致力于和平发展、构建和谐世界的认识。

2.直接召开新闻发布会，对国家的重大事项和活动发布消息阐述主张，增强新闻发布的权威性。首脑新闻发布会一般只是在涉及国家全局或者外交方面十分重大的事项，必须由首脑发布的时候才有国家首脑亲自举行发布会。首脑新闻发布会的举行通常有三种背景：(1)国家重大危机和变动出现的时刻。(2)稳定和鼓舞全体国民士气的需要。(3)国际和国内重大事务必须要求国家首脑出面讲话的情况。[①]美国政府就经常利用首脑新闻发布会，发布国家重大决策，就国际国内重大突发事件安抚民心，宣誓决心，为外交政策的制定赢取民意民心。比如2001年“9 · 11”事件发生之后，美国国内顿时陷入一片混乱之中，美国民众产生了极大的恐慌。布什政府面对压力，采取主动出击的策略，及时举行了首脑新闻发布会。布什总统在发布会上将矛头直指海外“基地”组织，号召全体美国人民团结起来共渡难关。这样，不仅有力有效地稳定了民心，而且还树立了布什“反恐先锋”的政治形象，从而为其以后出兵阿富汗、伊拉克形成了舆论先导，奠定了政治基础。

我国领导人通常利用直接新闻发布会，向民众宣布国家政策的重大调整和改变，宣布出台国家的新方略新政策。首脑新闻发布会对公众的吸引力是巨大的，对公众的政治经济生活产生的广泛影响也是显而易见的。尤其是国家领导人在外交事务上的表态，更是集中代表了中国政府在国际事务中的坚定立场和鲜明态度。我国的首脑新闻发布会，尤以每届党的全国代表大会和每年“两会”闭幕之后领导人的记者见面会为主要形式。新当选的总书记、国务院总理举行的记者见面会都会受到国内外舆论的高度关注和集中报道，这已经成为我国家首脑直接向民众阐释、宣传外交政策的一个独特而重要的平台。

3.利用各种新媒体技术，与公众双向沟通和交流，引导公众对于外交政策的认知和认同。互联网已经成为各国领导人与民众交流的

① 刘建明:《新闻发布概论》，清华大学出版社，2006年版，第118—120页。

重要平台。俄罗斯总统普京和美国总统奥巴马都是这方面的积极实践者。[①]

中国领导人在这方面也有一系列的创新作为。2008年6月20日，胡锦涛主席在人民网与网友交流，开了我国党和国家领导人与网民“面对面”的先河。这次网上交流活动吸引了众多目光。人民网《强国论坛》几乎被涌入的网友塞爆。人民网报道说，网友们在两分钟内上贴超过200条，在线人数在半个小时内超200万。整个交流活动虽然只有短短的几分钟，但是在引导国内舆论，凝聚民众力量等方面的影响和效果是前所未有的。2009年2月28日，时隔半年之后温家宝总理又通过中国政府网与网友进行在线交流，倾听民情民意，纵论国家大事。温家宝说：“利用现代网络与群众进行交流是一种很好的方式，我愿意把这样的在线交流继续进行下去，特别是在当前经济处于困难的时期。”[②]在2009年的“两会”上，还有一些人大代表建议温总理开博客听取民意。[③]现在，以网络为主的新媒体大大拉近了党和国家领导人与普通民众、高层与基层的距离，领导人在网上对国家政策的宣传和解读，更加具有权威性、可信性，也更容易被广大公众所接受。

（二）政府部门与公共外交实践

在中国，公共外交的开展带有十分强烈的政府主导色彩。在大多数情况下，中国开展公共外交的主体主要集中在国务院新闻办公室和外交部两个部门。国新办是中共中央、国务院统一管理的对外宣传机构，致力于向世界说明中国，在外向性公共外交的开展中最具权威性。而外交部新闻司则是中国对外事务政策主张和各类信息的主要发布部门。2004年3月19日，在新闻司下建立了一个“公共外交处”，其

---

① 例如从2001年开始，普京几乎每年都要通过电视直播节目与国民对话。而奥巴马在2009年3月26日上午入主白宫仅一个多月，就在白宫破天荒地与美国民众进行了一次“网上市政会议”，回答网友提出的有关国家经济的疑问并阐述自己的解决之道。此外，在每年发表“国情咨文”之后，奥巴马也与网友直接交流。

② 《温家宝总理与网友在线交流》，新华网，http://www.xinhuanet.com/politics/gdft/。

③ 《人大代表赞扬政府亲民 建议温总理开博客听取民意》，http://www.cnhubei.com/200602/ca1020275.htm。

主管三方面的业务：协调外交部的公共外交工作、主管外交部网站建设和驻外使领馆网站的建设、规划，以及信息报送工作，其中包括收集、汇总公众对外交政策、外交行动和各种事件的看法和建议。2010年，“公共外交处”升格为“公共外交办公室”。媒体普遍认为“几个字的变化显示了中国外交工作的重要开拓方向”。[①] 外交部的公共外交主要由三方面的内容构成：（1）外交部网站的信息发布；（2）各类公共外交活动；（3）新闻发布会对国家外交政策的宣传。

1.外交部网站是中国最具权威的外交信息网站，是在遍布全球的网络上展示中国外交形象的一个重要窗口。该网站自1998年创建以来，已经建起了一个包括外交部公共信息网和200多个驻外外交机构网站、使用20多种语言的网站群，日点击率接近600万次。外交部网站信息量大，更新速度快，受关注度高，多次荣获“中国互联网最具影响力政府网站”、“中国政府网站领先奖”、“中国特色政府网站用户体验奖”等。网站内容除了经济发展、对外关系，以及双边、多边交往等主流信息内容外，还不断向海外公众提供个性化的服务，像签证事务等。现在这个网站已经成了海外了解中国的窗口，同时也是向世界展示中国的一个舞台。作为公共外交的重要手段之一，外交部网站对于加强外交部与公众之间的交流互动发挥着其他手段所无法替代的作用。外交部网站自投入使用以来，使更多民众“走近”了中国外交，帮助他们理解中国外交，支持中国外交。

首先，外交部网站起着信息发布的作用。该网站通过阐释中国在国际问题和地区问题上的立场主张，使国内外公众全面及时客观了解中国外交政策，从而赢得国内外公众的广泛支持，拉近他们与中国政府的距离。这个网站还是联系海内外华人的桥梁。通过外交部网站人们可以了解到国家领导人出访海外的情况，了解到海外华人政治、经济、文化生活等各方面的情况。例如，“9·11”事件中，人们通过网站公告可以及时看到在纽约华裔的最新情况。另外，突发事件爆发之后，网站还会及时发布公告，跟进登发事件的最新进展状况，以满足

① 《开拓公共外交的新局面》，《瞭望》，2012年第22期。

广大公众及时了解信息的需求，维护他们获取信息的权利。在网站首页专门开辟了“海外安全动态”一栏，不断更新其他国家的安全信息，对保证在各个地区的海外华人的安全起着重要作用。2008 年 5 月 1 日，《中华人民共和国政府信息公开条例》正式实施以后，外交部网站上专门开辟了“外交部信息公开”板块，从而可以使公民、法人和其他组织依法获取外交部政府信息。这有利于民众通过网络更多地了解中国外交政策，支持政府的外交决策，也有利于政府部门充分体察民情，从而在决策中更充分的反映民意，使外交决策能够更好的顺应民心。2009 年 4 月，外交部网站又进行了重新改版，内容更加丰富，形式更加多样。特别是按照不同的侧重点把网站分为通用版、媒体版、出国版、学生版、资料版和文字版等版面，使网站的信息发布更加全面、方便和快捷。现在，外交部网站既有丰富的国家外交政策内容，又有适应多方面需求的特色服务信息，已经成为关心中国外交事务民众获取信息的主要途径，政府向民众提供外交事务方面服务的主要渠道。

其次，外交部网站成为外交官与民众交流的平台。网站专门开辟版面建立论坛，鼓励公众在论坛上发表意见谏言献策。论坛中最具特色的是“嘉宾访谈”栏目。该栏目从 2001 年底开始尝试定期或不定期地对公民进行有关外交政策方面所提疑问进行现场解答，对中国外交政策中一些不为人所知不为人所解的问题进行解疑释惑。参与者包括前任外交部部长李肇星及其他一些部司级领导和各级外交官。到目前为止，嘉宾访谈已经举办 60 多次，几乎月月都有访谈的安排。访谈内容涉及也十分广泛，既有中国外交事物的方方面面，包括中国与美英等大国关系、与亚非等发展中国家关系，也有国际热点问题和国家元首出访、外交部的领事问题、民众参与问题，等等。外交部也在国家政策许可的范围内，尽量多地解答在其他方面无法了解到的问题，从而使提问者有所收获。

近年来随着新媒体的发展及其影响力的不断增强，外交部也十分注意利用新媒体与民众交流。“外交小灵通”的出现就是一个重要的标志。根据新闻司司长秦刚的介绍，2011 年 4 月，外交部新闻司公共外交办公室开通了名为“外交小灵通”的新浪微博，截至目前已发布微博3000多条，粉丝接近200万。“外交小灵通”及时发布外交动态，阐释中国外交政策，介绍外交知识，通过“微访谈”、“微直播”等多种方式同民众进行互动交流。“外交小灵通”的社会反响良好，也先后获得过数个奖项。今年3月，外交部还在人民网、腾讯网开通“外交小灵通”同名微博。粉丝被亲切地称为“通心粉”，意思就是“沟通心灵的粉丝”。除了“外交小灵通”微博外，外交部的一些司、局，还有驻外使领馆也都相继开通了微博。大家都可以在“外交小灵通”微博设立的“外交微群”中找到。①

除此之外，本着“外交为民”的思想，外交部还建立了“外交服务站”。2011年8月，外交部新闻司与中央人民广播电台“中国之声”合作创办“外交服务站”栏目，在“中国之声”调频（北京的调频是106.1）“新闻晚高峰”节目中播出，每周三期，每期三分钟，逢一、三、五晚上18:15播出，由外交部新闻司工作人员通过电话连线播报，向听众介绍中国的外交政策、外交行动、最新的领事服务信息、海外安全动态和出行提醒，结合重大的外交活动介绍背景情况，介绍外交常识和礼仪知识。用百姓视角看外交，让外交贴近和服务公众。

2. 近年来外交部公共外交处还组织了一系列丰富多彩的公共外交活动，逐步为民众揭开外交事务的种种神秘面纱。

第一，举办公众开放日。在这个开发日里让公众走进外交部，通过现场接触中国外交官，观看观摩外交办事流程等，更直观的了解中国外交。2003年9月6日上午，外交部首次以“走进外交部”为主题，举办了“公众开放日”活动。部分北京高校的大学生和“外交论坛”的热情网友等35名关心中国外交事业的公众，应邀走进平时对普通大众有几分神秘感的外交部参观，面对面地与外交官进行交流。自那以后，“公众开放日”活动逐渐制度化、经常化。迄今为止已经先后举办了20多次，共接待来自全国30个省市的近7000名公众。“公众外交日”使越来越多的民众有机会现场感受、亲身体验外交事业的内涵和魅力。此外，公共外交处还陆续举办针对不同人群的开放日活动。到

① 《外交部新闻司司长秦刚谈公共外交》，http://fangtan.people.com.cn/GB/147553/241749/index.html。

目前已经举办过针对儿童的“留守儿童庆六一　小小少年爱外交”活动、针对残疾人的专场公众开放日活动等。2008年10月19日，在公众开放日上，还第一次加入了“第六次驻外使节任职宣誓仪式”，现场参观者亲身经历了驻外使节任职宣誓这一庄严神圣的过程[①]。外交部“公众开放日”活动的机制化、多样化，已经成为中国公共外交的一大创新和一大亮点。

第二，开放外交档案。外交部一位外交官说：“开展公共外交第一阶段的目标就是除去外交的神秘色彩，与此同时，还要使公共外交体现在为民服务、为经济服务、为全面建设小康社会服务的实处。”[②] 公共外交首要任务是揭开中国外交的神秘面纱，加快外交信息和外交知识的透明化、公开化进程，使外交更多的由高层走向基层，由外交官走向普通民众。近年来许多资深外交官在卸任之后纷纷撰写回忆录，陈述式地描述中国外交事务中一些鲜为人知的事件过程和作者的亲身经历。[③] 这些内容为普通民众充分了解和认识中国外交提供了一个独特的视觉。从2004年1月19日开始，外交部保存的部分新中国成立以来的外交档案正式向国内外开放，其中许多是绝密级档案。外交档案的开放也逐渐形成了制度，每两年开放一次，其查阅的程序十分简便易行。来查阅档案的有学者、记者、驻华外交官、国外留学生等。根据原外交部档案馆馆长廉正保介绍，解密档案中有很多内容是首次向公众开放的。但外交档案内容的开放是有限度有选择的：凡是影响国家利益，特别是安全利益的档案不开放；凡是影响中国与其他国家关系的档案不开放；凡是涉及个人隐私的档案不开放；凡是影响民族团结的档案不开放。“外交档案对公众开放表明中国外交工作正在逐步与国际通行惯例接轨。外交档案的开放还体现了政府对民众知情权的尊重。”[④] 外交部的这一做法得到了关心外交事务民众的普遍赞誉，被称作是中

---

① 详细内容请见外交部网站：http://www.fmprc.gov.cn/chn/gxh/tyb/。

② 外交部新闻司宋荣华参赞语，葛军：《让民众更多地参与外交》，《世界知识》，2005年第10期。

③ 比如吴建民著：《外交案例》，中国人民大学出版社，2008年版。钱其琛著：《外交十记》，世界知识出版社，2003年版。杨公素著：《沧桑90年—— 一个外交特使的回忆》，海南出版社，1999年版。

④《中国外交档案解密过程揭密》，《新京报》，2006年5月18日，http://news.sina.com.cn/c/2006-05-18/00298952840s.shtml。

国外交有自信心的表现。外交档案的开放提高了中国外交的透明度，加大了向民众传递外交信息的广度和深度，使更多的民众能够参与到外交事务中来，形成了外交部门与社会公众之间制度化的沟通渠道。

除此之外，外交部还十分重视民众的来信来访。我国外交部的电子信箱每天可收到4000多封电子邮件。外交部从部领导到各个地区业务司都非常重视加强外交对公众的服务意识，各个司局对公众的咨询、求助均给予及时而又认真的反馈。正如前新闻发言人孔泉所说："外交部希望能被更多公众所了解，并且希望可以从公众中汲取好的思想、好的思路和好的方向。

上述外交部对民众信件及时处理、"公众开放日"和外交档案开放等三个方面，共同构成了中国公共外交的一大特色。

3. 外交部例行新闻发布会。外交部的新闻发布会是向国内外媒体和公众传达和宣示中国外交政策的最直接、最主要的方式，其作用主要是代表中国政府向境内外媒体和国际社会就世界人民普遍关心的重大事件说明情况或阐述立场，代表的是国家的声音，在对外关系中扮演着政府的角色。它既可以引导国内外舆论的走向，又能够展示国家的对外形象。通过新闻发布会可以进行议程设置，唤起有利的国内外舆论；对民众中存在的对中国外交上的糊涂认识及一些错误观念进行正确引导，统一人们的认识，同时还可以澄清事实，回击流言。可以说，新闻发布会成为政府点燃或熄灭舆论之火的举措[①]。

外交部以外交部发言人名义举行的新闻发布会始于钱其琛同志1982年3月26日进行的新闻发布。但当时外交部发言人制度尚未正式确立。直到1983年3月1日，新闻司司长齐怀远向中外记者宣布中国外交部从即日起建立发言人制度后，外交部发言人制度才正式确立。目前，外交部新闻发布机制已走向规范和成熟。无论从每次出席发布会的记者人数，还是记者提问的数量和涉及范围，乃至会后外国媒体引用其发布消息和答问内容的报道量都大大超过以往，其影响力也不断提高。据统计，每年发布会都要举行近100场，内容涉及外交、政治、

① 刘建明:《新闻发布概论》，清华大学出版社，2006年版，第58页。

经济、社会等各个方面，涉及民众关注的中国外交事务和国际国内热点问题等。通过新闻发布传递了我国政府在这些问题上的立场和政策、主张和见解，促使民众正确理解和认同中国外交，统一各方面的观念和认识，更多的理解和支持中国外交。

为了满足新形势下国内外对涉华信息和对中国外交的信息需求，外交部自2011年9月份开始，正式启动新闻发布新机制，例行记者会从每周两次增至五次，发布频率、答问时效全面“提速”，受到国内外普遍关注。据统计，自新机制启动以来，中外媒体对记者会的报道量较前提升了50%。目前外交部的例行记者会已经成为中国对外交往和外界了解中国不可或缺的一种形式。

在定期的新闻发布会外，外交部长每年“两会”之后的答中外记者问也是重要的公共外交形式。作为专题的外交信息发布，中外记者的提问最大限度的涵盖了中国外交政策和对外关系的方方面面。以今年“两会”为例，记者们的提问涉及中国总体外交方略、中美关系、中法关系、中非关系、朝鲜半岛问题、食品安全等等。杨洁篪部长的回答清晰地表明了中国政府在这些问题上的原则立场和政策主张。在近几年的新闻发布会之前，全国各大网站纷纷还推出了“我有问题问外长”的板块，向广大网友征集在国际形势和中国外交工作方面的问题，并将这些问题带到外长答记者会上。网民们纷纷留言，表达出关注和参与中国外交的巨大热情。网络平台的搭建也提高了外长新闻发布会的社会性参与程度。

总之，外交部作为我国公共外交的组织和实施部门，在形式多样的公共外交活动中扮演了极其重要的角色，发挥着极其重要的作用。与此同时，各驻外使馆也承担了越来越重要的公共外交职能。据不完全统计，2011年我国的驻外大使等高级外交官在驻在国共发表演讲2300多次，接受采访1300多次，发表文章近千篇，举办各类公共外交活动3600多次，各馆的网站发布信息14000多篇，展示中国的发展成就，宣示大政方针，讲述真实、生动的“中国故事”，增信释疑。①

---

① 《外交部新闻司司长秦刚谈公共外交》，http://fangtan.people.com.cn/GB/147553/241749/index.html。

当前中国公共外交的主体不仅限于在外交部，其他政府部门也积极承担了公共外交的职能，初步形成了各部委协调联动的态势。例如，国务院新闻办和国务院各部门、各省、市、自治区人民政府都建立了比较完整的新闻发布机制。发布会的内容涉及我国政治、经济、文化、社会建设等各个领域，大多都为国内外密切关注的焦点问题。此外，孔子学院也是我国推动公共外交的重要阵地。自2004年11月21日全球首家孔子学院在韩国首尔成立以来，经过近八年间的发展，孔子学院已在全球106个国家的350多个教育机构落户，中小学孔子课堂达500多个。“这些分布在全球各地的孔子学院（课堂）所进行的丰富多样的活动，在公共外交中发挥了重要的作用，并产生了重要影响，孔子学院的设立还拓展了中国的外交空间”。①

（三）社会精英与公共外交实践

在舆论传播过程中，社会精英占据着主导性的地位。针对某一事物的具体态度首先由精英层进行判定和解读，然后传递给具有一定影响力的受众，再经由他们传递给广大的普通民众，进而在社会上下达成一种共识。特别是普通受众不可能有合适的机会和丰富的阅历经历接触和判别外交事务上的信息，对于媒介报道也难以做出客观准确的评估。因此，更倾向于依赖精英人物对信息的分析和解读。越是有着丰富的学科背景，享有较高知名度的精英人物，就越有可能对普通受众的观点产生较强的影响力。

在我国，国际关系与外交方面的专家学者承担着宣传普及专业性的知识，提高整个民族国际化水平与能力的任务。改革开放以来，随着中国国际地位的不断提高和融入国际化的程度逐渐加强，中国整个社会上到政治家、研究学者，下到到普通民众以及各种大众传媒、方方面面都对国际事务和外交工作表现出越来越浓厚的兴趣和越来越强烈的参与意识，尤其是普通民众的国际意识显著提高，所具有的国际

① 韩召颖:《孔子学院与中国公共外交》,《公共外交季刊》，第7期，第24页。

问题学习能力也日益增强。公众学习能力的提高有利于促进整个国家在对外交往中的科学化、理性化。而这一学习能力的提高与专业性的研究人员的宣传和教育密切相关。他们是开展公共外交的非政府主体中的主力军，为政府主体提供了有力补充。从具体方式说来，社会精英与公众交流主要有以下两种：

第一，举办学术讲座。学术讲座是专家学者面对面向民众阐释中国外交政策与主张，传播交流外交知识与动态的主要方式。虽然到现场参加的人数有限，但这种形式对于培养熟知国际关系和外交事务的舆论领袖的作用不可低估。近年来，全国各地都相继举办各种类型的国际问题讲座，讲座的内容十分丰富，在各地民众中有一定的影响力。如政府部门组织的“齐鲁讲坛”、“温岭讲坛”、泰州的“百姓大学堂”、深圳的“市民文化大讲堂”、高校组织的“孔目湖讲坛”，等等，这类讲坛参加者人数众多，影响范围较广，是学者与民众交流的重要平台。学者们在这些场合宣传我们国家的外交政策，解释我国的外交理念以及在国际热点问题上的立场，能够给在场听众留下深刻的印象，进而通过他们向更广大的民众传播，大大增加了社会公众对中国外交的认可程度。

第二，利用媒体平台。能够亲身参与学术讲座的民众毕竟只是少数，社会精英对于民众认知的塑造最主要的还是通过各种媒体。除了以国际问题为主要题材的报纸、杂志，如《环球时报》、《国际先驱导报》、《参考消息》、《世界知识》之外，大部分报纸还都开辟了国际版，集中而深入的探讨国际热点问题。一些媒体上既有新闻报道还有国际问题专家的评论和解读。尤其值得注意的是，学者们还在报纸杂志上进行各种不同观点的磋商和讨论，有利于开阔民众的视野。如：《环球时报》设计了专门的版面“国际论坛”，刊登学者们对国际问题的观点和看法。这已经成为国际问题方面学术讨论的载体。作为在国内发行量很大的国际问题类报纸，《环球时报》是民众了解国际问题，认识中国外交的重要窗口之一，而学者们的探讨也好，争论也好，都会对国内舆论产生一定影响。除了平面媒体，国际问题方面的专家学者还在电视节目中频频露面，如每晚都直播的央视四套《今日关注》，就一直就国际问题新闻事件邀请国内一流的专家学者和高级官员，梳理新闻事件的来龙去脉，分析新闻背后的故事，评论新闻事件的影响和发展趋势。网络媒体也已新兴成为专家学者与公众交流的主要途径。人民网、新华网等知名网站，经常邀请国内著名专家学者参加网络论坛，分析评论国际大事。岁末年初，各大网站还会专门策划“年终总结篇”，系统全面回顾国际形势，展望来年中国外交。

四、中国公共外交的发展方向

中国第四代领导集体执政以来，提出了“以人为本，外交为民”的新理念，公众与外交之间的隔阂逐步被打破，越来越多的民众程度不同的参与到外交事务中来。正如原新闻司司长刘建超所说：“从外交部来讲，我们有责任让我们的公众更好的了解我们的工作，这样他们才能更多的认可、理解、进而支持外交工作，会形成一种合力来推动外交”。[①] 在几年的实践过程中，我国的公共外交从内容到形式都不断充实和创新，在引导国内舆论，塑造国家形象中发挥了重要作用。例如，我们积极利用北京奥运会、上海世博会、广州亚运会、“两会”等重大活动平台，全面展示我国家形象和发展理念。围绕着重大活动进行的公共外交设计已经成为我国近几年来公共外交的一大新亮点。

根据BBC最近发布的“全球最受欢迎国家调查”显示，中国已经成为全球第五大最受欢迎国家。这项调查涵盖了22个国家的2.4万人。相比2011年，今年的调查显示，对中国持有积极看法的比例从46%上升到50%，是所有受调查国家中上升幅度最大的。这一方面主要得益于中国经济的快速发展，另一方面也同中国近年来大力推动公共外交密不可分。与此同时，在21个受调查国家中，31%的受访者则持否定观点。特别是对中国持负面态度的，多半来自于同中国比邻的国家，譬如在韩国，对中国的负面评价上涨了11个百分点，达到69%，而在

---

① 《刘建超称接任者马朝旭经验丰富善于思考》，新浪嘉宾访谈，2009年1月5日，http://world.people.com.cn/GB/8212/14450/64342/8679280.html。

日本，半数的受访者对中国持消极态度，只有不到10%的民众对中国抱有积极态度。[①] 伴随着中国的和平发展，未来中国公共外交还有很大的提升空间。

首先，公共外交的整体设计将进一步完善。现阶段能够行使公共外交职能的主要政府部门有：国务院新闻办、国务院外办、外交部、中宣部、统战部、文化部、教育部、全国政协外事委员会等，这些部门基本属于同一级别，组织监督工作难以有效进行。未来，有必要建立专职的跨部门协调机构，明晰权力与职责划分，统筹安排，从而有效利用各部门资源，协调一致形成工作合力，推动公共外交更加有效的扎实开展。

其次，公共外交主体将进一步多元化。公共外交主要是一种政府行为，但是中央政府并不一定要直接参与公共外交的实施，公共外交主体可以多元化。在新形势下，中国传统的政府主导式公共外交正在发生改变，媒体、智库学者、非政府组织、社会团体、工商企业及各界人士发挥着越来越重要的公共外交作用。民间力量的加入可以进一步增加公共外交的公信力。[②]

最后，加强公共外交机制创新和活动创新。在机制创新方面，正如杨洁篪部长所说，“外交部正在不断充实其架构和职能，着力推进部内部外的统筹协调工作，对驻外使领馆公共外交工作进行指导，加强与政党、人大、政协及商务、文化、教育、科技、媒体、智库等各部门、各领域间的沟通联系。成立公共外交咨询委员会，对外积极介绍我国情理念，解读我政策主张”。[③]

在机制创新的同时，我国公共外交活动也将进一步多样化，新的公共外交平台将不断建立。例如，从2010年12月开始，外交部推出了“蓝厅论坛”，其宗旨是为政府有关部门、国际人士和社会各界交流沟通提供一个新的平台，请各界人士就国际形势和中国外交政策进行研

---

① BBC Country Rating Poll 2012,http://www.worldpublicopinion.org/pipa/pdf/may12/BBCEvals_May12_rpt.pdf.

② 这方面学术界已经展开了讨论，参加李永辉:《公共外交与企业“走出去”》,《现代国际关系》,2011年第8期，第15—17页；王筱雅、黄立志、刘海方:《反思中国对非公共外交——以援外青年志愿者为个案》,《当代世界》，2012年第3期，第34—37页。

③ 杨洁篪:《努力开拓中国特色公共外交的新局面》,《求是》，2011年第4期，第45页。

讨。截至目前，该论坛已经成功举办了五届，发挥着重要的公共外交作用。未来公共外交品牌活动将不断推陈出新，在潜移默化中向世界说明中国。

外交部副部长傅莹曾深有感触："中国的声音在国际上（从未）有这么多人认真聆听，推动中国与外部世界的关系（从未）有今天这般广阔的空间。"[①] 现在，中国公共外交的舞台十分广阔，不断加强公共外交的意义十分重大。未来为了提升我国的软实力，营造良好的国内外舆论环境，为中国和平发展的总体外交战略服务，中国的公共外交必将大有可为。

（任远喆）

① 薄旭：《傅莹：当"软实力"遭遇"硬障碍"》，《世界知识》，2010年第4期，第17页。

第19章

人文外交的成就

“人文”一词在中国最早出现于《易经》:“刚柔交错，天文也。文明以止，人文也。观乎天文以察时变，观乎人文以化成天下。”[①] 今天我们所说的“人文”通常指以人为中心的价值和规范，以人为本，关心人，重视人的价值。作为一个历史悠久的文明大国，中国古代思想家很早就提出“民惟邦本”的人文思想。中国历来重视国际人文交流，对其采取了兼容并蓄的开放态度。历史上的丝绸之路、玄奘取经、鉴真东渡、阿倍入唐，直至近代以后西方各种社会思潮在中国的广泛传播，都是人文交流的重要篇章。

“人文外交”是一种凸显人的价值的对外交流方式。新中国成立后，中国的对外人文交流步入一个新的阶段。周恩来总理就将外交工作的落脚点放在人身上，强调“外交工作者首先就是做人的工作，朋友越多越好”。进入21世纪以后，中国的对外人文交流日益活跃，影响也越来越大。2006年，在十届全国人大四次会议后的记者招待会上，当时的中国外交部长李肇星就指出：为人民服务，是中国外交的宗旨。我国的外交工作，既为中国人民服务，也为世界人民服务。

① 《周易・贲卦・彖辞》。

一、人文外交的提出

（一）开展人文外交的必要性

从新中国成立至今，中国与世界的关系发生了历史性的变化。2008年，中国GDP总量达4.222万亿美元，连续第二年位居世界第三，约为1949年的78倍；中国已经与171个国家建交，与近200个国家和地区有经贸往来，外贸额也是世界第三。但是，仅仅具备支撑民族生存的硬实力，还不能确保中国顺利实现永久的和平发展。从当前的国际环境来看，还存在制约中国和平发展的因素，主要包括：

第一，世界上大多数国家已经接受了中国的和平发展，但还有部分国家的一部分人对中国的发展表现出不信任，担心中国的发展损害它们的生存与发展利益，进而对与中国发展关系持比较消极的态度。

第二，世界上还有一些国家和不少民众对中国不了解，不了解中国的历史、文化，不了解中国人的思维方式，不了解中国取得的成就和面临的巨大困难，更不了解台湾、西藏、新疆以及中国的民族关系。这些人对中国的认知和看法主要来自西方和本国媒体的宣传，很容易被欺骗和利用。

第三，一些反华势力或囿于冷战思维和意识形态的窠臼，或坚持狭隘的种族和宗教偏见，对中国充满敌意。他们一方面游说本国政府奉行阻挠中国发展的政策，另一方面支持“台独”、“藏独”、“东突”、“民运”、“法轮功”等组织从事分裂和颠覆中国的活动。这些反华势力的言行充满敌意，误导和欺骗了很多对中国情况不了解的西方普通民众，严重损害了中国的国家形象。

因此，为营造适宜和平发展的国际环境，中国在向世界展示自己硬实力的同时，更日益注意到软实力提升的必要性和紧迫性。

（二）人文外交的提出

2007年，胡锦涛总书记在党的十七大报告中，从提升中国文化软实力的高度，明确提出“加强对外文化交流，吸收各国优秀文明成果，增强中华文化国际影响力”。[①]

2008年10月，中国外交部长杨洁篪在中央党校所做的题为“奥运后的国际形势与外交工作”的报告中第一次正式提出“人文外交”的概念：

“要大力推进人文外交。……奥运会后，国际舆论更加关注中国，重视对华交流合作，这为我们进一步推进人文外交提供了更大的机遇和更广阔的空间。我们要站在新的高度和新的起点上，积极开展新形势下的人文外交，促进中国人民和世界人民相互交流和相互借鉴，使国际社会更加理解中国的基本国情、内外政策和发展道路，更加愿意同我们在求同存异、取长补短中共同发展。

要大力开展人文外交。积极扩大对外文化、体育、旅游等领域合作和民间交流，进一步推进海外“孔子学院”和中国文化中心建设，传播中华优秀文化。加强同国外非政府组织、社会精英、智库和专家学者的交流，广交朋友，增进了解，消除误解。通过公众喜闻乐见的形式，介绍中国的真实情况，争取国际社会最广泛的理解和支持。”[②]

2009年3月7日，在十一届全国人大二次会议的一次中外记者招待会上，杨洁篪外长特别谈到，在传统的地理区域外交之外，中国需要更加重视具体领域的外交，如经济外交、安全外交、人文外交、公共外交等。杨外长同时还将人文外交与安全外交、领事保护列为2009年中国外交的三大任务。[③]

在新版《中国外交》白皮书里，则进一步明确，在2009年，中国

---

① 胡锦涛:《高举中国特色社会主义伟大旗帜，为夺取全面建设小康社会新胜利而奋斗——在中国共产党第十七次全国代表大会上的报告》，北京：人民出版社，2007年版，第36页。

② 《学习时报》，2008年10月6日，第1版。

③ 《外长杨洁篪会见中外记者文字实录》，http://www.xinhuanet.com/2009lh/zhibo/wjbz/wzsl.htm。

将大力开展“人文外交”，积极扩大对外文化、体育、旅游等领域合作和民间交流。

2009年7月，胡锦涛主席在出席第十一次驻外使节会议的时候指出:“要加强公共外交和人文外交，开展各种形式的对外文化交流活动，扎实传播中华优秀文化。”①

应当说，人文外交的提出是中国外交在新的历史条件下面对内外挑战和机遇的必然选择，是水到渠成的结果。同时也是中国承认并且越来越重视对个人价值的一种体现。在新的形势下，人文外交得到了从上到下前所未有的重视，中国的人文外交正面临着历史大发展的机遇。

二、人文外交的基本特征

作为一种新的外交形式，人文外交具有鲜明的时代特色和中国特色。它既是对我国长期以来所奉行的外交传统的继承和发展，也是对新形势的一种具有创造力的回应，是中国特色外交理论和实践创新的重要体现。相比以往的外交形式，它具有如下几方面的特点:

1.从主体上看，作为一种外交形态，人文外交本身又不能脱离代表国家的合法身份，其主体应该是代表国家外交意图的机构和部门，只有具有合法权威代表身份的各国政府机构和被国家授权和委托的非政府机构才是人文外交的主体。但另一方面，人文外交强调民间力量的参与，具有更强的民众参与性、互动性和广泛性。

2.从内容上看，人文外交强调“外交为民”，因此主要在对外文化、体育、旅游、民间交流等与普通民众生活更为贴近的领域展开，交流内容集中于意识形态、价值观、文化传统、社会模式以及生产生活方式等众多方面，从而使外交工作具有了更大的普通性。

3.从理念上看，人文外交强调以人为核心的交流，强调不同文化

① 《胡锦涛等中央领导出席第十一次驻外使节会议》，http://news.xinhuanet.com/politics/2009-07/20/content_11740850_1.htm。

之间的对等交流、共存、求同存异，它直接体现了中国“和平、发展、合作”的外交宗旨与“世界大同”的外交理想。

4. 从目的上看，人文外交有其核心的战略目标，开展人文外交意在传播中华优秀文化，促使世界更好地了解中国，尤其是普通中国人的生活状态，从而进一步塑造良好的国家形象，提升中国的软实力。

三、我国人文外交的成就

作为一种理论概念，人文外交的提出时间并不长；但作为一种具体的行动和实践，我国人文外交的出现却要更早一些，并且已经取得了不少成就。

（一）孔子学院的建设

中华文明博大精深，为世界文明的发展和进步做出了重要贡献。但在改革开放之前，世界上接触并了解中华文化的人并不多，喜爱中国文化并对中国人民有感情的人士更少。通过改革开放，中国在继承民族优秀文化传统、保持中华文化民族性的同时，吸收和借鉴世界优秀文化成果，进一步提升了中华文化的包容性，大力推进文化创新，不断增强中华文化与时俱进的时代气息。长期以来，中国都主张尊重世界文化的多样性，赞成文明之间的对话、交流与相互学习，愿意与世界各国共同促进人类文明的繁荣与和谐，并为此付出大量资源投入，得到了世界人民的友好回应。

本国语言的国际化是国家之间相互交流学习的重要内容。无论德国、英国、法国、西班牙这些有着十分丰富的语言推广经验的国家，还是日本、韩国、俄罗斯这些刚刚开始重视语言推广的国家，都十分敏锐地意识到了这一点，加快了推广本民族语言的步伐。为推广汉语文化，中国政府在1987年成立了“国家对外汉语教学领导小组”，简称“汉办”。在借鉴德国歌德学院、法国法语联盟、西班牙塞万提斯学院等机构推广本民族语言经验的基础上，“汉办”选择中国传统文化代表人物“孔子”作为汉语教学的品牌，从2004年开始，陆续在海外设立以教授汉语和传播中国民族文化为宗旨的“孔子学院”（Confucius Institute）。

孔子学院并非一般意义上的大学，而是推广汉语文化教育和文化交流机构，是一个以教授汉语和传播中国文化为宗旨的非营利性社会公益机构。其总部设在北京，2007年4月9日挂牌，境外的孔子学院都是其分支机构，主要采用多种形式的合作办学。其主要职能是：提供符合各种人群需求的面授及远程汉语教学，开展标准化教师培训和汉语教学能力认证，提供留学中国咨询，举办传播中国教育文化活动，支持开展当代中国研究等。

孔子学院自成立以来，受到了许多国家和地区的重视，发展非常迅速。截至2010年10月，各国已建立322所孔子学院和369个孔子课堂，共计691所，分布在96个国家（地区）。[①] 世界著名大学中有44所大学建立了孔子学院，像美国加州大学洛杉矶分校、墨尔本大学、莫斯科大学、日本早稻田大学、英国爱丁堡大学，等等。此外，还有40多个国家150多个学校和机构目前已经提出申请设立孔子学院。各地孔子学院结合实际，充分发挥自身优势，形成了各具特色的办学模式，积累了一定的经验，成为各国学习汉语言文化、了解当代中国的重要场所，受到了当地社会各界的广泛欢迎。

孔子学院的宗旨是建设一个持久和平、共同繁荣的和谐世界，当前我们的国家对内正在大力建设和谐社会，对外则致力于和谐世界的构建。和谐世界的理念的深入人心需要一个渐进的过程，而孔子学院的建立一方面在深入传播中国文化，让世界更加了解中国的同时，也肩负着宣扬中国外交理念的思想。教育部部长周济曾指出：“孔子学院已经获得国际社会广泛认可，不仅将它作为学习汉语的场所，而且把它作为近距离了解当代中国信息的窗口，作为与中国进行教育、文化、

① “亚洲孔子学院概况”，http://test2011.chinese.cn/college/article/2009-08/28/content_46128.htm，2009-08-28。

经济、贸易等交流合作的平台。”[①] 同时，国家汉语国际推广领导小组办公室主任许琳说：“海外通过汉语学习中国文化、了解当代中国的需求十分迫切。‘孔子学院’已成为体现中国‘软实力’的最亮品牌。”[②]

2011年1月，正在美国进行国事访问的中国国家主席胡锦涛专程来到设有孔子学院的芝加哥市佩顿中学进行参观。佩顿中学于2006年5月成立孔子学院。这是美国唯一一所设在中学里、重点服务于中小学以及学前教育的孔子学院。学院面向全芝加哥以及北伊利诺伊州地区教师、家长和学生，专门提供汉语和中国文化教学资源。胡锦涛主席同该校师生亲切交流，互赠礼物，并旁听课堂，还观看了学生所表演的具有中西文化特色的精彩节目。在参观过程中，胡锦涛主席勉励孔子学院工作人员再接再厉，为加强中美两国人民的交流和理解而努力。

也就是在这次参观佩顿中学时，胡锦涛主席表示，将邀请20名佩顿中学的师生代表在暑期的时候到中国去参观访问。这一年7月11日，应胡主席之邀，20多名佩顿中学的师生开始了他们的中国之行。7月15日，他们被安排参观北京中南海，并在这里再次与胡锦涛主席会面。在会面中，佩顿中学学生表演了精心准备的汉语节目，与胡主席一起朗诵唐诗、欢唱北京奥运会歌曲《北京欢迎你》。胡锦涛主席则对佩顿中学师生说：“我在访问你们学校时曾送给同学们三句话，知识是开启未来的钥匙，语言是沟通和交流的桥梁，青年是国家的未来、世界的希望。现在我还要加上一句话，青年是中美关系发展的希望所在。我相信，在两国人民包括两国青年的精心培育下，中美友好这棵大树一定能够根深叶茂、硕果累累。”[③]

胡锦涛主席与佩顿中学师生之间的这段情谊，成为中国孔子学院发展中的一段佳话。

今天，世界各国自愿学习汉语的人越来越多，分布于几十个国家

---

① “海外3000万人热学汉语　孔子再度周游列国”，http://news.xinhuanet.com/overseas/2006-07/07/content_4804453.htm，2006-07-27。

② “2006：孔子学院成为中国‘软实力’的最亮品牌”，http://news.xinhuanet.com/overseas/2007-01/01/content_5556842.htm，2007-01-01。

③ “胡锦涛强调：青年是中美关系发展的希望所在”，http://www.gov.cn/ldhd/2011-07/15/content_1907486.htm，2011-07-15。

的孔子学院受到广泛的欢迎和支持。

（二）奥运会期间的人文外交

大力推进人文外交，加深人与人之间、民众与民众之间、民族与民族之间的相互沟通和友好情谊，对于增进国家与国家之间的信任与合作、促进世界的和平与繁荣，比以往任何时候都重要，这在2008年的北京奥运会期间体现尤甚。这次盛会将中国推到了世界外交舞台的中心，也使中国与世界的融合达到前所未有的水平。100多个国家和地区的政要相聚北京，同台观看开幕式；204个国家和地区的1万多名运动员参加比赛；全球45亿观众通过电视屏幕，共同感受“同一个世界、同一个梦想”的快乐。奥运会大大加深了中国人民和世界人民的心灵沟通，增进了相互了解与友谊，扩大了中国与世界各国的友好合作。世界日益看好中国的发展前景，中国的国际地位和影响力进一步提高。

北京奥运会是一次真正意义上的“全民外交”。众所周知，北京奥运会的筹办并非一帆风顺。2008年初国内南方地区遭遇冰雪灾害、3月西藏事件、4月奥运火炬海外传递遭受严重干扰、5月汶川大地震，这些突然出现的事件给奥运会的准备工作造成了挑战，但同时也正是这些事件，把包括海外华人华侨在内的所有中国人紧紧联结在了一起。中国人民与自己的祖国同呼吸、共命运，在这时体现得格外突出。整个国际社会有目共睹，中国人民是中国外交的坚强后盾。

人文奥运是北京奥运会的核心理念之一。通过举办奥运会，我们全方位展示了博大精深的中华文明，彰显了中国特色社会主义的强大生命力，宣示了中国走和平发展道路的坚定决心，展现了中国发展的广阔前景，使世界人民感受到一个真实的中国，更好地了解和认同中国的发展。

“奥运人家”是北京奥运会践行人文奥运，推进人文外交所创造的成功案例。“奥运人家”是北京市旅游局为了迎接2008年北京奥运会，提高北京市接待能力而推出的项目。北京市旅游局通过公开招募，选择了约1000家具有北京特色的民居作为家庭旅馆接待奥运期间来华外国游客。通过这一方式，外国游客可以充分体验中国人民的日常生活，增强对中国的了解，从而更好的理解中国。“奥运人家”能够发挥作用，与广大北京市民的热情参与也是分不开的。在外国游客入住“奥运人家”后，“奥运人家”的主人都能够热情接待，并积极宣传中国的传统文化、习俗，招待外国游客吃中国菜，教他们使用筷子。这些细节，都是人文外交中以人为本思想的重要体现。同时，外国游客自身也发挥着传播的作用。随着社交网络的日益成熟，外国游客将自己在北京的体验通过网络传递给他们的生活圈，进一步扩大了“奥运人家”的影响。

北京奥运会中的另一亮点，就是数以万计的奥运志愿者们。正如歌曲《北京欢迎你》中所描述的那样，“不管远近都是客人请不用客气，相约好了在一起，我们欢迎您。”北京奥运会的志愿者们在奥运期间热情服务前来中国观看奥运赛事的外国友人，志愿者热情、真诚、良好的服务，受到了服务对象的高度评价；志愿者的微笑，成为了北京最亮丽的一张名片。数以万计的志愿者在每一个角落默默服务，他们用自己的行动支持着北京奥运，为奥运的成功添砖加瓦。

也正是由于147万北京奥运会志愿者们优质的服务获得了全世界的好评，国际奥委会首次在奥运会闭幕式上增加了向志愿者代表献花的仪式。2008年8月24日晚上，在北京奥运会闭幕式上，当12名志愿者代表从国际奥委会运动委员会委员手中接过鲜花的时候，全场为之感动。这是对北京志愿者默默付出的感谢。可以说，没有这些志愿者的辛勤劳作和服务，就不会有这届成功的奥运会。

这些行动与人文外交的主旨相契合。志愿者点点滴滴的行动，无不为提升中国的外交形象出了力。

（三）以人为本的上海世博会

2010年5月1日至2010年10月31日，第41届世界博览会在上海召开。这次世博会以“城市，让生活更美好”（Better City，Better Life）为主题，其目标在于：提高公众对“城市时代”中各种挑战的忧患意识，并提供可能的解决方案；促进对城市遗产的保护，使人们更加关注健康的城市发展；推广可持续的城市发展理念，成功实践和创新技术，寻求发展中国家的可持续的城市发展模式；促进人类社会的交流融合和互相理解。而无论是会徽的设计，还是吉祥物“海宝”的形象，都集中突出了“人”的主题。整个世博会本身就蕴含着浓厚的以人为本的人文精神。

2010年上海世博会的参观人数达到了7308.44万人，创下历史之最。作为第一个举办世博会的发展中国家，中国尽自己的努力，围绕世博会的主题，充分践行了人文外交。

中国外交部长杨洁篪在对上海世博会中的外交进行总结时，曾经说道：

“上海世博会也是人文外交的一场盛会。世界各种文明欢聚在此，中国清明上河图、丹麦美人鱼、埃及法老黄金面具、墨西哥瓦哈卡马林巴琴、布隆迪大鼓等人类文化瑰宝集中亮相，世博会期间还将有两万场演出，中外观众足不出园就可享受全球文化艺术盛宴。人文交流是国与国之间心灵的沟通，在各国更加重视软实力建设的今天，它对于促进多元文明对话，唱响和平、发展、合作的时代主旋律，对于宣示中国和平发展理念，发挥着独特的重要作用。”①

在上海世博会中，广大人民积极参与，充分体现了人文外交的精神。世博会中外志愿者担当起“民间大使”，热情播种友谊。上海“世博人家”不但为外国游客提供餐饮住宿，也在民众之间架起友谊之桥，成为“城市，让生活更美好”主题的生动园外案例。丰富多彩的民间外交，大大拉近了不同国家、地区间的距离，成为连接各国人民的情感纽带，为中国外交打下了更加坚实的民意基础。

而世博会中一些临时突发的事件更是体现出了中国外交以人为本的主旨。就在世博会开幕当天，马耳他总统阿贝拉意外摔伤，无法出席世博会开幕式，胡锦涛主席在得知这一情况后，立即发出指示，要求医院精心治疗。尽管工作极度繁忙，胡主席仍然前往阿贝拉总统所

① “外交部长杨洁篪谈世博外交：中国外交的新起点”，http://news.xinhuanet.com/politics/2010-09/01/c_12506079_3.htm，2010-09-01。

在的瑞金医院。抵达病房后，胡锦涛主席立即来到阿贝拉总统的病床前，关切地询问总统的伤势。在离开医院前，主席再三叮嘱医疗人员，一定要给予阿贝拉总统最好的医疗。这些行动，无不体现着人文外交的主旨。

而在2010年8月7日，甘肃舟曲发生特大泥石流灾害，超过1000名群众遇难，数百人失踪。我国国务院决定在8月15日为舟曲遇难者全国哀悼，停止一切公共娱乐活动。可8月15日正值赤道几内亚国家馆日，在与赤道几内亚方面沟通之后，抵达上海的赤道几内亚总统奥比昂真诚地说："你们的安排就是我们的决定。"赤道几内亚国家馆日因此顺延至8月16日。总统本人在国家馆日的仪式上也多次表达了对舟曲特大泥石流灾害遇难者的哀悼。这种以人为本的情怀，也体现了人文外交的本质。

（四）各种文化交流活动的开展

人文外交，不仅仅是让外国人走近中国，了解中国。更多的还是要靠我们自己走出去。2012年2月15日，中共中央办公厅、国务院办公厅印发了《国家"十二五"时期文化改革发展规划纲要》。其中第九条第一项提出：

加强对外文化交流。整合社会科学、文学艺术、新闻、广播电视、电影、出版、版权、民族、侨务、体育、旅游等资源，充分利用多边和双边机制，开展国家文化年、中国文化节、"感知中国"等品牌活动，推广中华春节文化，打造"欢乐春节"等文化交流新品牌。实施对外文化合作及援助，扶持和加强边疆地区与周边国家和区域的文化交流与合作。加快推进海外中国文化中心和孔子学院建设，形成展示、体验并举的综合平台。制定我国哲学社会科学优秀成果和优秀人才走出去规划。鼓励代表国家水平的各类学术团体、艺术机构在相应国际组织中发挥建设性作用，组织对外翻译优秀学术成果和文化精品。构建人文交流机制，把政府交流和民间交流结合起来，发挥非公有制文化企业、文化非营利机构在对外文化交流中的作用，支持海外侨胞积极开展中外人文交流。建立面向外国青年的文化交流机制，设立中华文化国际传播贡献奖和国际性文化奖项。[①]

早在1984年，国务院就成立了中国国际文化交流中心。中国国际文化交流中心是从事国际文化交流的全国性社会团体。其宗旨是：通过民间的国际文化交流，加强中国人民与世界各国、各地区人民的相互了解和友好合作，为我国经济发展、科学进步、文化繁荣服务，为促进世界和平做出贡献。中心先后与130多个国家和地区的政要进行了友好往来，与各国文化、教育、经济、科学、体育机构和文艺团体进行了多种形式的交流与合作。参与主办"中美文化年"、"中俄文化年"、"中法文化年"、"中德文化年"、"亚洲文化年"等大型国际文化活动，通过这些活动，展示了绚烂多彩的中国民族文化，促进了中国与世界各国之间的文化交流，加深了与世界各国人民的真挚友谊。时至今日，中国文化年、中国文化节已成为中国对外交流的重要文化标志品牌。欢乐春节、相约北京、亚洲艺术节、中非文化聚焦、阿拉伯艺术节，德国、意大利、澳大利亚"中国文化年"以及在国内的上海国际艺术节、吴桥国际杂技艺术节、各类艺术比赛、成都国际非遗节等，均以丰富多彩的品牌活动推动了中外文化交流。

2005年10月，中国文化部与美国肯尼迪表演艺术中心在华盛顿特区合作举办了为期1个月的"中国文化节"。主办方约翰·肯尼迪表演艺术中心是美国国家级表演艺术中心，也是世界上最著名的文化艺术机构之一。作为非营利性艺术机构，该中心接受联邦政府拨款和社会捐赠，承担着全美最大的艺术教育项目，其国际艺术委员会由知名国际艺术赞助商组成，董事会主席由美国联邦政府任命，美国第一夫人为董事会名誉主席。2005年"中国文化节"是肯尼迪中心有史以来以一个国家或地区文化为主题举办活动中规模最大的一次，也是中国文化部采取与对方主流文艺机构合作的方式，按照商业运作规律进行文化交流的尝试。其举办恰逢胡锦涛主席9月访美和布什总统11月访华之间，意义重大，为两国首脑成功互访营造了良好氛围。

---

① "国家'十二五'时期文化改革发展规划纲要"，http://politics.people.com.cn/GB/101380/17126450.html，2012-02-16。

2012年6月9日，由莫斯科大学孔子学院主办的中国文化节成功举办。文化节框架下举办的中国篆刻艺术展、中国民俗实物展、中国书法展、中国茶艺展和“中国风情魅力”摄影展等多项活动，吸引了来自莫大及其他院校的师生、华人华侨和社会各界代表约600人前来参加，使俄罗斯观众对中国传统文化有了更加感性的认识。篆刻大师袁正明先生还在现场为大家讲解了篆刻文化，让更多的俄罗斯朋友了解中国篆刻艺术，为中俄人民的友谊建起一座文化沟通的桥梁。中国民间艺术品收藏家柳德米拉·伊娃耶娃说，她第一次随丈夫来到中国就对中国的民间艺术文化产生了浓厚兴趣。她认为，每一件民间艺术品都有其独特的意义，是中国百姓创造并享受的文化，最能体现中国民众的智慧和生活情趣。之后她每次到中国，都会到潘家园市场收集感兴趣的艺术品，现在她已经拥有了一座中国民间艺术品博物馆。文化节上，中俄青年艺术家、孔子学院的学生还为观众带来了中国民间歌舞、中国民族服装表演、武术表演、诗歌朗诵以及俄罗斯歌曲等精彩节目，博得现场观众的阵阵掌声。

在推行人文外交的过程中，青少年学生这一最为活跃的群体自然也是工作的着力点之一。为激发各国青年学生学习汉语的积极性，增强世界对中国语言与中华文化的理解，国家汉办专门举办了“汉语桥”中文比赛。作为一项大型国际汉语比赛项目，“汉语桥”共分为世界大学生中文比赛、世界中学生中文比赛和在华留学生汉语大赛三项比赛，每年一届，由比赛组委会具体组织和实施。近年来，“汉语桥”中文比赛项目采取汉办与地方政府合作的方式，并结合电视呈现，取得较好效果。截至目前，大学生比赛已举办九届，来自世界60余个国家的812名大学生先后来华参加了复赛、决赛；中学生比赛已举办两届，20多个国家的近312名中学生受邀来到中国分享自己学习汉语的成果和快乐；在华留学生比赛由国家汉办与中央电视台海外节目中心联合主办，已连续举办三届，吸引了40多个国家约300多名在华留学生同场竞技，争当“汉语高手”。参与三项比赛预赛的总人数已超过九万人。到现在，“汉语桥”已经是世界人文交流领域的知名品牌活动，比赛已成为各国大学生学习汉语、了解中国的重要平台，在中国与世界各国青年中间架起了一座沟通心灵的桥梁。正如第八届“汉语桥”世界大学生中文比赛一等奖获得者刘思文所说的：“‘汉语桥’给我们带来了缘分，我要把这段缘分、这些朋友都放在心底；我们还会相聚，因为我们的未来，一定是和中国连在一起！”①

据文化部外联局局长侯湘华介绍，我国目前已同145个国家签订政府间文化合作协定和近800个年度文化交流执行计划，与上千个文化组织保持着密切的合作关系，传统的中外文化合作机制在层次、数量、内容上都有了很大发展。我国目前的文化交流项目年均总数与人次均超过了改革开放前30年的总和，从中央到地方，从政府到民间，对外文化交流的规模和范围空前扩大，内容和形式日益丰富，渠道和层次更加多样。

（五）双边人文交流机制的确立

虽然各国对人文外交的具体含义的理解不尽相同，但都把人文外交视作国家软实力的重要体现和国家战略的重要支柱，因此在人文外交领域展开了新一轮的竞争与合作。

1. 中俄

在当前中外双边关系中，人文合作领域最为成熟的要数中俄关系。2000年11月，作为两国战略协作伙伴关系的一部分，中俄两国在总理定期会晤机制框架内成立了中俄教文卫体合作委员会。2007年7月，为应对合作领域不断扩大的发展趋势，组织正式更名为中俄人文合作委员会。委员会涉及面非常广泛，下设中俄教育、文化、卫生、体育、旅游、媒体和电影等7个领域的合作分委会和中俄档案合作工作小组。在该委员会的推动下，中俄两国分别于2006年和2007年举办了国家年，2008年和2009年则又分别举办了俄罗斯的“汉语年”与中国的“俄语年”。2009年10月，中俄两国政府签订协议，决定互设文化

① “关于‘汉语桥’”，http://www.hanban.edu.cn/chinesebridge/node_7489.htm，2012-05-23。

中心。2010年9月28日，俄罗斯文化中心在北京成立。俄罗斯驻华大使拉佐夫在俄新社举行的关于中心成立的新闻发布会上说："近年来，人文合作成为俄中两国合作的一项重要支柱。该中心的活动宗旨是开展人文领域的合作，了解俄罗斯创新技术的发展，展示文化、科学和体育领域取得的成就。"在北京建立的俄罗斯文化中心是目前中国国内第一家由俄罗斯官方开设的文化中心。中国国家主席胡锦涛表示，中方愿与俄方进一步扩大教育、文化、体育、媒体和旅游等领域的交流合作，共同办好两国文化中心，经常性地开展更多为两国民众所欢迎的交流活动。

事实上，中俄两国领导人一直以来都十分重视人文外交。2011年11月8日，温家宝前往圣彼得堡南郊参观普希金母校皇村中学时，他就提出希望人们多了解俄罗斯文化，多接触俄罗斯民众，为中俄友谊发展作出自己的贡献。他告诉当地留学生与使馆工作人员，中俄两国的友谊与合作对世界的和平与发展有着重大意义。近年来，中俄关系持续深入向前发展。两国高层交往密切，政治互信进一步增强，务实合作全面发展，人文交流日益扩大，战略协作继续深化。中俄关系正处在一个新的起点上，发展前景广阔。人文交流与合作是中俄战略协作伙伴关系的重要组成部分，对巩固两国关系的社会基础具有重要意义。中俄人文合作委员会成立10年来，各项工作不断向广度和深度推进，取得了可喜成绩。特别是双方成功举办"国家年"和"语言年"活动，促进了两国各领域友好合作的发展势头，为中俄战略协作伙伴关系的全面深化注入了新的动力。

2. 中美

相比中俄之间较为成熟的"人文外交"机制，中美之间的人文交流还有一定的改善余地。2009年4月，刘延东国务委员率代表团访美，在与克林顿国务卿会晤时提出扩大中美人文交流和建立高层磋商的建议，得到美方的积极回应。2009年11月，美国总统奥巴马访华期间，与中国国家主席胡锦涛就加强两国人文交流达成重要共识。2010年5月25日，中美人文交流高层磋商机制在北京正式建立并同时举行第一次会议，国务委员刘延东和美国国务卿希拉里·克林顿出席成立仪式并主持会议。

刘延东在成立仪式上发表致辞说，不同国家、不同民族、不同文化之间沟通交流，在和而不同中取长补短，在求同存异中相得益彰，是推动人类文明进步的持久动力，对于增进互信与友谊、消除偏见与误解、促进人类社会和谐与繁荣具有不可替代的作用。建设21世纪积极合作全面的中美关系，需要不断开拓两国人文交流的深度和广度。作为当今世界最大的发达国家和最大的发展中国家，两国相互理解、友好、合作，不仅能造福中美两国人民，也将造福世界各国人民。两国应从战略高度积极推动人文交流，夯实中美友好的社会基础和民意基础，为中美关系发展注入新的活力。刘延东国务委员还提出四项倡议，一是立足高远，服务大局，以长远眼光统筹规划，整合资源，为增进两国人民友谊和中美关系长期发展发挥战略作用。二是相互尊重，真诚沟通，尊重和照顾彼此核心利益和重大关切，推动中美人文交流再上一个新台阶。三是突出重点，务求实效，充分发挥政府主导作用，以人与人的交流为重点，全面深化教育、科技、文化、体育等领域的交流合作，保持机制健康有序可持续发展。四是着眼未来，持之以恒，多为两国青少年创造相互了解、相互学习的机会和条件，确保中美友好薪火相传，后继有人。双方应努力探索人文交流的新渠道、新内容、新方法，保持人文交流的后劲。①

在中美人文交流高层磋商机制第一次会议上，双方就以下议题进行了充分的沟通和交流：一是讨论了深化中美人文交流的重要意义。对机制工作提出了具体的建议。二是明确了中美人文交流的定位，强调中美人文交流高层磋商机制是两国在政治、外交、经济、金融等领域开展战略性沟通外，专门就人文教育领域交流合作而设立的一个重要对话平台，它服从和服务于建设二十一世纪积极合作全面中美关系的总目标。三是谋划了中美人文交流的长远发展，会议对机制的发展进行了长远、系统、前瞻性规划的探索，对设立长期系统可持续活动

① “中美人文交流高层磋商机制正式成立”，http://news.xinhuanet.com/world/2010-05/25/c_12141511.htm，2010-05-25。

进行了讨论。

刘延东和克林顿分别代表两国政府签署了《关于建立中美人文交流高层磋商机制的谅解备忘录》。会议宣布启动一系列人文交流项目，包括美国未来4年派遣10万名学生来华留学，中方未来4年派遣万名学生赴美攻读博士学位，实施汉语桥万人来华研修项目，资助重点领域设立联合研究中心、举办文化论坛和组织乒乓外交40周年纪念活动等。

中美人文交流高层磋商机制的建立是中美关系史上的一大创举，是两国关系发展与时俱进的结果，标志着两国关系在一个新的领域的深化，具有重大的现实意义和深远的历史意义。机制的建立，将进一步深化中美人文交流与合作，有助于为两国关系长期稳定发展奠定坚实的社会基础。

3. 中日

中日两国一衣带水，自古以来，人文交流都是中日关系的重要组成部分。2011年8月21日，中国国务院新闻办公室主任王晨在出席第七届北京—东京论坛时表示，中日两国需要进一步加强人文交流，不断增进两国之间的国民感情。他说，人文交流是心与心的交流，是增进不同国家人民之间相互理解、相互信任和友好感情最为深入的交流形式，在中日两国关系中发挥着日益突出的作用。

近年来，中日之间形式多样的民间交流活动不断涌现。2007年是中日邦交正常化35周年。两国领导人决定将2007年确定为“中日文化体育交流年”，以此展开一系列纪念交流活动，增进中日两国人民的相互了解。全年活动多达近百项，涵盖了文化艺术、体育、旅游、媒体、影视和青少年交流等领域。体育方面的活动包括中日韩青少年体育交流大会、中日智力体育比赛以及中国乒乓球队元老队员访日、中国武术代表团访日巡回演出、中日友好交流城市小学生乒乓球交流赛等。另外，中日媒体对话活动、中日青年友好联欢等后续活动都在筹备之中。

中日双方在开展人文外交的过程中，十分重视发展青少年之间的往来。为纪念《中日和平友好条约》缔结30周年，进一步推动中日关系改善与发展势头，2007年11月20日，两国共同确定2008年为“中日青少年友好交流年”。“中日青少年友好交流年”的确定是双方着眼于进一步增进两国国民感情，在两国大力培养友好事业接班人的一项重要交流活动。2008年3月10日至16日，作为“中日青少年友好交流年”系列活动的第一个高潮，以新一届中日友好21世纪委员会日方首席委员小林阳太郎为最高顾问，以日本外务省政务官宇野治为总团长的第一批日本青少年友好使者代表团一行1000人来华访问，并出席中日双方在京联合举办的“中日青少年友好交流年”开幕式活动。3月15日下午，“交流年”开幕式活动在中国人民大学隆重举行。中共中央总书记、国家主席胡锦涛亲临活动现场，会见了日本青少年友好使者代表团部分成员，出席了书法、茶艺、植树等有关交流活动，看望了参加开幕活动的中日两国青年代表并发表热情洋溢的讲话。国务院总理温家宝和日本首相福田康夫分别为“交流年”开幕发来贺词。

2008年5月4日至10日，为配合国家主席胡锦涛对日本进行的国事访问，作为“交流年”中方派遣的第一个大型访日团组，以团中央书记处书记、全国青联副主席张晓兰为总团长的中国青年代表团一行200人访问了日本，并参加了在早稻田大学举行的“交流年”日方开幕式。5月8日下午，国家主席胡锦涛和日本首相福田康夫、前首相中曾根康弘共同出席“交流年”日方开幕式，并先后发表讲话。

2008年5月，中日双方还签署了中日关于互设文化中心的协定，双方承诺将为对方文化中心的设立提供便利和协助，尽快使对方文化中心建立和运营，以密切两国人民间的交往，特别是加强两国青年之间的交流，增进互信、加深理解，让两国人民世世代代友好下去。当时正在日本进行国事访问的中国国家主席胡锦涛与日本首相福田康夫共同见证换文仪式，标志着两国文化关系的深入发展。

2012年是中日邦交正常化40周年。日本首相野田佳彦2011年访华时，两国领导人决定将2012年确定为“中日国民交流友好年”，在文化、旅游、媒体、青少年和地方交流等领域开展丰富多彩的友好交流活动，增进两国民众的相互了解和友好感情。2012年4月10日晚，纪念中日邦交正常化40周年、“中日国民交流友好年”中方开幕式在东京举行。中国政府特使、文化部部长蔡武在出席开幕式的致辞中表示，中国政府高度重视中日关系，愿与日方共同努力，全面推进中日战略互惠关系。“中日国民交流友好年”已经有近300个项目在运筹和执行之中，每个项目都承载着两国社会对中日关系深入发展的美好愿景，每个项目都凝聚了两国人民对中日友好的热切期盼，每个项目都在为全面深化中日战略互惠关系积累信心和力量。

4. 中欧

为了推广人文外交，中欧之间也开展了文化活动。中国与欧洲虽然位于亚欧大陆的两侧，可相互之间的文化交流早在公元前就由丝绸之路连接了起来。2007年9月11日，大英博物馆中国秦代兵马俑展览正式向公众开放，集中展出秦始皇兵马俑、乐俑、仙鹤、野雁，以及秦代青砖、瓦当等来自秦始皇兵马俑博物馆的120件2000多年前的中国文物。秦始皇兵马俑博物馆文物保管部主任赵昆表示：“这是在中国之外举行的规模最大的兵马俑展。”① 当时的英国首相布朗在展览开展仪式上致辞。他说：“围绕2000多年前第一个统一中国的皇帝的展览将成为中英文化交流日益加强的又一个见证。”②

中欧之间“人文外交”的最新进展，要首推2008年10月在北京举行的第一届中欧文化对话。当时，来自欧盟成员国的著名专家学者、文化中心和私人文化机构的代表以及部分外交官，同中国文化界的著名专家、学者进行了广泛的交流。与会双方就共同关心的众多议题进行深入、广泛而富有创见的对话，交流沟通，促进互信，达成共识，分享经验。中国艺术研究院院长王文章在开幕辞中说，中国和欧洲分别位于亚欧大陆的东西两端，是东西方文明的主要载体，各自都有着悠久的文化传统，曾在历史上创造出丰富灿烂的人类文明。在全球化的今天，面对丰富而复杂的文化问题和文化形势，面对经济一体化对

① “5万张门票预订一空　英国人成秦始皇‘发烧友’”，http://news.xinhuanet.com/collection/2007-08/21/content_6573663.htm，2007-08/21。

② “兵马俑在大英博物馆开展　英国人成‘发烧友’”，http://news.xinhuanet.com/collection/2007-09/12/content_6710228.htm，2007-09-12。

传统文化形成的挑战以及对未来文化提供的机遇，关注当代国际文化的发展趋势，促进不同文化之间的交流与理解，携手推动世界文化朝着多元、繁荣、和谐的方向持续发展，是中欧双方应当勇于承担的时代责任。欧盟文化中心合作组织主席汉斯—约格·克诺普博士在答谢辞中说，中欧之间开展文化对话意义重大，我们有必要建立一个共同的平台，让我们的专家、艺术家、文化工作者以及有兴趣的公众能够定期就重要的文化时事进行交流讨论，分享各自的经验，阐述不同的观点，探讨互惠合作、共同发展之路。①

此次中欧文化对话，无论规模和规格，还是讨论交流的深度和广度，都堪称中欧当代文化和学术交流的一件盛事。其主办者中国艺术研究院与欧盟文化中心合作组织计划今后每年分别在欧盟和中国举行这样的文化对话，使之继续发挥在双边人文交流方面的引领作用。

5. 中非

中国一贯支持并维护世界文化多样性，主张加强不同文明间的平等对话。近年来，中国在发展与欧美、周边国家文化交流的同时，以“文化聚焦”等品牌为平台，大力开展中非文化交流，对建立世界文化平衡发展格局、扩大发展中国家文化话语权、推动世界文化繁荣发展具有重要意义。在全面建设中非新型战略伙伴关系的过程中，中非之间的“人文外交”得到了扎实的推进。

2006年，中国文化部举办了“非洲文化人士访问计划”活动，该项目得到中非双方的支持和重视，被列入“中非合作论坛北京行动计划（2007—2009年）”。肯尼亚文化界名人奥希阿科先生、尼日利亚文化和旅游部对外文化关系司司长乌娅女士和国际旅游促进与合作司司长阿德耶米女士、津巴布韦国家艺术委员会主任奇庞古拉先生组成非洲文化人士访华团，在北京、湖南和上海进行了参观考察。从博大的四库全书到活泼的动漫作品；从雄伟的万里长城到秀美的张家界；从古朴典雅的凤凰镇到现代浪漫的上海城；从具有浓郁民族特色的土家

① “百位学者在北京举行‘第一届中欧文化对话’”，http://news.xinhuanet.com/newscenter/2008-10/18/content_10212830.htm，2008-10-18。

族歌舞到充满现代气息的“时空之旅”。代表团不仅感受到了我国历史文化的悠久与璀璨，也看到了一个生机勃勃的现代化中国。通过会见、座谈、观看演出，代表团与我们的文化机构和团体建立了联系，初步协商了一些交流项目。

2008年，大型中非文化交流活动“2008非洲文化聚焦”在深圳市举行。该活动包括非洲艺术团文艺演出、特邀艺术联展和非洲文化人士访问计划等，共吸引了25个非洲国家的147位文化官员、艺术家参加。非盟经社文理事会向中国政府发来贺电，表示希望活动搭建一座在文化多样性原则下的文化交流平台，同时也成为中国和非盟学习对方文化精华的机制。加蓬副总理兼文化部长阿贝索莱率政府文化代表团参加活动，他还特意为该活动提出了口号：“我们永远要更多地了解对方。”

“2012非洲文化聚焦”活动于5月25日在北京国家博物馆举行开幕式。中国文化部副部长赵少华在开幕式的致辞中说，“2012非洲文化聚焦”活动旨在进一步加强中非国家在思想领域的交流，让更多的中国人了解非洲文化。她希望中非双方能够继续本着“交流、互鉴、协力、同心”的宗旨，从战略高度和长远角度出发，不断推动双方人文交流与合作深入持久发展。活动将持续全年，在北京、天津、上海、南京、银川、河南等多个城市举办，活动内容包括“中非文化部长论坛”、非洲歌舞演出、非洲主题展览、三大系列媒体访谈节目；在央视播出非洲文化专题片；在长春举办非洲木雕艺术国际研讨会；在南京书画院邀请非洲四国画家进行为期两个月的客座采风创作。此外，还将举办“非洲文化校园行”、“非洲研究文献作品推介”、“非洲知识专题讲座”和“非洲国家武术培训班”等多项活动。

为进一步加深中非关系，为中非合作提供一个稳定重要的文化交流平台，经过历时两年多的规划选址、多方位全面调研、由中非工业合作发展论坛（CAIF）组委会筹备的中非文化产业园项目最终于2012年初选址落户北京市朝阳区，园区规划用地面积1500亩以上，其中会议区、艺术区约占地1000亩，休闲区以及其他预留区共计500亩。该项目计划在2—3年之内完成中非文化产业园区的建设与招商工作，并实现每年直接创造产值50亿元。这是中国首个以非洲文化为主题的中非文化产业园项目。该园区立足于发展重点文化项目，以非洲文化中心、非洲商务中心、文化交流演出、美食休闲、艺术藏品等产业为重点，其中包括：中非国际会议中心、中非友好博物馆、非洲剧院、中非艺术馆、非洲艺术区、非洲美食街等建设项目，旨在实现跨越式发展，建设辐射中国与非洲的文化产品中心，建设中非文化交流的示范产业园区，加快地域性和民族性文化产业群的发展。

2012年4月11日下午，中非工业合作发展论坛在北京民族饭店召开2012中非文化产业园建设专家研讨会。研讨会获得了国际组织、商务部、外交部、社科院、文化部、国开行等专家以及非洲驻华使馆的大力支持，现场讨论气氛热烈，专家们从不同角度分析了中非文化产业园项目的建设意义以及发展方向，并对该项目予以高度赞赏。CAIF秘书长程志刚介绍说，论坛在加强与非洲经贸合作的同时，也深刻认识到文化语言等方面的差异造成的一定阻碍。因此，CAIF将致力于文化产业领域开发合作的重要项目，将中非文化产业园打造成为北京文化新地标，在加速中非经济合作的同时，推动中非之间的交流向着更高、更深的层面发展。

总之，近十年以来，从实践活动的展开，到理论层面的提炼，我国人文外交已经取得了长足发展。人文外交的提出适应了国际社会的发展潮流，是中国综合国力发展的必然结果，是中国实现未来发展目标的重要保障，也是构建和谐世界的客观需要。伴随着中国与世界关系的日益紧密，人文外交将是中国外交今后要重点开拓的领域，其重要性势必与日俱增。

（陈涛）

第20章 “外交为民”和中国领事保护

进入新世纪以来，中国的改革开放事业取得了举世瞩目的成就，综合国力大大提高，对外交往的广度和深度较以往有了更大的发展。新一代领导集体根据国际形势的变化和中国自身发展的需求，提出了“以人为本，执政为民”的思想。与此同时，走出国门的中国企业和公民逐渐增多，保护海外中国企业和公民合法权益的问题引起广泛关注。领事保护工作成为中国政府展示“以人为本，外交为民”指导理念的最佳窗口。中国的领事保护工作进展迅速，各项机制逐步建立并在不断完善之中。“外交为民”理念的提出及其在领事保护领域的贯彻落实显示了中国人权事业的进步；屡次大规模的撤侨行动赢得了国内外媒体的一致好评，提升了中国的国家形象；中国外交关心普通民众利益的做法得到了举国上下的一致拥护，增强了国人的凝聚力，增进了中国的软实力。

一、“外交为民”理念的提出与对领事保护的高度重视

2001年7月1日，中共中央总书记江泽民在庆祝中国共产党建党80

周年大会上发表讲话指出，“中国共产党要始终代表中国最广大人民的根本利益”，“必须坚持把人民的根本利益作为出发点和归宿”，“全心全意为人民服务，立党为公，执政为民”。[①] 随后“立党为公，执政为民”成为新世纪中国党和政府开展各项工作的指导思想。

胡锦涛总书记上任伊始就对如何落实“立党为公、执政为民”的理念提出了具体要求。2003年7月1日，在中国共产党成立82周年之际，新一届中共中央总书记胡锦涛发表了他的首次“七一”讲话。胡总书记在讲话中对把握“立党为公、执政为民”的本质提出了三点具体要求：第一，坚持立党为公、执政为民，必须落实到党和国家制定和实施方针政策的工作中去。坚持用人民拥护不拥护、赞成不赞成、高兴不高兴、答应不答应来衡量我们的一切决策。第二，坚持立党为公、执政为民，必须落实到各级领导干部的思想和行动中去。坚持权为民所用、情为民所系、利为民所谋，为群众诚心诚意办实事，尽心竭力解难事，坚持不懈做好事。第三，坚持立党为公、执政为民，必须落实到关心群众生产生活的工作中去。必须围绕人民群众最现实、最关心、最直接的利益来落实。群众利益无小事。凡是涉及群众的切身利益和实际困难的事情，再小也要竭尽全力去办。[②]

“以人为本、执政为民”的理念首先在国家根本大法中体现出来。2004年3月14日，第十届全国人民代表大会第二次会议通过了宪法修正案，首次将“人权”概念引入宪法，明确规定“国家尊重和保障人权”。这是中国民主宪政和政治文明建设的一件大事，是中国人权发展的一个重要里程碑。这表明，在中国“人权”首次由一个政治概念提升为法律概念，将尊重和保障人权的主体由党和政府提升为“国家”，从而使尊重和保障人权由党和政府的意志上升为人民和国家的意志，由党和政府执政行政的政治理念和价值上升为国家建设和发展的政治理念和价值，由党和政府文件的政策性规定上升为国家根本大法的一项原则。[③]

---

① “江泽民在庆祝建党80周年大会上的讲话”，《人民日报》，2001年7月2日，第1版。

② 胡锦涛：“在‘三个代表’重要思想理论研讨会上的讲话”，《人民日报》，2003年7月2日，第1版。

③ 董云虎：《“人权”入宪：中国人权发展的重要里程碑》，《人民日报》，2004年3月15日，第10版。

在此背景下，领事保护工作，由于其为普通民众服务，与普通民众利益息息相关的性质，成为落实“执政为民”、“外交为民”指导思想的具体体现，得到了新一代领导集体和政府部门的高度重视。

2004年6月10日，在阿富汗北部昆都士发生造成11名中国公民死亡的恐怖袭击事件。胡锦涛总书记闻讯后表示：“尽管我们中国有13亿人口，但我们珍惜每个同胞的生命，决不能允许恐怖主义威胁中国公民的安全。”[①] 此后几届《政府工作报告》均明确提出，要维护中国公民和法人在海外的合法权益。

2004年年底，外交部长李肇星在接受《人民日报》记者年终专访时表示，外交部“时刻把人民的利益放在心上，千方百计地维护中国公民和法人的合法权益”。[②]

2007年8月，新任外交部部长杨洁篪在外交部领事保护中心的成立仪式上表示，领事保护是外交工作落实“以人为本”、“执政为民”理念的具体体现，事关党和政府形象和执政能力建设。他要求外交部和驻外使领馆工作人员从以人为本、构建和谐社会的高度，本着对祖国和人民负责的态度，重视做好这项工作。[③]2009年底，杨洁篪部长在接受《人民日报》记者年终专访时再次表示：“外交部将坚持‘以人为本’、‘外交为民’。时刻把祖国人民的利益置于心中最高位置，切实维护海外中国公民和法人的合法权益。充实完善领事保护预防体制，加强我海外领事保护的能力和体制建设，研究制定保护我海外人员的长效措施。”[④]

在“以人为本、外交为民”理念的指导下，中国领事保护工作有了很大的发展。预防机制和应急机制的建设与逐步完善充分体现了新时期中国领事保护工作所取得的成就。

---

① “珍惜每个同胞：中国领事保护‘五加强’应万变”，中国网，http://www.china.com.cn/chinese/TCC/1093119.htm, 2007-12-20。

② 外交部长李肇星语，见张亮、王莉：“年终专访：李肇星纵论国际风云 畅谈外交为民”，《人民日报》，2004年12月15日，第7版。

③ “外交部领事保护中心在北京正式成立 杨洁篪讲话”，http://www.gov.cn/jrzg/2007-08/23/content_725761.htm。

④ “外交部部长杨洁篪谈2009年中国外交”，http://theory.people.com.cn/GB/41038/10572623.html, 2010-1-20。

二、领事保护预防机制建设

根据外交部领事司的统计，在海外中国公民遇到的安全问题中，一半事件由中方人员的不当行为引起。[①] 因此，外交部对领事保护的预防工作十分重视。根据“预防为主、预防与处置并重”的原则，外交部通过发布旅行预警信息，加强对出国人员的宣传教育，普及国际旅行知识，强化派出机构安全防范机制等一系列工作，避免或尽可能减少危及海外中国公民及中资机构人身及财产安全的案件发生，其他政府部门和媒体等对此也积极配合，中国领事保护预防机制逐步建立起来，这主要体现在以下几个方面。

(一)外交部通过官方网站发布关于海外旅行的信息和安全提醒

网站首页设有“海外安全动态”栏目。在此栏目之下，又具体分为几个板块：出国特别提醒、领事新闻、出国手续、走出国门注意事项等。出国特别提醒是针对当前各国的具体情况而发出的安全提示，每项提醒的标题后都标明了提示公布的时间。领事新闻的主要内容是关于新近发生的与领事工作有关的报道，不仅限于领事保护，也包括领事证件工作的情况。出国手续包括旅行证件、出国签证、公证认证、法规资料等。旅行证件部分告知中国公民如何申办护照和其他旅行证件。出国签证部分提供一些国家的签证申请规定和一些国家驻华使领馆闭馆日期等信息。这一板块所提供的法规资料部分对于即将出国的公民或者已在国外的公民十分重要。“走出国门注意事项”栏目发布了赴190多个国家和城市的有关注意事项。打开“走出国门注意事项”有关国家标题下的信息，基本分为“最新特别提醒”、“我驻该国机构”、

① 见领事司司长魏苇在2008年8月5日举行的《世界知识》论坛上的发言，论坛主题为“企业和个人，海外遇事怎么办”，http://news.xinhuanet.com/overseas/2008-08/31/content_9743308.htm。

“赴该国须知”三部分内容。对于有些局势比较危险的国家，则会在以上三部分内容之上出现用红色标明的“旅行建议”部分。“赴该国须知”部分的内容比较详细，一般包括该国的基本地理、气候、交通、卫生情况，赴该国的签证规定、入境规定和该国的警察和医疗救助等紧急电话等信息。

（二）外交部发行领事保护宣传材料

2000年外交部首次发布了《中国境外领事保护和服务指南》，其目的是“方便中国公民在国外旅行、工作、学习或居留期间，通过中国驻外使领馆维护自己的正当权益”。后来外交部又分别于2003年、2007年、2008年、2010年对《指南》做了四次更新。《指南》的内容越来越丰富，形式越来越活泼，可读性和趣味性大大增加。外交部领事司发行的纸质宣传材料除《中国领事保护和服务指南》外，还包括《海外中国公民文明指南》，包括三部分内容：海外中国公民文明社交指南、海外中国公民文明举止指南、海外中资机构文明指南。

（三）举行有关海外公民安全的宣传活动

外交部和领事司负责人多次在网络媒体上与公众直接交流、应邀赴有关单位进行演讲，或以接受采访、举行记者吹风会等形势介绍领事保护面临的形势和政府所做的工作，增强公民在境外的安全防范意识。① 自2009年起，外交部还举行了“树立海外中国公民文明形象宣传月”系列活动。按照外交部领事保护中心官员的说法：“只有树立起中国人谦和友善、遵俗守法、诚实守信的文明形象，中国海外公民的人身财产安全才能得到更多保证，发展也才会有更多的空间。”②

---

① 中华人民共和国外交部政策研究司编:《中国外交2007》，北京：世界知识出版社，2008年版，第348—349页。

② “‘树立海外中国公民文明形象宣传月’活动启动”,http://www.gov.cn/jrzg/2009-08/18/content_1395757.htm。

（四）中国驻外使领馆发布海外安全信息并对中国公民的安全状况进行实地考察

各驻外使领馆也根据驻在国形势发布各类预警信息。只要驻在国局势紧张，影响到当地的中国公民和法人的安全，中国驻外使领馆就会发布安全警告。

中国驻外使领馆对海外公民安全的关注不仅体现在口头提示上，中国驻外使领馆的工作人员还走出办公室去为当地的中国公民举办海外安全知识的讲座，就当地中国公民的安全状况进行实地调查，与当地中国公民一起做好安全预防工作。在治安状况不太好的南非，中国驻南非大使馆通过各种方式劝导侨胞遵纪守法、照章纳税、积极融入当地主流社会，还推动成立华人警民合作中心，促进华人社区与警方的沟通与协作。在战乱不断的阿富汗，中国驻阿富汗使馆一边敦促阿外交、内政、国防部等强力部门采取一切必要措施，保障中国机构和公民安全，一边要求各中资机构与当地军警、外国驻军和部落长老等方面建立良好关系；同时，使馆还定期召开中资机构负责人安全工作会议。①

2008年4月，驻约翰内斯堡总领馆利用休息日派出3名领事干部驱车500公里，赶赴领区自由州省府布隆方丹市进行现场办公，受理大量护照和公认证申请，接受领事保护咨询，并与当地主要华社进行座谈。②7月，驻英使馆领事部官员赴中国在英最大民营企业—华为公司驻英国总部做了题为《在英中资公司的领事保护问题》讲座。③

2009年，为进一步了解全球金融危机影响下，了解在日本的中国研修生所面临的新情况、新问题，做好预防性领事保护工作，4月9日

---

① “2007中国人海外安全报告出炉 能源项目频繁受袭”，http://www.chinadaily.com.cn/hqzg/2008-01/10/content_6384976_2.htm。

② “驻约翰内斯堡总领馆领事官员赴外地为侨民现场办公”，http://www.fmprc.gov.cn/chn/lsfw/lsxw/t428479.htm。

③ “中国驻英国使馆举办在英中资公司的领事保护问题讲座”，http://www.fmprc.gov.cn/chn/lsfw/lsxw/t461240.htm,2009-12-18。

至10日，中国驻日本大使馆参赞兼赴日本福岛县走访了日本接受中国研修生的两家行业协会，表达了中国大使馆对研修生工作、生活现状的关注。期间还与研修生进行了座谈，考察了她们的工作现场、住宿环境等，向她们介绍了中国大使馆馆领事保护原则和服务内容，分发了《旅日中国公民领事保护和服务指南》，并详细了解了他们的工作、生活、学习、身体状况。[①] 4月11至13日，中国驻福冈总领事和夫人利用三天的时间，专程赴鹿儿岛县枕崎市实地走访了两家研修生工厂，详细询问了其工作、生活情况，听取了其反映的有关问题，并发给研修生用以与总领馆联系的名片，希望他们有困难及时通知总领馆。总领事还与日方接受组合和公司理事会见面，敦促其切实维护研修生合法利益。[②]

（五）其他政府机构和媒体发布相关的海外安全信息

除外交部和驻外使领馆外，其他相关政府机构和媒体也发布一些海外安全信息。教育部建立了教育涉外监管信息网[③]，这是教育部发布各类教育涉外活动监督与管理信息的专门网站，由教育部国际合作与交流司主管。该网站设立了留学预警栏目，及时公布世界各国在留学方面的新政策，并用中国留学生亲身经历的安全事件来宣传出国留学应注意的事项。商务部网站上的驻外报道和对外投资栏目提供关于对外商贸往来和对外投资安全方面的注意事项。公安部网站的域外警讯栏目也常刊登一些与海外安全有关的信息。有些地方政府机构针对本地区特殊需求，发布专门类别的海外安全信息查询。例如，山东省作为全国的劳务派出大省，为了给省内有意出国打工的人员查询海外安全信息提供一个便捷途径，山东省对外贸易经济合作厅于2007年12月27日开通了省内首个对外劳务合作网站和外派劳务语音咨询电话系统，

① “中国领事看望在日研修生 开展预防性领事保护工作”，http://news.xinhuanet.com/overseas/2009-04/14/content_11184939.htm。

② “福冈中国领事慰问中国研修生 促日企维护合法利益”，http://news.xinhuanet.com/overseas/2009-04/15/content_11188934.htm。

③ 教育部教育涉外监管信息网，http://www.jsj.edu.cn/, 2007-12-20。

专为到国外打工的人提供劳务政策咨询和市场风险警示等服务。对外劳务合作网站将面向社会广大群众提供外派劳务政策法规、国别市场预警、外派劳务公司和外派劳务基地查询等服务；外派劳务语音咨询电话系统则主要录制了外派劳务特别提示、外派劳务基本程序、签订外派劳务合同注意事项等6方面内容。①

在旅游旺季开始之前，报纸等媒体也刊登有关海外安全的一些提示。例如《人民日报》海外版在2008年“十一”黄金周开始之前就刊登了《律师提醒：“十一”黄金周出入境游提示》，告知读者一些相关信息。例如，读者在旅游之前应了解旅行社经营资质和级别、是否曾被处罚等信息，这些信息可通过国家旅游局中国旅游诚信网（qualitytourism.cnta.gov.cn）在线查询。对于出境游，国家旅游局公布有“经营中国公民出国旅游和赴港澳地区旅游业务的旅行社名单”和“第一批指定经营大陆居民赴台旅游业务旅行社名单”，可登录国家旅游局网站（www.cnta.gov.cn）在线查询。国家旅游局、国家工商总局曾分别就出国旅游和赴台旅游发布旅游合同示范文本；一些省市工商局、旅游局也发布有旅游合同示范文本，大家在签订旅游合同时，可登录工商局、旅游局相关网站参考这些示范文本。②

（六）各部门合作建立联合海外安全预警机制

对于其他国家机关提出的有助于促进海外公民安全保护的倡议，外交部非常欢迎，积极宣传。同时，外交部、商务部、国家旅游局等部门一起合作，提醒中国公司和公民注意海外安全风险，建立联合海外安全预警机制。

为了加强境外中资机构和人员的安全保护预防作，2005年9月28日，国务院办公厅转发了《商务部等部门关于加强境外中资企业机构

① “山东开通首个对外劳务合作网站及语音咨询电话”，http://news.xinhuanet.com/newscenter/2007-12/27/content_7324125.htm。

② “律师提醒：‘十一’黄金周出入境游提示”，《人民日报海外版》，2008年9月27日，http://news.xinhuanet.com/overseas/2008-09/27/content_10119525.htm。

与人员安全保护工作意见的通知》。文件要求按照“谁派出，谁负责”的原则做好境外中资企业机构与人员的安全保护工作。从政府部门来说，文件要求外交部、公安部、安全部、商务部等部门及驻外使领馆等驻外机构要加强对安全问题突出的国家和地区有关政治经济形势、民族宗教矛盾、社会治安状况、恐怖主义活动等信息的收集工作，及时掌握境外各种可能危及我国企业、机构与人员安全的情报信息，并视情发出安全警告。驻外使领馆要及时向境外中资企业、机构通报所在国家（地区）的安全形势，使其对自身安全状况有正确认识和评估。在企业方面，文件要求派出企业、机构负责对外派人员进行安全教育和应急培训，增强其安全防范意识和自我保护能力，要求各有关部门和单位建立境外企业、机构与人员应对突发事件的预警机制，并把安全投入成本纳入项目预算。

2005年，索马里海域发生多起渔船被当地武装分子袭击和抢劫的事件，使中国渔民的生命、财产安全受到严重威胁。由商务部合作司、农业部渔业局、外交部领事司和交通部海事局组成的远洋渔业合作管理协调小组于10月17日启动预警机制，四部委联合发布远洋渔业合作预警通报，要求中国各远洋渔业企业不得向索马里海域派遣渔船从事捕捞生产；对外劳务合作经营公司不得向在索马里海域作业的境外渔船派遣船员劳务；各地渔民切勿到索马里海域作业。①

2006年4月25日，在国务院应急办的指导下，国家旅游局、外交部联合发布《中国公民出境旅游突发事件应急预案》，首次建立起包括信息收集、预警评估和预警发布等内容的旅游预警机制。《预案》要求国家有关部门加强相关信息的收集和分析，及时掌握和通报有关情况。预警信息分为三个级别，分别为：提示——提示中国公民前往某国（地区）旅游应注意的事项；劝告——劝告中国公民不要前往某国（地区）旅游；警告——警告中国公民一定时期内在任何情况下都不要前往某国（地区）旅游。经授权，国家旅游局或其他部门向社会发布

① “四部委发布今年首个远洋渔业合作预警 通报我企业和渔民切勿到索马里海域作业”，《人民日报》，2005年10月21日，第6版。

旅游预警信息。[①]

2006年10月，为提高公民文明素质，塑造中国公民良好国际形象，中央文明办、国家旅游局联合颁布了《中国公民出境旅游文明行为指南》。外交部网页全文刊登了该《指南》，领事司还提醒每位公民出境旅游时要努力践行《指南》，克服旅游陋习，倡导文明旅游行为，认为文明旅游不仅有助于改善中国公民在国外的形象，也有助于减少中国公民在海外遇到的麻烦。

（七）以“主动出击”的方式处理领事保护案件，最大程度减少当事人的损失

中国领事保护预防机制的建设不仅体现在海外安全信息的发布和提示方面，在日常的领事保护案件的处理上，也体现出注重预防，“主动出击”，尽早着手解决问题的特点。外交部和中国驻外使领馆十分关注报纸网络等媒体对海外中国公民安全情况的报道，一旦发现有中国公民合法权益受损的事情，立即主动与当事人联系，向他们提供力所能及的帮助。

2008年9月，据《日本新华侨报》报道，旅日华人作家莫邦富以“湖北女工被卖身现代‘野麦岭’，日中两公司想以身试法”为题，披露6名中国湖北女研修生在日本山梨县堪称悲惨遭遇的报道在《日本新华侨报》和“日本新华侨网”发表以后，中国驻日本大使馆给予高度重视。9月8日傍晚，中国驻日本大使馆领事部和商务处接到莫邦富提交的有关湖北女工在山梨县的不幸遭遇的详细文件资料后，当即表示大使馆坚决维护在海外的中国公民的合法权益，同时表明立即就去看望女工们，采取有力行动保护女工们的权益的。[②]中国驻日大使馆通知国内有关部门后，湖北省省劳动和社会保障厅立即委托黄石劳动和社

① “应对突发事件 中国建立公民出境游安全预警机制”，http://news.xinhuanet.com/overseas/2006-04/26/content_4476016.html。

② “中国领事慰问在日湖北女工　将协助维护权益”，http://news.xinhuanet.com/overseas/2008-09/10/content_9895386.htm。

会保障局对这6名女工的派出单位东创公司进行调查。湖北省劳动和社会保障厅失业保险和就业处官员表示，东创公司依照有关规定，在指定银行存放了50万元的准备金。如果有必要，省劳动和社会保障厅将依法动用这笔准备金来赔偿相关劳动者。①

2009年11月，互联网上出现一篇题为“中国女留学生在马来西亚无辜入狱8天”的帖子。外交部领事司和驻马使馆得知后，十分重视，当即设法联系到当事人，核实有关情况。后据驻马使馆了解，2009年11月30日，一名中国留学生在当地一家KTV与朋友正常聚会时被马警方以涉嫌卖淫为由拘留，8天后释放。同时被拘留的还有另外27名中国女子。使馆即向马警方提出交涉，对马警方在校方已证实该中国留学生身份后仍继续扣留的行为表示不满，并指出，马警方从未就此事向中国驻马使馆通报相关情况，要求马方对此做出说明。马警方表示会就此问题进行调查。②

总体而言，自从21世纪初以来，中国已经初步建立起了领事保护的预防机制，提升出国公民和海外企业的安全意识，避开风险，以此减少海外安全事件的发生。同时在领事保护案件的处理中，也体现出“注重预防，及早入手，尽量减少损失”的特点。

三、领事保护应急和协调机制的建立

新形势下，走出国门的中国公民的背景多样化，包括游客、中资机构工作人员、外派劳务人员、船员、留学人员等，对他们的管理涉及到国内各个不同的部门。在此情况下，仅靠外交部一个部门的力量，已无法完成保护他们合法权益的重任。包括外交部、商务部、国家旅游局、警方、军方、地方外事办公室、企业、行业协会、侨团和留学

① “据称我驻日使馆要求日警方调查女工受虐事件”，http://news.sina.com.cn/c/2008-09-10/033814426872s.shtml。

② “驻马来西亚使馆积极处理中国留学生在马被拘留事”，http://www.fmprc.gov.cn/chn/gxh/cgb/lsxw/t648109.htm，2010-2-1。

生团体在内的各个部门和组织都参与进来，各司其职，积极参与，共同承担保护责任。

（一）中央政府

从中央层面的协调机制来看，2004年7月19日，主管公安和外交工作的周永康和唐家璇两位国务委员主持召开了国务院研究部署加强境外人员和机构安全保护工作的会议。同年11月，经国务院批准，由外交部牵头、国务院有关部门参加的境外中国公民和机构安全保护工作部际联席会议制度成立，统一指挥、协调境外涉中国公民和企业的重大领事保护事件的处置工作，以加快重大危机事件的外交解决程序，提高工作效率。该机制的成员包括26个国务院机构和军方有关部门。[①] 一旦发生涉及海外中国公民安全的大规模突发事件，例如印度洋海啸紧急救援、黎以冲突、所罗门群岛骚乱撤侨、中石化驻埃塞俄比亚项目组遭袭击等事件时，部际联席会议制度就会启动，就各部门协调处理此类案件做出紧急部署。[②] 此外，在具体的实际工作中，外交部还常常与一些不是部际联席会议成员的部门，如国务院侨办、全国工商联等保持密切联系。[③]

从外交部及驻外使领馆方面来看，2006年5月29日，为适应当前领事保护新形势，外交部首次在领事司内设立领事保护处，专门处理和协调中国海外公民和法人合法权益的保护工作。时隔一年多之后，即2007年8月23日，外交部又将领事保护处升格为领事保护中心，由外交部领事司司领导担任中心主任，以确保更有效地协调各方处理领事保护事件。至2012年7月，中国和世界上172个国家建立了外交关系。[④] 外交部领事司发行的2010版《中国领事保护和协助指南》附录

---

① 笔者2008年7月11日对外交部领事司的书面采访。

② "领事保护工作：彰显中国外交'以人为本'的理念"，http://www.gov.cn/jrzg/2007-08/31/content_733895.htm。

③ 笔者2008年7月11日对外交部领事司的书面采访。

④ 2010年2月28日，笔者根据中国外交部网站中华人民共和国与各国建立外交关系日期简表（截至2009年7月16日）统计，http://www.fmprc.gov.cn/chn/pds/ziliao/2193/。

三列出了228家中国驻外使领馆的联系方式。所有中国驻外使领馆实行中国公民自愿登记制度，以便在紧急情况下与公民取得联系。外交部办公厅值班室24小时值班，接听来电，对于涉及海外中国公民安全问题的电话，值班人员必须第一时间上报并立即与外交部领事保护中心的负责官员联系。领事保护中心并不安排值班人员在办公室24小时值班。但是，相关领事工作官员的手机24小时开机，随时保持联系。[①]如发生的领事保护案件涉及中国公民或法人重大人员伤亡或财产损失，即启动应急机制。应急机制的主要内容是：组成应急小组，制定工作计划；确定联络方案，保障信息畅通；开设热线电话，收集各方资讯；协调国内外有关单位共同展开工作。[②]启动应急机制，外交部首先要迅速地将案情上报中央，第二要和使馆保持联系，及时掌握最新情况，第三要把信息尽快传达给派出单位的主管部门。[③]外交部与其他各方合作，力争在最短的时间内以最有效的方式来保护中国公民和法人的利益不受损失，或将损失减少到最低程度。中国公民在伊拉克被绑架之后，由外交部领事司亚非领事处与驻伊拉克使馆复馆小组组成应急小组和紧急营救小组。中国工人在阿富汗遭袭之后，由外交部亚洲司司长崔天凯率领的工作小组奔赴阿富汗协助处理。2004年10月，中国水利水电建设集团公司也派出了"3人应急小组"，从北京出发赶赴巴基斯坦，协助处理中国工程师被绑架事件。

（二）地方政府

从地方层面来看，各级地方政府也建立了相应的应急协调机制。如广东、福建等省的外办新设立了"涉外安全处"，专门负责协助外交

① 笔者2008年2月17日对外交部办公厅值班人员的采访。

② 2004年4月，外交部领事司司长罗田广接受媒体采访时的谈话，http://www.people.com.cn/GB/shizheng/1026/2454084.html, 2004-12-15。

③ 2004年7月，外交部领事司司长罗田广接受记者采访谈话，http://news.sina.com.cn/c/2004-07-21/07033156146s.shtml。

部处理涉及本省海外公民的领事保护案件。[①]广东是出国旅游大省和与国外经济联系最为密切的省份之一，为了及时妥善处理境外涉及广东省公民和机构的重大事件，保护广东省在境外的公民和机构的安全，广东省政府于2005年建立了“广东省在境外人员和机构安全保护工作联席会议制度”，同时制订了“广东省在境外人员和机构安全保护工作预案”。2007年10月底，广东省外办在全国首先设立“涉外安全处”。该处的工作职能为：负责协调、督促、指导处理外国公民和法人在粤发生的各类刑事、民事、海事等重大案件；协调、指导处理广东省在境外公民和机构安全保护的相关事务；处理国家实施领事保护的相关事务等。[②]涉外安全处设有24小时工作热线电话，方便在境外遇到困难的广东人及时求助。[③]

福建省作为著名的侨乡，也建立了“境外福建公民和机构安全保护工作小组”，并在省外办设立涉外安全处，以专门应对处置境外涉及福建省公民的突发事件。[④]2009年7月9日，福建省境外公民和机构安全保护工作会议在福州召开。福建省领导和外交部领事司司长出席会议。此次会议强调，全省各级政府及有关方面要认真贯彻外事为民的方针，做好新形势下的境外领事保护工作，切实保护福建省省境外公民和机构的生命财产安全。[⑤]

2005年10月，吉林省政府办公厅发布工作通知，宣布建立吉林省涉外突发事件协调和应急处置联席会议制度。联席会议由省外办牵头，省公安厅、国家安全厅、商务厅、教育厅、劳动保障厅、科技厅、旅游局、工商局、外专局等部门参加。联席会议统一指挥、协调处理吉林省各类重大涉外突发事件，包括“境外涉我”突发事件（主要指境

---

① 可参见广东省外办涉外安全处的职能介绍，http://www.gdfao.gd.gov.cn/wsjg/zncs/200704100003.htm和福建省外办涉外安全处的职能介绍，http://www.fjfao.gov.cn/html/2007/09/24/119059880064879.shtml，2008-6-15。

② 广东省外办网站，http://www.gdfao.gd.gov.cn/wsjg/zncs/200704100003.htm。

③ “广东的‘涉外安全处’开了个好头”，中国外交部网站，http://www.mfa.gov.cn/chn/lsfw/lsxw/t380795.htm,2007-12-20。

④ “全省处置境外公民和机构涉外事件工作会议在我办成功举行”，福建省外办网站，http://www.fjfao.gov.cn/html/2008/04/18/120847698437792.shtml。

⑤ 杨毅涵：“全省境外公民和机构安全保护工作会议召开”，《福建日报》，2009年7月10日，第1版。

外发生的造成吉林省机构和人员伤亡及财产损失的突发事件）和“境内涉外”突发事件（主要指吉林省境内发生的造成外国机构和人员伤亡和财产损失的突发事件）。[①]

为了便于香港同胞了解政府有关部门处理涉港领事保护案件的程序，掌握个人求助途径，外交部驻香港特别行政区特派员公署制作了《涉港领事保护案件处理流程图》和《香港同胞在海外寻求领事保护与协助途径示意图》，在公署网站列出。公署建立了领事保护紧急通报机制，设有24小时值班电话。特区政府制订了香港境外紧急应变行动计划，建立了良好的与公署沟通和合作的机制。2004年10月，外交部驻澳门特别行政区特派员公署同特区政府共建领事保护应急机制。在特区政府行政长官办公室协调下，公署和特区政府特首办、保安司、公安警察局出入境事务厅、身份证明局等部门各自制定了专门联系人并确定了联系方式，确保24小时联络畅通。

一些省级以下城市的外办也设立了类似机构，如温州市外办设立了涉外安全处，协调、指导处理温州市在境外公民和机构安全保护的相关事务。[②] 2009年7月，宁波市外办提出努力实践“外事为民”，以服务企业为重点，提出十大外事服务举措。其中包括会同市外经贸局等部门建立健全该市境外机构和人员的领事保护工作机制，依法保护宁波市民和企业在海外的合法权益和生命财产安全。[③]

（三）军方和警方

近年来，军方和警方力量也逐步加入到保护海外公民安全工作的行列。由于亚丁湾、索马里海域频繁发生海盗袭击、劫持过往船舶事件，中国籍或中资外籍船舶难以幸免。联合国安理会已通过多项决议，授权各国根据《联合国宪章》第七章采取行动，在索马里领海打击海

① 吉林省人民政府网站：http://www.jl.gov.cn/zwxx/zfwj/szfbgtfw/t20051026_56781.htm。

② 见温州市外办网站：http://www.wzfao.gov.cn/index.jsp?id0=ztzmt4g&id1=ztzxsb,2007-12-20。

③ “创新服务举措　实践‘外事为民’”，中国宁波网，http://zt.cnnb.com.cn/system/2009/07/03/006161398.shtml。

盗；索马里过渡联邦政府也呼吁各国进入其领海打击海盗。根据联合国安理会有关决议并参照有关国家做法，中国政府决定于2008年12月26日派中国海军舰队远征索马里海域打击海盗，实施护航，以保护航经该海域的中国船舶、人员安全及世界粮食计划署等国际组织运送人道主义物资船舶的安全。交通运输部发布公告，指包括香港及台湾的中国船舶进出亚丁湾和索马里海域均可以申请护航。[①] 为了更好地完成保护中国船舶的安全，2009年10月24日，正在执行护航任务的中国海军护航编队在舰上召开了军地共商护航安全座谈会。编队指挥所成员和部分被护商船代表在会上交流探讨了做好护航工作和反海盗的措施、体会和做法。座谈会上，被护商船代表介绍了各自的船东公司和本商船反海盗的做法与体会。[②]

警方参与领事保护工作主要体现在公安部向驻外使领馆派遣警务联络官的制度。1998年5月，公安部首次向中国驻美国使馆派驻警务联络官（时称缉毒联络官），这是新中国历史上第一位驻外警务联络官。2004年，公安部在国际合作局设立警务联络官工作处。截至2008年底，我国已向19个国家（地区）派驻了30名警务联络官。[③]

刚开始警务联络官的派遣主要是出于开展国际警务合作的考虑，但随着中国公民在国外所面临的非传统安全问题日益突出，警务联络官制度在保护海外机构和公民安全方面也起到了不可忽视的作用。"9·11"事件以来，恐怖活动在全球呈蔓延趋势。驻外警务联络机构及时应对非传统安全因素威胁的发展变化，积极推动深化国际反恐合作，为国内提供了大量有价值的反恐情报信息，成功化解了多起"东突"恐怖势力袭击中国驻外使馆和中资机构的图谋。[④] 同时，针对国外中国公民权益屡遭犯罪分子侵害的情况，驻外警务联络机构积极协助

---

① "国防部今将举行发布会介绍军舰索马里护航"，http://news.xinhuanet.com/mil/2008-12/23/content_10545428.htm。

② "中国海军护航编队召集被护商船代表交流座谈护航安全"，http://news.xinhuanet.com/world/2009-10/27/content_12334954.htm。

③ "中国外派警务联络官十年工作回顾"，http://www.mps.gov.cn/n16/n1237/n1342/n803715/1742293.html，2009-1-5。

④ "中国外派警务联络官十年工作回顾"，http://www.mps.gov.cn/n16/n1237/n1342/n803715/1742293.html，2009-1-5。

外交部门加强对驻在国（地区）治安形势及针对华人犯罪情况的调研和评估，密切与驻在国警方联系，协助驻在国警方打击针对华人华侨群体的犯罪活动。例如，2004年，南非不断发生涉及中国公民的犯罪活动，时任外交部领事司司长的罗田广作为外交部部长特别代对南非进行工作访问。访问期间，双方表示将加强警务合作，尽快研究互派警务联络官问题，以便共同打击危害中国公民人身和财产安全的犯罪活动。[①]

（四）企业

从企业层面来看，一些大型的企业内部建立了一整套应急和协调机制。例如，据中国建筑股份有限公司[②]有关负责人介绍，该公司的高层管理人员把在海外经营的安全区域划分为四类：一类是高危险地区，这类地区公司绝对不进入。另一类是一般的危险地区，公司要经过认真的风险评估，看看是不是有条件进入，还有两类就是安全区和绝对安全区。公司员工出国之前要进行包括海外安全注意事项在内的出国前教育。对于涉及公司员工的海外安全事件，公司备有应急预案并可随时启动。如果发生此类事件，公司驻外机构第一责任人第一时间赶到现场，成立应急领导小组来予以处理。公司总部和海外事业部当即组成领导小组，由主管领导带队，赶赴前方进行现场指挥，处理相关的善后事宜。在处理这些事情的同时，公司也要第一时间报告驻外使领馆、商务处，并保持及时的沟通和联系。在该公司大的驻外机构里，如阿尔及利亚、阿联酋、新加坡等，都设置了专门的劳务工作部，处

① “中南两国将互派警务联络官”，http://news.sina.com.cn/o/2004-09-04/02213577747s.shtml。

② 中国建筑股份有限公司（简称中国建筑）由中国建筑工程总公司、中国石油天然气集团公司、宝钢集团有限公司、中国中化集团公司等4家世界500强企业共同发起，于2007年12月10日正式成立。公司业务包括房屋建筑工程、国际工程承包、房地产开发与投资、基础设施建设与投资及勘察设计。中建总公司组建于1982年，是中央直接管理的国有重要骨干企业，以房屋建筑承包、国际工程承包、地产开发、基础设施建设和市政勘察设计为核心业务，发展壮大成为中国建筑业、房地产企业排头兵和最大国际承包商。见该公司网站：http://www.cscec.com/cms/index/key/about。

理劳资纠纷及相关劳务问题。①

另一家大型国企——中石化集团公司②在境外油气勘探开发、工程承包和劳务合作项目大部分分布在一些政局不太稳定、社会比较动荡、社会治安状况和自然环境比较差的国家和地区，境外工作人员面临着很大风险，恐怖袭击、武装冲突、绑架劫持、刑事犯罪等事件时有发生。为了更好地应对境外发生的涉及该公司员工的安全事件，该公司首先成立了三级处理境外突发事件体系。第一级是为集团公司层面，集团公司总部设有应急指挥中心，还有处理境外突发事件领导小组。第二级是执行境外投资项目、工程建设、外派工程劳务及设有境外机构的各单位。第三级就是在各驻外机构（代表处、办事处、公司、项目部）地的项目部。其次，公司进一步完善了规章制度。集团公司下发了《中石化重特大事件应急预案》、《集团公司境外公共安全管理办法》、《集团公司外派人员人身意外保险管理办法》等文件并编制了《境外安全教育及应急（急救、自救）培训手册》。同时还在着手制定分包商的管理办法。第三，在日常的管理工作中，也十分重视安全问题，具体措施包括：（1）公司按照外交部的有关文件，编制下发了《中国石化境外公共安全风险状况评估报告》，对我们的境外投资、境外企业的投标项目，进行指导。（2）在给出国（境）人员上保险的问题上，集团公司实行集中管理，与保险公司和紧急救助服务公司签订《外派人员人身意外保险协议书》和《外派人员人身意外保险和紧急救援三方协议》，与紧急援助公司签订了《紧急救援服务合同》和《紧急救援服务合同补充协议》。启用《中国石化国际SOS救援服务会员手册》和《中国石化国际SOS救援服务会员卡》，将保险和救援有机结合，如果

① 中建股份海外事业部劳务管理部副总经理周庆在2008年8月5日举行的《世界知识》论坛上的发言，论坛主题为“企业和个人，海外遇事怎么办”，http://news.xinhuanet.com/overseas/2008-08/31/content_9743308.htm。

② 中国石油化工集团公司是1998年7月国家在原中国石油化工总公司基础上重组成立的特大型石油石化企业集团，是国家独资设立的国有公司、国家授权投资的机构和国家控股公司。公司主营业务范围包括：实业投资及投资管理；石油、天然气的勘探、开采、储运（含管道运输）、销售和综合利用；石油炼制；汽油、煤油、柴油的批发；石油化工及其他化工产品的生产、销售、储存、运输；石油石化工程的勘探设计、施工、建筑安装；石油石化设备检修维修等。该公司在《财富》2009年度全球500强企业中排名第9位。见该公司网站：http://www.sinopecgroup.com/gsjs/Pages/gsgk.aspx。

公司人员在境外发生意外，可以直接拨打SOS救助电话，寻求救助。（3）结合境外安全形势，不定期发布境外安全快报，具体提出了一些措施和建议，报给集团公司的领导，并同时进行跟踪和落实领导的批示和要求。集团公司外事局还设立了节假日值班和日常热线联络制度，尤其对不安全因素较多的国家和地区密切关注，每日跟踪、随时上报动态安全信息，保证与前方的热线和直接联系畅通无阻。（4）对驻在国（地区）无集团公司代表处且有多家队伍的国家（地区），授权其中一家为安全牵头单位，总体负责相关事务。（5）按照《境外公共安全管理办法》，从任务审批上对一些高风险国家（地区）的外派人员实行严格把关，从严控制。①

综上所述，自进入新世纪以来，中国领事保护工作取得了很大进展，这主要体现在领事保护预防机制及应急与协调机制的建设上。良好的机制建设有力地保证了领事保护工作的顺利进展。

四、领事保护与中国软实力的提升

最早明确提出“软实力”概念的美国著名学者约瑟夫·奈教授认为，所谓“软实力”，就是一国拥有的非物质性权力，它可“使其他国家想要你所想要的结果——同化他人而不是胁迫他人”。②他指出，软实力主要来自三种资源：“文化（在能对他国产生吸引力的地方起作用）、政治价值观（当它在海内外都能真正实践这些价值时）以及外交政策（当政策被视为具有合法性及道德威信时）。”③

结合约瑟夫·奈关于“软实力”的定义，笔者认为，中国领事保

① 中石化集团外事局出国管理处处长杨志明在2008年8月5日举行的《世界知识》论坛上的发言，论坛主题为“企业和个人，海外遇事怎么办”，http://news.xinhuanet.com/overseas/2008-08/31/content_9743308.htm。

② [美]约瑟夫·奈：《软力量：世界政坛成功之道》，吴晓辉、钱程译，北京：东方出版社，2005年版，第5页。

③ [美]约瑟夫·奈：《软力量：世界政坛成功之道》，吴晓辉、钱程译，北京：东方出版社，2005年版，第11页。

护机制建设的成果至少从以下三个方面推动了中国软实力的发展。

首先，“以人为本”、“外交为民”的执政理念及其在领事保护领域的贯彻落实反映了中国人权保护事业的进步，有助于增强在人权理念和人权保护实践方面其他国家对中国的认同感。

人权发展关系国家形象与国际舆论、声誉，是实现软实力塑造的重要途径，但回顾中国人权思想发展的历程，我们会发现，“人权”思想在改革开放前很长一段时期一直被视为资产阶级的产物，因此人权也是为资产阶级服务的，属于被批判的对象。在此背景下，人们惧谈人权。

1978年的十一届三中全会是中国社会的一个转折，“解放思想，实事求是”成为中国共产党的指导思想。在这种大环境下，我国思想界和理论界围绕人权展开了展开了一场大讨论。直到上世纪90年代前，我国的主流人权思想领域都强调人权的内容、模式和发展状况因经济、文化和生产力发展水平的不同而不同。因此，中国的人权发展模式不适用于西方的模式。但是随着中国政府加入的国际人权公约越来越多，政府和学者都意识到了不同的国家和处在不同发展的社会对于人权的内容有统一的认识和标准，因此人权思想在某种程度上是具有普遍性的。[①]

进入新世纪以后，“以人为本、执政为民”理念的提出，人权保障被写入《宪法》，“外交为民”理念的实施，这一系列都表明中国政府对于人权的认识有了很大的发展。不可否认，人权及其保护已经成为世界上绝大多数国家所认同的价值理念。“外交为民“理念的提出及其在领事保护领域内的落实向世界展示，中国政府重视保护普通民众的权利，中国政府不仅在言语上赞成保护人权，更是在行动上实施了这一点。

其次，中国政府对一系列大规模领事保护案件的处理引起了媒体的一致好评，提升了中国的国家形象。

例如，2011年1—3月，中国领事保护机制成功地应对了埃及、利比亚局势动荡和日本核危机的挑战。1月31日至2月5日，外交部牵头

① 范继增、母小君:《浅谈改革开放30年中国人权思想之发展》，载《人权杂志》,2010年第3期，中国人权网，http://www.humanrights-china.org/cn/zt/qita/rqzz/2010/03/t20100628_615560.htm。

协调有关部门和驻外使馆，在45个小时内连续派出8架飞机，并利用2架正常班机，安全接回包括约360名港澳台同胞在内的近2000名滞留埃及的中国公民。从2月22日至3月5日，共调派91架次中国民航包机、12架次军机、5艘货轮、1艘护卫舰，租用35架次外航包机、11艘次外籍邮轮、100余班次客车，第一次从海、陆、空三路实施全方位、大规模撤离行动，顺利将分布在利比亚各地的约35860名受困中国公民安全撤出并转运回国。3月11日，日本发生特大地震、海啸灾害并引发核泄漏危机，大量在日中国公民生命安全受到严重威胁。外交部和驻日使领馆共协助我在重灾区约7600人撤至安全地点，与1.5万名在日灾区的中国公民取得联系确认平安，增派43架次航班并协助9500名在日中国公民回国。

中国的撤侨行动赢得了国外媒体的一致好评，例如美国外交关系委员会网站刊文称，中国此次撤离行动，比美国的“含蓄及谨慎”更像一个“超级大国”。不仅是中国亲民、人道形象的再次体现，也同时反映出中国的利益范围和牵挂都已达到了世界大国的级别，更体现出中国政府良好的国际关系和外交斡旋能力。美国《华尔街日报》发表文章称，这凸显了中国全球影响力的增长；法国《欧洲时报》高度评价中国在利比亚局势持续恶化之际采取的“最大规模”、“高效率”的撤离行动。《日本新华侨报》评论说，这场规模空前的国家救援行动，“海陆空并用”与“高效率”，堪称国际“撤侨史”上的壮举。国际舆论感叹中国的不仅仅是撤离规模和行动速度，而是其中展现的非凡“中国实力”，是一种其他国家所不可比拟的、令人称奇的“国家能力”。阿联酋主要报纸《国家报》称，中国从利比亚撤离中方人员以及在联合国安理会就利比亚局势的表态等，都充分说明中国展现了负责任大国形象，在国际社会越来越起到正面而积极的作用。① 中国国内媒体认为，埃及、利比亚、日本三场撤离行动是一部极具震撼力、感染力的“党和国家形象宣传片”。

最后，中国领事保护机制建设的成就标志着中国外交内涵的新扩

① 中新网北京3月6日电，“各国媒体高度评价中国撤离在利比亚公民行动”，http://news.ifeng.com/mil/4/detail_2011_03/07/5014688_0.shtml。

展，中国外交从“外交为国”发展到“外交为民”的新阶段，中国外交关注普通民众利益的做法深入人心并增强了国民的凝聚力。

新中国建国初期，受冷战因素影响，维护国家安全一直是中国外交的首要任务。改革开放以后，为国内发展创造良好的外部环境，推动经济增长成为外交的主旋律。进入新世纪以后，随着中国经济发展水平的提高，走出国门的国民人数的增加和国际安全形势的复杂化，中国领导人顺应时势，提出了“以人为本、外交为民”的新理念，犹如和煦的春风温暖了国人的心田。

作为近些年来中国领事保护机制建设的成就，“以人为本、外交为民”理念已深入人心。在历次的重大海外撤侨事件中，中国国内外各相关部门团结一致，高效完成了任务。外交部领事司司长黄屏先生在谈及利比亚大撤离时曾表示，在撤离中，外交部领事保护中心作为一个司级单位，担负着协调政府部门、企业、军队等各方力量完成撤离的重任。领事保护中心的一道道命令通行无阻，受命单位无论级别高低，毫无例外地接受领事保护中心的调度和统筹安排。航空公司的大量航班被抽调到国外去接侨，造成国内很多航班的延误和取消，但是没有乘客抱怨，大家都默默地接受了这一切给自己带来的不便。这一切说明，保护普通国民利益的外交行动得到了举国上下的一致认可，展现出国民在关键时刻的凝聚力，从一个侧面体现了中国软实力的发展。

总之，“以人为本，外交为民”的理念的提出及其在领事保护实践中的贯彻落实显示了中国人权保护事业的进步，增强了在人权理念和人权保护实践方面其他国家对中国的认同感；中国外交维护普通民众利益的做法深入人心，得到了举国上下的一致拥护，提升了国人的凝聚力；国外媒体对于紧急时刻中国政府所采取的高效保护行动高度赞扬，树立了中国良好的负责任的大国形象。这些都在很大程度上推动了中国软实力的发展。

（夏莉萍）

图书在版编目（CIP）数据

和平·和谐·合作：中国外交十年历程／赵进军　主编.
—北京：世界知识出版社，2012.9
ISBN 978-7-5012-4336-5

Ⅰ.①和…　Ⅱ.①赵…　Ⅲ.①外交史—中国—现代
Ⅳ.①D829

中国版本图书馆CIP数据核字（2012）第197394号

责任编辑　袁路明
责任出版　赵　玥
责任校对　张　琨
封面设计　田　林

书　　名　**和平·和谐·合作——中国外交十年历程**
Heping Hexie Hezuo: Zhongguo Waijiao Shinian Licheng

主　　编　赵进军

出版发行　世界知识出版社
地址邮编　北京市东城区干面胡同51号（100010）
网　　址　www.wap1934.com
电　　话　010-65265923（发行）
印　　刷　河北新华第一印刷有限责任公司
经　　销　新华书店
开本印张　980×680毫米　1/16　29印张
字　　数　430千字
版次印次　2012年9月第一版　2012年9月第一次印刷
标准书号　ISBN 978-7-5012-4336-5
定　　价　62.00元